ERP 시스템 기반 비즈니스 실무

손 승 희

독일 Mannheim 대학교 경영학사
독일 Mannheim 대학교 경영학석사
독일 Halle-Wittenberg 대학교 경영정보학박사
단국대학교 정보기술연구소장
단국대학교 경상대학 경영학부장
독일 Dresden 대학교 교환교수
(사)한독경상학회장
(사)한국질서경제학회장
현재 독일 Dresden 대학교 홍보대사
단국대학교 경영경제대학 경영학부 교수
E-mail: shsohn@dankook.ac.kr

ERP 시스템 기반 비즈니스 실무

2023년 8월 15일 초판 인쇄
2023년 8월 20일 초판 발행

지은이 _ 손승희
펴낸이 _ 김수복
기 획 _ 남재걸
편 집 _ 성두현
마케팅 _ 이어진
펴낸곳 _ NOSVOS
등 록 _ 1968.2.27 : No. 제03-00095호
주 소 _ 경기도 용인시 수지구 죽전로 152
전 화 _ 031-8005-2405
팩 스 _ 031-8021-7154

값 28,000원

ISBN 978-89-7092-820-3 93320

ERP 시스템 기반 비즈니스 실무

손승희 저

NOSVOS

머리말

18세기 영국에서 시작된 산업혁명에 버금가는 엄청난 시대적 변화를 일으키고 있는 4차 산업혁명 시대를 맞이하여 기업들은 살아남기 위해서 그리고 발전하기 위해서 고군분투하고 있다. 기업들은 인공지능과 빅데이터 등과 같은 시스템들을 도입하거나 혁신적인 변화를 이끌어갈 인재를 양성하기도 하고, 조직구조를 슬림화하여 효율성과 효과성을 향상 시키려고 노력하고 있다. 기업들이 첨단 시스템을 도입하고 인재를 양성하고 조직을 재정비하는 이유는 무엇일까? 그것은 아마도 기업이 추구하는 목표를 효과적으로 달성할 수 있는 가장 효율적인 방법이라고 믿기 때문일 것이다.

그럼 기업이 추구하는 목표는 어떻게 달성될까? 모든 기업들은 추구하는 목표를 달성하기 위해서 업무를 정의하고, 구성원들은 업무수행이라는 역할을 담당해야 하기 때문에, 추구하는 목표는 기업 구성원들이 각자에게 맡겨진 업무를 가장 효율적으로 처리함으로 달성될 것이다. 그런데 과연 어떤 방법이 가장 효율적일까? 본 교재에서는 전사적자원관리시스템(ERP시스템)이라는 통합시스템이 업무를 효율적으로 처리하기에 가장 적절한 도구라는 전제 하에, [제1부 ERP 기초]에서는 업무와 업무프로세스, 업무처리도구, 전사적자원관리시스템의 등장배경과 장단점 그리고 본 교재에서 다룰 UNIERP시스템의 구성 등을 살펴보고, [제2부 ERP 라이프 사이클]에서는 ERP시스템을 도입하는 전 과정을 설명하였다. 그리고 [제3부 ERP시스템 실제운영]에서는 기업 실무에서 실제로 활용되고 있는 UNIERP시스템을 이용하여 전형적인 제조기업에서 일어날 수 있는 업무들이 얼마나 효율적으로 처리되는지를 설명하였다.

ERP시스템이라는 명칭이 사실은 4차 산업혁명 시대의 첨단 시스템 명칭들에 비해서 구태의연해 보이기는 하다. 그러나 기업이 목표를 달성하는 데 있어서 "업무를 효율적으로 수행하는" 것은 가장 원초적인 본질이다. 이외에 또 다른 무엇이 필요할까? 물론 업무를 효율적으로 수행하기 위해서 빅데이터나 인공지능 혹은 목적에 맞는 첨단 시스템들이 필요할 것이다. 그러나 빅데이터나 인공지능 혹은 특수 목적의 첨단시스템들은 업무를 수행하는 도구일 뿐 본질은 아니다. 주객이 전도되어서는 안 된다. 조금은 구태의연하지만 [ERP 시스템 기반 비즈니스 실무]를 출판하는 이유는 대부분의 ERP 시스템 관련 저서들이 주객이 전도되어 실제 활용 측면보다는 이론과 도입전략과 방법 등에 대한 내용들을 주로 담고 있는 아쉬움에서이다.

미래의 기업 구성원이 될 상경계열 학부생들에게 필요한 것이 무엇일까? 고민하면서 본 교재를 집필하였다. 치열한 경쟁사회에 첫 발을 내디딜 사회 초년생들에게 당장 필요한 것은 (개인의 관심과 능력에 따라 다를 수 있지만) 효과적인 업무를 설계하는 것보다 설계된 업무를 수행하는 능력, 업무를 수행할 도구를 개발하는 것보다 그 도구를 활용할 수 있는 능력, 전략을 수립하는 것보다 수립된 전략을 이행할 수 있는 능력이 더 요구된다. 업무-개인-기술 적합이론(task-individual-technology fit theory)에 의하면, 효과적으로 설계된 업무를 수행하는 데 적합한 기술이 활용되고, 그 기술을 가장 잘 이용할 수 있는 구성원이 있을 때 기업이 추구하는 목표가 가장 효과적으로 달성된다고 한다. 본 교재의 시나리오를 수행하면서 기업의 업무와 업무처리 도구를 이해하고 활용하는 능력을 갖추기를 바란다. 이런 능력을 보유한 여러분들은 기업에서 환영받는 필요한 인재들이 될 것이다.

본 교재가 세상의 빛을 볼 수 있도록 도와주신 단국대학교출판부와 교육을 위해서 기꺼이 UNIERP시스템을 기증해 주신 ㈜비젠트로 김홍근 대표님께 깊은 감사를 드린다.

긴 코로나19의 터널을 빠져나온 2023년 여름
당연하다 생각했던 일상의 소중함을 새삼 느끼며
손 승 희

차 례

1부 ERP 기초

2부 ERP 라이프 사이클

3부 ERP시스템 실제운영_UNIERP

1부

ERP 기초

Chapter 01

비즈니스프로세스와 정보시스템

1. 비즈니스프로세스
2. 프로세스처리 도구로써의 정보시스템

학습개요 및 목표

치열한 경쟁에서 살아남기 위한 수많은 경영이론과 전략들을 요약하면, 자사의 제품 혹은 서비스를 경쟁사보다 먼저 출시하여 시장을 선점하거나 더 빠르게, 경쟁사보다 더 좋은 품질을 제공하여 소비자 만족 수준을 향상시키거나 더 좋게, 경쟁사보다 더 낮은 가격으로 제공하여 비용 측면에서 경쟁우위를 차지하기 위한 방법들 더 싸게이라 요약할 수가 있을 것이다. 그러나 기업의 경영환경과 업무처리환경이 급변하는 현대 사회에서 이러한 경영이론들을 답습하는 전략을 통해서는 총체적인 경쟁 우위를 차지하는 것은 쉽지 않다는 것이 지배적인 의견이다. 이는 이러한 전략들을 무시하거나 간과해도 좋다는 의미는 아니며, 여전히 시장에서 경쟁적 우위를 차지하기 위한 중요한 전략임에는 변함이 없으나, 경쟁사보다 "더 빠르게", "더 좋게", "더 싸게"라는 전략을 실행하는 데 필요한 모든 경영활동들과 이를 지원하는 모든 활동들이 효율적으로 수행될 때 비로소 기업이 추구하는 목표가 달성될 수 있으며, 이를 통해서 생존을 넘어 지속적인 성장으로 나아갈 수 있다는 것을 의미한다. 이러한 맥락에서 등장한 전략이 비즈니스프로세스를 효율적으로 운영하는 것이고, 이를 지원할 시스템 도구를 이용하는 것이다.

본 장에서는 기업의 경영환경과 업무처리 환경이 급변하고 있는 상황에서 효율적으로 업무를 처리할 수 있는 방법에 대해서 고찰하고자 한다. 먼저 기업의 업무를 분류하는 다양한 기준과 기준 영역별 업무 그리고 이들 업무 혹은 업무의 흐름 비즈니스프로세스들이 어떤 속성을 지니고 있는지 살펴보고자 한다. 또한 비즈니스프로세스를 효율적으로 처리하기 위한 정보시스템의 진화과정을 통해서 시대별 의미와 역할에 대해서 살펴보기로 한다. 본 장의 학습목표는 다음과 같다.

- 개별 업무 및 비즈니스프로세스의 개념을 이해한다.
- 개별 업무를 분류하는 기준과 기준별 업무처리에 대해서 이해한다.
- 개별 업무처리영역의 통합의 필요성과 통합 비즈니스프로세스를 이해한다.
- 기업의 부가가치가 창출되는 과정을 이해한다.
- 정보시스템의 출현과 진화과정을 이해한다.
- 정보시스템의 시대별 의미와 역할에 대해서 이해한다.
- 미래 4차 산업혁명 시대의 특징과 4차 산업혁명 시대를 이끌어갈 핵심 추진동력을 이해한다.

1 비즈니스프로세스

1.1 업무와 비즈니스프로세스의 개념

모든 조직은 추구하는 목표를 달성하기 위해서 구체적인 작업들을 정의하고 이를 체계적으로 수행하게 되는데, 목표를 달성하기 위해서 수행되는 구체적인 작업들을 개별 업무transaction, task, activity라고 한다. 예를 들어, 기업이 추구하는 목표를 달성하기 위해서 정의된 구매, 생산, 영업 및 판매 등은 가장 상위의 업무영역에 해당된다. 이들 업무영역 내에 또 다른 하위 업무(영역)들이 포함될 수 있으며, 업무의 복잡도 혹은 규모에 따라서 하위 업무를 구성하는 또 다른 하위 업무들이 존재할 수 있다. 예를 들어, 발주, 구매품 검사 및 구매품 입고처리 등은 구매업무의 하위 업무에 해당될 것이며, 업체지정, 발주등록, 발주내역등록, 발주서 발행 등은 발주업무의 하위 업무에 해당된다.

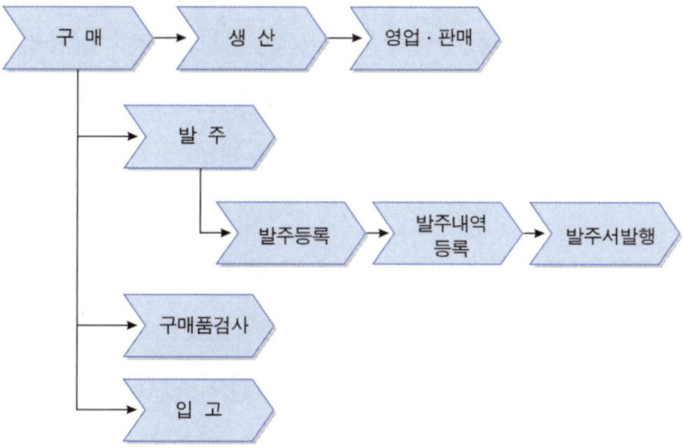

[그림 1-1] 업무와 비즈니스프로세스

기업이 추구하는 목표는 이러한 업무들이 연속해서 수행됨으로써 달성되는데, 이들 업무들의 연속된 흐름을 비즈니스프로세스BP: business process라고 한다. 기업이 수행하는 모든 업무들은 더 많은 부가가치를 창출하기 위한 것이기 때문에, 기업이 수행하는 업무 흐름은 결국 기업의 부가가치흐름을 나타낸다. 그리고 개별 업무들의 연속된 흐름으로 정의되는 비즈니스프로세스는 일반적으로 다음과 같은 특징을 갖는다.

- 비즈니스프로세스는 규모가 크고 복잡하다: 비즈니스프로세스는 서로 관련된 업무들의 연속된 흐름을 의미하기 때문에, 일반적으로 규모가 크고 복잡하다. 규모나 복잡도는 업무처리 내용에 따라 달라지겠지만, 업무의 시작과 끝을 연결하는 전체 비즈니스프로세스의 흐름은 상당히 길고 복잡하다.
- 비즈니스프로세스는 기업의 부분 조직 경계를 넘어 폭넓게 분포되어 있다: 간단한 비즈니스프로세스의 경우에는 단일 조직 내에서 시작하여 끝나지만, 하나의 비즈니스프로세스가 시작되어 종료되기까지는 경우에 따라서 기업의 부분 조직 간의 경계를 넘어서 폭 넓게 분포되어 있다. 예를 들어, 주문처리프로세스의 경우 고객으로부터의 수문을 섭수 받는 일은 판내영업부서에서 이루어지고, 재고를 확인히는 작업은 재고관리부서에서 그리고 주문제품의 발송 및 회계처리는 또 다른 부서에서 처리된다.
- 동일한 비즈니스프로세스라 하더라도 다양한 정보기술이 활용될 수 있다: 비즈니스프로세스가 부분 조직의 경계를 넘어 폭 넓게 분포되어 있는 경우, 동일한 비즈니스프로세스라 하더라도 부분 프로세스를 수행하는 데는 다양한 정보기술이 활용될 수 있다.
- 시작에서 끝까지, 전체 비즈니스프로세스를 수행하는 데는 상당한 시간이 소요된다: 비즈니스프로세스는 개별 업무들의 연속된 흐름이기 때문에, 하나의 비즈니스프로세스가 시작되어 완료되기까지 상당한 시간이 필요하다. 예를 들어, 주문접수로부터 재고를 확인하고 생산주문재고가 부족한 경우, 혹은 발송재고가 충분한 경우으로 이어지는 고객주문처리프로세스를 수행하는 데는 상당한 시간이 소요된다.
- 비즈니스프로세스는 자동화할 수 있는 부분과 자동화할 수 없는 부분으로 구분된다: 비즈니스프로세스를 수행하는 데는 자동화 도구를 이용할 수 있는 부분이 있고, 자동화 도구를 이용할 수 없는 부분이 존재할 수 있다. 자동화할 수 없는 부분과 자동화할 수 있는 부분이 공존하는 경우 이들 사이를 어떻게 연결하느냐에 따

라서 전체 비즈니스프로세스 수행시간이 달라진다. 예를 들어, 고객주문접수 업무는 주문처리시스템을 이용하여 신속하게 처리되었지만, 주문제품의 재고를 파악하는 업무가 전통적인 방법으로 재고데이터를 요청하여 기다려야 한다면, 전체 고객주문처리 프로세스를 수행하는 데는 상당한 시간이 요구될 수밖에 없을 것이다.

- 비즈니스프로세스는 "비즈니스" 측면과 "기술" 측면이 공존한다: 비즈니스프로세스에는 기본적으로 업무수행이라는 비즈니스 측면과, 업무수행을 지원하는 시스템 측면이 공존한다. 예를 들어, 비즈니스프로세스는 단위 업무와, 이를 지원하기 위한 시스템의 상호 조화를 통해서 수행되기 때문에, 비즈니스와 기술이라는 두 가지 측면의 특성을 모두 갖는다.

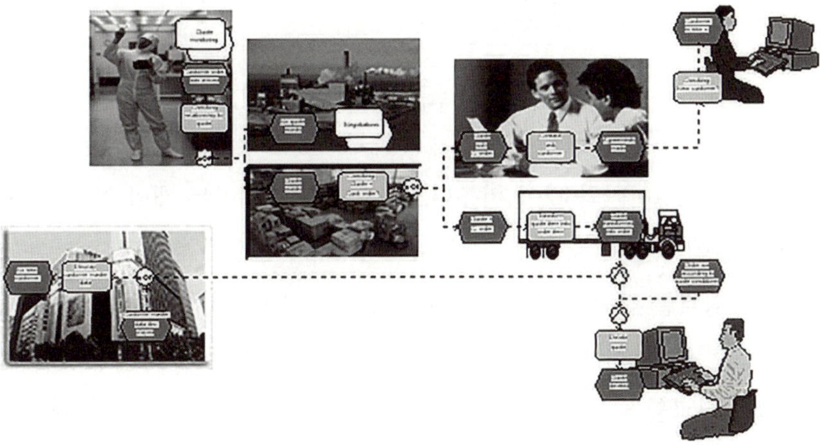

[그림 1-2] 비즈니스프로세스의 예

비즈니스프로세스는 원하는 결과를 얻기 위한 개별 활동업무들의 집합으로 정의되며, 모든 비즈니스프로세스는 고객주문접수, 재고처리증가 혹은 감소를 해야 하는 이유 등과 같은 이벤트에 의해서 시작되며, 비즈니스프로세스 내의 최종 업무가 수행되고 나면 원하는 결과에 해당되는 이벤트가 생성된다. 비즈니스프로세스에 속하는 개별 활동들은 동일 영역 혹은 다른 기능 영역에 속하여 단계적으로 수행되는데, 단계적으로 수행되는 업무의 흐름이 비즈니스프로세스이며, 각각의 업무를 처리하기 위한 동인을 제공하는 이벤트와, 업무를 처리하고 난 후 생성되는 이벤트는 별도로 표시하지 않았지만, 이론적으로 비즈니스프로세스는 [이벤트-업무-이벤트-업무-이벤트] 와 같은 방법으로 수행된다.

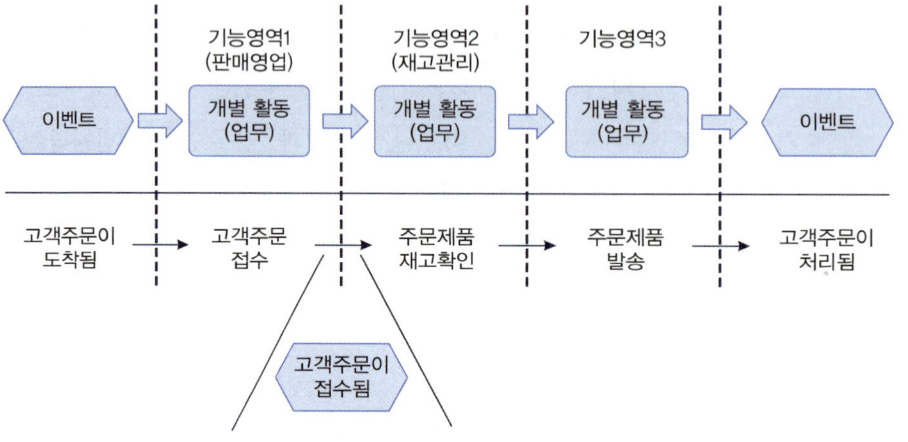

[그림 1-3] 비즈니스프로세스 일반

[그림 1-3]에서 보는 바와 같이 비즈니스프로세스에 속하는 개별 활동업무들이 서로 다른 기능영역들에 속하기 때문에, 전체 비즈니스프로세스가 효율적으로 수행되기 위해서는 각 기능영역들 간의 효율적인 의사소통정보의 전달이 이루어져야 한다. 각 기능영역들 간의 긴밀한 의사소통이 없이는 전체 비즈니스프로세스가 효율적으로 수행될 수 없으며, 원하는 결과를 얻을 수가 없다. 예를 들어, 고객주문처리 작업은 판매영업부서에서 처리되는데, 고객이 주문한 제품재고가 충분한지 판매영업부서에서는 알 수 없기 때문에, 고객이 원하는 제품을 원하는 시간에 맞추어 발송하기 위해서는 재고관리부서와의 의사소통이 절대적으로 필요할 것이다. 이와 마찬가지로 주문 및 발송정보가 회계처리부서로 전달되지 않는다면 제품을 발송했으나 이에 대한 송장을 발송하거나 계산서를 발송하는 작업이 효율적으로 이루질 수가 없을 것이다.

비즈니스프로세스가 효율적으로 수행되기 위해서는 정보의 전달을 목적으로 하는 단순한 의사소통을 넘어서 보다 긴밀한 협업이 요구된다. 예를 들어, 판매직원이 고객주문을 수락하고 제품을 발송하기 위해서 필요한 재고정보를 요청하는 것은 당연하며, 언제 발송 가능한지 등을 결정하기 위해서는 재고관리부서 담당자와의 긴밀한 협업이 이루어져야 하기 때문이다.

1.2 업무와 비즈니스프로세스의 분류

1.2.1 업무 수행주체에 따른 분류

업무들을 분류하는 가장 기본적인 기준은 업무처리주체 즉, 누가 업무를 처리하느냐에 따라 분류하는 것이다. 기업에서의 업무처리주체는 당연히 기업구성원이 될 것이며, 기업구성원들마다 고유의 역할이 있기 때문에, 주체에 따른 업무의 분류는 결국 기업구성원의 역할에 따른 분류라고 할 수 있다.

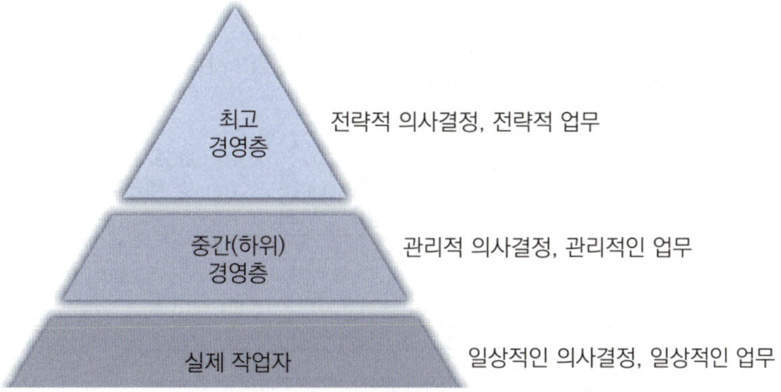

[그림 1-4] 업무주체의 역할에 따른 업무분류

기업구성원은 자신의 역할에 따라서 기업이 나아갈 방향을 설정하거나 목표를 설정하는 등의 전략적인 의사결정을 주로 하는 최고경영층과, 확정된 목표를 효율적으로 달성하기 위해서 실제 작업자들을 관리하고 통제하는 등의 관리적 역할을 담당하는 중간하위경영층 그리고 실제 업무를 수행하는 일상적인 작업자들로 구분된다. 이처럼 업무 수행주체별 역할분담에 따라서 전략적인 업무와 관리적인 업무 그리고 일상적인 업무로 구분된다. 특히, 실제 작업자들이 수행하는 일상적인 업무를 거래처리transaction라 하며, 급여계산, 주문처리 등이 대표적인 예이다.

1.2.2 기능에 따른 업무의 분류

기능에 따른 업무의 분류는 기업의 목표를 달성하기 위해서 정의된 업무 영역을 기준으로 분류하는 방법으로 기업이 추구하는 목표를 달성하기 위해서 정의된 업무기능들을 분류기준으로 하는 것이다. 기능에 따른 업무의 분류는 가장 전통적인 분류방법으로 기업의 목표를 달성하기 위해서 정의된 핵심 업무들을 구매, 생산, 영업 및 판매, 회계, 재무, 인사 등의 영역으로 세분화하고, 이들 영역에 속하는 혹은 이들 영역의 업무를 수행하는데 관련된 활동들을 묶음단위로 구매업무, 생산업무, 영업 및 판매업무, 회계업무, 재무업무, 인사업무 등으로 구분하는 방식이다.

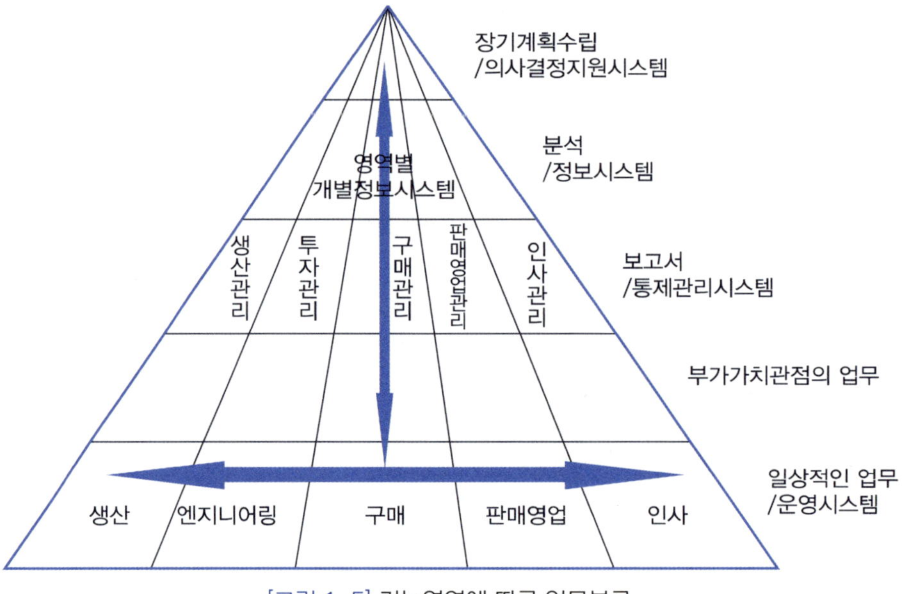

[그림 1-5] 기능영역에 따른 업무분류

1.2.3 부가가치흐름에 따른 업무의 분류

마이클포터는 모든 기업의 업무를 부가가치가 창출되는 흐름을 기준으로 주활동입고-생산-출고-마케팅/판매-서비스 등과, 지원활동조달, 기술개발, 인사, 회계, 재무, 경영지원 등으로 구분하여 정의하였다. 마이클포터가 제시한 주활동과 지원활동에 속하는 개별 활동들은 부가가치흐름에 근거하여 분류한 것으로 비즈니스프로세스의 정의에 가장 부합된 분류에 해당된다.

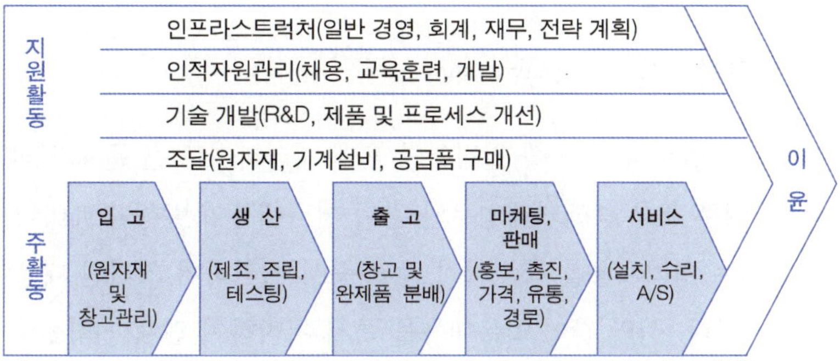

[그림 1-6] 마이클포터의 가치사슬모형에 의한 업무 분류

1.3 업무처리방식

기업이 수행하는 모든 업무들은 수동 혹은 자동으로 수행되거나, 경우에 따라서는 수동처리와 자동처리 방법이 병행되기도 한다. 예를 들어, 소규모 기업의 경우에는 급여를 수작업으로 계산할 수도 있지만, 대부분의 경우에는 급여계산 프로그램을 이용하여 급여를 계산하게 된다. 또한 투자 분석가의 경우 주가의 흐름을 나타내는 차트를 수작업으로 작성할 수도 있지만, 수시로 변하는 주가의 흐름을 파악하여 신속한 의사결정을 내리기 위해서 자동화된 도구를 이용하기도 한다. 기업의 업무를 자동 혹은 수동으로 처리하는 것과 별개로 업무를 처리하는 방식은 일괄처리방식과 실시간처리방식으로 구분된다.

1.3.1 일괄처리방식 batch processing

일괄처리방식은 기업에서 발생하는 업무처리 내용이 발생할 때마다 즉시 처리하는 것이 아니라, 업무의 성격에 따라서 일정기간 동안 축적하여 두었다가 처리하는 방식이다. 예를 들어, 종업원의 급여계산 혹은 비용처리의 경우와 같이 급여계산에 필요한 자료나 영수증들은 일정기간 보관하였다가 일괄적으로 처리해도 전혀 문제되지 않으며, 비용절감을 위해서도 효율적일 것이다.

1.3.2 실시간처리방식 real-time processing

급여계산의 경우 업무의 성격 상 일정기간 후에 처리하여도 큰 문제가 되지 않는다. 그러나 항공예약업무 혹은 증권거래업무와 같이 처리내용이 발생할 때마다 즉시 처리해야 하는 경우에는 처리내용을 축적하지 않고 즉시 처리하여 처리된 내용이 즉시 반영되도록 하여야 한다. 이와 같이 업무내용을 즉시 처리하여 언제나 최신의 상태를 유지하도록 하는 방식을 실시간처리방식이라 한다.

실시간처리방식은 대부분 온라인처리방식과 혼용되어 사용되기도 하지만, 온라인처리방식은 업무처리가 온라인 환경에서 처리됨을 의미하고, 실시간처리방식은 업무처리가 실시간으로 처리되고, 그 결과 또한 실시간으로 반영되는 처리방식을 의미한다. 실시간처리방식은 일괄처리방식에 비해서 신속하며, 보다 효율적인 대 고객서비스를 제공할 수 있다는 점에서 유리하지만, 실시간 처리를 위해서 기본 인프라는 물론 개별 응용시스템과 연계되어야하기 때문에, 별도의 비용이 수반된다.

1.4 업무처리내용

업무처리방식자동이나 수동 혹은 일괄처리나 실시간처리과 상관없이 기업에서 수행되는 모든 업무는 필요한 데이터를 정확하게 입력 받아 정해진 내용에 따라 입력 받은 데이터를 가공 처리하여 원하는 결과를 도출하고 이를 저장 혹은 출력하는 것이다. 예를 들어, 급여계산의 경우, 급여계산을 위한 입력 데이터는 종업원의 근무시간과 시간당 임금시간급이라 가정한다면이 될 것이며, 정해진 계산방식에 따라서 급여가 계산되고 그 결과는 급여명세서로 출력된다.

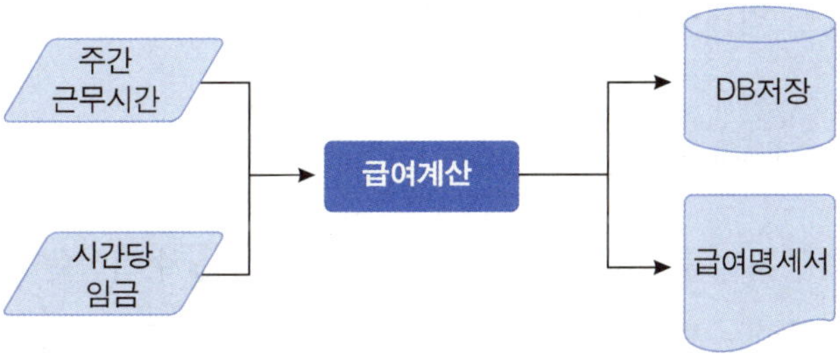

[그림 1-7] 급여계산 트랜잭션

급여계산 트랜잭션에서 보는 바와 같이 모든 거래처리 업무는 필요한 데이터를 수집하고, 이를 가공처리하며, 그 결과를 보고서 혹은 필요한 다른 형태로 출력하고 저장하는 것이 가장 기본적인 업무처리내용이며, 필요한 데이터를 오류 없이 입력하기 위해서 데이터의 편집 및 데이터 수정과 같은 작업이 요구되기도 한다. 업무처리 방식과 상관없이 모든 업무는 이 같은 데이터 수집, 데이터 편집, 데이터 교정, 데이터 조작 및 저장, 보고서 출력의 전 과정을 거치는데 이 전체 과정을 업무처리사이클transaction processing cycle이라 한다.

업무처리사이클은 처리업무의 내용과 업무처리 방식에 따라서 다르게 적용되기는 하지만, 기본적으로 데이터를 입력받아 이를 가공 처리하여 결과를 저장함과 동시에 화면 혹은 보고서 형태로 출력하여 사용자에게 반환하는 정보시스템의 기본 논리가 언

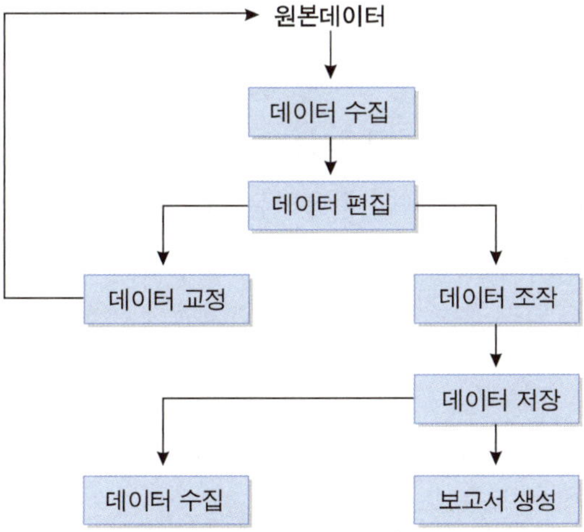

[그림 1-8] 업무처리사이클

제나 적용되며, 데이터 입력-처리-출력이 핵심 내용이다.

1.4.1 데이터 수집 data collection

데이터 수집은 업무처리를 위해서 필요한 모든 데이터를 수집하는 것을 의미하며, 필요한 데이터를 수집하는 방법은 수작업으로 데이터를 수집하는 경우도 있지만, 터미널이나 POS장치, 스캐너와 같은 입력 장치를 이용하여 자동으로 데이터를 수집하는 경우도 있다. 업무처리의 정확성은 일차적으로 입력 받은 데이터의 정확성에 의해 좌우되기 때문에, 데이터의 정확성을 검증하는 것이 중요하다. 이런 관점에서 수동으로 데이터를 수집하는 것보다 자동화 입력장치를 이용하여 데이터를 자동으로 입력 받는 것이 업무처리의 정확도를 높이는 방법이 될 수 있다. 예를 들어, 편의점에서 스캐닝 장비를 이용하여 상품코드를 자동으로 스캐닝 하여 가격을 검색하여 계산하고, 상세 구매정보 등을 읽어 들여서 재고 데이터베이스가 자동으로 갱신되도록 함으로써 상품에 대한 주문시점을 계산하는 업무를 동시에 처리하는 것은 바로 이 때문이다.

데이터를 정확하게 입력받는 것도 중요하지만, 필요한 데이터를 신속하게 수집하는 것 또한 매우 중요하다. 예를 들어, 기업의 종단간end-to-end 프로세스를 수행함에 있어서 프로세스에 연결된 업무부서 간의 협조가 이루어지지 않는다면 필요한 데이터를 얻는데 소요되는 시간이 지연될 수밖에 없으며, 이는 업무처리시간 및 비용 측면에서 효율성이 저하될 수밖에 없을 것이다. 이러한 문제를 해결하는 방법은 시스템적 도구를 활용하여 업무기능은 물론 데이터들까지를 상호 연계시키는 것이다. 기업의 모든 업무기능과 모든 데이터를 통합하여 연계시키는 대표적인 시스템적 도구가 전사적자원관리시스템ERP시스템이다. ERP시스템을 활용하는 환경에서 업무처리에 필요한 데이터를 별도로 수집하거나 수정 혹은 편집하는 상황이 발생하지 않는 이유는, 필요한 데이터가 필요한 때에 필요한 사람에게 필요한 형태로 언제나 자동으로 제공되기 때문이다.

1.4.2 데이터 편집 및 수정 data editing and correction

업무처리에서 가장 중요한 것은 입력 데이터의 정확성 즉, 유효성과 완전성을 보장하는 것이다. 예를 들어, 종업원의 급여를 계산하기 위해서 필요한 데이터를 입력하는데 주당 근무시간을 40시간으로 입력해야 할 것을 잘못하여 400시간으로 입력했다고 가정해 보자. 주당 근무시간이 400시간이라는 것은 물리적으로 불가능한 시간임에도 불구하고 이를 근거로 계산된 급여가 지급되었다면 기업으로서는 큰 낭패가 아닐 수 없다. 또는 시간당 임금이 숫자로 표시되지 않고 문자로 표시되었다면 급여계산 자체가 되지 않을 것이다. 업무처리 과정에서 유효하지 않은 데이터를 바로 잡는 것뿐만 아니라, 부정확한 데이터를 바로 잡을 수 있는 기능은 매우 중요하다. 데이터 편집 및 수정은 부정확한 혹은 유효하지 않는 데이터를 다시 입력 받고 수정하는 과정이다.

1.4.3 데이터 조작data manipulation

데이터를 수집하고 편집하는 과정에서 정확하고 유효한 데이터를 입력 받았다면, 이를 근거로 정의된 업무를 처리하는 것은 업무처리의 본질이다. 데이터 조작이란, 이처럼 정확하고 유효한 데이터를 분류, 정렬하고, 계산하는 일련 작업을 말한다. 예를 들어, (주 단위)급여계산에서 주당 근무시간과 시간당 임금을 곱하여 기본임금을 계산하고 내부적으로 정해진 수당을 추가하고, 원천징수 및 기타 공제액을 차감하여 종업원에게 지급할 급여를 계산하는 작업을 말한다.

1.4.4 데이터 저장 및 보고서 생성data storage and reporting

데이터 조작결과는 업무처리 데이터베이스에 저장되어 기존의 업무처리 결과가 갱신된다. 데이터베이스가 갱신되기 전에는 데이터의 정확성과 신뢰성 그리고 적시성이 보장되지 못하며, 데이터베이스가 갱신된 후에야 최신의 상태를 유지하게 되며, 의사결정이 필요한 모든 구성원들에게 최신의 정확한 정보를 제공할 수가 있다. 데이터 조작 후 최종 결과는 업무내용에 따라서 미리 정의된 형태의 보고서로 출력된다. 예를 들어, 급여계산의 경우 급여명세서로 혹은 외상매출금처리업무의 경우 미결제금액 보고서와 같은 문서가 출력된다.

1.5 비즈니스프로세스의 통합

1.5.1 업무의 연계

기업에서 수행되는 모든 업무는 서로 유기적으로 연계되어 있다. 따라서 어느 한 업무를 처리하기 위해서는 다른 업무의 처리결과가 필요하며, 그 처리결과는 또 다른 영역의 업무를 처리하기 위한 기초 데이터가 된다.

예를 들어, 영업판매관리 영역에서 판매계획을 수립하여 예상되는 판매량이 결정되면, 생산관리 담당자는 이를 근거로 생산계획을 수립하고 필요한 부품 소요량을 계산하여 구매담당자에게 구매를 요청한다. 구매담당자는 구매요청에 근거하여 발주관련 업무를 처리하고 원자재 구매 관련 발주 및 외주가공관리, 구매자재 검사 등의 업무를 처리하게 된다. 재고관리 부서의 핵심 업무는 자재 및 완제품의 입출고를 관리하는 것으로 생산계획에 의해서 제품 생산 공정이 완료되면 이에 대한 완제품 재고를 처리하며, 구매부서로부터 발주된 원자재가 도착되어 검사가 완료되면 원자재 입고업무를 처

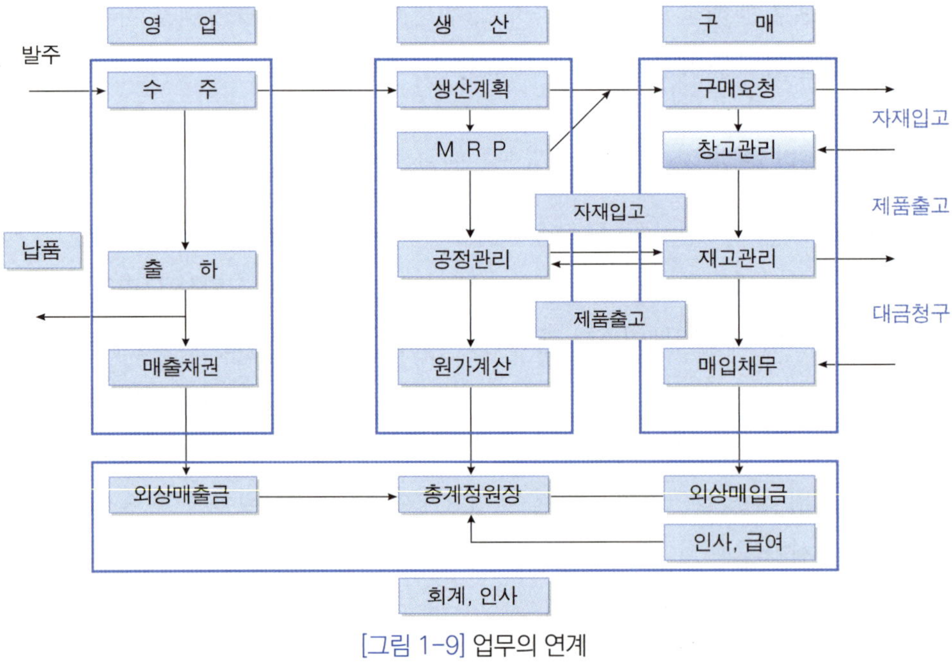

[그림 1-9] 업무의 연계

리하게 된다. 또한 영업판매관리 영역으로부터 고객 주문에 대한 발송요청 건에 대해서 발송이 완료되면, 완제품 재고를 업데이트하는 일도 재고관리 부서에서 처리하는 주요 업무에 해당된다.

영업판매관리 부서에서 받은 고객주문에 대해서 주문제품이 발송되거나, 구매관리 부서에서 자재를 발주한 후에 구매 원자재가 입고되면 이에 대한 결제가 이루어져야하기 때문에, 구매관리 부서와 영업판매관리 부서의 업무는 회계관리 부서와 연계되어 있으며, 재고관리 부서에서는 현재 재고 상황에 대한 재고자산을 파악하여 회계처리를 해야 하기 때문에, 재고관리와 회계관리 부서의 업무도 서로 연계되어 있다. 이 이외에도 인사관리, 자산관리, 경영손익관리 영역의 업무들 또한 회계관리 영역의 업무 혹은 상호간에 연계되어 자체 영역의 업무를 처리하기 위해서 다른 영역의 데이터를 활용하게 된다.

1.5.2 전사적 업무처리: 비즈니스프로세스의 통합

기업의 업무들이 서로 연계되어 있음은 기업이 추구하는 목표를 달성하기 위해서 정의된 모든 업무들이 사슬처럼 연결되어 있으며, 데이터들 역시 서로 연결되어 있기 때문에, 하나의 업무를 처리하기 위해서 데이터가 필요하며, 업무처리결과 생성된 데이터는 이와 연계된 다른 업무를 처리하는 데 필요하다.

이와 같이 데이터와 업무들이 서로 연계되어 있음에도 불구하고 지난 수십 년 동안 기업들은 데이터를 별도의 관리대상으로 분리시키고, 처리할 업무기능만을 자동화하는데 역점을 두었다. 그 결과 기능 중심의 개별 응용시스템들이 개발되어 업무처리 효율성은 향상되었으나, 각 업무영역들 간의 통합이 이루어지지 못하여 업무 영역별 기능과 데이터가 분리되는 심각한 문제가 발생하였다.

(1) 기능의 연통

개별 응용시스템은 한 업무영역이나 영역 내의 한 업무기능을 수행하기 위해서 개발되는 것이 보통이다. 그 결과 영역 내의 다른 업무나 혹은 다른 업무영역과는 사일로

silo처럼 분리되는 문제가 발생하게 된다. 이런 문제의 원인은 응용시스템을 개발할 때, 전사적인 비즈니스프로세스를 고려하지 않고 단지 개별 업무영역만을 자동화하기 위한 목적에서 시작하였기 때문이다.

실제로 기업의 업무처리 담당자들은 하나의 비즈니스프로세스 중에서 일부만을 수행할 의무가 있으며, 자신이 수행해야하는 부분만을 효율적으로 처리하기 위해서 노력하는 것이 보통이다. 즉, 그들이 처리해야할 부분 이외의 다른 부분들에 대해서는 생각하지 않는다는 것이다. 물론 다른 영역의 다른 업무처리 담당자 또한 자신의 영역에 속한 업무만을 효율적으로 처리하기 위해서 노력할 것이기 때문에, 각각의 부분 영역에 대한 효율성은 높아질 것이다. 그러나 기업의 모든 분리된 개별 영역의 효율성이 향상된다고 하더라도 기업 전체의 업무효율성이 반드시 향상되지는 않는다는 것이다. 이처럼 단절된 부분 영역들은 업무전달, 전화통화, 메일과 같은 전통적인 방법으로 연결시킬 수 있지만 이는 근본적인 해결방법이 될 수 없음은 당연하다.

(2) 데이터의 연통

개별 업무를 처리하기 위한 응용시스템은 정적이며, 그 내부에는 각각의 응용시스템이 업무를 처리하는데 필요한 데이터 혹은 업무처리 결과 생성되는 데이터들이 저장되어 있다. 즉, 응용시스템에는 업무처리영역 혹은 개별 업무의 수만큼 별도로 저장된 데이터그룹이 존재한다. 따라서 기능의 연통에서와 마찬가지로 업무 담당자들은 자신의 업무를 처리하는데 필요하지만, 자신이 보유하지 못한 데이터에 대해서는 다른 업무영역 데이터를 요청하여 복제하거나, 작성된 보고서를 통해서 자체적으로 필요한 형태로 가공하게 된다. 필요한 데이터를 획득하는 가장 일반적인 방법대로 데이터를 복제한 경우, 자신의 업무를 처리할 수는 있을 것이나, 기업 전체의 데이터관리 측면에서 데이터의 중복, 데이터의 불일치, 논리적 모순 등과 같은 심각한 문제들이 야기된다. 뿐만 아니라, 필요한 데이터를 요청하는 경우에도 데이터를 요청하고 대기하는 시간이 필요하며, 필요한 데이터를 전달받았다 하더라도 재작업이 필요할 것이며, 이러한 과정에서 데이터 입력의 오류 등과 같은 문제들이 발생될 수가 있을 것이다.

이 같은 문제의 원인은 기능의 연통에서와 마찬가지로 업무처리 영역을 달리한다

하더라도 모든 데이터는 입출력관계로 연결되어 있음에도 각각의 업무처리결과데이터들이 유기적으로 연계되지 않고 분리되어 있기 때문이다.

1.5.3 통합 업무처리시스템에 대한 요구

기능의 연통과 데이터의 연통 문제를 효과적으로 해결하는 방법은 기업이 처리할 전체 업무를 포괄적으로 처리할 통합시스템을 구축하여 모든 업무를 통합 처리하며, 전사적 비즈니스프로세스를 수행하는데 필요한 데이터와, 비즈니스프로세스를 수행한 후 생성되는 모든 데이터를 통합 관리하는 것이다. 통합업무처리시스템을 구축하는 것은 결국 기업이 수행해야 할 모든 업무를 포괄하여 전사적 비즈니스프로세스를 구현하는 것을 의미한다.

전사적 통합 비즈니스프로세스를 구현하는 방법에는 기능 중심의 구현방법과, 프로세스 중심의 구현하는 방법이 있으며, 구현방법에 따라서 업무 수행의 효율성과 기능 영역의 자원 활용도가 달라진다.

(1) 기능 중심의 구현

업무기능 영역별로 구성된 조직단위에 따라서 업무처리흐름을 구현하는 방식으로 업무 영역 내에서의 자원 활용도는 높지만, 업무를 처리하는데 다른 기능들과의 상호 연계가 필요하기 때문에, 프로세스 간의 효율성은 떨어지게 된다.

(2) 흐름 중심의 구현

흐름 중심의 구현은 프로세스의 시작과 끝을 동일한 업무영역에 두지 않고 실제로 업무가 처리되는 흐름에 맞추어 신속하고 유연하게 프로세스가 처리되도록 구현하는 방식이다. 따라서 흐름 중심의 구현은 내부 자원 활용도 면에서는 다소 비효율적일 수 있다는 단점은 있지만, 프로세스 자체의 효율성시간단축과 비용절감 등은 매우 높다는 장점이 있기 때문에, 흐름 중심으로 구현하는 방식이 전사적 업무를 효율적으로 처리하는데 유리하다.

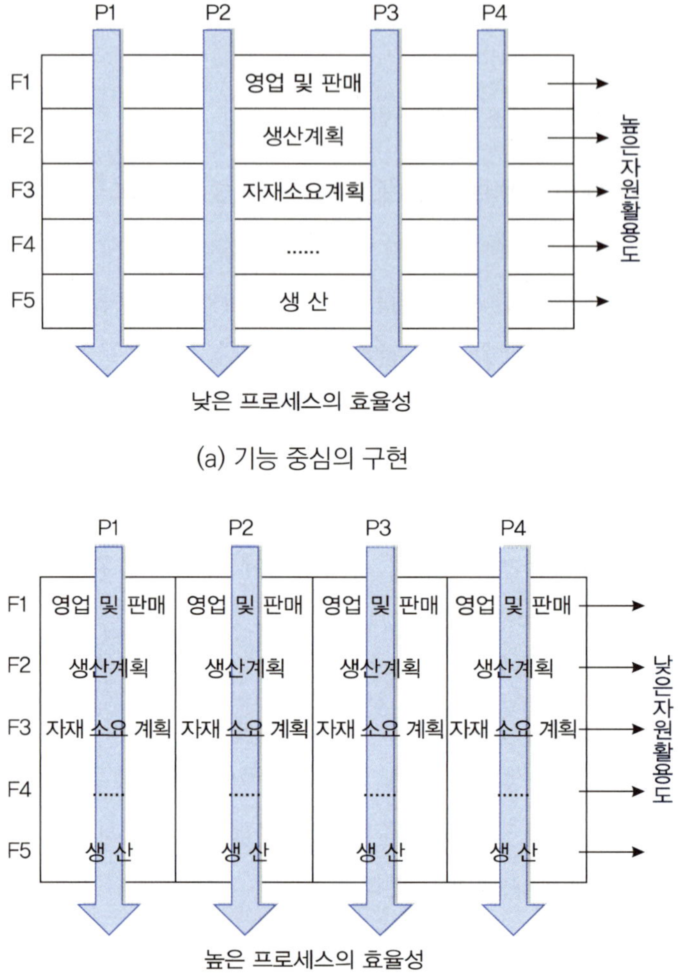

(a) 기능 중심의 구현

(b) 흐름 중심의 구현

[그림 1-10] 전사적 통합프로세스의 구현방법

1.6 전사적 비즈니스프로세스

마이클포터의 가치사슬모형을 기준으로 전형적인 제조기업의 핵심 비즈니스프로세스는 크게 세 가지로 구분된다.: 구매buy - 생산make - 판매sell.

- 구매프로세스procurement process: 전형적인 제조기업의 경우 완제품을 생산하는데 필요한 원자재 혹은 반제품을 자체적으로 생산하여 조달하는 경우도 있지만, 대부분의 경우 공급업체로부터 직접 구매하거나 외주가공을 통해서 조달하는 것이 일반적이다. 구매프로세스는 주문처리 혹은 수립된 판매계획을 통해서 생산량이 결정되면, 결정된 생산량을 제조하기 위해서 필요한 원자재 및 반제품 구매와 관련된 업무흐름이다.
- 생산프로세스production process: 구매프로세스를 통해서 공급업체에 발주한 원자재 및 반제품이 입고처리 완료되어 필요한 모든 자재원자재 및 반제품가 확보되면 생산과정이 시작된다. 생산프로세스는 정해진 완제품 생산과정에 맞추어 필요한 원자재를 투입하고 중간제품 혹은 완제품을 완성해가는 과정의 모든 업무원자재 및 반제품 투입, 실적관리 등흐름이다.

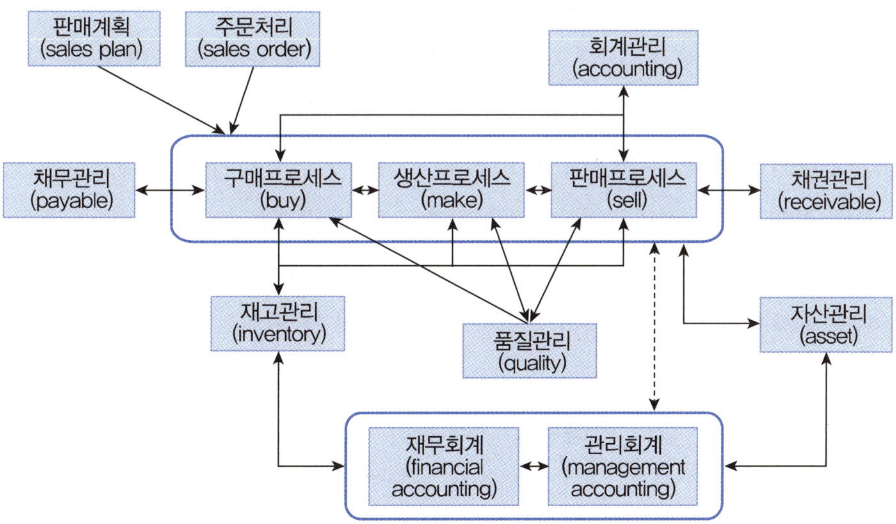

[그림 1-11] 전사적 비즈니스프로세스

- **판매프로세스**fulfillment process: 구매-생산 과정을 거쳐 완제품이 생산된 이후에는 이미 접수된 주문의 납기일에 맞추어 제품이 출고되어야 하기 때문에, 판매프로세스는 납기일에 맞추어 주문량을 출고시키는 작업과 관련된 업무흐름이다. fulfillment의 사전적 의미는 "(임무, 의무 등을) 실천하다."를 나타내는데 판매프로세스는 '접수된 주문을 실행에 옮긴다.' 라는 의미에서 판매프로세스를 일반적으로 fulfillment process라 칭한다.

기업의 핵심 비즈니스프로세스buy-make-sell는 좁은 의미로 볼 때, (필요한 원자재 및 반제품) 구매, (제조계획에 따른) 생산, (접수된 주문제품의) 배송을 의미한다. 그러나 기업의 모든 업무들이 유기적으로 연계되어 있기 때문에, 구매-생산-판매프로세스의 이행 과정은 수많은 관련 업무들과 연결되어 있다.

예를 들어, 구매프로세스 이행과정에서 필요한 원자재를 발주하고 나면, 이는 재고관리 분야와 연계되어 발주량만큼의 원자재 혹은 반제품 수량이 입고예정량으로 등록될 것이며, 발주량만큼의 원자재 혹은 반제품이 정상 입고되었다면, 재고관리분야의 해당 원자재 혹은 반제품의 재고량이 증가되어 표시될 것이다. 동시에 회계처리 방식에 따라 다르기는 하겠지만, 발주자재가 정상입고 되면 외상매입가계정 혹은 외상매입금이라는 회계전표가 생성되어 채무가 발생한다.

또한 생산프로세스의 진행 상태에 따라서 필요한 원자재 혹은 반제품이 투입되면, 해당된 만큼의 재고량이 감소될 것이며, 중간제품 혹은 완제품 실적이 발생하여 완제품 재고량의 증가 혹은 반제품 재고량의 증가로 나타날 것이다. 판매프로세스도 마찬가지로 진행과정에 따라서 주문 제품이 출고되면, 완제품 출고예정량이 상쇄되고, 완제품 재고량이 감소되어 나타날 것이다. 또한 완제품이 정상 출고되고 난 이후에는 외상매출금 회계전표가 발행되어 채권관계가 형성될 것이다.

이 이외에도 구매 및 생산을 위한 판매계획수립프로세스, (필요한 경우) 품질검사, 자산관리, 인적자원관리, 제품관리, 재무관리, 프로젝트관리 등 수많은 지원프로세스 등과 연계되어 전체 비즈니스프로세스를 형성하게 된다.

2 프로세스처리 도구로써의 정보시스템

2.1 과거 산업사회에서의 정보시스템

과거 산업사회에서 컴퓨터의 역할을 요약하면, 업무활동 결과 "나타난 사실after the facts"을 기록하는 기계라고 할 수 있다. 즉, 과거의 정보시스템은 오늘날 우리가 생각하는 의미의 경영도구가 아닌, 데이터를 기록하고 저장하는 도구로서의 역할을 수행했다. 예를 들어, 초기 컴퓨터시스템의 대표적인 활용분야였던 재고관리의 경우, 제품을 생산하는데 필요한 원자재와 부품의 입출고 내용의 기록과 완제품의 입출고 내용 즉, 있는 사실나타난 사실을 기록하기 위한 목적으로 사용되었다.

1970~80년대에 들어서면서 시스템의 역할은 급여계산이나 재고관리 등과 같이 일상적으로 반복되는 업무를 처리하기 위한 목적TPS: transaction processing system에서 벗어나 급여계산이나 재고관리 등이 포함된 상위 영역의 효율적인 관리 및 통제를 위해서 개별 영역의 정보시스템MIS: management information system들이 개발되었다. 그러나 부분 영역별 경영정보시스템을 통해서 생성된 경영정보들을 실제 의사결정에 활용하는데 많은 문제점들이 있었기 때문에, 의사결정이 필요한 시점에 필요한 형태의 유용한 정보를 생성하고 이를 통해서 과학적이고 합리적인 의사결정을 지원하기 위한 의사결정지원시스템DSS: decision support system으로 발전하였다.

1980년대 들어서면서 각종 응용소프트웨어, 통신 네트워크, 인터넷 등과 같은 기술 발전과 함께 다양한 정보시스템들이 개발되기 시작하였다. 정보기술을 전략적으로 활용하여 기업의 경쟁력을 향상시키고자 하는 전략정보시스템SIS: strategic information systems, 인공지능AI: artificial intelligence, 전문가시스템ES: expert system 등이 대표적인 예이다.

또한 정보통신기술의 발전으로 업무처리 환경이 오프라인에서 온라인으로 전환되면서 전자상거래시스템EC: electronic commerce이 등장하였고, 모바일 전자상거래시스템mobile commerce으로 발전하였다. 이어서 기업의 업무처리 효율성을 높이기 위해서 전사적자원관리시스템ERP: enterprise resource planning과, 공급사슬관리SCM: supply chain management 그리고 고객관계관리CRM: customer relationship management로 발전하였다.

지금까지 많은 변화와 역할이 변천되면서 다양한 정보시스템들이 개발되어 오늘에 이르고 있는, 과거의 정보기술IT은 다음과 같이 요약된다.

- 초기 컴퓨터시스템의 역할은 데이터의 저장과 처리 그리고 전송이라는 기본 기능을 수행하는 단순한 계산을 위한 기계였으며, 경영활동 결과 나타난 사실인 정적인 데이터를 처리하는 기능만을 수행하는 것이 가장 큰 목적이었기 때문에, 상황에 따라 변화하는 과정을 감지하거나, 추론 혹은 경영활동 자체를 변화시킬 수는 없었다.
- 그러나 요소기술들하드웨어, 소프트웨어, 통신, 데이터베이스이 발전하면서 컴퓨팅환경이 변하고, 정보시스템활용이 보편화되면서 단순히 나타난 사실을 기록하는 시스템에서 탈피하여 다양한 분야에서 다양한 특수목적의 시스템으로 발전하여 오늘에 이르고 있다.

2.2 현대 지식정보화 사회에서의 정보시스템

과거 산업사회에서의 정보시스템은 "정보처리"보다는 "데이터 기록"에 더 큰 의미를 두었던 것이 사실이며, 정보시스템 자체가 경쟁력의 원천이었기 때문에, 모든 기업들이 차별화된 정보기술과 정보시스템을 보유하려고 노력하였다. 그러나 정보시스템이 일반화되고 보편화되면서 모든 기업들이 정보시스템을 보유하고 있는 오늘날에는 정보시스템을 보유하는 것 자체가 경쟁력의 원천이 되지 못한다. 즉 첨단 정보시스템을 이용하여 업무를 처리하는 것 자체만으로 기업의 경쟁력이 향상되지는 않는다는 것을 의미한다. 그 결과 정보기술 자체를 폄하하는 주장이 제기되기도 하였다. 정보기술의 효과를 폄하하는 사람들의 주장을 요약하면, 정보시스템이 도입되기 시작한 초기에는 정보시스템의 경제적 희소가치가 매우 컸기 때문에, 기업들은 정보시스템을 보유하고 있다는 것만으로도 상대적으로 경쟁력이 향상될 수 있었지만, 지금은 거의 모든 기업들이 비슷한 정보시스템들을 보유하고 있기 때문에, 더 이상의 희소가치가 거의 없으며, 정보시스템을 보유하고 있다는 사실이 기업의 경쟁력 향상에 도움이 되지 않는다는 것이다.

과거의 생각대로 정보시스템의 핵심가치가 기술technology에 있으며, 정보시스템이 데이터를 처리하기 위한 도구에 지나지 않는다면 타당한 주장이다. 실제로 과거에는 정보시스템을 물리적인 제품을 생산하는 기술과 동일한 수준에서 이해하고 차별화된 시스템 개발에만 역점을 두었던 것이 사실이기 때문에, 더욱 타당한 주장으로 보인다. 그러나 산업사회를 거쳐 지식정보화 사회가 성숙기에 접어든 현대 사회에서 정보시스템은 다음과 같이 다르게 이해되고 있다.

2.2.1 현대 지식정보화 사회에서의 정보시스템의 의미

(1) 물리적인 세계의 기계와 차별화된 정보기술

정보기술은 18세기 영국에서 시작된 산업혁명 이후 사회 전체를 변화시킨 여러 기술들 중에서 가장 최근의 계보에 해당된다. 그 동안 사회를 변화시켰던 기술들은 선발업체들에게 큰 기회를 제공했지만 이러한 기술들이 보편화되어 누구나 이용 가능해지면서 더 이상 경쟁력의 도구가 되지 못했다. 대부분의 산업기술들은 물리적인 제품을 만들어내기 위한 것이기 때문에, 희소성의 원칙이 적용됐기 때문이다. 그러나 지식정보화 사회에서 정보기술은 물리적인 세계를 다루는 것이 아니며, 인간의 창의성과 혁신성에 따라서 새로운 가치를 무한히 창출해 낼 수 있는 수단이라는 점에서 과거의 물리적 기계와 차별화된다.

(2) 목적으로서의 정보기술이 아닌 수단으로서의 정보기술

정보기술은 그 자체가 목적이 아니라, 경영활동을 지원하는 수단이다. 즉, 정보기술은 비즈니스로서의 정보기술과, 비즈니스를 실행하기 위한 수단으로서의 정보기술은 구별된다. 정보기술 자체가 목적이라면 정보기술이 보편화되고 모든 사람들이 적은 비용으로 언제나 사용할 수 있는 것이라면 정보기술의 가치가 떨어지겠지만, 정보기술의 가치는 정보기술 자체가 아닌, 정보기술이 지원하고 실행에 옮기는 비즈니스에 달려있기 때문에, 정보기술의 가치는 일반적인 상품과 같이 희소성으로 판단할 문제가 아니다.

예를 들어, 첨단 정보기술 구축을 위해서 많은 투자를 했음에도 그다지 큰 경쟁력을 얻지 못했다면 이를 정보기술에 대한 투자의 실패라고 할 수도 있겠지만, 정보기술에 대한 투자와 비즈니스의 경쟁력은 다른 차원의 문제이다. 정보기술은 비즈니스프로세스를 실행하는 수단이지 비즈니스의 일부 기능을 제공하는 별도의 어떤 것이 아니기 때문에, 정보기술 자체가 목적이 될 수 없으며, 정보기술과 비즈니스와 전략과의 유기적인 연계를 통해서 기업 전체의 경쟁력이 결정되는 것이다.

(3) 비즈니스에 종속적인 정보기술

정보기술은 비즈니스에 종속적이다. 과거 정보시스템의 핵심적인 기능은 데이터의 저장, 데이터의 처리, 데이터의 전송에 있었지만, 정보화 사회에서의 정보시스템은 정적인 데이터의 사후처리가 아닌 비즈니스프로세스 처리가 핵심이다. 기업의 경쟁력은 데이터의 사후처리를 통해서 얻어지는 것이 아니라, (주로 정보기술을 활용하여) 비즈니스프로세스를 효율적으로 수행함으로서 달성되기 때문에, 정보기술은 비즈니스 목적달성을 위해서 필요한 수단이라는 종속 개념으로 이해된다.

2.2.2 현대 지식정보화 사회에서의 정보시스템의 역할

다양한 정보시스템이 도입되기 시작하였던 초기에는 정보시스템 자체가 목적이었기 때문에, 첨단 정보기술의 개발 자체가 목적이었다. 그러나 현대 정보화 사회에서 정보시스템이 확대 보급되고 일반화되면서 정보시스템 자체의 개발이 목적이 아니라, 기업 경영에 필요한 유용한 도구라고 인식되면서 과거와는 다르게 다음과 같은 역할을 수행하고 있다.

(1) 부가가치 창출 및 지원수단

기업의 부가가치는 수많은 부분 활동들은 통해서 창출되며, 기업이 추구하는 목표를 달성하기 위해서 미리 정의된 부분 업무들은 사슬형태의 연속된 흐름으로 수행된다. 이와 같은 부가가치 창출을 위한 사슬형태의 부분 활동들을 가치사슬모형이라 한다. 마이클 포터의 가치사슬모형value chain model에 의하면, 기업에서 이루어지는 모든 활동들은 주활동과 지원활동으로 나누어진다. 부가가치 창출을 위한 주활동과 지원활동은 기업의 특성에 따라 차이는 있으나, 가장 일반적인 제조업의 경우 주활동은 다음과 같다.

○ 주활동 Primary Activities

- 입고Inbound: 제품 생산에 필요한 원자재의 기업 내부로의 유입활동
- 생산Production: 원자재 및 부품의 조립 및 완제품 생산 활동
- 출고Outbound: 완제품을 기업 외부로 유출하는 활동
- 마케팅Marketing: 제품의 홍보, 판매 촉진 및 유통관련 활동
- 서비스Service: 판매 후의 설치 및 사후 서비스관련 활동

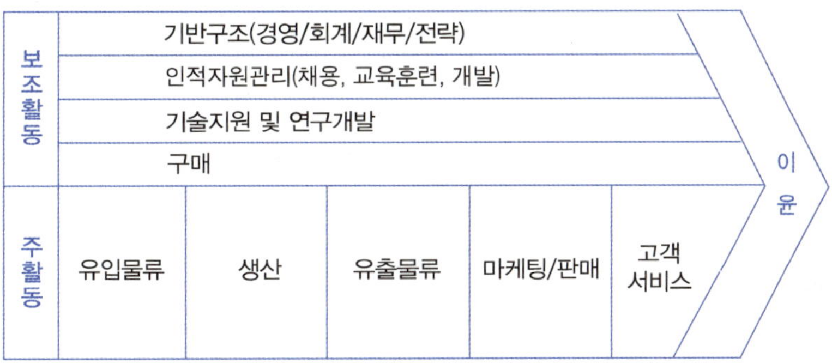

[그림 1-12] 마이클포터의 부가가치 사슬모형

완제품의 생산 이전의 주활동들을 유입물류inbound logistics라 하며, 생산 활동 이후 완제품의 분배에 관련된 활동들을 유출물류outbound logistics라고 한다. 그러나 이러한 주활동들이 효율적으로 이루어지기 위해서는 많은 지원활동들이 필요하며, 주활동을 지원하는 지원활동들을 정리하면 다음과 같다.

○ 지원보조활동 Support Activities

- 인적자원관리 Human Resource Management: 채용, 교육훈련, 개발 등의 업무활동
- 기반구조 Infrastructure: 일반적인 관리활동의 전략 및 기획관련 활동
- 기술개발 R&D: 제품 및 서비스, 프로세스 개선 활동
- 조달 Delivery: 원자재, 기계설비 등의 구매활동

정보기술이 도입되기 이전에는 대부분의 주활동과 지원활동들이 수작업으로 이루어졌으나, 기업들에 정보기술들이 도입되기 시작하면서 거의 모든 주활동과 지원활동들이 수행되는데 다양한 정보기술들이 이용되고 있다.

(2) 업무처리 수단

현대 기업들의 경영환경과 업무처리환경이 급변하고 있는 상황에서 정보시스템의 도입은 이제 선택이 아니라, 생존과 성장발전을 위해서 필수적이다. 많은 기업들이 앞다투어 첨단 정보시스템을 도입하려는 이유는 부가가치 창출을 위한 업무처리과정에서 다음과 같은 효과를 얻을 수 있기 때문이다.

○ 시간과 공간의 개념을 뛰어넘는 의사소통 및 정보공유

정보기술의 발전으로 급속하게 보급된 인터넷과 통신망을 통해서 시간적 제약과 공간적 제약을 극복하고 의사소통과 정보공유가 가능하기 때문이다. 개인고객과 은행 간의 금융업무의 대부분이 은행업무시간과 고객의 위치에 상관없이 인터넷뱅킹을 통해서 이루어지고 있으며, 인터넷을 통해서 제품을 판매하거나 서비스를 제공하는 것이 대표적인 예이다.

○ 업무절차의 간소화 및 효율화

정보기술을 활용함으로써 업무처리에 대한 부담이 줄어들고 업무처리방식이 간소화되고, 효율적으로 재구성될 수 있기 때문이다. 예를 들어, 실물기반의 제품 판매방식에서 인터넷 판매 방식으로 전환함으로써 고객이 직접 주문을 하게 되어 업무처리절차

가 간소화되고 업무처리속도가 향상될 수 있다.

○ 경영 환경변화에의 신속한 적응

정보기술의 보급으로 고객과 판매자와의 관계, 시장 및 고용구조 등이 급속도로 변화하고 있는 가운데, 정보기술은 이처럼 급변하고 있는 경영 환경변화에 신속하게 대처할 수 있는 기술적 기반을 제공한다.

(3) 경쟁력의 원천

마이클 포터는 현대 사회에서 경쟁competition이야 말로 기업의 성공과 실패를 평가하는 가장 핵심적인 척도라는 주장과 함께 경쟁세력모형five competitive forces model을 발표하였다. 경쟁세력모형의 핵심은 기업이 경쟁적 우위를 차지하기 위해서 기업의 전략개발과 정보기술이 기업 경쟁력 향상에 어떻게 활용되는지를 보여주는 적절한 예이다.

○ 경쟁세력모형

경쟁세력모형은 기업의 부가가치를 창출하는데 부정적으로 작용하는 세력이 누구이며, 기업의 부가가치 창출을 위해서 이러한 경쟁세력에 어떻게 대처해야 하는지를 나타내는 것으로 마이클 포터는 구매자와 공급자, 잠재적 경쟁자, 대체재 그리고 산업내의 기존 경쟁자를 5대 경쟁세력으로 보았으며, 이들 세력의 강도에 따라서 자사의

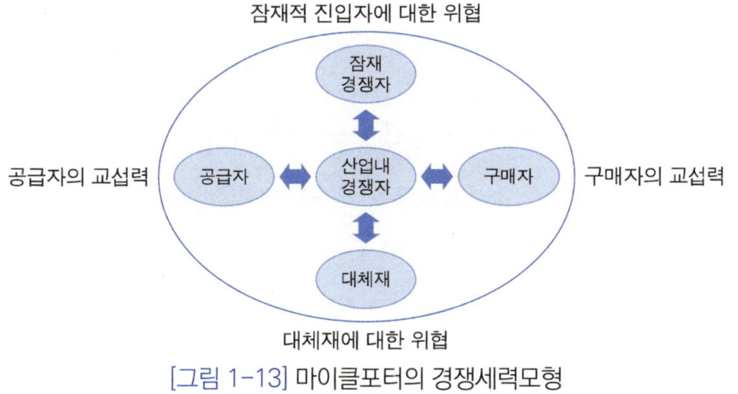

[그림 1-13] 마이클포터의 경쟁세력모형

수익이 증가 또는 감소될 수도 있다고 주장하였다.

○ 경쟁무기로서의 정보기술의 활용

모든 기업들은 마이클 포터가 주장하는 5대 경쟁세력의 위협에 언제나 노출되어 있다. 기업의 생존과 성장은 이러한 위협세력에 어떻게 대처하느냐에 달려있으며, 기존 기업들은 다양한 정보 기술들을 경쟁세력에 대응하기 위한 전략적 무기로 활용하고 있다.

(3) 경영혁신도구로서의 정보기술

○ 생명주기와 경영혁신

기업은 일종의 유기적인 조직체이기 때문에, 다음과 같은 생명주기에 따라서 도입-성장단계, 발전-성숙단계, 리뉴얼 및 철수단계를 거치며, 성장하고 발전한다. 중요한 것은 생명주기마다 창출되는 핵심가치와 핵심가치 창출을 위한 활동이 다르다는 것이다. 따라서 생명주기마다 적절한 혁신전략으로 접근해야 한다.

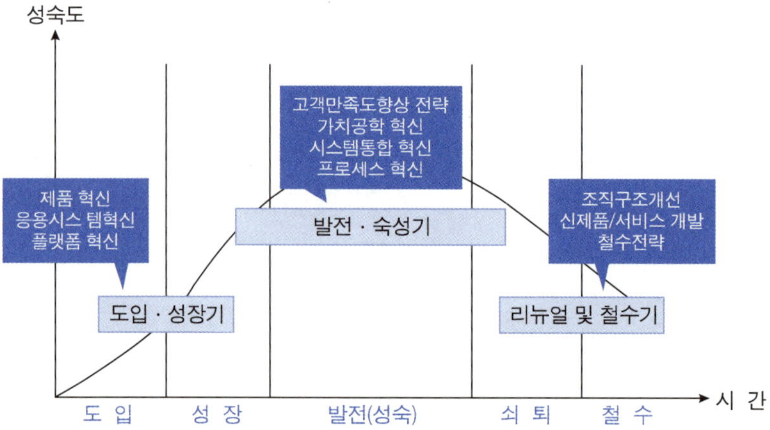

[그림 1-14] 생명주기와 영역별 혁신전략

○ 영역별 정보기술의 활용

위에서 보는 같이 생명주기와 경영혁신 영역별 혁신방안들은 주로 경영환경변화에 적응하기 위해서 기업의 체질을 개선하고 새로운 사업기회를 모색하며 지속적인 부가가치 창출을 위한 활동에 주로 정보기술이 활용된다. 생명주기 단계 및 혁신영역별로 활용되는 정보기술은 다음과 같다.

- **도입-성장기:** 도입-성장기에는 새로운 제품과 서비스를 개발하여 부가가치 창출의 기반을 닦고 이를 실지로 시장에 출시하여 부가가치를 창출하는 활동들이 주로 수행된다. 이 단계의 경영활동은 기업의 환경변화와 경쟁업체의 상황 그리고 사회적 환경변화 등에 절대적으로 영향을 받기 때문에, 환경변화에 적응하여 새로운 부가가치 창출 기회를 포착하는 것이 중요하다. 도입-성장기의 혁신전략은 주로 차별화된 제품과 서비스를 제공하기 위한 것들이며, 이러한 전략을 수행하는데 활용되는 정보기술은 기본인프라를 구축하거나, 새로운 정보시스템을 구축하기 위한 수단으로 활용된다.
- **발전-성숙기:** 발전-성숙기에는 기업의 목표가 어느 정도 달성되는 단계이기 때문에, 현재의 부가가치 창출 수준을 지속적으로 유지하기 위해서 효율적인 업무처리, 기업의 조직관리, 프로세스관리 등을 위한 정보기술들이 활용된다. 예를 들어, ERP시스템 도입은 기본적으로 글로벌 기업환경과 무한 경쟁 속에서 살아남기 위해서 기업이 낭비적 요소를 제거하고 업무효율성을 높이기 위한 전략적 도구로 활용된다. 특히, ERP시스템의 산업별 비즈니스프로세스를 통해서 부가가치 창출 활동은 물론, 이와 연계된 모든 경영활동을 효율적으로 지원할 수 있는 공급사슬관리SCM, 고객관계관리CRM 등과 연계하여 경영혁신 도구로서의 역할이 더 증대될 것이다.
- **리뉴얼 및 철수기:** 리뉴얼 및 철수단계의 경영활동은 더 이상의 부가가치 창출이 어려운 상황에서 새로운 경쟁력 있는 제품을 개발하거나 새로운 서비스를 제공할 수 있는 기회를 모색하거나, 현재의 제품이나 서비스 제공을 중단하고 철수하기 위한 방안들이 수행되는데, 이러한 위기의 원인은 주로 기업환경변화로부터 기인하기 때문에, 리뉴얼 및 철수단계에서도 정보기술의 역할은 더욱 커질 것이다.

2.3 4차 산업혁명 시대의 정보기술

2.3.1 미래 사회를 주도하는 4차 산업혁명

18세기 영국에서 시작된 1차 산업혁명은 이전 농경사회의 근간과 수작업 형태의 생산방식을 변화시키기에 충분했다. 노동력을 대신할 기계의 발명으로 과거 상상할 수 없었던 만큼의 노동 생산성이 향상되었으며, 과거 2차 산업혁명은 인간의 노동력을 대신할 기계의 발명과 도입이라는 점에서 1차 산업혁명의 연장으로 볼 수 있으나, 컨베이어 벨트와 같은 획기적인 기계의 발명과 산업 현장에의 도입은 산업구조와 산업생태계의 근간을 변화시켰다는 점에서 구별된다.

이어지는 3차 산업혁명은 정보기술과 로봇, 컴퓨터의 등장으로 시작되었으며, 인터넷과 통신네트워크 등과 같은 기반구조와 요소기술들의 발전에 힘입어 인간의 다양한 욕구를 충족시키며, 사회 환경변화에 대응할 수 있는 다양한 정보통신기술들이 등장하면서 4차 산업혁명 시대에 이르고 있다.

시대마다 변화의 모습이 모두 다르기 때문에, 대응하는 무기 또한 모두 다를 수밖에

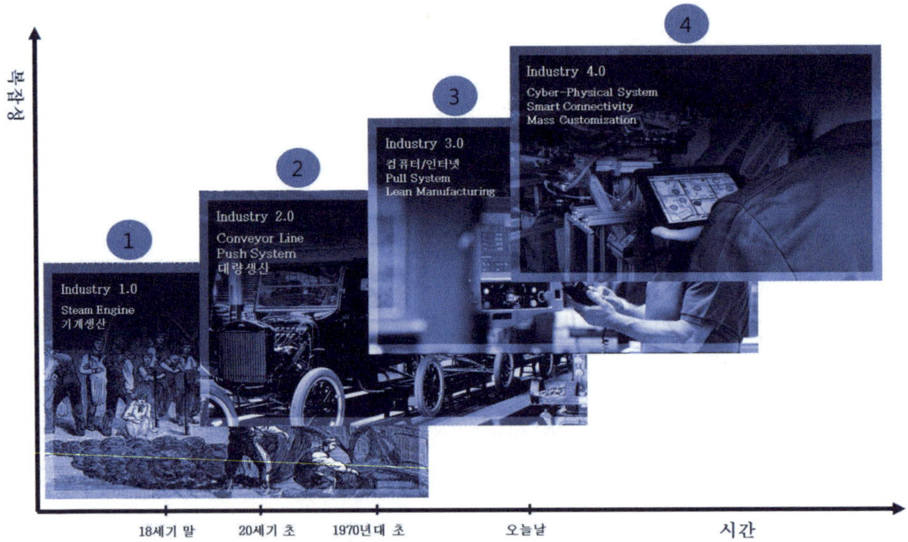

그림 1-15] 산업혁명 계보
[출처: DFKI(독일인공지능 연구소)]

없다. 환경변화에 대응하는 무기를 경쟁력의 원천이라고 볼 때, 변화에 대응하는 무기가 다르다는 것은 시대마다 경쟁력의 원천이 다르다는 것이다.

예를 들어, 농경사회에서는 토지와 노동력이 경쟁력의 원천이었을 것이며, 산업사회에서는 토지와 노동력보다는 자본과 기술력이 경쟁력의 원천이었을 것이다. 이는 토지를 경작하여 수확물을 얻어야 하는 농경사회의 특징과, 자본과 차별화된 기술력으로 더 좋은 제품을 저렴하게 생산해야 하는 산업사회의 특징에서 비롯된 것이다. 이제 정보화 사회로 넘어오면서 기술력이 평준화되고 자본을 확보하는 다양한 방법들이 있기 때문에, 누가 더 유용한 정보를 가지고 있느냐가 경쟁력의 원천이 되고 경쟁무기가 되었을 것이다. 이 또한 정보화 사회의 특징에서 비롯된 것이다.

이제 4차 산업혁명 시대의 경쟁력의 원천과 경쟁무기는 무엇일까? 지금까지의 경쟁력의 원천과 경쟁무기가 사회의 특징을 반영한 것이고, 앞으로의 4차 산업혁명 시대에도 여전히 유효하게 작용한다면, 경쟁력의 원천과 경쟁무기를 논하기에 앞서 4차 산업혁명 시대의 특징을 알아야 할 것이다.

(1) 4차 산업혁명의 개념과 시대적 특징

4차 산업혁명의 시작은 독일의 미래기술비전 '하이테크 전략 2020' 의 일환으로 민·관·학 공동으로 제조업혁신을 목표로 2012년부터 추진된 국가적 차원의 프로젝트인 'Industrie 4.0'으로부터 출발하였다. 독일의 'Industrie 4.0'이 제품product과 제조production의 통합을 통해서 제조업 분야의 새로운 패러다임을 정립 하겠다는 목표로 출발하였기 때문에, 제조업 분야에 국한된 개념으로 이해할 수 있으나, 'Industrie 4.0'이 더 이상 단순히 제조업 기반의 생산기술의 고도화에 초점을 맞추지 않고, 전 산업분야와, 사회 전반기술, 산업과 경제, 고용과 노동에 적용되고 혁신적인 변화를 야기한 포괄적인 개념으로 확대되었다.

그럼 4차 산업혁명 시대는 이전의 1-2-3차 산업혁명 시대와 비교할 때 무엇이 다를까? 사회를 지배하는 시대적 특징을 사회 변화의 본질이라고 볼 때, 현재 그리고 미래 사회의 특징을 4차 산업혁명의 본질적인 변화의 모습이라 할 수 있다. 대표적인 변화의 특징을 정리하며 다음과 같다.

- **디지털화**digitalization: 미래 사회는 인간의 다양한 요구를 충족시키고 사회 변화에 효과적으로 대응하기 위한 다양한 정보통신기술ICT이 발전하면서 디지털화가 가속화된 사회가 될 것이며,
- **초연결성**hyper-connectivity: 미래 사회는 이전까지 분리되었던 가상세계와 물리적인 세계가 연결되고, 분리되었던 주체들이 서로 연결되며, 분리되었던 데이터들이 서로 통합되는 초연결 사회로 진화할 것이며,
- **초융합성**hyper-convergence: 미래 사회는 단순한 연결을 넘어서 모든 영역, 모든 개체, 모든 데이터가 융합되는 사회로 진화할 것이며,
- **초지능화**hyper-intelligence: 미래 사회는 이러한 초연결과 초융합을 통해서 고도로 지능화된 사회로 진화하는 모습을 보일 것이다.

(2) 4차 산업혁명의 개념과 시대적 특징

4차 산업혁명 시대의 변화를 이끌어가는 것은 다음과 같은 정보통신기술ICT라는 데는 이견이 없다.: 사물인터넷과 사이버-물리시스템, 빅데이터와 인공지능. 이들 핵심

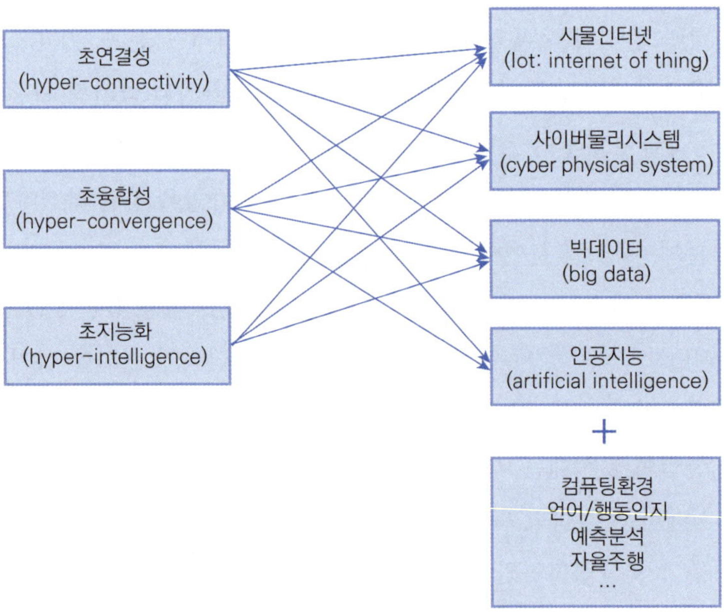

[그림 1-16] 4차 산업혁명의 추진동력

추진동력들은 4차 산업혁명 시대의 특징인 초연결, 초융합, 초지능화 사회로의 진화를 실현시킬 도구들이기 때문에, 미래 사회의 모습은 이들 추진동력의 진화 발전에 달려 있다고 할 수 있다.

- **사물인터넷** IoT: internet of thing: 사물인터넷은 인터넷 접속이 가능한 감지기를 사물에 내장시켜 환경에 구애받지 않고 언제 어디서든 인터넷에 자동으로 접속할 수 있는 기술로서 4차 산업혁명의 대표적인 본질인 초연결 및 초융합을 실현시킬 핵심기술이다. 현재에는 연결되는 사물이 제한적이지만, 연결대상과 적용분야가 점차 확대되고 있으며, 사물인터넷은 특정 영역에 국한되지 않고 개인individual, 가정home, 공장factory, 공공public 등 사회 전반의 모든 영역에서 근본적인 변화를 주도할 것으로 예상되고 있다.
- **사이버-물리시스템** CPS: cyber-physical system: 초연결 및 초융합을 위한 기본인프라가 사물인터넷이라면, 사이버-물리시스템은 사이버 세계와 물리적 현실 세계를 연결하여 물리적인 세계를 제어하는 기술로 4차 산업혁명 시대의 환경을 변화시키고 새로운 환경을 완성하는 핵심 기술이다. 주행 자동차에 부착된 카메라와 감지기를 통해서 날씨, 교통상황, 주행경로 등과 같은 물리적인 세계의 정보를 전달하여 최적의 경로를 분석하여 운전자에게 전달하는 것이 가능할 것이며, 자율 주행자동차의 경우에는 이러한 정보들을 이용하여 자동차의 운행 자체를 제어할 수도 있을 것이다. 제조 기업에 활용될 경우, 물리적인 공장의 완제품, 조달 원자재, 생산과정 등에 대한 정보들이 사이버-물리시스템의 감지기와 연결되어 스스로 완제품 생산수량과, 원자재 수급 및 최적생산경로를 결정하는데도 활용될 것이다.
- **빅데이터** Big Data: 사물인터넷과 사이버-물리시스템은 엄청나게 많은 다양한 정형 및 비정형 실시간 데이터를 생성해내기 때문에, 기존의 데이터 저장 및 분석 기법으로는 한계가 있다. 빅데이터는 방대한 양의 실시간 데이터를 수집-저장-분석-예측하기 위해 개발된 기술이다. 빅데이터는 4차 산업혁명 시대의 급변하는 환경변화에 신속하게 대응하고 정확하고 합리적인 의사결정을 위한 판단근거를 제공하게 될 것이다. 초연결 및 초융합의 시대에 신속한 의사결정을 위한 판단근거를

제공한다는 점에서 기업의 생존과 성장을 위해서 빅데이터 활용은 필수적이라 할 수 있다.

- 인공지능AI: artificial intelligence: 인공지능에 대한 연구는 과거 경험으로부터 자가 학습이 가능하고, 학습을 통해서 얻은 지식을 스스로 활용할 수 있는 기계를 개발하려는 노력으로부터 출발하여 인간의 논리적인 사고와 판단, 학습과 행동 기능을 컴퓨터시스템에 이식한 것이다. 인공지능은 현재 인간의 삶의 방식과 기업 활동 행태를 변화시키기에 충분한 수준으로 발전하였다. 인공지능을 이용하여 문제와 문제 패턴 그리고 데이터를 분석하여 최적의 대안을 제시함으로서 신속하고 정확한 의사결정이 가능해 질 것이며, 기업에서의 인공지능의 활용은 기업구성원과 업무처리 방식에 엄청난 파급효과를 불러올 것으로 예상된다.

2.3.2 미래 환경변화에 대한 대응: 기업의 업무와 기술 관점에서

4차 산업혁명 시대의 변화는 거스를 수 없는 변화의 흐름이기 때문에, 미래를 살아가는 사회 구성원들은 물론 모든 기업은 생존을 넘어 지속적으로 성장하고 발전하기 위해서 4차 산업혁명 시대의 본질과 변화를 이해해야 하며, 효과적으로 대응해야만 한다.

기업의 업무는 기본적으로 기업이 추구하는 목표를 달성하기 위해서 정의된 활동기능들이며, 기술은 이를 수행하는데 사용되는 수단도구이다. 그러나 업무는 단순한 기능적인 측면의 정적인 활동만이 아니라, 활동들의 동적인 연속된 흐름과 순서 그리고 표준화 관점에서의 업무처리방법까지를 포함한다. 또한 업무처리흐름은 데이터의 흐름과 연결되기 때문에, 업무활동의 흐름은 데이터 흐름까지를 포함한다. 기업이 추구하는 궁극적인 목표는 업무의 효과성과 업무처리흐름의 효율성에 의해서 좌우되며, 데이터의 흐름은 업무처리흐름의 효율성에 영향을 미친다. 뿐만 아니라, 업무처리 흐름과 순서, 방법은 사용되는 기술에 의해서 좌우된다. 4차 산업혁명의 핵심은 ICT기술의 확대 응용으로부터 시작되었으며, 기업들은 변화된 기술 환경 변화에 효과적으로 대응하기 위해서 응용기술이 직접적으로 영향을 미치는 업무처리 흐름과 방법과 데이터의 흐름을 상황에 맞게 변화시켜야 하는데, 이것이 기업이 생존하는 비결이다.

그러나 기업은 단순히 생존하는 것만을 목표로 하지는 않는다. 모든 기업은 생존을 넘어 지속적으로 성장하고 발전하기를 원한다. 업무는 목표를 달성하기 위한 구체적인 활동이며, 구체적인 활동들의 연속된 흐름비즈니스프로세스을 통해서 기업의 목표가 효과적으로 달성되기 때문에, 4차 산업혁명이라는 거스를 수 없는 환경 변화 속에서 생존을 넘어 지속적으로 발전하기 위해서 가장 근본적인 대응은 업무차원에서 업무처리 방법과 업무처리 흐름을 변화시켜 목표 달성을 위한 효과성을 높이고, 더 나아가서 변화된 업무와, 업무흐름을 가장 효율적으로 수행할 수 있는 시스템적 도구를 활용함으로써 효율성을 높이는 것이다.

연습문제

1. 기업의 부가가치흐름과 비즈니스프로세스의 관계에 대해서 설명하시오.

2. 업무처리방식 중 일괄처리방식과 실시간처리방식을 설명하시오.

3. 업무처리사이클에 대해서 설명하고, 데이터수집 및 데이터편집과정에서의 문제점을 전사적자원관리시스템이 어떻게 해결할 수 있는지 설명하시오.

4. 업무와 데이터의 통합 관점에서 기업의 전사적 비즈니스프로세스의 통합의 필요성에 대해서 설명하시오.

5. 업무와 데이터의 통합이 이루어지지 않을 경우 발생할 수 있는 기능의 연통과 데이터의 연통문제에 대해서 실명하시오.

6. 기업의 세 가지 핵심 프로세스인 구매buy, 생산make, 판매sell 프로세스에 대해서 설명하시오.

7. 과거 산업사회와 현대 사회에서의 정보시스템의 의미와 역할을 설명하시오.

8. 마이클포터의 부가가치사슬모형에 근거하여 부가가치창출을 위한 지원수단으로서의 정보시스템의 의미와 역할에 대해서 설명하시오.

9. 기업의 생명주기별로 정보기술이 어떤 역할을 하는지 설명하시오.

10. 미래 사회를 주도할 4차 산업혁명 시대의 사회 변화의 특징들과, 4차 산업혁명 시대를 이끌어갈 핵심 추진동력들을 설명하시오.

Chapter 02

전사적자원관리와 ERP시스템

1. 전사적자원관리의 개념과 등장배경
2. ERP시스템의 역사적 발전과정
3. ERP시스템의 평가
4. ERP시스템 모듈구성
5. ERP시스템의 확장

학습개요 및 목표

기업의 업무활동 전체에 대한 통합적인 시각이 부족했던 과거에서는 기업이 추구하는 목표를 달성하기 위해서 개별 업무 혹은 부분 영역에 속한 업무들을 효율적으로 처리하기 위해서 노력하였다. 구매정보시스템, 회계정보시스템, 생산정보시스템 등과 같은 영역별 개별정보시스템들은 구매관리업무, 회계처리작업, 생산관리작업을 효율적으로 처리하기 위해서이다. 그 결과 부분 영역의 업무들이 효율적으로 처리될 수 있었다. 부분 영역의 업무처리 효율성이 높아진다는 사실은 분명 기업이 이루고자 하는 목표를 달성하는 데 긍정적으로 작용할 것이다. 그런데 기업이 추구하는 목표가 기업의 어느 한 부분 조직의 노력만으로 달성될 수 있을까?

기업의 모든 업무활동들은 유기적으로 연결되어 있을 뿐만 아니라, 기업이 이루고자 하는 목표는 어느 한 부분 조직의 업무가 효율적으로 처리되는 것만으로 달성되는 것이 아니라, 전체 조직의 모든 업무들이 효율적으로 처리되어야 가능하기 때문에, 제1장에서 설명한 것처럼, 기업의 모든 개별 업무 및 업무의 흐름 비즈니스프로세스은 통합되어야 하며, 또 이를 위해서 부분 영역의 개별정보시스템들이 처리하던 모든 업무를 통합하여 처리할 수 있는 통합정보시스템이 필요하다. 기업의 모든 개별 업무들이 통합·관리되고 처리되어야 한다는 이유에서 출발한 개념이 전사적자원관리 ERP: enterprise resources planning이며, 이를 지원하기 위해서 개발된 통합정보시스템이 전사적자원관리시스템 ERP시스템이다.

본 장에서는 전사적자원관리의 개념으로부터 전사적자원관리의 등장배경, 발전과정 그리고 미래의 진화방향성에 대해서 살펴보고, 전자사적자원관리 도구인 ERP시스템에 대해서 살펴보고자 한다. 이어서 기업이 추구하는 목표는 기업 내부의 노력만으로 되는 것이 아니라, 외부 주체로까지 확대되고 있기 때문에, 기업 내부의 업무들을 통합 관리하는 전사적자원관리 개념이 외부 영역으로 확대된 확장형 시스템들에 대해서 고찰하기로 한다. 본 장의 학습목표는 다음과 같다.

- 전사적자원관리의 개념과 목표 그리고 등장배경을 이해한다.
- ERP시스템의 진화과정을 연대기적 관점과 영역확대 관점 그리고 컴퓨팅 환경의 변화 관점에서 이해한다.
- 미래의 ERP시스템의 진화 방향성을 예측한다.
- ERP시스템의 기능과 구성요소 그리고 장·단점을 바르게 이해한다.
- ERP시스템의 확장 공급사슬관리와 고객관계관리 개념과 필요성을 이해한다.

1 전사적자원관리의 개념과 등장배경

1.1 전사적자원관리 개념

컴퓨터시스템이 기업에서 본격적으로 활용되기 시작한 초기에는 급여계산이나 혹은 고객주문처리와 같이 주로 기업에서 일상적으로 반복되는 업무를 효율적으로 처리하기 위한 목적이었다. 그러나 앞 장에서 살펴본 바와 같이 기업에 처리되는 모든 업무들은 유기적으로 연계되어 있기 때문에, 기업의 전사적인 업무를 통합하여 처리할 필요성이 대두되었다. 또한 기업의 외적인 환경과 내적인 업무처리 환경이 급변함에 따라서 기업의 부가가치 창출과정value chain이 복잡해지면서 부가가치 창출에 관련된 자원을 효율적으로 관리하기 위한 시스템이 요구되었다. 이러한 시대적인 흐름에 맞추어 전사적 자원을 효율적으로 관리하고, 전사적인 업무를 통합 처리할 수 있는 전사적자원관리ERP: enterprise resources planning의 개념이 등장하였고, ERP시스템으로 구현되었다.

기업의 전사적 자원을 효율적으로 관리하며, 서로 연계된 업무를 통합처리하기 위한 전사적자원관리는 업무의 효율적인 통합처리라는 시대적 요구에 의해서 탄생된 것이기 때문에, 개념을 명확하게 정의하기는 쉽지 않다. 더욱이 효율성의 개념은 시대에 따라서 그리고 환경에 따라서 다르게 정의될 수 있기 때문에, 전사적자원관리 개념을 명확하게 정의하는 것보다 전사적자원관리라는 개념 속에 내포되어 있는 의미를 이해하는 것이 더 중요하다.

일반적으로 알려진 것처럼, 전사적자원관리라는 개념을 기업의 전사적 업무를 통합처리하고 전사적 자원을 효율적으로 관리하는 것이라고 볼 때, 컴퓨터시스템이 기업에 활용되기 시작한 1960~70년에는 전사적자원관리라는 개념이 출현하기 이전이기 때문에, ERP시스템을 설명하는 것이 불가능하다. 그러나 1980~1990년 사이에 중요하게 등장했던 자재소요계획MRP: material requirement planning 혹은 MRPIImanufacturing resource planning를 초기의 전사적자원관리의 개념으로 이해할 수가 있다. 2000년대 이후부터 현재에 이르기까지는 ERP시스템의 범위가 기업 내부의 영역을 넘어서 고객 혹은 공급업체에까지 이르고 있기 때문에, ERP시스템이라는 명칭 자체도 다양하다.

시스템적 관점에서 정의할 때, ERP시스템은 기업의 전사적인 핵심 업무를 통합처리하기 위한 정보시스템이라고 정의된다. 이와 같은 정의는 ERP시스템도 기업에서 활용되는 많은 시스템 중의 하나이기 때문에, 시스템적 관점에서 정의한 것이다. ERP시스템 개발업체 혹은 전사적자원관리 분야의 전문가들에 의해서 다음과 같이 정의되기도 한다.

○ ERP시스템의 정의

- 기업의 모든 비즈니스프로세스를 통합 처리할 수 있는 전사적 정보시스템이며, 통합 데이터베이스와 통합 애플리케이션 그리고 통일된 인터페이스를 통해서 모든 비즈니스프로세스를 연결할 수 있는 시스템
- 인사, 재무, 생산, 공급 및 유통과 기업의 핵심 비즈니스프로세스를 자동으로 처리하기 위한 고도의 통합정보시스템
- 기업 내부의 업무를 보다 강력하게 통제하고 비용을 절감할 수 있을 뿐만 아니라, 기반구조를 개선하고 재구성하는데 중요한 역할을 담당하는 시스템
- 기업 내부의 모든 핵심적인 비즈니스프로세스를 내포하고 있으며, 이를 통합하여 처리할 수 있는 소프트웨어 패키지

위와 같은 ERP시스템은 업무처리결과 생성된 데이터를 저장하고 관리하기 위해서 하나의 통합 데이터베이스를 사용하며, 권한을 가진 모든 구성원은 장소에 관계없이 언제 어디서든 실시간으로 통합 데이터베이스에 접근이 가능하도록 구현되어 있다. 또한 각각의 업무처리 담당자가 다르기 때문에, 기술적인 운영 측면에서 모든 구성원이 실시간으로 접속하여 작업할 수 있는 클라이언트-서버client/server환경에서 작동하도록 구축된 소프트웨어 패키지이다.

1.2 전사적 자원관리 등장 배경

무한 경쟁시대를 맞이하고 있는 현대 기업들에 있어서 가장 큰 고민은 어떻게 하면 빠르게 변화하고 있는 기업의 내적인 환경과 외적인 환경변화에 유연하게 대처할 수 있느냐 하는 것이다. 세계적으로 성공한 기업이라 하더라도 평균수명이 40~50년에 지나지 않기 때문에, 어떻게 하면 지속적으로 수익을 창출하며 생존하느냐가 최대의 관건인 셈이다. 즉, 현대 사회는 환경변화에 효과적으로 대응할 수 있는 능력을 가진 기업만이 생존할 수 있는 시대이며, 따라서 기업이 생존을 넘어 지속적으로 성장하기 위해서 무엇보다 외부의 환경변화 추이에 주목해야 한다는 것이다. 기업의 환경변화 요인을 정리하며 다음과 같다.

1.2.1 기업의 세계화

세계시장의 벽이 허물어지고, 첨단 정보기술의 도입으로 인해서 공간에 대한 개념이 파괴되어 기업의 경쟁상대는 이제 전 세계로 확대되어 가는 시대가 되었다. 즉, 무한경쟁의 원리에 따라 전 세계를 대상으로 경쟁력을 확보해야 하는 국제화 세계화 시대가 도래한 작금의 상황을 반영하여 국외로 진출하거나, 외국에 지사 혹은 공장을 운영하는 사례가 늘어나 자국 본사와의 원활한 정보교환을 위해서 다국적 기업에서 사용 가능한 정보시스템이 필요하게 되었다.

1.2.2 정보의 다량화 및 분산화

첨단 정보기술의 발달로 인해서 현대 사회는 이미 정보의 홍수시대를 맞고 있다. 현대 기업이 생존하기 위해서는 정보의 홍수 속에서 기업의 내·외부에 존재하는 다량의 정보를 확보하여 기업에 유용한 형태로 가공하여 활용하는 것이 매우 중요하게 되었다. 따라서 기업들은 산재되어 있는 다량의 정보를 효율적으로 수집하고 이를 체계적으로 통합 관리할 수 있는 시스템에 대한 요구가 대두되었다.

1.2.3 제품생명주기의 단축

현대 사회의 가장 큰 특징 중에 하나는 고객요구의 다양화에 있다. 고객의 제품이나 서비스에 대한 요구는 점점 다양화되고 그 요구수준이 점점 다양화되어 제품의 수명이 점점 짧아지고 있는 상황이다. 이로 인해서 제품의 전체 생명주기가 짧아지게 되고 그 결과 제품 개발에 투자한 단위 비용이 증가하여 수익률이 감소하고 있다. 제품생명주기의 단축은 수익률 감소뿐만 아니라, 고객의 다양한 요구를 충족시키기 위해서 제품 개발과 판매는 물론 업무처리 방식 자체도 고객의 요구에 신속하게 대응할 수 있는 유연한 구조가 되어야 한다는 것이 더 큰 문제이다. 모든 기업들은 따라서 기업의 핵심적인 업무변화에 유연하고 신속하게 대응할 수 있는 시스템을 지원해야 하는 과제를 안고 있다.

1.2.4 제품 및 경영품질의 고급화

고객의 요구는 제품에 대한 높은 품질을 요구하지만, 기업 입장에서는 제품과 서비스의 품질을 높이기 위해서 제품을 생산하고 서비스를 창출하는데 관련된 모든 경영활동의 품질이 개선되어야 한다는 것을 인식하고 있다. 특히, 경영활동의 품질은 기업 내부에서 수행되는 모든 개별 업무처리의 효율성에 의해서 결정되기 때문에, 효율적인 업무처리시스템에 대한 요구는 어느 때보다 높다.

1.2.5 외부 경쟁자의 도전

세계화의 시대적 흐름 속에서 기업의 경쟁자는 전 세계에 산재해 있으며, 모든 경쟁자들이 생존을 넘어 우량기업으로 성장하기 위해서 총체적인 비용우위 전략, 차별화, 집중화 전략을 수립하고 있다. 모든 경쟁자들이 동일한 전략을 추진하고 있기 때문에, 누가 더 효과적으로 더 효율적으로 전략을 실천하느냐가 중요하게 되었다. 기업의 전략을 효율적으로 수행할 도구가 필요하며, 대부분의 경쟁자들이 기업의 전사적자원관리를 위해서 ERP시스템을 도입하고 있음은 바로 이런 이유에서 일 것이다.

1.2.6 고객확보 및 고객지원체계 구축

현대 정보화 사회에서 경쟁력의 원천은 시간과 정보이다. 그러나 중요한 사실은 누가 더 많은 정보를 가지고 있느냐가 아니라, 원하는 시간과 장소에서 활용할 수 있는 필요한 정보를 누가 더 많이 가지고 있느냐이다. 특히, 고객의 기호와 감성에 맞는 제품과 서비스를 제공하는 것이 중요하기 때문에, 고객에 대한 정보를 확보하는 것은 매우 중요하다. 따라서 모든 기업들은 고객 정보에 대한 효율적인 관리, 고객 요구에 대한 신속한 대응, 정기적인 고객만족도 조사 등 대 고객 지원체계 구축을 위해서 노력하고 있다. 고객서비스의 질적 수준을 향상시키기 위해서 ERP시스템과 같은 시스템적 지원이 절대적으로 필요하다.

2 ERP시스템의 역사적 발전과정

ERP시스템의 역사적 발전과정은 다음의 세 가지 관점에서 접근이 가능하다.

- 연대기적 관점: 연대기별로 기업 내 외부 환경에 기인한 변화과정에 따라서 구분하는 방법으로 연대기의 구분은 전사적자원관리의 개념이 도입되기 이전과 이후로 나누는 것이 일반적이다.
- 관리통제 대상 영역의 확대 관점: ERP시스템을 활용함으로써 관리 통제하고자 하는 영역이 확대되는 방향과 관리대상 영역의 포함 정도의 변화에 따라 분류하는 방법이다.
- 컴퓨팅 환경 변화 관점: 모든 시스템들은 특정 컴퓨팅 환경에서 작동하기 때문에, ERP시스템도 컴퓨팅 환경의 변화에 따라 구분할 수가 있다. 컴퓨팅 환경의 변화 관점에 따른 분류는 시대별로 특징지을 수 있는 컴퓨팅 환경의 발전 및 응용 정도

에 따라 ERP시스템을 분류하는 방법이다.

2.1 연대기적 관점에서의 진화과정

2.1.1 ERP시스템 등장 이전의 발전과정 1970년대~1980년대

ERP시스템의 역사적 태동은 1960년대의 재고관리시스템IMCS: inventory management and control software으로 거슬러 올라간다. 그러나 ERP시스템의 직접적인 모태는 1970년대의 자재소요량계획시스템MRP: material requirement planning에서 시작되었다 할 수 있다. 자재소요량계획이라 불리는 MRP의 목적은 당시 기업의 고질적인 문제였던 재고를 최소화하고 자재수급을 원활하게 하기 위해서 메인프레임 컴퓨팅 환경에서 작동되도록 개발된 시스템으로 경제적 주문량EOQ: economic order quantity을 산정하기 위한 것이 주요 목적이었다. 1980년대 생산방식이 소품종 대량생산 체제에서 다품종 소량생산 방식으로 바뀌게 되고, 컴퓨팅 기술과 네트워크 기술이 발달하면서 1970년대의 MRP시스템의 문제점을 보완하고, 모든 생산자원을 관리함으로써 생산비용을 절감할 수 있는 MRPIImanufacturing resource planning시스템으로 진화하게 된다.

1970년대의 재고관리시스템은 전형적인 기능업무중심의 시스템 모형으로 업무영역 간의 통합 혹은 전체 업무프로세스의 효율성을 전혀 고려하지 않고 단순히 업무의 자동화 수준에 머물렀다면, 1980년대의 MRP시스템은 업무영역 내의 부분 업무의 단순 통합을 고려한 시스템 모형이라 할 수 있다. 또한 1970년대에 활용된 정보기술은 아직 메인프레임 컴퓨팅 환경인 반면, 1980년대에 들어서 미니 컴퓨팅 환경에서 구동되도록 설계된 시스템 모형이다. 다음은 ERP시스템의 모태가 된1970~80년대의 MRP시스템과 MRPII시스템 모형의 발전과정을 설명한 것이다.

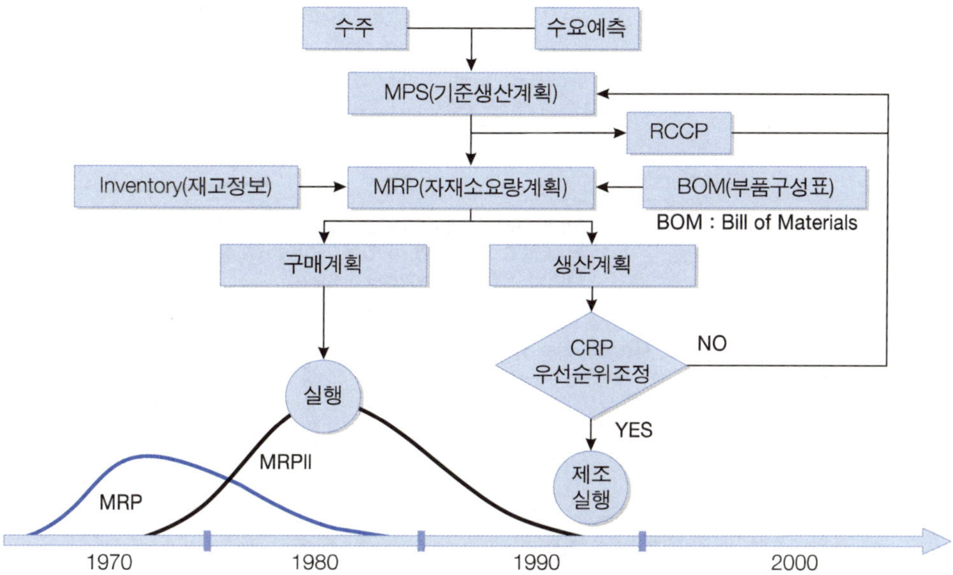

[그림 2-1] ERP시스템 등장 이전의 진화과정

2.1.2 ERP시스템 등장 이후의 진화과정 1990년대~현재

1990년대에 들어서 기업의 내 외부 환경이 복잡해지면서 더 많은 기업의 부가가치 창출을 위해서는 기업 내부의 효율적인 생산 활동을 통해서는 한계가 있음을 인식하고 기업 전반의 모든 핵심 영역으로 확대할 필요가 있음을 절감하면서 MRPII시스템이 ERP시스템으로 진화하게 된다. ERP시스템은 기존의 MRP시스템 혹은 MRPII시스템과 달리 기업 내부의 모든 영역 들이 유기적으로 통합되어 모든 업무프로세스가 하나의 단일 플랫폼과 단일 애플리케이션에서 처리되며, 컴퓨팅 환경은 클라이언트/서버 환경에서 운영되는 것이 특징이다.

2000년대에 이르러 생산방식이 재고생산make to stock에서 주문생산make to order 방식으로 바뀌면서 업무가 보다 복잡해지고, 비용절감이 최소한의 요구사항이 되었다. 보다 많은 부가가치 창출을 위해서 공급자와 고객과의 관계를 보다 유기적으로 유지하기 위해서 영역을 확대하거나 정보기술의 응용 정도, 조직에의 활용도를 높이는 방향으로 진화되었다. 예를 들어, 기업 성격에 따라서 공급자 측면이 강조되어 공급자 관리를

ERP시스템에 포함시키기도 하고, 수요자 측면이 강조되어 수요자 관리를 ERP시스템에 포함시키기도 한다. 또한 2000년 이후의 클라우드 기반의 다양한 시스템들이 등장하고 있다.

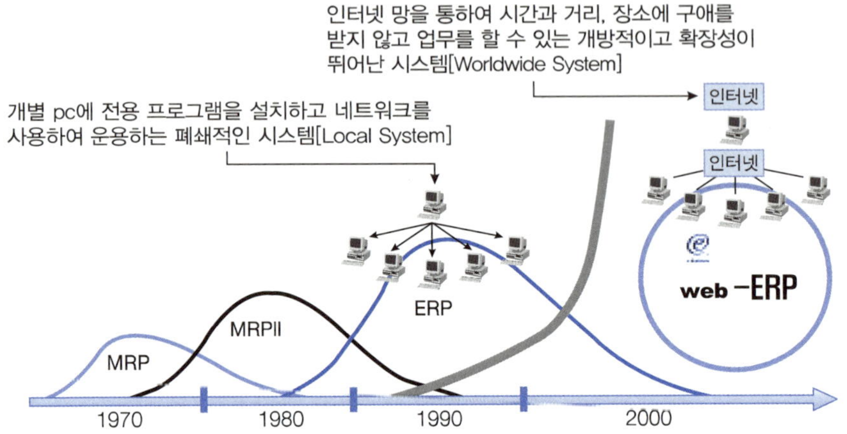

[그림 2-2] ERP시스템 등장 이후의 진화과정

2.2 영역확대 관점에서의 진화과정

IMCS시스템은 재고관리 영역을, MRP시스템은 생산제조 영역의 일부인 자재소요계획을 대상으로 한다. MRPII시스템의 경우에는 생산제조 전체 영역을 대상으로 하며, ERP시스템은 기업 내부의 모든 영역을 관리 통제 대상으로 한다. 부가가치 창출에 직접 혹은 간접적으로 영향을 미치는 외부의 주체까지도 관리 통제 영역에 포함시키고자 하는 것이 영역 확대 측면에서의 진화의 본질이다.

ERP시스템을 관리 통제하고자 하는 영역 측면을 기준으로 가장 일반적인 모습은 확장 방향 즉, 포함시키고자 하는 대상이 기업의 입장에서 공급자 혹은 수요자냐에 따라서 구분할 수가 있다. 신규 고객의 유치, 고객유지, 우수고객의 발굴, 휴면고객의 활성화, 잠재고객의 발굴 작업 등을 정보기술을 이용하여 어떻게 효율적으로 할 것인가 하는 문제가 크게 대두되고 있으며, 현재에는 인터넷 매체를 이용한 고객관계관리

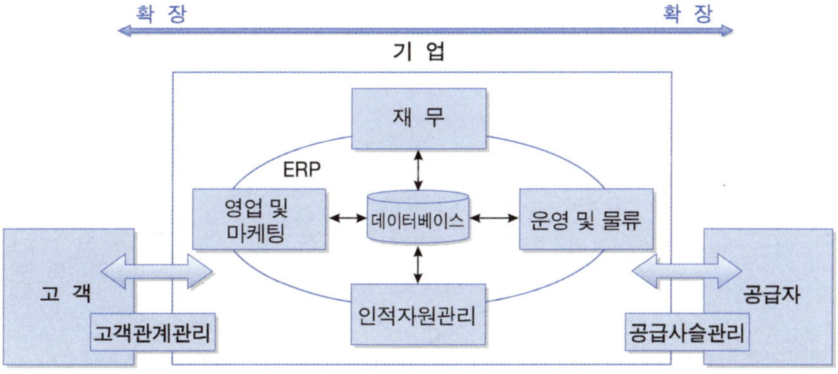

[그림 2-3] ERP시스템의 영역확대에 따른 진화

eCRM: e-customer relationship management가 주요 이슈로 부각되고 있다. 반대로 공급자 측면을 관리 통제 대상 영역으로 확대하는 경우 공급사슬관리SCM: supply chain management로 영역이 확대된다. 공급사슬관리의 경우 좁은 의미에서 공급자 측면이 강조되기는 하지만, 넓은 의미로 볼 때에는 공급자로부터 고객에게 이르는 전체 물류흐름 상의 모든 주체를 관리대상으로 하고 있기 때문에, 보다 포괄적인 개념으로 이해할 수가 있다. 공급사슬관리와 같은 포괄적인 개념의 관리 통제시스템이 필요한 이유는 기업의 부가가치의 상당부분이 제조과정 이외의 공급사슬 상에서 창출되기 때문이며, 또한 부품 및 자재공급의 납기나 품질, 주문 등에 대한 불확실성을 기업 내부에서 수정하고 대응하는데 한계가 있음도 이유 중의 하나이다. 그러나 본질적인 이유는 물류의 반대 흐름인 고객과 기업 그리고 공급자에게로 이어지는 정보전달의 지연문제나 왜곡 현상 등이 고객으로부터 멀어져 공급 사슬을 거슬러 올라갈수록 더 커지는 채찍효과 때문이라 할 수 있다.

2.3 컴퓨팅 환경변화에 기인한 진화과정

ERP시스템의 진화과정을 순수 연대기적으로 분석하는 것은 사실 큰 의미는 없다. 연대기적 진화과정이 의미를 갖는 것은 연대기적으로 ERP시스템을 운영하는 컴퓨팅 환경이 시간적 흐름 속에 진화발전하기 때문이다.

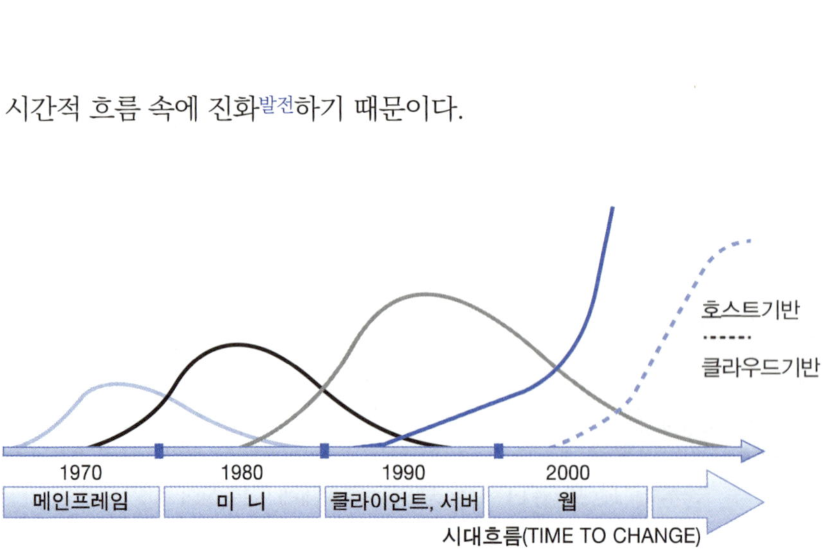

[그림 2-4] 컴퓨팅 환경의 변화

예를 들어, 초기의 재고관리시스템에서 MRP시스템, 더 나아가 MRPII시스템으로의 진화는 통신네트워크나 데이터베이스 관련기술의 발달로 가능했으며, MRPII시스템에서 ERP시스템으로 그리고 다양한 확장형 ERP시스템으로의 진화 역시 클라이언트-서버 컴퓨팅 기술이나 웹 기반 기술의 발달배경 없이는 불가능했을 것이기 때문에, ERP시스템의 진화과정과 컴퓨팅 기술 사이에 깊은 연관성을 찾을 수 있다.

2.4 미래 지향적 ERP시스템

ERP시스템의 발전과정은 정보기술information technology과 비즈니스business를 통합한 결과의 산물로 이해할 수 있으며, 진화의 물결은 다음과 같이 네 단계로 구분된다.

- 제1의 물결: 재고관리IMCS → 자재소요계획MRP
- 제2의 물결: 자재소요계획MRP → 생산계획MRPII 및 전사적자원관리ERP
- 제3의 물결: 전사적자원관리ERP →고객중심의 프로세스통합CRM
- 제4의 물결: 고객중심의 프로세스통합CRM → 기업 간 프로세스통합xRP

제1의 물결에서 제4의 물결에 이르는 이 같은 ERP시스템의 진화과정은 앞에서 살펴본 연대기적 관점에서의 진화과정이나, 영역 확대 측면 그리고 컴퓨팅 환경변화에 기인한 진화과정과 연관되어 있다. 그럼 향후 예상되는 ERP시스템의 모습도 기존의 기본 틀을 유지하면서 점진적으로 발전하는 진화evolution의 모습일까? 그러나 급변하는 정보통신기술과 업무환경, 기업 환경 그리고 지금까지 ERP시스템의 위상과 역할을 고려하여 볼 때, ERP시스템의 발전적인 형태가 아닌, 기존의 모습과는 상이하게 다른 형태의 시스템에 의한 대체 혹은 변화substitution or change된 모습일 수도 있을 것이다. 따라서 향후 예상되는 ERP시스템은 진화의 모습과 다른 시스템으로의 대체의 모습이 공존할 것이다.

진화 관점에서 향후 예상되는 ERP시스템은 향후에도 여전히 (1) 기업 환경과 비즈니스 환경, (2) 정보기술의 변화 그리고 (3) 관리통제 대상 영역 확대 등이 진화방향을 결정짓는 요인이 될 것이다.

2.4.1 기업 환경 및 업무환경의 변화에 기인한 진화

가장 근본적이고 본질적인 변화는 정보화 사회가 진전되면서 직면하게 되는 기업의 환경변화에 기인할 것이다. 컴퓨터시스템이 기업에 도입되기 시작했던 초창기의 기업 환경과 정보통신혁명을 거치면서 변화된 기업 환경 그리고 현대 기업들이 새롭게 직면하고 있는 현재의 환경은 너무나도 큰 차이를 보이고 있으며, 특히 산업 간의 정보의 장벽이 무너지고 산업 간의 환경적 특성은 큰 차이를 보이고 있다. 그러나 한 가지 공통된 사실은 기업의 모든 업무가 공급자 중심에서 고객중심, 서비스중심으로 변화되고 있는 것이기 때문에, 미래의 ERP시스템은 고객서비스 중심 그리고 통합을 최대 이슈로 발전하게 될 것이다.

(1) 고객서비스 중심의 ERP시스템

최상의 고객 서비스를 제공하기 위해서 고객에 대한 대응력을 향상시켜야 함은 물론 서비스의 질적 수준을 개선하는 방향이 되어야 한다. 이런 관점에서 서비스중심의 아키텍처SOA: service-oriented architecture를 근간으로 하여 유동적인 메뉴를 제공하고 비즈니스 솔루션과 시스템을 융합하는 문제, 포털 형식의 ERP패키지로 통합되어 연계시스템과의 통합성을 제공하고 효율적인 기업경영을 위한 다양한 정보 분석 기능 또한 고려해야 할 사항이다.

(2) 통합 플랫폼 형태의 ERP시스템

기업의 모든 업무가 고객중심, 서비스중심으로 옮아가고 있는 이외에도 기업의 중요한 환경변화 요인 중에 하나는 기업의 관리·통제 영역의 통합이다. ERP시스템의 역사적 진화과정에서 살펴본 바와 같이 초기의 재고관리 영역에서 생산제조 분야로, 생산제조 분야에서 인적자원관리, 엔지니어링, 재무회계분야로 영역이 확대되고 기업 외부의 주체공급업체, 고객까지도 관리·통제 영역으로 확대되었음은 설명한 바와 같다. 그러나 이러한 영역의 확대는 기능적 영역을 중심으로 확대되었으나, 이제는 기능 중심이 아닌 정보기술이나 조직 외부 영역의 비즈니스프로세스, 다양한 정보, 인적 자원까지를 통합 지원하는 통합 플랫폼을 개발하여 제공하는 추세에 있다. 예를 들어, SAP사의 경우 기업 내부와 외부의 모든 주체를 통합하고 단일 애플리케이션 플랫폼SAP 넷위버: NetWeaver을 개발하여 제공하고 있다. 뿐만 아니라 향후의 기업 환경 및 업무환경은 ERP시스템의 개별 모듈과 기업 외부의 주체고객 및 공급업체의 통합은 물론, 기존의 업무환경에서 개발된 시스템들KM: knowledge management, DW: data warehouse, SEM: strategic enterprise management이 하나의 플랫폼으로 통합되는 모습이 ERP시스템의 일반적인 모습이 될 것이다.

(3) 관리 통제 대상이 무제한적인 ERP시스템

향후 예상되는 기업 환경은 어떤 모습으로 변화할 것인가? 사실 그 모습을 예측하기는 쉽지 않다. 그러나 한 가지 분명한 사실은 웹 이후post-web시대라 불리는 제2의 지식정보화 사회에서의 기업의 모습은 산업 간의 장벽이 무너지고 개별 영역이 붕괴될 것이라는 것이다. 사실 지금까지 ERP시스템이 고객서비스 중심, 기능 확대, 영역통합을 이루면서 진화해 왔지만, 좁게는 기업 내부 그리고 넓게는 관련 업계의 범위를 넘어서지 못했던 것이 사실이다.

향후에는 산업영역이 더욱 더 붕괴되어 자사의 부가가치사슬이 모든 산업영역에 걸쳐서 뻗어나갈 것이 자명하기 때문에, 향후 진화될 ERP시스템의 모습은 기업 내부의 모든 경영활동을 연계한 플랫폼 → 동일 산업 내에서의 단일 플랫폼 → 산업 전체의 가치사슬을 연계한 통합패키지의 모습으로 진화할 것이다.

(4) 경영혁신 도구로서의 ERP시스템

과거 ERP시스템의 목적은 기업의 전사적 자원을 효율적으로 관리·통제하고자 함이었다. 그러나 최근 들어, ERP시스템을 새로이 도입하고자 하는 많은 기업들은 기업의 전사적 자원을 효율적으로 관리하고자 하는 단순한 목적 이외에 ERP시스템을 도입하면서 자체의 업무프로세스를 개선하려는 경영혁신의 도구로 활용하고자 하는 경향이 짙은 것으로 나타나고 있다. 이러한 취지에 부합하여 SAP ERP시스템의 경우 거의 전 산업 군에 걸쳐 방대한 레퍼런스모델을 제공하고 있으며, BAAN/SSA ERP시스템도 마찬가지로 산업별 표준 프로세스를 제공하고 있다. 산업별 표준 프로세스를 제공하는 것은 국내에서 개발된 ERP시스템들도 마찬가지이다.

향후 예상되는 ERP시스템의 도입 동기는 급변하는 글로벌 기업 환경과 무한 경쟁 속에서 살아남기 위해서 기업의 낭비적 요소를 제거하고 업무효율성을 높이기 위한 전략적 도구로써 활용이 강하게 부각될 것으로 예상되기 때문에, 미래의 ERP시스템은 기업의 전사적 비즈니스프로세스를 효율화, 표준화하기 위한 도구로서의 역할을 할 수 있어야 한다.

2.4.2 정보기술의 환경변화에 기인한 진화

ERP시스템은 컴퓨팅환경, 네트워크, 데이터베이스 등을 기반으로 하고 있기 때문에, 이들 정보기술들이 어떤 모습으로 발전하느냐에 따라서 ERP시스템의 미래 모습도 달라질 것이다. 시간을 거슬러 웹이 처음 등장하여 본격적으로 사용되기 시작한 1990년대 중반에는 인터넷으로 인해 기업의 모든 비즈니스모델이 변할 것이며, 이에 적응하지 못한 기업은 시장에서 완전히 퇴출될 것이라는 생각이 지배적이었다. 이러한 견

해는 어느 정도 적중하였다. 그러나 2000년 중반 들어 웹 2.0이라는 새로운 화두가 등장하였다. 웹 2.0은 기존의 웹을 조금 다른 각도에서 재구성한 것이기 때문에, 전혀 새로운 것이 아니며, 잠시 지속될 유행으로 보이기도 한다. 사실 사이트를 개발하는데 AJAX 혹은 RSS 기술을 이용했다고 해서 웹 2.0이라 부를 수 있는 것이 아니기 때문에, 웹 2.0은 기술적인 진화라고 보기에는 무리가 있다. 그렇기 때문에 웹 2.0은 특정 정보기술과는 무관한 것이며, 기존의 웹의 사용과 구별되는 새로운 형태의 사용 환경이라고 보는 것이 더 옳을지도 모른다. 그렇다 하더라도 새롭게 등장한 Web 2.0의 사용 환경은 기존의 웹 환경과 상이하게 다르기 때문에, ERP시스템에 영향을 미칠 수밖에 없을 것이다.

ERP시스템의 진화에 영향을 미칠 수 있는 기타 정보기술 환경은 네트워킹 및 데이터베이스 관련 기술, 데이터웨어하우스, 유저 인터페이스 등의 요인이 있으며, 컴퓨터 칩과 같은 수없이 많은 요소기술들도 진화에 영향을 미칠 것이다. 따라서 새로운 개념의 웹 2.0 환경이 도래하였다고 해서 또는 정보기술 환경이 변했다고 해서 ERP시스템의 콘셉트가 곧바로 변하는 것은 아니다. 이들 정보기술 환경요인들이 영향을 미치고 새로운 ERP시스템 콘셉트가 개발되고 실제 활용되는 데까지는 일반적인 기술 기대주기technology hype-cycle에 따라 기술의 출현 → 과장된 기대수준의 정점 → 거품 붕괴 → 기술의 잠재력 실현 → 안정기 → 실제 활용단계를 거치는 동안 상당한 시간이 필요하다.

3 ERP시스템의 평가

ERP시스템 도입은 각각의 기업마다 조직의 재정비, 생산성 향상, 재고감축, 리드타임 감축, 결산시간 단축, 정확한 원가관리 등 서로 다른 기대치를 가지고 이루어진다. 그러나 한 가지 공통적인 것은 무한 경쟁시대를 맞이하여 경영진이 기업의 총비용 절감이나 자금의 흐름을 통제하기 위해서 기업의 모든 정보를 실시간으로 통제하고 모든 가용 자원을 효율적으로 관리해야 할 필요성을 느끼고 있다는 것이다. 이런 관점에서 ERP시스템은 비효율성을 제거하고 개선된 업무프로세스를 도입함으로써 기업의 전사적 업무를 통합적으로 처리할 수 있는 통합패키지로서 기업의 다양한 요구사항들을 충족시킬 수 있도록 지원하는 도구로서의 역할을 수행하고 있다.

그러나 ERP시스템을 새로 구축하고 정상적으로 운영하기까지 비용과 시간 그리고 기존 시스템과의 호환성 문제 등의 위험요소가 내재하고 있는 것도 사실이다. ERP시스템 도입과 관련하여 장점과 단점을 정리하면 다음과 같다.

3.1 ERP시스템의 장점

3.1.1 고비용 저효율의 기존시스템legacy system 제거

ERP시스템의 도입은 기업 내의 서로 분리되어 있는 부분적인 비즈니스프로세스들이 통합된 전사적 비즈니스프로세스의 구현과 이를 통합적으로 수행할 시스템 구현을 전제로 하기 때문에, 서로 산재된 부분 시스템들이 통합된 형태의 응용시스템으로 대체할 수 있다는 장점이 있다. 지금까지 부분적으로 개발되어 사용되고 있는 부분 시스템들은 대부분 업무의 연계처리 측면이나 혹은 통합 정보의 제공 측면에서 비효율성과 고비용의 문제가 발생되었으나, ERP시스템을 도입함으로써 기존의 부분 시스템 활용으로 인해서 발생되었던 고비용과 저 효율의 문제를 해결할 수가 있다.

3.1.2 비즈니스프로세스의 향상

ERP시스템의 도입은 ERP시스템이 갖는 표준프로세스의 도입을 의미하기 때문에, 기존의 비효율적인 업무프로세스를 개선하는 효과를 제공한다. 기업의 경쟁력은 기업의 비즈니스프로세스를 가능한 한 효율적이고 고객중심적인 구조로의 전환을 통해서 얻을 수 있는데, ERP시스템은 최적의 비즈니스프로세스best practice를 근거로 개발되기 때문에, 최적의 업무처리활동이 가능하도록 보장한다. 물론 ERP개발업체에서 제공하는 최적의 비즈니스프로세스가 자사의 업무활동과 맞지 않을 수 있으나, 이 또한 커스터마이징을 통해서 자사의 상황에 맞는 효율적이고 효과적인 형태의 프로세스로 구현될 수 있다.

3.1.3 고객 중심의 시스템 구축 가능

경쟁사와의 차별화는 시장점유율과 매출증대를 통한 경쟁력 확보를 위한 핵심적인 요소이다. 특히, 경쟁기업과 차별화된 고객만족도 향상은 기업의 생존과 직결되기 때문에 매우 중요하며, 이는 제품서비스를 제공하는 업무를 처리하는 프로세스의 효율성과 밀접한 관계가 있기 때문에, 고객대응시간 단축과 고객만족도 향상 등의 장점을 제공한다.

3.1.4 글로벌 경영 대응

무역자유화, 자유로운 기업의 인수 합병 등 기업 경영활동이 점점 국제화되어가고 있기 때문에, 현대 기업들에 있어서 국제화 대응은 이제 선택이 아니라 필수적이다. 이와 같은 글로벌 경영은 언어뿐만 아니라, 세무회계, 인사, 생산방식 등 국제화된 운영체제를 요구하고 있다. 대부분의 ERP시스템들은 다국적 언어, 다국적 통화시스템을 지원할 뿐만 아니라, 국제적인 회계 및 국가별 회계체계에 동시에 대응할 수 있도록 개발되었기 때문에, 국제화 시대의 글로벌 경영환경에 유연하게 대처할 수가 있다.

3.1.5 실시간 데이터 접근을 통한 신속한 의사결정 지원

경영자나 관리자의 효과적인 의사결정을 위해서는 기업에서 생성되는 모든 데이터는 체계적으로 관리되고 저장되어야 하며, 각 부서나 팀 단위로 생성된 데이터는 전사적 차원에서 필요한 정보로 재분류되고 가공되어야 전략적 의사결정을 위한 정보로 활용될 수가 있다. ERP시스템은 하나의 통합데이터베이스를 활용하기 때문에, 효율적인 경영활동을 위한 모든 의사결정을 지원하고 대 고객 지원서비스의 질적 수준을 향상시킬 수가 있다.

3.1.6 정보기술 기반구조의 업그레이드

지금까지 기업들은 전산시스템을 부분적인 이기종 시스템 형태로 운영해 왔기 때문에, 새로운 시스템을 도입하는데 이기종 시스템간의 통합과 같은 문제들이 자주 발생하였다. 그러나 ERP시스템을 구현할 때 기업에서는 어떤 하드웨어, 운영시스템 그리고 어떤 데이터베이스를 사용할 것인지를 먼저 결정하기 때문에 조직 내부의 다양한 형태의 하드웨어 플랫폼이나 운영시스템 그리고 현재 사용하고 있는 데이터베이스를 제거하고 표준화된 기반구조로 개선하고 단순하게 할 수 있는 기회를 제공할 수 있다는 장점이 있다.

3.1.7 실시간 정보관리

ERP시스템 도입으로 인한 또 다른 장점으로는 주문, 조달, 생산, 판매 그리고 판매 이후의 서비스에 이르기까지 모든 업무가 실시간으로 관리될 수 있다는 것이다. 이는 경영자의 입장에는 최하위 업무 담당자의 업무까지도 파악할 수 있기 때문에 실시간으로 실질적인 업무관리가 가능하며, 기업 운영에 필요한 자금이나 인적자원에 대한 정보도 실시간으로 파악할 수 있기 때문에, 필요한 경우에는 언제라도 관련 의사결정을 내릴 수 있다는 장점이 있다.

3.2 ERP시스템의 단점

ERP시스템 도입은 위와 같은 장점들이 있기 때문에, 많은 기업들에서 도입을 서둘러 왔으며, 이제는 대기업뿐만 아니라, 중소기업에 이르기까지 확산되고 있다. 특히, 지금까지 대기업 위주의 ERP시스템 보급에 앞장섰던 개발업체들이 중소기업용 ERP

시스템들을 개발하여 보급하고 있는 것도 이 때문이다. 그러나 ERP시스템을 도입함에 있어서 비용과 시간 그리고 현재 사용하고 있는 시스템과의 연계에 대한 어려움 등 상당한 문제점들이 존재하는 것도 사실이다.

3.2.1 ERP시스템 구현 비용과 시간

전사적인 비즈니스프로세스의 통합처리, 실시간 정보관리 등과 같은 ERP시스템의 주요 장점들은 기업의 수많은 부분 프로세스들을 통합하고 개선하여 표준화된 선진 프로세스를 통해서만 가능하다. 그러나 이러한 작업은 간단하지도 않을뿐더러, 표준 ERP패키지들이 제공하는 선진사례best practice를 도입한다고 해서 자동으로 달성되는 것이 아니라 오랜 시간과 비용이 소요된다. 업무의 복잡도와 규모에 따라서 몇 년간의 작업을 요하기도 하고 수십, 수백억 원 이상의 비용이 들기도 한다. 뿐만 아니라 ERP 시스템 구현 이후에도 많은 유지보수비용이 소요되기 때문에, 비용부담은 더 가중된다. 따라서 ERP시스템 도입에 앞서 기업들은 ERP시스템 도입에 대한 비용 대비 효과를 검증해야 한다.

3.2.2 ERP시스템 유지보수의 어려움

ERP시스템 구현 작업은 자체적인 현황분석, 분야별 업무분석, 제품분석, 평가 및 선정 등의 복잡한 단계를 거치기 때문에, 구현 자체에 많은 어려움이 따른다. 그러나 이러한 구현 자체의 어려움도 있지만, ERP시스템 구현 이후에도 기업의 외부환경과 내부의 업무처리환경이 변할 경우에 이에 대처하기 위해서 지속적으로 ERP시스템을 수정 보완해야 하기 때문에 많은 어려움이 따른다. 특히, 환경변화와 업무처리방식 변화의 내용을 고려하여 ERP시스템을 수정하기 위해서는 많은 인력이 투입되어야 하며, 별도의 비용과 시간이 소요되기 때문에, 자금 사정이 열악한 중소기업의 경우 ERP시스템 도입을 주저하는 이유이기도 하다.

3.2.3 이기종 시스템 간의 통합의 어려움

ERP시스템이 도입된다고 하더라도 기존의 많은 시스템들을 모두 폐기하고 ERP시스템만을 활용하는 것은 아니다. ERP시스템이 도입되더라도 기존의 시스템을 활용하는 경우, 서로 다른 운영체제와 플랫폼 등을 사용하고 있다면 이를 통합하는 작업은 쉽지 않다. 특히, 기업의 인수 합병이 일반화되고 있는 상황에서 인수 합병한 기업의 운영체제와 플랫폼은 물론 이기종 시스템을 사용하고 있다면 자사의 시스템과 연계 통합하는 것은 더욱 쉽지 않은 일이다.

3.3 ERP시스템의 도전과제

기업 환경의 변화 및 무한 경쟁시대에 ERP시스템 도입은 선택이 아니라, 생존을 넘어 성장을 위한 필수조건이기 때문에, 많은 기업들이 ERP시스템을 도입하여 적극 활용하고 있거나, 도입을 고려하고 있다. 그러나 ERP시스템 구현과 관련하여 구현 비용과 시간, 구현 후의 유지보수 그리고 기존의 시스템 기반구조와의 통합 등 다양한 문제점들을 내포하고 있는 것이 사실이다. 따라서 ERP시스템을 도입하여 업무처리 효율성을 높이고 기업이 추구하는 목표를 효과적으로 달성하기 위해서는 단점으로 지적되는 구현비용과 시간, ERP시스템에 내장된 프로세스의 최적화, 시스템의 유지보수, 그리고 무엇보다도 새로운 시스템 도입에 대한 구성원들의 거부감을 종식시키는 문제들을 해결할 필요가 있다.

ERP시스템 구현성공을 위한 선결과제를 정리하면 다음과 같다.

- 구현비용 절감과 구현시간 단축: ERP시스템 구현을 위한 막대한 비용과 오랜 시간이 걸림에도 불구하고 구현효과가 불투명하기 때문에, 비용절감과 시간단축이 가장 큰 선결과제이다.
- 기반구조의 업그레이드 비용과 업그레이드 혼란: 대부분의 경우 ERP시스템과는

별도로 전사적 시스템과 통합되어야할 시스템들재무분석시스템, 전자상거래시스템, 공급업자/고객/배송업자/기타 시스템을 이용하는 것이 보통이다. 별도로 사용하는 시스템들마다 기반구조가 다른 경우, 이를 통합하고 업그레이드는 별도의 비용부담이나 업그레이드 자체의 기술적인 문제 또한 중요한 선결과제 중에 하나이다.

- 변화관리: 기업의 업무처리방식이나 업무처리흐름은 기업 환경과 비즈니스 환경 변화에 민감하기 때문에, 기업 환경, 비즈니스 환경이 변하면, 업무처리방식이나 흐름 또한 변화된 환경에 가장 효율적으로 대처할 수 있도록 변화되어야 함은 당연하다. 이러한 변화의 주기가 빨라질수록 이에 대응하기 위한 전략이 요구된다. 이 같은 환경변화는 물론, 내부 구성원의 이직 혹은 퇴사 등으로 인한 변화에도 효과적으로 대응하기 위한 전략이 요구되기 때문에, 전반적인 변화에 대한 대응전략도 중요한 도전과제라 할 수 있다.
- ERP시스템의 최적화: 초기의 ERP시스템에는 나름대로 최적의 프로세스가 내장되어 있으나, 이는 보편적인 수준의 최적의 상태이기 때문에, 기업의 상황과 자체의 비즈니스 특수성을 감안하여 초기의 ERP시스템을 최적화하는 방안 또한 중요한 선결과제에 속한다.
- 새로운 시스템 도입변화에 대한 구성원들의 두려움 해소: 최적의 시스템이 도입된다 하더라도 시스템도입을 통한 효과는 최종 사용자 즉, 내부 구성원의 적극적인 활용에 의해서 실현된다. 그런데 기존의 시스템에 익숙해져 있는 대부분의 최종 사용자들은 시스템변화에 민감하게 반응하여 사용을 거부하거나 적극적인 사용을 꺼려한다는 것이다. 사용자의 수준을 고려하여 사용편리성이나 학습의 용이성 등을 고려하여 시스템을 개발하려는 노력이 있어야 할 것이며, 새로운 시스템을 통한 목표 달성 효과성, 작업의 효율성을 중심으로 거부감을 해소하는 것이야말로 최대의 선결과제 중에 하나이다.

4 ERP시스템의 모듈구성

ERP시스템의 구성요소는 ERP시스템 개발업체, 대상 기업의 규모에 따라 차이가 있지만, 본질적인 큰 차이는 거의 없다. 따라서 세계 ERP시스템 시장을 주도하고 있는 SAP사의 ERP시스템R/3+mySAP+Business Suite 그리고 국내 ERP시스템 리더 기업인 비젠트로 UNIERP를 중심으로 ERP시스템의 모듈 구성에 대해서 살펴보기로 하겠다.

4.1 SAP ERP시스템의 모듈구성

세계 최대의 ERP시스템 개발업체인 SAP사는 전 세계 100,000여 개의 사업장에 SAP사의 대표적인 ERP시스템인 R/3시스템이 설치되어 있으며, R/3 시스템에 내장되어 있는 산업별 레퍼런스모델 종류만도 25개에 달하고 있어서 설치 운영되고 있는 산업 영역은 거의 모든 산업에 걸쳐 있다고 해도 과언이 아닐 정도로 확산되어 있다. 전 세계 시장점유율의 약 60%를 차지하고 있으며, 우리나라에서의 시장점유율은 약 40% 정도에 이르고 있다. 다음은 SAP사의 R/3시스템 모듈구성을 나타낸 것이다.

[그림 2-7] SAP ERP시스템의 모듈구성

정보기술 환경의 변화와 업무처리환경 등이 변화함에 따라서 특정 모듈의 추가 및 삭제 혹은 일부 모듈의 기능이 향상될 수 있으며, SAP사가 제공하는 ERP시스템의 주요 모듈구성은 다음과 같다.

- 영업판매모듈SD: 판매관리, 납품 및 선적관리, 대금청구
- 자재관리MM: 재고관리, 구매관리, 지불요청 및 검사
- 생산계획PP: 재고생산방식 및 반복생산방식의 생산관리
- 재무회계FI: 총계정원장, 보조장부, 특수장부처리
- 관리회계CO: 간접비용, 제조비용, 이익
- 자산관리TR: 유동성관리
- 인력관리HR: 인력관리일반, 급여명세, 채용
- 품질관리QM: 품질계획 및 검사
- 설비관리PM: 작업계획 및 유지보수 계획
- 프로젝트관리PS: 프로젝트 관리 및 비용관리
- 워크플로WF: 워크플로 관리
- 산업별 솔루션IS: 전자, 화학, 금융, 자동차산업, 보험업, 우주항공분야 등

4.2 UNIERP시스템의 모듈구성

UNIERP는 급변하는 비즈니스 환경 및 기업 환경 변화에 유연하고 능동적으로 대처할 수 있도록 SOAService oriented architecture기술을 활용하여 구현되었으며, 사용자의 편의성과 경영자의 신속하고 합리적인 의사결정을 위한 다양한 경영정보 분석기능, 업무처리효율성 증강을 위한 프로세스 표준화를 실현한 국내의 대표 리딩 솔루션으로 제조물류계획, 영업, 구매, 생산, 재고, 품질, 재무관리, 원가계산 및 회계처리, 인사관리, 경영성과관리, 경영손익관리 등 기업 전반의 다양한 영역을 지원하는 시스템이다.

기업의 전사적자원관리 및 프로세스의 최적화는 물론, 기업 내부의 제품생명주기

PLM: product life-cycle management, 기업 외부의 파트너와의 긴밀한 협업관계를 강화하여 단순한 기능 확장이 아니라 지역이나 업종 혹은 사업부 단위 별로 특화된 전문 애플리케이션을 제공하며, 제공된 애플리케이션을 고객의 요구에 맞춰 적절한 모듈을 제공할 수 있는 UNIERP시리즈를 개발하여 현재 UNIERP5.5에 이르고 있다.

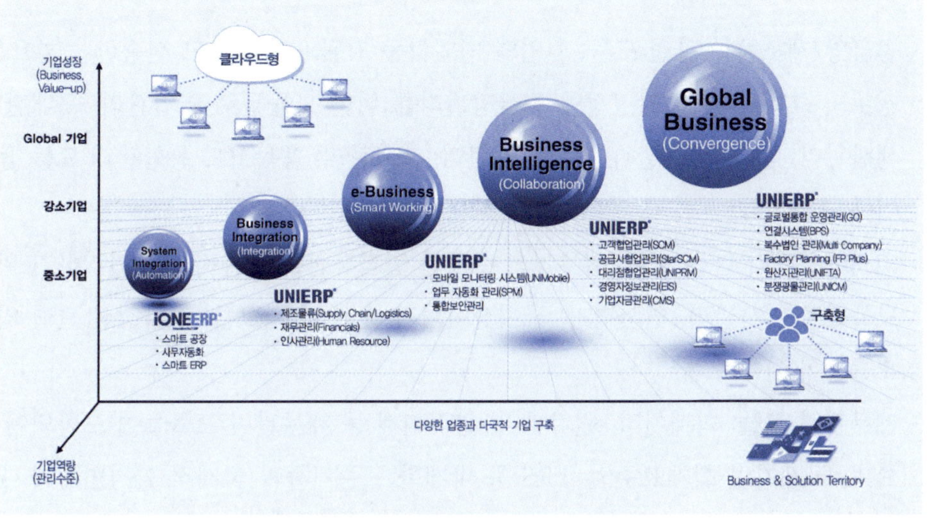

[그림 2-8] UNIERP 시리즈 로드맵www.bizentro.com

UNIERP5.5의 기본 모듈은 공급망/물류관리, 인적자원관리 및 재무관련 분야의 상세 모듈들로 구성되어 있으며, 이들 기본 모듈은 기업 환경과 기업의 요구기능에 따라 확장 가능한 유연한 모듈구성 형태를 갖추고 있다. 이들 기본 모듈들은 스마트워킹 환경기반에서 운영되며, 다양한 확장 솔루션과 프리미엄서비스를 위한 모듈등과 연계되어 확장 가능할 뿐만 아니라, 수많은 구현사례를 통해서 추출된 가장 최적의 선진프로세스로 구현되어 있으며, 기업의 환경과 비즈니스 환경 변화에 의해서 필요한 경우 모듈확장이 용이하다는 장점을 가지고 있다.

[그림 2-9] UNIERP 기본 모듈구성

- **공급망/제조물류 관련 모듈**: 기업의 영업활동 지원과 원활하고 신속한 물류흐름/정보의 흐름을 통한 안정적인 공급망관리를 위한 모듈들로 영업관리, 구매관리, 생산관리, 품질관리, 설비관리, 금형관리, 재고관리, 품목코드 통합관리 모듈 등이 이에 포함된다.
- **인적자원관리 관련 모듈**: 업무처리 주체인 인적자원을 효율적으로 관리하기 위한 모듈들로 인사관리, 인사평가, 급여상여퇴직 관련 업무 모듈, 연말정산 관련 업무 모듈들이 이에 포함된다.
- **재무관련 모듈**: 회계처리, 원가관리, 관리회계 등 재무관련 모듈들이 포함되어 있으며, 국제기업 회계표준인 IFRS 등 국제화 표준기능과 국제적 환경변화에 대응할 수 있는 모듈들이 포함되어 있다.

5 ERP시스템의 확장

전사적자원관리의 기본 확장영역은 고객과 공급업체를 포괄하는 것이다. 고객방향의 확장 영역은 고객관계관리CRM로 그리고 공급업체 방향의 확장영역을 공급사슬관리SCM라 하는데, 고객과 공급업체 방향으로의 확장의 기본 원리는 모든 주체자사, 공급업체 그리고 고객들이 독자적인 시스템구조를 갖추고 있으며, 이들 시스템구조상의 접점을 이루고 있는 부분을 통해서 시스템이 확장된다는 것이다.

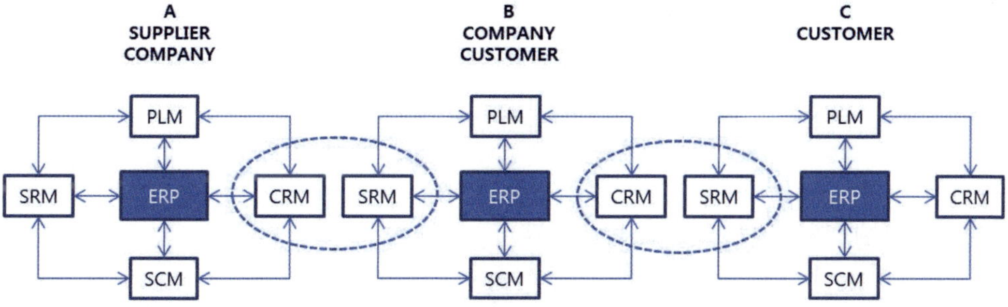

[그림 2-10] ERP시스템의 확장

예를 들어, B업체에게 A업체는 공급업체이며, C는 고객에 해당된다. A업체에게 B업체는 고객에 해당된다. C의 경우 최종소비자일수도 있지만 또 다른 업체라면, C업체에게 B업체는 공급자에 해당될 것이다. 이처럼 A, B, C는 공급자와 소비자고객의 지위를 가지며 나름대로의 시스템구조를 가질 것이다. 어느 한 업체 관점에서 공급업체를 관리하거나 고객을 관리하기 위한 시스템을 갖추고 있는 경우, 이들 관리시스템이 업체를 연결하는 채널이 되며, 이를 통해서 시스템이 확장되게 된다.

5.1 공급사슬관리SCM

5.1.1 공급사슬관리의 등장배경

전사적자원관리는 기업 내부의 모든 영역의 비즈니스프로세스를 통합 처리하기 위한 시스템으로 대상영역의 범위는 여전히 기업 내부로 한정되어 있다. 그러나 현대 기업의 부가가치 창출과정을 살펴보면, 상당 부분의 부가가치는 기업 내부 활동을 통해서 창출되지만 고객이나 공급업체 등과 같은 기업 외부 주체의 활동을 통해서 창출되는 경우가 대부분이다.

예를 들어, 자동차 산업의 경우 자체 생산비율은 25%~30% 수준이며, 나머지는 외주가공 혹은 납품 등에 의존하고 있기 때문에, 자체의 노력으로 창출될 수 있는 부가가치는 30% 정도이며, 나머지 70%에 가까운 부가가치는 기업 외부에 의존한다. 즉, 제품의 경쟁력과 창출되는 부가가치의 상당 부분이 거래 고객, 공급업체의 활동에 의해서 결정되기 때문에, 기업 내부의 전사적 자원과 외부의 고객 및 공급업체까지를 관리대상에 포함시켜야 한다는 공급사슬관리 개념이 등장하였다.

5.1.2 공급사슬관리의 정의와 필요성

공급사슬supply chain이란, 원자재 및 부품의 공급업체에서 기업에 납품되어 생산과정을 거친 후 고객에 이르기까지의 모든 원자재, 부품, 정보, 서비스를 제공하는 데 관련된 모든 흐름과 활동을 의미한다. 공급사슬은 제품과 정보 그리고 서비스가 최종고객에게까지 전달되는 모든 단계를 포함하기 때문에, 생산자와 공급업체, 고객은 물론, 중간 과정 중의 모든 주체들까지를 포함한다.

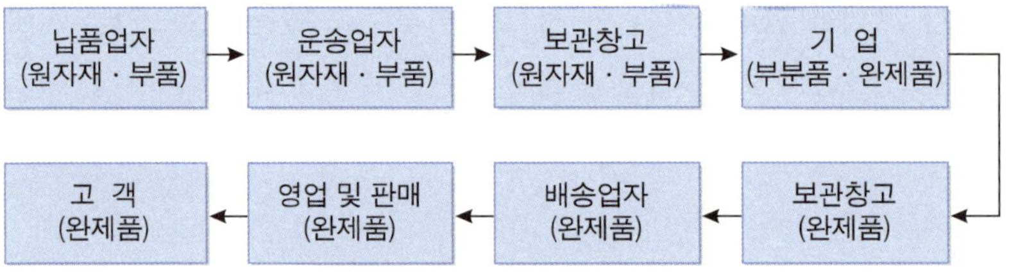

[그림 2-11] 제조기업의 공급사슬

예를 들어, 제조기업의 경우 제품을 생산하기 위해서 필요한 원자재를 공급하는 납품업자에게서 원자재는 운송업체를 통해서 기업에 도착되어 원자재 보관창고에 보관된다. 보관된 원자재들이 생산계획에 따라서 생산 공정에 투입되어 완제품이 완성되면, 완제품 보관창고에 보관되었다가 운송업체에 의해서 각 지역의 물류센터로 운송된다. 영업 및 판매활동에 의해서 제품이 판매되면 다시 배송업체에 의해서 고객에게 전달된다. 이처럼 납품업자로부터 고객에 이르는 전 과정이 공급사슬이며, 이러한 공급사슬은 기업의 부가가치가 창출되는 과정과 일치하기 때문에 공급사슬은 부가가치흐름value chain과 동일하게 이해할 수가 있다. 공급사슬관리SCM는 공급사슬상의 모든 활동을 계획하고 조직화하며 조정하는 것이며, 이는 자체 기업을 포함하여 납품업자, 고객을 모두 통합하여 하나의 거대한 파이프라인으로 연결하여 관리하는 활동을 의미한다.

공급사슬관리의 주된 목표는 공급사슬 내에 존재하는 불확실성과 낭비요소를 제거하는데 있으며, 이를 통해서 비용절감은 물론, 최저의 비용을 투입하여 고객이 요구하는 양질의 서비스를 제공함으로써 기업의 가치를 극대화하는 것이다. 그러나 보다 궁극적인 목표는 원자재 공급으로부터 생산, 판매에 이르는 제품 및 서비스의 흐름을 최적화하는데 있으며, 이를 통해서 제품 공급시간의 단축, 생산제품의 품질향상, 물류비용 절감, 고객의 요구와 요구변화에 대한 신속한 대응이 가능하도록 하는 데 있다. 이처럼 공급사슬관리는 총체적으로 비용절감, 고객서비스수준 향상, 내부 프로세스의 효율적 운영 등 기업 경쟁력 향상에 결정적인 영향을 미치며, 종래의 제조 기업들이 공장 또는 기업 내의 생산성 향상, 리드타임 단축, 원가절감, 품질향상을 위한 합리화 및 리엔지니어링, 정보화 등에 노력해왔지만 그러한 노력만으로는 더 많은 부가가치를 창출하는데 한계가 있기 때문에, 이제는 제조 단계에서부터 외부와의 공급사슬 전체를 포괄하여 관리하는 방향으로 확대되고 있다.

5.1.3 공급사슬관리와 정보시스템

공급사슬관리의 성공과 실패는 경영자가 어떻게 정보를 빠르고 쉽게 획득하며 분석할 수 있느냐에 달려 있다고 할 수 있다. 과거에는 물류의 흐름을 파악하고 이를 관리하는데 필요한 데이터를 수집하고 분석하는 작업은 거의 수작업을 통해서 이루어졌기 때문에, 공급사슬 상의 주체를 관리하는 것은 거의 불가능했다. 그러나 최근의 정보기술들은 정보를 수집하고 가공처리하며 분석하는데 전혀 문제가 없을 정도로 발전하였다. 특히, 바코드시스템과 전자인식장치POS: point of sales, 전자데이터교환EDI: electronic data exchange 등과 같은 도구들이 개발되어 사용되고 있다. 공급사슬 상의 정보를 수집 분석 공유하기 위해서 사용되는 대표적인 지원도구들은 다음과 같다.

- 바코드시스템bar code
- 적시판매시스템POS시스템
- 전자데이터교환EDI 혹은 XML

- 네트워크network 혹은 인터넷internet
- 전사적자원관리시스템ERP시스템

이러한 도구들은 공급사슬관리시스템을 구현하고자 하는 기업들에게 효율적인 물류시스템을 구축하는데 결정적인 역할을 담당하는 요소기술들이다.

5.2 고객관계관리CRM

5.2.1 고객관계관리 개념

신규 고객을 확보하기 위해서 필요한 비용과, 기존 고객과의 관계를 유지함으로써 지속적으로 제품을 구매하도록 하는데 소요되는 비용을 비교할 때, 기존 고객이 이탈하지 않도록 유지하는데 소요되는 비용이 훨씬 적다는 사실은 이미 알려진 사실이다. 이와 같은 사실은 기업으로 하여금 기존 고객과의 관계를 극대화하는 데 더 많은 노력을 기울여야 한다는 것을 의미한다. 예전에는 고객에 대한 정보나 고객의 요구사항을 파악하는 것이 용이하지 않았지만, 요즘은 첨단 정보기술 도구들을 이용하여 고객정보나 고객의 요구사항, 요구의 변화 혹은 행동의 변화를 파악하는 것이 용이해 졌을 뿐만 아니라, 인터넷과 같은 도구를 이용하여 고객과의 의사소통도 원활하게 이루어질 수 있으며, 데이터마이닝 기법을 이용하여 광범위한 데이터를 분석하는 것도 어렵지 않게 되었다.

이러한 기술적인 배경 하에 고객에 대한 광범위하고 구체적인 데이터를 바탕으로 고객 개개인에 적합한 차별화된 서비스를 제공함으로써 고객과의 관계를 지속적으로 강화하기 위한 고객관계관리CRM 개념이 등장하게 되었다. 고객관계관리는 첨단 정보기술들을 활용하여 수집한 고객에 대한 정보를 효과적으로 활용하여 고객과의 관계를 유지하고 확대 개선함으로써 고객만족도와 고객의 충성심을 향상시키기 위한 일련의 경영활동으로 정의할 수가 있다.

5.2.2 고객관계관리의 목표와 이슈

고객관계관리의 주요 목표는 현재 수익을 발생시키고 있는 고객들을 정확하게 이해하고 이를 바탕으로 미래의 수익으로 연결시키기 위해서 어떤 서비스를 어떻게 서비스를 제공할 것인가? 이다. 이러한 목표를 달성하기 위해서는 다음과 같은 주요 이슈들이 해결되어야 할 것이다.

- 고객이 추구하는 최고 가치는 무엇인가?
- 고객이 추구하는 가치를 어떻게 극대화할 수 있는가?
- 고객이 이탈하였다면 이탈 원인은 무엇인가?
- 고객 이탈을 방지할 수 있는 방안은 무엇인가?
- 기존 고객이 이탈하지 않도록 어떤 차별화된 서비스를 제공할 것인가?
- 기존 고객을 관리하기 위한 가장 효율적인 방법도구는 무엇인가?
- 잠재 고객 유치를 위한 가장 효율적인 방법도구는 무엇인가?

새로운 신규고객을 확보하고 기존 고객을 유지하기 위한 다양한 방법이 존재하지만, 모든 고객들이 추구하는 가치와 행동 성향이 다르기 때문에, 모든 고객의 요구사항들을 만족시킬 수는 없다. 따라서 기업은 어떤 고객들과의 관계를 유지 강화해야 할 것인지? 불필요한 비용을 절감하기 위해서 어떤 고객을 포기해야 하는지를 고민하고 있으며, 그 해답을 고객관계유지와 수익성과의 관계에서 찾을 수 있다고 믿고 체계적인 고객관계관리시스템 구축하거나 혹은 고객관계관리 영역이 추가된 확장형 ERP시스템extended ERP시스템을 활용하고 있다. 그 결과 최근에는 공급사슬관리 영역은 물론, 고객관계관리 영역이 연계된 확장형 ERP시스템으로 확장되고 있다.

5.2.3 고객관계관리의 기능

고객관계관리시스템은 고객의 제안요청이나 정보요청 등 직접적인 행위에서 비롯된 것은 물론, 고객에게 제품과 서비스를 제공하는 것과 같은 직접적인 활동을 지원하고 관리하기 위한 일종의 정보시스템이며, 이러한 활동을 지원하기 위해서 다양한 기능을 수행한다.

최근 들어, 체계적인 고객관계관리를 위해서 인터넷을 중심으로 고객정보의 획득 및 마케팅 활동이 이루어지고 있기 때문에, 기존의 오프라인 방식의 CRM 보다는 인터넷을 이용한 고객과의 관계를 설정하고 eCRM이 주요 이슈로 등장하고 있다. eCRM은 고객과의 장기적인 관계를 구축하여 고객이 추구하는 생애가치를 극대화하는데 통합 데이터베이스 혹은 데이터웨어하우스를 구축하여 고객과 관련된 모든 정보를 통합 관리함으로써 고객과의 관계를 강화하고 있다.

5.3 제품생명주기관리 PLM

제품생명주기관리는 신제품의 연구개발로부터 영업-생산-판매-서비스/지원을 거처 대체 제품을 통한 시장에서의 철수에 이르기까지 전 과정을 관리하기 위한 일종의 전사적 비즈니스전략이라 할 수 있다. 따라서 제품생명주기관리의 목적은 특정 제품관련 정보를 단순히 관리하는 것이 아니라, 제품의 개발-생산과정의 정보는 물론 생명주기별 정보를 체계적으로 관리함으로서 새로운 제품개발 혹은 제품관리, 효율적인 분배, 제품생명의 연장을 위한 방안을 모색하기 위한 총체적인 접근전략이며, 제품생명주기관리의 장점은 다음과 같다.

- 제품출시 리드타임 단축: 신제품 연구/개발로부터 시안개발, 디자인, 제조공정, 제조, 배송에 이르기까지 전 과정의 모든 정보들을 통합 관리함으로서 시장에 출시되기까지의 시간을 획기적으로 단축시킬 수 있다.
- 비용절감: 제품생명주기 전 과정을 지원할 수 있는 소프트웨어를 이용함으로서 앞에서 설명한 시간 단축효과는 물론, 제품 디자인 작업이 완료된 이후 시뮬레이션 소프트웨어를 이용하여 다양한 형태의 다양한 프로토타입을 개발할 수 있음은 제품개발과 관련된 전체 비용을 상당부분 절감할 수 있다.

5.4 전사적자원관리 확장 사례: UNIERP를 중심으로

현재까지 소개된 ERP시스템들은 기업이 부가가치를 창출하는데 있어서 좀 더 효과적인 방법 좀 더 효율적인 지원도구의 필요성을 인식하고, 이를 실현하려는 노력의 결과이다. 따라서 ERP시스템의 확장의 모습은 기업의 달성하고자 하는 부가가치창출 과정과 맥을 같이 할 수밖에 없다.

UNIERP시스템의 경우에도 기본 모듈과 함께 다음과 같은 다양한 확장 솔루션과 협업 솔루션을 제공하고 있다. 뿐만 아니라, UNIERP는 전사적 프로세스를 통합 처리하기 기본 모듈제조물류, 재무관리, 인사관리, 경영성과관리 등을 기반으로 확장된 다양한 솔루션 이외에 다음과 같은 다양한 기능성 확장서비스를 제공함으로써 기업 내부는 물론, 부가가치창출 관련 모든 업무 영역과, 모든 주체까지를 확장 대상으로 하고 있다.

- UNIEPM: 경영계획, 글로벌 통합운영, 대리점/공급사 협업관리 등 경영전반의 프로세스 지원
- UNIGRC: 원산지 증명, 분쟁광물, 통합보안솔루션 등 리스크관리 지원
- UNIMobile: 모바일모니터링 등 스마트작업 환경 지원

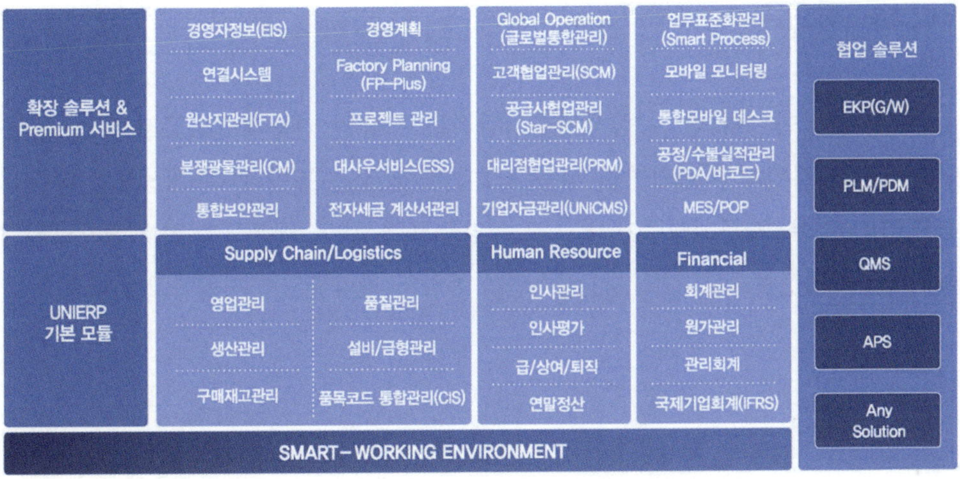

[그림 2-13] UNIERP의 확장솔루션과 협업솔루션
(www.bizentro.com, 비즈니스 애플리케이션)

[그림 2-14] UNIERP의 기능성 확장
(www.bizentro.com)

- UNIPORTAL: 포털, 전자결재, 메일, 메신저 등 기업 내에서의 협업 및 업무관련 의사소통 지원
- SIMSMES: 생산계획, 공정관리, 품질/설비보전관리 등 작업현장의 자동화 지원
- UNIESM: 업무표준화관리 지원

앞에서 설명한 것처럼, 제품생명주기관리는 제품의 연구개발로부터 영업-생산-판매-서비스/지원에 이르기까지 제품주기 전체 과정을 통합 관리 대상으로 하는데, UNIERP의 경우, 제품생명주기 내의 모든 기준정보, 문서, 제품구성 및 제품개발일정, 실제 개발 작업정보 등을 UNIERP시스템을 통해서 처리하도록 지원하고 있다.

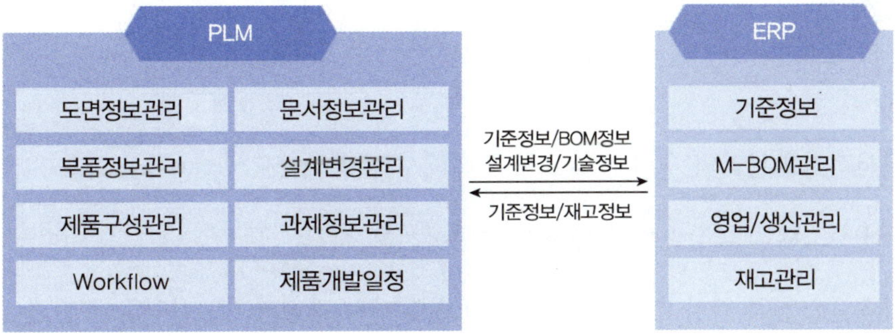

[그림 2-15] 제품생명주기PLM로의 확장

연습문제

1. 전사적자원관리의 개념과 필요성에 대해서 설명하시오.
2. ERP시스템의 등장배경에 대해서 설명하시오.
3. ERP시스템의 역사적 진화과정을 (1) 연대기적 관점과 (2) 영역확대 관점 그리고 (3) 컴퓨팅환경 변화의 관점에서 설명하시오.
4. ERP시스템의 미래 진화방향성에 대해서 설명하시오.
5. ERP시스템 도입의 장점과 단점을 비교 설명하시오.
6. ERP시스템 개발업체의 사이트를 방문하여 ERP시스템의 모듈구성에 대해서 살펴보시오.
7. 공급사슬관리SCM의 등장배경과 필요성에 대해서 설명하시오.
8. 고객관계관리CRM의 목표와 주요 기능에 대해서 설명하시오.
9. 제품생명주기관리의 개념과 관리범위 그리고 이를 통해서 얻을 수 있는 장점에 대해서 설명하시오.
10. UNIERP시스템 개발 및 제공업체의 사이트www.bizentro.com를 방문하여 UNIERP 시스템의 기본 모듈과 확장 기능과 서비스에 대해서 설명하시오.

2부

ERP 라이프 사이클

Chapter 03

ERP 라이프 사이클[1]: 계획수립

1. ERP시스템 도입 계획수립
2. 타당성 분석
3. 일정계획 및 관리

학습개요 및 목표

ERP시스템을 도입하기 위해서 [1] 계획을 수립하는 단계로부터 시작하여 [2] 기업의 업무와 데이터 그리고 조직의 현재의 모습을 분석해서 [3] ERP시스템을 활용하기에 가장 효율적인 형태로 재설계하고 [4] 재설계된 업무를 가장 효율적으로 처리할 수 있는 ERP시스템을 직접 개발하거나, 혹은 표준 ERP패키지를 구매해서 우리 상황에 맞게 커스터마이징하여 기업에 설치하고 [5] 운영하는 전 과정을 ERP Life-Cycle ERP 라이프 사이클 이라고 한다.

어떤 일을 시작하기 전에 사람들은 왜 이 일을 해야만 하는가? 구체적으로 어떤 일을 어떻게 할 것인가? 이 일을 시작하기 전에 어떤 준비를 해야 하는가? 등을 생각하게 된다. 일은 열심히 했지만 실패했다면 여러 가지 원인이 있겠지만, 철저한 사전 준비가 부족한 것도 중요한 원인 중에 하나일 것이다.

ERP시스템을 도입하는 일도 또한 마찬가지이다. 비록 비효율적이고 고비용적이라 하더라도 이상 없이 작동되고 있다면 굳이 이를 수정하거나 개선해야 한다는 필요성을 느끼지 못할 수도 있으며, 설사 필요성을 인식했다고 하더라도 절박한 마음을 갖지 않을 수도 있다. 이러한 상황에서 ERP시스템 도입을 위한 사전 준비가 제대로 될 리가 없을 것이다. 따라서 본 장에서는 ERP시스템의 성공적인 도입을 위해서 계획을 수립하는 과정과 계획수립 내용에 대해서 살펴보고자 하며, 본 장의 학습목표는 다음과 같다.

- ERP시스템 도입을 위한 계획수립 과정과 세부절차를 이해한다.
- ERP시스템 도입 대상 프로세스를 추출하는 방법을 이해한다.
- ERP시스템 도입은 막대한 비용과 기간이 소요되기 때문에, 경제적 타당성과 기타 구현타당성 및 자원가용성을 검증하는 방법을 이해한다.
- ERP시스템 도입을 위한 일정계획과 일정관리 방법을 이해한다.

1 ERP시스템 도입 계획수립

1.1 ERP시스템 도입 계획수립 개요

ERP시스템 도입 프로젝트는 막대한 비용과 긴 시간이 소요되는 어려운 작업이다. 그럼에도 불구하고 ERP시스템 도입 효과는 단기간에 나타나지 않으며, 장기적인 도입 효과 또한 불투명할 뿐만 아니라, 이어지는 ERP시스템 도입 전체 과정에 영향을 미치기 때문에, 철저한 사전 준비가 필요하다. ERP시스템 도입 프로젝트는 계획된 예산과 예정된 기한 내에 작업이 완료되면 '형식적으로' 성공적이라고 할 수 있지만, '실질적인' 성공은 ERP시스템 도입 이후 업무처리시간이 단축되고, 소요되는 비용이 절감되어 전체적인 업무처리 효율성이 향상되어야 보장되는 것이다. 따라서 ERP시스템 도입 프로젝트의 성공과 실패는 비용과 시간과 품질 면에서 다음의 조건들이 충족되느냐에 따라서 결정된다.

첫째, 비용 측면에서 예산을 초과하지 않아야 한다.
둘째, 시간 측면에서 계획된 기간 내에 작업이 마무리 되어야 한다.
셋째, 품질 면에서 장기적으로 기대하는 도입효과를 거두어야 한다.

첫 번째와 두 번째 조건은 형식적인 성공을 위한 필요조건이며, 세 번째 조건은 실질적인 성공을 위한 필요조건이다. ERP시스템 도입 계획수립은 형식적인 성공과 실질적인 성공을 위한 조건을 충족시키기 위한 기본 프레임을 정하고 실행에 옮기기 위한 세부 사항들을 준비하는 작업으로 구체적인 내용은 다음과 같다.

- 프로젝트 기본 계획: ERP시스템 도입에 소요되는 비용과 일정, ERP시스템 도입 작업을 수행할 프로젝트팀 구성 그리고 ERP시스템을 도입할 대상 영역에 대한 결정

- **타당성 분석**: ERP시스템 도입은 막대한 비용이 소요됨에도 불구하고 도입효과가 불투명하기 때문에, 비용 대비 효과, 기술적인 구현가능성 그리고 필요한 자원조달에 대한 검증 작업
- **프로젝트 일정 및 관리 계획**: 프로젝트 기본 계획과 비용 그리고 경제적 타당성과 기술적인 구현가능성, 자원가용성에 문제가 없다는 가정 하에, 본격적인 ERP시스템 도입과정의 세부작업들이 전체 일정에 맞춰 차질 없이 진행될 수 있도록 세부작업 일정을 계획하고 관리하는 작업

1.2 ERP시스템 도입 계획수립 절차

일반적으로 어떤 작업을 수행하는 데는 구체적인 방법론과 체계적인 절차가 필요하다. ERP시스템 도입 계획을 수립하는 작업도 마찬가지이다. 작업자마다 혹은 방법론에 따라 차이는 있을 수 있으나 ERP시스템 도입 계획을 수립하는 작업은 다음과 같은 절차로 진행된다.

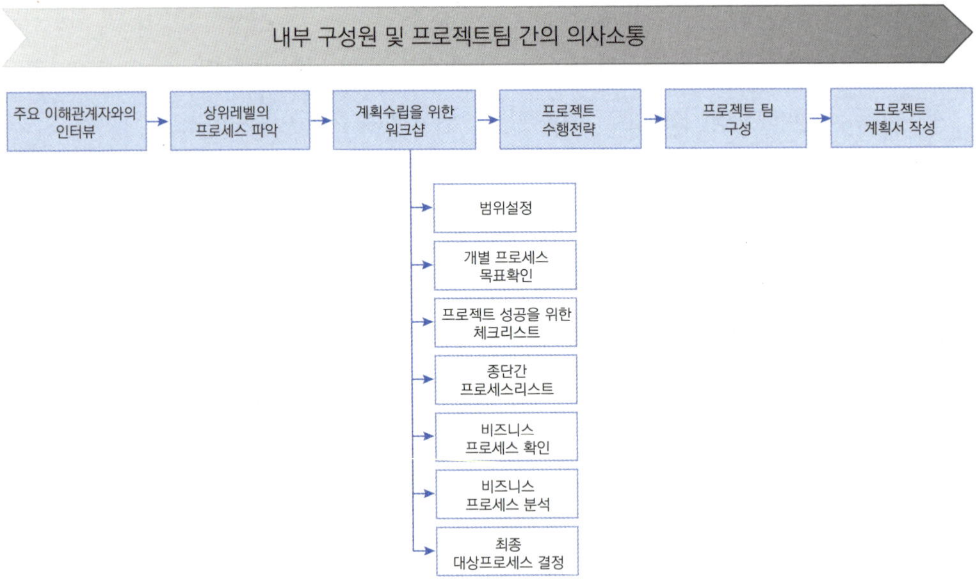

[그림 3-1] 계획수립 세부절차

1.2.1 내부 구성원 및 프로젝트팀 간의 의사소통

ERP시스템 도입 계획을 수립하는 첫 번째 단계의 작업은 내부 구성원 및 프로젝트 팀 간의 의사소통이며, 이는 한 번의 의사소통으로 끝나는 것이 아니라, 도입 프로젝트가 진행되는 전 과정 중에 지속적으로 이루어져야하는 작업이다. 내부 구성원 및 프로젝트팀 간의 의사소통이 필요한 이유는 프로젝트 진행 중의 세부작업들을 오류 없이 체계적으로 진행하기 위해서 정보를 공유하는 것이 절대적으로 필요하기 때문이며, 공유해야 할 내용들은 다음과 같다.

- 프로젝트의 목적과, 프로젝트 범위, 조직의 목표와 전략적 의도
- 각각의 단계에서 생성되는 중간 결과물들
- 프로젝트를 수행하는 중에 추가되거나 변경되는 모든 내용들
- 프로젝트 작업 자체 혹은 이해관계자들에게 영향을 미칠 수 있는 모든 내용

예를 들어, 프로젝트 범위나 일정이 변경된 사실을 프로젝트 팀원들이 다르게 인지한다면 프로젝트 작업이 순조롭게 진행될 수 없을 것이다. 또 ERP시스템 도입 목표와 전략적 의도가 무엇인지에 따라서 프로세스를 재설하는 방향이 달라지기 때문에, 프로젝트 팀원들이 추구하는 목표와 전략적 의도를 달리 인지하고 있다면, ERP시스템 도입 프로젝트는 성공을 보장할 수가 없을 것이다.

프로젝트 팀원들 상호 간의 의사소통은 물론, 내부 구성원들과 프로젝트팀과의 원활한 의사소통 또한 매우 중요하다. 이는 ERP시스템 도입 프로젝트를 진행하는 과정 중에 내부 구성원들의 적극적인 협력과 지원이 절대적으로 필요하기 때문이며, 내부 구성원들과 프로젝트팀 간의 인지한 사실의 미스매칭은 ERP시스템 도입 프로젝트 실패로 이어질 것이기 때문에, 내부 구성원들 상호간, 내부 구성원들과 프로젝트팀 간의 긴밀한 의사소통은 절대적으로 필요하다.

1.2.2 이해관계자들과의 인터뷰

ERP시스템 도입 계획을 수립하기 위한 실질적인 첫 단계는 이해관계자와의 인터뷰라고 할 수 있는데, 이해관계자들과의 인터뷰를 실시하는 목적은, ERP시스템 도입 계획을 수립함에 있어서 현재의 비즈니스 상황과 프로세스 환경에 대한 기초 정보를 수집하고, 프로세스를 실제로 운영하는 담당자들의 다양한 관점의 다양한 의견을 수렴하기 위함이다.

인터뷰의 내용은 좁게는 종단간 프로세스를 이해하기 위한 전반적인 사항들과 프로세스처리 과정에서 제기되는 문제점들을 파악하기 위한 내용들과, 장기적인 측면에서 현재의 프로세스 운영이 조직의 목표를 달성하는데 어떤 영향을 미치며, 어떻게 변화되어야 좀 더 효과적인지를 파악하기 위한 내용들이 포함된다. 주요 이해관계자들과의 인터뷰를 통해서 최종적으로 얻게 되는 결과물들은 다음과 같다.

- ERP시스템 도입 프로젝트 전반에 대한 이해관계자들의 통일된 의견
- 프로세스에 대한 개요 및 문제점들 그리고 개선 요구사항들에 대한 정보
- ERP시스템을 도입함으로서 얻게 될 개괄적인 장점

이해관계자와의 인터뷰 단계에서는 ERP시스템 도입 프로젝트에 합류하게 될 팀을 구성하기 위한 작업도 동시에 이루어진다. 인터뷰는 주로 기업 내부의 프로세스 담당자들을 중심으로 진행되지만, 프로젝트팀에 동참하게 될 팀 구성원들은 내부뿐만 아니라, 외부 이해관계자들이 참가하는 경우가 많기 때문에, 프로젝트팀 구성원을 선별하기 위한 목적이라면 내부 이해관계자들과의 인터뷰 이외에 외부 이해관계자들과의 인터뷰 과정도 필요하다.

내부 이해관계자들과 인터뷰와 동시에 외부 이해관계자들을 포함시키기 위한 브레인스토밍 형태의 인터뷰를 거친 후, 프로젝트에 참여할 인원을 최종적으로 결정하며, 결정된 프로젝트팀 구성원들은 프로젝트를 진행하는 동안 프로세스를 분석하고 재설계하는 과정에 동참하게 된다.

1.2.3 상위 레벨의 프로세스 파악

ERP시스템 도입 프로젝트에 참여하게 될 프로젝트팀 구성원들은 외부는 물론, 내부의 다양한 영역의 담당자들로 구성되어 있다. 그런데 내부 구성원들은 자신이 속한 영역의 업무프로세스들은 잘 알지만, 다른 영역에 속한 업무프로세스들에 대해서는 이해하지 못하는 경우가 많다. 그런데 업무 영역들은 구분되지만, 전사적인 통합시스템인 ERP시스템 내에서는 개별 영역에 대한 구분이 없어져서 업무프로세스들이 연결되기 때문에, 자신의 영역에 대해서만 알아서는 안 되고 전체 영역에 대한 전반적인 윤곽을 알아야할 필요가 있다.

상위 레벨의 프로세스를 파악하는 목적은, 프로세스를 분석하고자 하는 것이 아니라, 이해관계자들에게 프로세스에 대해서 개괄적인 정보를 주기 위한 것이기 때문에, 각각의 종단간 프로세스 혹은 종단간 프로세스에 속한 개별 프로세스들에 대한 구체적인 내용이 아니라, 다음 내용들을 파악하는 것이다.

- 프로젝트 대상 영역 내의 업무프로세스와 운영현황
- 프로세스들 간의 연결 관계
- 프로세스 운영 상 제기되는 문제점
- 프로세스 실무 담당자의 요구사항

1.2.4 계획수립을 위한 워크숍

ERP시스템 도입 프로젝트팀 구성원들이 상위 레벨의 프로세스를 파악한 후에는 워크숍을 개최하게 되는데, 워크숍을 통해서 결정된 모든 사항들은 ERP시스템 도입 프로젝트를 본격적으로 시작하기 전에 모든 이해관계자들이 공유해야 한다. ERP시스템 도입 프로젝트 계획수립을 위한 워크숍에서 논의되고 결정되어야 할 주요 내용들은 다음과 같다.

(1) 프로젝트 범위

전사적인 통합시스템인 ERP시스템에는 특정 영역이 아닌 기업의 전사적인 모든 영역들이 포함되기 때문에, 특정 업무영역이 아닌, 업무영역을 관통하는 프로세스를 기준으로 범위를 설정한다. 따라서 ERP시스템 도입 프로젝트 범위를 설정한다는 것은 대상 영역을 설정하는 것이 아니라, 업무가 처리되는 종단간 프로세스 혹은 종단간 프로세스에 속한 개별 프로세스를 결정하는 것이다. 프로젝트 범위에 따라서 프로젝트 비용과 기간과 프로젝트에 소요되는 자원과 수행전략이 달라지기 때문에, 프로젝트 계획을 수립하는데 가장 기본이 되는 것이 프로젝트 범위를 설정하는 것이다.

〈표 3-1〉 프로젝트 범위 설정 기준

범위 설정 기준	수행전략
문제점	[must change] 제기되는 문제를 해결하기 위해서 프로세스를 반드시 재설계한다.
기회요소	[can change] 새로운 기회요소를 포착하기 위해서 종단간 프로세스와 이에 속한 개별 프로세스 재설계까지를 감수한다.
요구사항	[want to change] 최고경영자와 프로세스 운영자의 요구사항을 반영하여 충족시킬 여지기 있다면, 종단간프로세스와 이에 속한 개별 프로세스를 수정한다.

ERP시스템 도입 프로젝트 범위는 기능 영역이 아닌, 기능 영역을 관통하는 종단간 프로세스와 종단간 프로세스에 포함된 개별 프로세스이기 때문에, 프로젝트 범위를 설정한다는 것은 프로젝트의 넓이width와 깊이depth를 결정하는 것을 의미한다. 프로젝트의 넓이는 종단간 프로세스의 범위를 의미하고, 프로젝트의 깊이는 종단간 프로세스내의 개별 프로세스들을 의미한다.

프로젝트 범위 즉, 프로젝트 범위로 정해진 프로세스의 넓이와 깊이에 따라서 작업내용이 달라지고, 작업내용이 달라지면 비용과 시간과 투입되어야 하는 인원 등 자원이 달라지는 것은 당연하다. 프로젝트 범위가 넓으면 비용이 많이 들고 시간도 오래 걸리고 사람도 많이 투입될 것이며, 반대로 범위를 좁게 잡으면 비용과 시간과 자원을 절약하게 될 것이다. 프로젝트 깊이 또한 마찬가지이다. 프로젝트 깊이가 깊다는 것은 작업할 개별 프로세스들이 많다는 것을 의미하기 때문에, 더 많은 시간과 비용과 자원을 필요로 하게 될 것이다. ERP시스템 도입 목적은 장기적인 관점에서 비용 대비 업무처리 효율성을 높이기 것이 중요하기 때문에, 프로젝트 비용을 절감하거나 프로젝트 시간을 단축하는 것보다 장기적인 도입효과를 얻기 위해서 문제해결과 기회요소 포착과 요구사항을 어느 정도 반영할 것이냐를 기준으로 프로젝트 범위 설정해야 한다.

(2) 종단간/개별 프로세스 목표 확인

ERP시스템 도입 프로젝트 계획을 수립하기 위해서 프로젝트 범위에 해당되는 대상인 종단간/개별 프로세스들이 결정되면, 개별 프로세스의 목표를 확인하는 작업에 착수하게 된다. 프로젝트 대상이 되는 프로세스의 목표를 확인하는 목적은, 만일 개별 프로세스를 통해서 달성하려는 목표를 알지 못한다면, 조직이 추구하는 목표와의 관계 혹은 효과성과 연계시킬 수가 없을 뿐만 아니라, 프로세스 자체에 대한 가장 기본적인 정보조차도 얻을 수가 없기 때문이다.

(3) 프로젝트 성공을 위한 체크리스트 결정

일반적으로 프로젝트의 성공과 실패가 기업에 미치는 영향은 엄청나게 크지만, 성공과 실패의 원인은 사소한 곳에서 비롯되는 경우가 많다. 특히 막대한 비용과 시간과 기업의 많은 자원이 투입되는 ERP시스템 도입 프로젝트의 경우 성공하느냐? 실패하느냐? 에 따라서 업무효율성과 목표달성 효과성이 확보되기도 하고 반대로 엄청난 재무손실로 이어지지도 한다. 따라서 ERP시스템 도입 프로젝트의 성공을 위해서 다양한 체크포인트를 미리 결정하는 것이 매우 중요하기 때문에, 워크숍에서는 성공을 위한 체크리스트를 작성해서 관리해야만 한다. 가장 기본적인 프로젝트의 성공과 실패의 판단기준은 다음과 같다.

- 시간: 정해진 시간 내에 프로젝트가 마무리 되었는지?

- **비용:** 예산 비용범위 내에서 프로젝트가 마무리 되었는지?
- **품질:** 프로젝트를 통해서 얻으려고 하는 ERP시스템 효과를 얻어낼 수 있는지? 가 가장 기본적인 체크리스트이다.

그런데 ERP시스템 도입 프로젝트의 성공과 실패를 나누는 기준은 비용과 시간과 품질 이외에 다음과 같은 다양한 요인들이 있다.

- **프로젝트 이해도:** ERP시스템 도입 프로젝트에 참여하는 수많은 팀원들이 자신들이 수행하고 있는 작업이 무엇이고, 이후에 이어지는 작업은 무엇이고, 자신이 생성해 낸 작업결과물을 누가 어떻게 이용하는지 등 프로젝트 전반에 대한 이해도 떨어지면 프로젝트가 지연되거나 추가 비용이 발생하는 등의 문제가 발생할 수 있기 때문에, 프로젝트 관련 내부구성원들과 외부 참여 인력들이 프로젝트 배경과 프로젝트 목표에 대해서 얼마나 이해하고 있는지 확인하고 관리할 필요가 있다.
- **프로젝트 매니저의 능력:** 프로젝트를 총괄하는 매니저의 역할은 프로젝트 성공과 실패를 가르는 직접적인 요인이기 때문에, 팀을 관리하고 통솔하는 능력, 팀원들과 의사소통하는 능력, 작업내용을 이해하는 능력, 업무이해 능력, 인간적인 친화력 등이 필요하다. 따라서 프로젝트가 성공하기 위해서는 프로젝트 매니저가 이런 능력을 어느 정도 갖추고 있는지를 체크하는 것도 매우 중요하다.
- **프로젝트를 위한 지원:** 프로젝트를 수행하는 데 필요한 인적자원과 물적 자원 그리고 기술적 자원들이 어느 정도 지원되는지?
- **프로젝트의 일관성:** 프로젝트의 전체 과정에 속한 개별 작업들이 어느 정도 일관성 있게 수행되고 있는지를 확인하는 것도 프로젝트 실패를 예방할 수 있는 중요한 체크리스트에 속한다.

(4) 종단간/개별 프로세스 리스트 확인

종단간 프로세스는 기업 전체의 업무흐름을 가장 상위의 레벨에서 확인할 수 있는 일종의 부가가치 흐름도에 해당된다. 종단간 프로세스 리스트가 이미 작성되어 있다면, 이를 검토하는 것으로 대신할 수 있으나, 만일 종단간 프로세스 리스트가 작성되어 있지 않다면, 기업 전체의 부가가치 흐름 → 핵심 프로세스 → 개별 프로세스 순으로 레벨 다운하면서 전체 종단간 프로세스 리스트와 이에 속한 개별 프로세스를 확인하고 리스트를 작성한다.

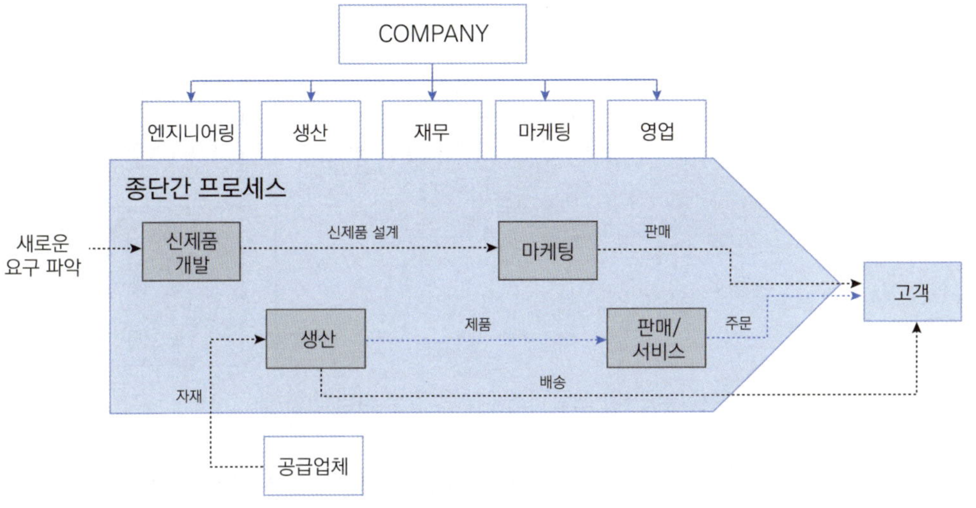

[그림 3-2] 종단간 프로세스 리스트 확인

기업을 전통적인 기능 영역으로 나누면, [그림 3-2]에서 보는 것처럼 엔지니어링-생산-재무-마케팅-영업 등으로 나뉜다. 그러나 이들 영역 전체를 부가가치가 창출되는 흐름 관점으로 보면 그림에서 표시된 실선처럼 일련의 흐름으로 나타나는데, 실선으로 연결된 흐름이 종단간 프로세스에 해당된다. 종단간 프로세스 리스트를 확인하는 것은 기업의 핵심 부가가치가 어떻게 창출되는지를 확인하는 작업이라 할 수 있다.

ERP시스템 도입 프로젝트 범위의 넓이width를 결정한다는 것은, 작성된 종단간 프로세스 리스트 중에서 어떤 종단간 프로세스를 대상으로 할 것인가를 결정하는 것이다. 그러나 종단간 프로세스가 정해졌다 하더라도 종단간 프로세스의 모습은 최상위 레벨의 부가가치 흐름이기 때문에, 구체적인 모습을 알 수가 없으며, 종단간 프로세스에 속한 개별 프로세스를 통해서 확인해야 한다.

따라서 종단간 프로세스에 속한 개별 프로세스를 일일이 확인하고 리스트를 작성하는 작업이 필요하다. 종단간 프로세스 리스트와 이에 속한 개별 프로세스 리스트를 작성하는 방법과 절차는 다음과 같다.

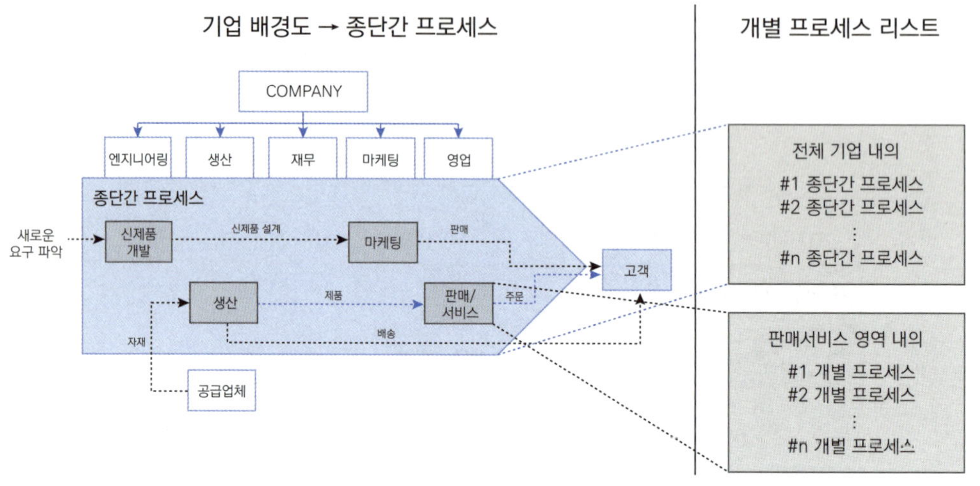

[그림 3-3] 프로세스 리스트 작성 방법과 절차

종단간 프로세스 리스트에 포함된 개별 프로세스 리스트를 확인해야 하는 이유는, ERP시스템 도입 프로젝트 범위의 깊이depth를 정하기 위한 것이다. 프로젝트 범위의 넓이는 종단간 프로세스들이 포함된 범위들이지만, ERP시스템 도입 대상 영역의 프로세스를 전사적 관점에서 분석하고 재설계하는 작업은 개별 프로세스 별로 이루어지기 때문에, 가장 상위 레벨의 종단간 프로세스도 중요하지만, 그 속에 포함되어 있는 개별 프로세스들이 어떤 것들이 있는지 확인해야 하기 때문이다.

(5) 프로세스의 개괄적인 분석

종단간 프로세스 리스트와 이에 포함된 개별 프로세스 리스트를 작성한 후, 이어지는 작업은 개별 프로세스를 개괄적으로 분석하는 작업이다. 프로세스의 개괄적인 분석이란, 프로세스 평가기준에 의해서 정확하고 구체적으로 분석하는 것이 아니라, 개별 프로세스가 창출하는 부가가치의 규모와 기업 전체의 부가가치 창출에 기여하는 정도, 프로세스를 운영하는데 관여하고 있는 내부구성원의 수 그리고 개별 프로세스를 운영하는 데 필요한 시간과 비용을 개괄적으로 분석하는 것을 의미한다.

개괄적인 프로세스 분석 결과는 ERP 라이프 사이클의 두 번째 단계인 프로세스 분석 단계에서의 구체적인 분석을 위한 기초자료로 사용되기 때문에, 이 단계에서는 구체적인 수준까지의 분석을 요구하지는 않는다. 예를 들어, 각각의 프로세스 처리에 소요되는 시간과 비용이 어느 정도인지? 혹은 어느 한 프로세스에서 필요 이상으로 정체되어 있는지? 혹시 전체 프로세스를 수행하는데 문제는 없는지? 등과 같은 수준의 개괄적인 분석 작업이 이루어진다. 이러한 개괄적인 분석을 통해서 어느 프로세스를 프로젝트 대상으로 할 것인지를 결정할 수 있기 때문이다.

프로세스의 개괄적인 분석 작업의 궁극적인 목적은, 프로젝트 대상 프로세스들을 확인한 후, 어떤 프로세스의 재설계가 필요한지? 어떤 프로세스가 기업이 추구하는 목표를 효과적으로 달성하는데 더 가치가 있는지를 이해하려는 것이기 때문에, 개별 프로세스의 성격과 프로세스 자체의 가치에 따라서 분류하는 작업이 필요하다. 실제 프로젝트에서 주로 활용되고 있는 분류 방법은 (1) 비용 대비 창출되는 부가가치를 기준으로 분류하는 방법과, (2) 프로세스 자체의 성격을 기준으로 분류하는 방법이 활용된다.

먼저 프로세스를 수행하는데 투입되는 비용 대비 창출되는 부가가치 정도를 기준으로 분류할 때, 모든 프로세스는 정의 프로세스와 부의 프로세스로 구분된다.

- **정+의 프로세스**asset processes: 프로세스 수행 후 비용 대비 더 많은 부가가치를 창출하는 프로세스
- **부-의 프로세스**liable processes: 프로세스 수행 후 부가가치 대비 더 많은 비용이 소요되는 프로세스

그리고 프로세스 자체의 성격을 기준으로 분류되는 프로세스 유형은 다음과 같다.

- **인지적 프로세스**identifiable processes: 다른 기업과 차별화된 자체의 업무를 수행하기 위해서 차별적으로 존재하는 프로세스
- **우선적 프로세스**prior processes: 외부로 노출되지는 않지만 기업의 목표를 달성하는

데 절대적으로 필요한 프로세스

- 배경적 프로세스background processes: 기업의 일상적인 업무를 수행하는데 있어서 없어서는 안 될 기본적인 프로세스
- 의무적 프로세스mandated processes: 기업의 부가가치 창출과 직접적으로 연관되지 않지만 외부와의 상호작용을 하는데 있어서 필요한 프로세스

프로젝트 대상 프로세스는 비용 대비 부가가치 창출 혹은 프로세스 자체의 성격에 따라서 그리고 프로젝트의 성격에 따라서 대상 프로세스들을 결정하게 되는데, 결정된 대상 프로세스에 기초하여 구체적인 프로젝트 계획이 수립되기 때문에, 프로젝트 대상이 될 프로세스들을 신중하게 결정하여야 한다.

(6) 최종 프로젝트 대상 확정 및 계획수립을 위한 기초 자료

이전 단계에서 프로세스를 수행하는데 소요되는 비용 대비 창출되는 부가가치와 프로세스 자체의 성격을 기준으로 ERP시스템 도입 프로젝트 범위에 포함될 종단간 프로세스와 이에 속한 개별 프로세스가 결정되고 나면, 이를 기초로 구체적인 계획을 수립하게 되는데, 계획수립을 위해서 기초가 되는 산출물들은 다음과 같다.

- 종단간 비즈니스프로세스 리스트
- 종단간 비즈니스프로세스에 속하는 개별 프로세스 리스트
- 프로세스 분석 및 재설계를 위한 개별 프로세스에 대한 개괄적인 분석자료
- 개별 프로세스에 대한 이해관계자들의 주요 관심이슈 목록
- 종단간 혹은 개별 프로세스에 대한 문제점, 기회요소, 요구사항 리스트
- 프로젝트 수행을 위한 팀 구성원

1.2.5 프로젝트 수행전략

프로젝트 수행전략을 수립한다는 것은, 비용과 시간이 제한되어 있고, 투입인원 등

가용자원이 제한되어 있는 기업 현실 속에서 막대한 비용과 시간을 투자하여 프로젝트를 수행한 결과 얻을 수 있는 효과를 극대화하기 위한 방법을 찾는 것이다. 이에 대한 대답은 의외로 간단하다. 프로젝트 효과를 극대화하기 위해서는 문제점기회요소 포착 혹은 요구사항 충족 포함을 가장 잘 해결할 수 있는 최적의 해결책optimal solution을 최상의 방법으로best manner 수행하되, 가능하면 최단 시간 내에shortest time 완료하는 것이다.

그러나 최적의 해결책은 기업의 모든 상황들과 모든 이해관계자들의 관점이 반영되어야 하는데 현실적으로 모든 이해관계자들의 관점이 반영되기 쉽지 않으며, 최상의 방법으로 프로세스가 구현되어야 함에도 프로세스를 구현하는데 필요한 기본 정보나 프로젝트팀 구성원들의 능력이나 동기부여 혹은 조직의 성숙도에 따라서 최상의 방법으로 수행되지 못하는 경우가 많다. 또한 프로젝트 완료 후 이를 일상적으로 ERP시스템을 운영하면서 효과를 거두기까지 기본 인프라의 부족, 구성원들의 인식 부족 등으로 가시적인 효과를 거두는 시간이 장기화되는 경우도 있기 때문에, 이론적으로 '최적optimal-최상best-최단shortest'라는 기본적인 수행전략을 세우는 것이 쉽지 않다. 특히 최적-최상-최단의 수준이 어느 정도인지? 어느 정도의 효과를 거두면 혹은 어느 정도의 요구사항에 만족할 것인지는 주관적이어서 최상의 해답을 찾는 것은 쉽지 않다. 그럼에도 불구하고 ERP시스템 도입 프로젝트를 성공적으로 수행하고 기대하는 효과를 얻기 위해서 프로젝트 수행전략을 수립하는 작업은 반드시 필요하다.

1.2.6 프로젝트팀 구성

ERP시스템 도입 프로젝트는 현재의 프로세스를 분석하고 재설계하는 작업, 사용자의 요구사항들을 파악하고 정의하는 작업, 프로세스 구현 및 장기적인 효과를 도출하기 위한 세부계획 등 많은 작업들이 포함되기 때문에, 이러한 일련의 작업을 수행할 프로젝트팀을 구성하는 것이 매우 중요하다. 프로젝트팀의 구성은 단순하게 프로젝트에 참여하는 사람들의 모임이 아니라, 프로젝트를 예산 범위를 초과하지 않으면서 기간 내에 마무리하고, 장기적인 도입효과까지를 거둘 수 있는 시스템을 도입해야 한다는 공통의 목적으로 가지고 각자 자신들에게 할당된 업무를 수행하며, 다른 작업자들과의 긴밀한 협조와 의사소통이 필요하기 때문에, 기업의 다른 조직과 같이 역할분담과 책임 등 체계적인 구조를 갖추는 것이 필요하다.

ERP시스템 도입 프로젝트팀 구성이 기업 내의 다른 프로젝트팀 구성과 다른 점은 프로젝트의 핵심이 프로세스의 분석 및 재설계 그리고 이에 맞는 시스템을 도입하는 것이기 때문에, 프로세스를 중심으로 팀이 구성된다는 것이다. 즉, 프로젝트 진행에 필요한 기본적인 정보기술 지원, 문서작성 및 관리, 인적자원 변화관리, 프로젝트 의사결정 등과 같은 기본적인 하위 팀들과 함께 종단간 프로세스 별로 팀을 구성하는 것이 효율적이라는 것이다.

2 타당성 분석

2.1 경제적 타당성 분석

2.1.1 경제적 타당성의 의미와 내용

ERP시스템 도입 프로젝트는 막대한 비용과 장기간의 기간이 소요되는 어려운 작업임에도 불구하고 장기적인 측면에서의 효과성은 불투명한 것이 일반적이다. 따라서 막대한 비용이 투입되고 필요한 자원을 지원해야 하는 최고경영자는 ERP시스템 도입이 최선의 대안인지 고민하게 된다. ERP시스템을 도입하는데 소요되는 비용과 장기적으로 얻게 될 효과를 최고경영자가 직접 비교 분석하는 것은 아니지만, 최고경영자의 의사결정에 따라서 ERP시스템 도입 프로젝트가 계속 진행될 수도 있고, 경우에 따라서는 중도에 포기하거나 중단해야 하는 경우가 발생할 수도 있다. 이런 의미에서 ERP시스템 도입 프로젝트에 소요되는 비용과 ERP시스템 도입으로 얻게 될 효과를 비교 분석하는 작업이 필요한데, 이를 경제적 타당성 분석이라 한다. 경제적 타당성 분석 작업 결과는 프로젝트를 계속 진행할 것인지? 중단할 것인지를 결정하는데 중요한 판단 근거가 된다. 뿐만 아니라, 경제적 타당성 분석을 하면서 산정한 소요비용과 필요한 자원들은 프로젝트 계획서에 포함되는 주요한 내용들이기 때문에, 최종적인 프로젝트 계획서를 작성하기 위해서도 꼭 필요한 과정이다. ERP시스템 도입 프로젝트에 소요되는 일반적인 비용항목과 개별 요인들을 정리하면 다음과 같다.

〈표 3-2〉 ERP시스템 도입 프로젝트 소요비용 항목과 개별 요인

항목	개별요인	개요
프로젝트	대상 프로세스의 유형과 복잡도	대상 프로세스의 유형과 복잡도에 따라 해결방법이 다르기 때문에, 소요되는 비용이 달라진다. 따라서 소요비용을 산정하는데 절대적으로 고려해야 할 요인이다.
	프로젝트 기간	일반적으로 프로젝트 기간과 소요비용과는 직접적인 관련성이 있는 것으로 알려져 있기 때문에, 프로젝트 기간이 얼마나 소요되는지를 고려하여 비용을 산정해야 한다.
프로세스	프로세스 규모	대상 프로세스에 따라서 기간과 기타 투입자원이 결정되기 때문에, 프로세스의 규모는 절대적인 고려요인에 해당된다.
	프로세스 신뢰도	프로세스의 어떤 요인까지를 대상으로 할 것인지에 따라서 향후 프로세스의 구현에 영향을 미치기 때문에, 어떤 요인까지를 포함할 것인지에 따라서 비용을 달리 산정해야 한다.
인적자원	프로젝트 참여인원	전체 프로젝트 비용 중에서 가장 큰 비중을 차지하는 항목으로 정확한 참여인원 산정 및 투입은 프로젝트의 성공과 실패는 물론 효율적인 비용투입을 위해서 중요한 항목에 해당된다.
	참여자의 전문성	프로젝트 참여자의 전문성 정도에 따라서 프로젝트의 성공확률이 높아지기 때문에, 객관적으로 검증된 전문가를 투입해야 하며, 이를 근거로 비용을 산정한다.
기타자원	소프트웨어	프로젝트를 위해서 필요한 소프트웨어와 하드웨어 장비들은 비교적 쉽게 파악할 수 있기 때문에, 비용 또한 손쉽게 산정할 수 있다.
	하드웨어	
	프로젝트 도구	프로젝트 전 과정을 관리하기 위한 도구를 활용하는데 소요되는 비용이며, 전문적이고 효율적인 도구의 활용은 프로젝트 비용과 기간 단축을 위해서 절대적 필요하다.

2.1.2 비용 산정 방법

경제적 타당성 분석 작업은 프로젝트 비용과 프로젝트를 통해서 ERP시스템이 도입된 후 얻게 될 효과를 비교 분석하는 작업이기 때문에, 비용과 효과를 정량 수치로 파악하는 것이 가장 이상적이지만, 일반적으로 수치화하기 어려운 항목들이 많기 때문에 정량적인 비교 분석이 어려운 것이 현실이다. 특히 ERP시스템 도입을 통해서 얻게 될 미래의 효과를 정량화하는 것은 더욱 어려운 일이다. 따라서 여기에서는 ERP시스템 도입을 통해서 효과가 있을 것이라는 가정 하에, 비용 산정에 초점을 맞추도록 한다.

비용 관련 항목들도 정량화하기 어려운 세부 항목들이 있기 때문에, 산술적인 방법이 아닌 다음과 같은 비 산술적인 방법으로 비용을 산정하는 것이 일반적이다.: 하향식 비용 산정 방법 혹은 상향식 비용 산정 방법.

(1) 하향식 비용 산정 방법

하향식 비용 산정 방법은 프로젝트 비용에 영향을 미치는 요인들이 수치화될 수 없는 요인들이 많기 때문에, 프로젝트에 영향을 미치는 요인들을 일일이 수치화하지 않고 프로젝트 비용 항목 전체를 주관적인 판단에 의해서 경험적으로 비용을 산정하는 방법이다.

- 과거의 유사한 사례 프로젝트에 의한 비용 산정: 워크숍에서 결정한 프로젝트의 유형과 대상 프로세스의 넓이와 깊이를 고려하여 과거의 유사한 프로젝트를 조사하여 이에 소요 되었던 비용을 토대로 자체 프로젝트의 규모와 기간, 참여인원 등을 고려하여 전체적인 비용을 산정하는 방법이다.
- 전문가의 감정에 의한 비용 산정: 프로젝트 비용을 자체적으로 산정하기 어려운 경우, 외부의 전문가에게 프로젝트 비용 산정을 의뢰하여 비용을 산정하도록 하는 방법이다. 전문가의 감정에 의한 비용 산정 방법은 편리하기는 하지만, 판단근거를 정확하게 알 수 없을 뿐만 아니라 전문가의 주관적인 판단에 따라서 차이가 많을 수 있기 때문에 다수의 전문가에게 감정을 의뢰하는 것이 바람직하다.

- 델파이 방식에 의한 비용 산정: 자체적으로 비용을 산정하는 경우나 외부 전문가의 감정에 의한 비용 산정이라 하더라도 결국에는 자체의 주관적인 판단에 의해서 결정되기 때문에, 프로젝트 비용에는 차이가 많다. 따라서 익명의 다수 참여자들이 프로젝트 비용을 산정하고 조정자를 두어 비용을 산정하기 위한 항목들을 고려하여 비용을 조정하는 과정을 반복하면서 최종적인 프로젝트 비용을 산정하는 방법이다. 그러나 이와 같은 방법도 결국에는 주관적 판단에 의존할 수밖에 없기 때문에, 비용 산정을 위한 개별 항목들을 수치화하여 전체 비용을 산정하는 것보다는 정확도가 떨어질 수밖에 없다.

위의 세 가지 비용 산정 방법의 문제점은 최종 비용을 산정하는 근거가 정확한 수치에 근거하지 않기 때문에 비과학적이고, 비합리적일 수밖에 없다는 것이다. 그런데 이런 방법들을 통해서 비용을 산정하는 것이 비합리적이고 비과학적이라는 것을 알고 있음에도 불구하고 이런 방법을 쓸 수밖에 없는 이유는, 앞에서 설명한 것처럼 수치화할 수 없는 항목들이 많다는 것과, 모든 항목을 수치화하고 계량화하는 데 시간이 너무 오래 걸린다는 것 때문에, 문제점이 있음에도 불구하고 하향식 비용 산정 방법을 쓰는 것이다.

(2) 상향식 비용 산정 방법

상향식 비용 산정 방법은 하향식 비용 산정 방법이 갖는 비합리적인 문제를 없애기 위해서 비용에 영향을 미치는 모든 요인들을 항목 묶음으로 보지 않고, 개별 요인 또는 항목별로 개별 비용을 산정하여 이를 합산하는 방식으로 전체 프로젝트 비용을 산정하는 방법이다. 그러나 앞에서 설명한 것처럼 개별 항목들 중에 수치화할 수 없는 항목들에 대한 비용 산정을 위해서 하향식 비용 산정 방법을 부분적으로 혼용하여 활용할 수밖에 없다.

상향식 비용 산정 방법이나 하향식 비용 산정 방법 모두 프로젝트 비용이 객관적인 수치에 근거해서 산정되는 것이 아니기 때문에, 정확성 면에서 한계가 있으며, 따라서 어떤 프로젝트 비용 산정 방법이 더 효율적이라고 단언할 수가 없다. 또한 중요한 것은 프로젝트 종료 후 장기적인 측면에서 지속적인 성과를 창출하는 것이기 때문에, 프로젝트 종료 후 투입될 비용과, 프로젝트 이전의 부가가치 창출 규모 그리고 프로젝트 종료 후에 장기적으로 창출되는 부가가치의 규모를 비교 분석하는 사후적인 방법이 대안이 될 수 있을 것이다. 그러나 이는 프로젝트 초기 단계에서 프로젝트의 계속적인 진행 여부를 결정할 의사결정에는 무의미하기 때문에, 프로젝트 매니저의 경험과, 최고경영자의 주관적인 직관이 중요한 의사결정 변수가 될 수밖에 없다.

2.2 구현 타당성 분석

구현 타당성 분석은 ERP시스템 도입 프로젝트를 진행하는데 있어서 경영층의 제한된 재정적 지원, 참여사의 능력, 필요한 기술적 구현 가능성 등을 고려하여 ERP시스템을 도입할 수 없다면, 결국에는 해당 영역의 문제를 해결할 수가 없기 때문에, 프로젝트를 계속 진행하는 것은 무의미할 것이다. 따라서 구현 가능성에 대한 기술적인 구현 타당성과 자원가용성 분석이 이루어져야 한다.

ERP시스템을 자체 개발하는 것이 아니라, 표준패키지를 도입하는 경우라면 기술적인 구현타당성은 자체의 문제가 아니라, ERP시스템 개발업체의 문제이기는 하지만, 표준패키지를 커스터마이징하는 것까지를 포함해서 ERP시스템 구현을 위한 기술적인 구현가능성에 대한 분석은 크게 세 가지 방법으로 분석하는 것이 일반적이다.

- 사례 연구: 사례 연구를 통해서 기존의 유사한 프로젝트와 제약요소들을 감안하여 추진하는 프로젝트의 성공과 실패위험을 비교 분석하는 방법이다.
- 최악 사례연구: 최악 사례 연구는 과거의 유사한 프로젝트 중에서 가장 실패한 경우를 찾아 자체의 프로젝트와 비교함으로써 자체 프로젝트가 실패할 경우 초래될 수 있는 최악의 상태를 예측하는 방법이다.
- 시뮬레이션: 자체 프로젝트에 대한 항목별 가상 시나리오를 작성하여 시나리오 별로 프로젝트 결과를 비교 분석하는 방법이다.

ERP시스템 도입 프로젝트 수행에 필요한 자원이 충분히 지원되어야 프로젝트가 원활하게 진행될 수 있기 때문에, 필요한 자원을 지원 받을 수 있는지를 분석하는 작업자원가용성 분석 또한 매우 중요하며, 구체적인 분석의 내용은 다음과 같다.

- **인적자원 가용성:** 프로젝트의 성공과 실패는 얼마나 능력 있고 경험 있는 참여자들을 확보하느냐에 달려있다고 해도 과언이 아니기 때문에, 프로젝트를 성공적으로 수행하기 위해서 우수한 인력을 확보할 수 있는지 검토한다.
- **기술적 자원가용성:** 프로젝트의 전 과정은 수작업으로 이루어지는 것이 아니기 때문에, 여러 가지 다양한 소프트웨어와 하드웨어 장비 그리고 각종 도구를 사용하게 되는데, 프로세스를 분석하고 재설계하며 ERP시스템을 정상적으로 운영하는데 필요한 기술적 자원을 확보할 수 있는지를 검토한다.
- **물적 자원 가용성:** 물적 자원 가용성 분석은 주로 경영층의 투자의지는 확고한지? 프로젝트가 종료될 때까지 지속적으로 지원 가능한지? 등을 주로 분석대상으로 하며, 이러한 투자 및 지원의지는 프로젝트 계획서 작성과정에서 최고경영층을 어느 정도 설득하였느냐에 달려 있다.

3 일정계획 및 관리

프로젝트 오너최고경영자의 관심은 ERP시스템 도입 프로젝트에 얼마나 많은 비용이 소요되고, 어느 정도의 효과를 얻을 것인가 인 반면, ERP시스템 도입 프로젝트를 총괄하는 매니저는 소요비용이나 얻게 될 미래의 효과보다는 정해진 기간 내에 프로젝트가 완료될 수 있느냐에 더 큰 관심을 갖는다. 즉 ERP시스템 도입 프로젝트 매니저에게는 원하는 결과를 정해진 시간 내에 혹은 그 시간을 단축하여 결과를 도출할 수 있도록 하는 것이 중요하다. 따라서 ERP시스템 도입 프로젝트 매니저에게는 일정계획 수립과, 수립된 일정계획에 따라 세부 작업들이 차질 없이 진행되도록 관리하고 통제하는 것이 매우 중요하다.

3.1 프로젝트 일정 계획

3.1.1 프로젝트 일정 산정 방법

프로젝트 일정을 산정하는 방법은 현재 시점을 기준으로 일정을 산정하는 방법과 프로젝트 종료일을 기준으로 산정하는 두 가지 방법이 있다.

(1) 후방위 스케줄링backward scheduling 방법

후방위 스케줄링 방법은 프로젝트 종료 후에 ERP시스템이 도입되는 날짜를 기준으로 세부 단계의 작업에 소요되는 시간을 역으로 계산하는 방법이다. 후방위 스케줄링 방법을 이용하여 추진일정을 계획하는 경우 원하는 날짜에 ERP시스템을 도입하기 위해서 현재로부터 가질 수 있는 최대의 여유 시간을 산정할 수 있기 때문에, 최초의 작업을 언제 시작해야 하는지 알 수 있다는 장점이 있다. 그러나 추진일정을 역방향으로 계산한 결과 최초의 작업이 이미 시작되었어야 하는 경우라면, 정해진 시간 내에 작업을 완료하기 위해서 세부 작업들을 소홀히 할 수 있기 때문에, 프로젝트 일정은 맞출 수 있으나 작업 부실로 이어져 기대했던 ERP시스템 도입 효과를 얻지 못할 수도 있다는 단점이 있다.

(2) 전방위 스케줄링 forward scheduling 방법

후방위 스케줄링 방법과는 반대로 전방위 스케줄링 방법은 프로젝트팀이 구성되고 프로젝트의 세부 절차들이 결정되면, 참여할 인력규모와 세부 단계마다에 필요한 소요시간을 고려하여 프로젝트 종료시한을 결정하는 방법이다.

전방위 스케줄링 방법은 프로젝트 종료 시점이 예정보다 늦춰질 수도 있다는 단점이 있다. 따라서 전방위 스케줄링 방법과 후방위 스케줄링 방법을 혼합하여 효율적이고 효과적인 프로젝트 일정계획을 수립하는 것이 일반적이다.

3.1.2 프로젝트 일정계획 요소

전방위 스케줄링 방법이나 후방위 스케줄링 방법으로 혹은 혼용하여 추진 일정계획을 수립하는 것은 정해진 시간 내에 프로젝트의 세부 작업들을 효율적으로 마무리하기 위한 것이기 때문에, 프로젝트 관리자는 일정계획을 정확하게 수립하기 위해서 특히 다음과 같은 요인들을 고려해야 한다.

- 개별적인 세부 작업의 소요시간: ERP시스템 도입 프로젝트는 많은 개별적인 세부 작업이 필요하기 때문에, 전체 프로젝트 일정은 개별적인 세부 작업에 소요되는 시간에 따라서 결정된다. 따라서 개별적인 세부 작업에 얼마의 시간이 소요되는지를 정확하게 파악하는 것이 전제가 된다. 그러나 개별적인 세부 작업에 소요되는 시간 산정은 경험적인 문제이며, 대상 프로세스의 규모와 복잡도 그리고 프로젝트의 목표를 고려하되, 지나치게 낙관적이거나 지나치게 타이트하지 않는 상황을 전제로 경험적으로 산정해야 한다.
- 개별적인 세부 작업들 간의 관계: 프로젝트 과정 중의 세부 작업들이 순차적으로

이루어지는 것은 아니다. 경우에 따라서는 병행될 수도 있기 때문에, 정확한 일정 계획을 수립하기 위해서는 개별적인 세부 작업들 간의 선-후행 관계와 병행 가능한 세부 작업이 있다면 이를 고려하여야 한다.

3.1.3 프로젝트 일정계획의 표현

프로젝트 추진 일정이 확정되면 세부 작업의 진척상황을 정확하게 파악하고 관리할 수 있도록 체계적인 형태로 표현하는 것이 필요한데, 프로젝트 일정계획을 표현하는 가장 일반적인 방법은 간트차트Gantt-Chart를 이용하는 방법이다.

간트차트는 전체 작업을 세부 작업으로 나누고 정해진 단위월, 주, 일별로 세부 작업을 가로 막대로 표시하는 방법이며, 세부 작업에 소요되는 기간을 막대의 길이로 표현한다. 이와 같은 간트차트는 특정 작업과 중복된 업무를 쉽게 파악할 수 있으며, 또한 전체 작업의 종료시점을 정확하게 알 수 있다. 간트자트를 이용하여 프로젝트 추진 일정을 나타내는 방법은 특정 업무를 위해서 소요되는 시간은 알 수 있으나, 간트차트 자체를 통해서 가장 빠른 완료시간이나, 가장 늦은 완료시간 혹은 여유시간을 알 수가 없기 때문에, 전체 프로젝트 추진 과정을 관리하고 통제하기 위한 수단으로서는 부적절하다는 단점이 있다. 다음은 프로젝트 과정 중에 수행할 세부 작업 내용을 간트차트로 표현한 것이다.

〈표 3-3〉 프로젝트 세부작업 내용

표기	작업내용	소요시간(단위: 일)	선행 작업
A1	프로젝트 계획수립	6	-
A2	대상 프로세스 확인	4	A1
A3	개별 프로세스 분석	4	A1
A4	프로세스 평가지표	3	A1
A5	프로세스 재설계	7	A2, A3, A4
A6	프로세스 구현	3	A5
A7	프로세스 교육훈련	4	A4
A8	프로젝트 평가	2	A6, A7

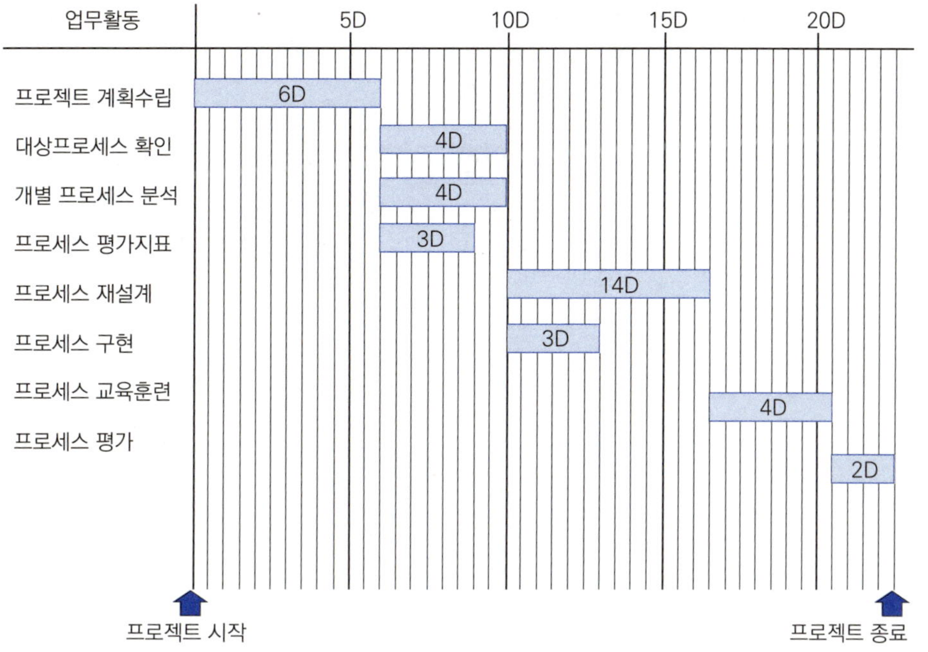

[그림 3-4] 간트차트로 표현한 프로젝트 추진 일정표

프로젝트 추진 일정을 이와 같이 간트차트를 이용하여 표시하는 경우 관리자는 세부 작업 활동에 소요되는 시간을 가로막대Bar로 표시하며, 다른 작업과 병행해서 수행될 수 있는 작업의 경우에는 병행할 수 있는 작업 시간만큼의 가로막대를 평행으로 그어 표시함으로써 전체적인 작업 소요시간을 계산할 수 있다. 이와 같은 간트차트는 추진 일정을 변경해야 하는 경우에는 간트차트를 다시 작성해야하기 때문에, 추진 일정의 변경에 어려움이 있으며, 보다 큰 문제는 전체 프로젝트를 관리하는데 얼마만큼의 여유 시간이 있는지 등을 알 수 없다는 것이다. 간트차트를 통해서 업무 활동의 수행 순서는 표시되지 않으나 각 업무 활동의 시작과 종료시점이 표시되기 때문에, 작업 종료를 기준으로 해당 업무가 어느 정도 진척되고 있는지를 쉽게 파악할 수 있으며, 따라서 상대적으로 간단한 프로젝트나 대규모 프로젝트의 일부를 표시하고 관리하는 데 적합하다.

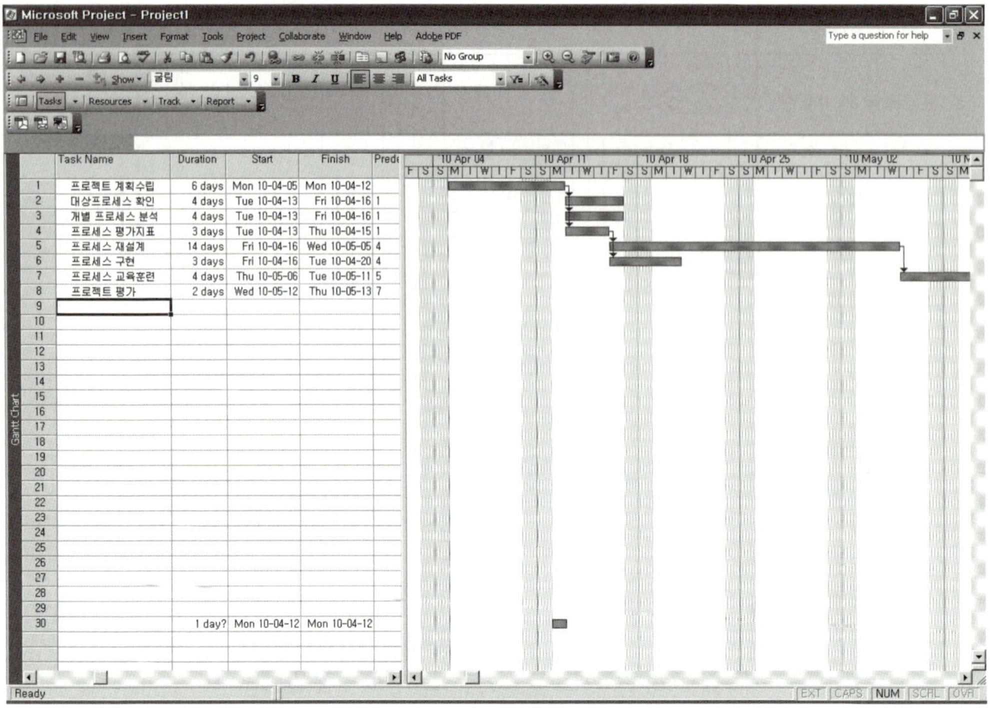

[그림 3-5] 간트차트로 표현한 프로젝트 추진 일정표

추진 일정의 변경에 따른 간트차트 재작성의 어려움과 같은 문제점을 해결하기 위해서 자동화된 도구를 이용하여 프로젝트 일정계획을 작성하게 되는데, [그림 3-5]는 Microsoft Project를 이용하여 작성한 일정계획의 예이다.

3.2 프로젝트 일정관리 및 통제

정해진 예산과 기간 내에 프로젝트를 완료하기 위해서는 수립된 일정계획에 맞춰 정해진 세부 작업들이 차질 없이 이루어져야하기 때문에, 프로젝트 관리자는 프로젝트 일정과 작업과정을 관리해야 하는데, 일반적으로 중점경로방식CPM: Critical Path Method과 프로그램 평가 및 검토기술PERT: Program Evaluation and Review Technique 방식이 이용된다.

전체 프로젝트를 소단위 세부 작업으로 구분한다는 점에서 CPM이나 PERT는 간트차트와 동일하지만, 간트차트가 특정 업무 활동에 소요되는 시간만을 보여주는 반면, CPM이나 PERT는 상호 의존적인 업무 활동 간의 순서를 시각적으로 보여준다는 점에서 차이가 있다. 다음은 Microsoft Project를 이용하여 작성해 보였던 간트차트의 내용을 PERT Chart를 이용하여 재구성한 일정표이다.

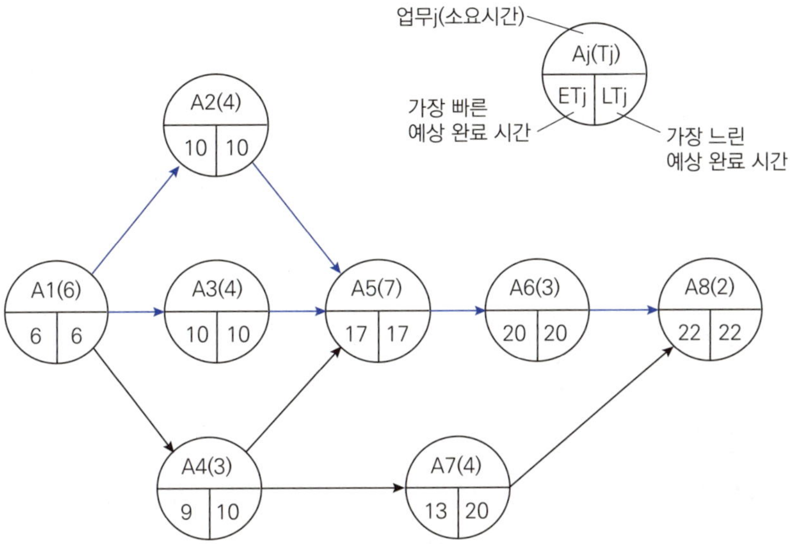

[그림 3-6] PERT차트를 이용한 추진 일정표

PERT Chart는 세부적인 업무들을 원으로 표시하고, 원의 상단에는 업무 활동과 소요 시간을 표시하며, 원 하단 좌측에는 가장 빨리 완료될 것으로 예상되는 시간을, 그리고 원 하단 우측에는 가장 늦게 완료될 것으로 예상되는 시간을 각각 표시한다. 가장 빨리 완료될 것으로 예상되는 시간ETj과 가장 늦게 완료될 것으로 예상되는 시간LTj은 다음과 같은 공식에 의해서 계산한다.

o 가장 빨리 완료될 것으로 예상되는 시간ETj

① j = 0, ETj = 0

② j = j+1, ETj = max { ETj + Atj }

③ j = n, STOP

○ 가장 늦게 완료될 것으로 예상되는 시간LTj

① j = n, LTj = ETj

② j = j-1, LTj = min { LTj － Atj }

③ j = 0, STOP

이와 같은 공식에 의해서 가장 빨리 완료될 것으로 예상되는 시간ETj과 가장 늦게 완료될 것으로 예상되는 시간LTj과의 차이가 영0보다 큰 경우에는 해당되는 작업 수행에 여유가 있음을 의미하고, 만일 차이가 없거나 영0보다 작은 경우에는 해당되는 작업 수행에 여유가 없음을 의미한다.

어느 한 세부 작업에 여유시간이 있다는 것은, 해당되는 작업이 지연되더라도 전체 프로젝트 일정에 영향을 미치지 않는다는 것을 의미하고, 만일 여유시간이 없는 경우에는 해당 작업이 지연되면 해당 작업이 지연됨으로 이어지는 작업부터 연쇄적으로 지연되어 결국 전체 프로젝트 일정을 맞추지 못한다는 것을 의미한다.

이처럼 가장 빨리 완료될 것으로 예상되는 시간과 가장 늦게 완료될 것으로 예상되는 시간이 동일하여 여유시간이 전혀 없는 업무활동을 이은 경로를 중점경로Critical Path Method이라 하며, 이 같은 중점경로 상에 있는 업무활동의 지연은 전체 프로젝트 일정의 지연으로 이어지기 때문에, 특별한 관리가 필요하다. 예를 들어, 위의 중점경로 상의 활동들은 [A1-A2/A3-A5-A6-A8] 이며, 이들 업무활동들은 전체 프로젝트를 기간 내에 완료하기 위해서 반드시 준수되어야 하며, 그렇기 때문에 프로젝트 매니저의 특별 관리 대상이 된다.

연습문제

1. 프로젝트 계획수립을 위한 세부단계를 도식화하여 설명하시오.
2. 프로젝트 계획을 수립하기 위한 세부 단계 중에서 주요 이해관계자와의 인터뷰가 필요한 이유에 대해서 설명하시오.
3. 프로젝트 계획수립을 위한 워크숍에서 다룰 내용들에 대해서 설명하시오.
4. 프로젝트 범위를 설정하는데 제기되는 문제의 유형에 대해서 설명하시오.
5. 프로젝트 성공을 위한 주요 체크리스트들을 열거하고 내용을 설명하시오.
6. 기업의 부가가치 흐름과 종단간 프로세스와의 관계 그리고 이에 속하는 개별 프로세스의 도출 과정을 설명하시오.
7. 개별 프로세스의 유형을 비용 대비 창출되는 부가가치 정도와 프로세스 자체의 성격에 따라서 체계적으로 분류하고 간단하게 설명하시오.
8. 프로젝트 타당성 분석의 종류와 내용에 대해서 설명하시오.
9. 프로젝트의 비용 산정 방식 상향식과 하향식을 비교 설명하시오.
10. 프로젝트 일정계획을 표현하는 방법과 관리하는 방법 중에서 전통적인 간트차트 방식과 PERT 차트 방식을 장단점을 중심으로 비교 설명하시오.

Chapter 04

ERP 라이프 사이클[2]: 프로세스 분석

1. 프로세스 분석 개요
2. 프로세스 분석 세부 절차

학습개요 및 목표

일반적으로 어떤 문제가 발생했을 때 그 발생 원인은 다양하고 여러 가지 요인들이 복합적으로 작용하는 경우가 많다. 두통이라는 증상만을 본다면 진통제가 가장 효과적인 처방인 것처럼 보이지만, 두통의 원인에 따라 처방이 달라야하기 때문에, 근본 원인을 제거하지 않고 단순 진통제만 처방하는 것은 미봉책에 불과하다. ERP시스템을 도입하는 작업도 마찬가지로 도입 대상에 대한 정확한 분석과 ERP 도입 효과를 얻기 위해서 어떻게 해결할 것인지 고민해야 하는 이유이다.

ERP시스템 도입하기 전에 프로세스를 분석하고 재설계하는 궁극적인 목표는 ERP시스템을 활용하는 데 현재의 프로세스가 적절한지를 분석하고 이를 전사적 관점에서 재설계하는 것이다. 이를 위해서는 ERP시스템 도입 프로젝트 대상 영역 내의 많은 프로세스들을 이해하는 것으로부터 출발한다. 이러한 이해 없이는 그 어떤 문제점도 찾을 수가 없을 것이며, 그 해결 방법 또한 제시하지 못할 것이다.

본 장에서는 ERP 라이프 사이클의 핵심인 프로세스 재설계 작업을 위해서 대상 영역 내의 종단간 프로세스와 이에 포함된 개별 프로세스들을 분석하는 과정을 살펴보고자 한다. 먼저, 프로세스를 이해하고 진단하는 작업을 수행하는 분석가의 역할과 자질을 살펴보고, 프로세스를 이해하기 위한 여러 가지 기술적인 방법들과 그 과정을 다루도록 한다. 이어서 프로세스 분석 단계 이후에 이어지는 재설계 작업과 연계하여 프로세스를 평가하기 위한 평가지표에 대해서도 살펴보기로 하겠다.

본 장의 학습목표는 다음과 같다.

- 프로세스 분석가의 역할과 자질을 이해한다.
- 프로세스 분석을 위한 기술적인 방법과 과정을 이해한다.
- 프로세스의 수준별 종단간 비즈니스프로세스, 개별 비즈니스프로세스, 활동, 관리 모델링 방법을 이해한다.
- 종단간/개별 프로세스를 평가하기 위한 다양한 지표들을 이해한다.
- 프로세스에 대한 문제의 원인을 분석하는 방법을 이해한다.

1 프로세스 분석 개요

프로세스 분석의 핵심 내용은 (추상적인 프로세스의 모습을 이해하는 것이 어렵기 때문에) 프로세스 모델링 방법론을 이용하여 프로젝트 대상 영역 내의 모든 종단간 프로세스와 이에 속한 개별 프로세스들을 모델화하는 작업과, 다양한 평가기준을 가지고 어떤 부분이 왜 문제이고, 문제의 원인을 무엇인지? 그리고 어떻게 개선할 수 있는지를 분석하는 것이다.

특히, ERP시스템 도입을 통한 업무처리 효율성과 직결되는 프로세스 재설계 작업은 프로세스 분석결과를 기반으로 하기 때문에, 분석 작업의 오류는 (분석해야 할 내용이 누락되거나 혹은 분석 대상을 잘못 분석하는 경우) 프로세스 재설계의 오류로 이어져서 ERP시스템을 도입하여 업무를 처리함으로서 원했던 기대효과를 얻지 못하는 결과를 초래하게 된다. 따라서 프로세스 분석가의 경험과 자질 그리고 역할이 매우 중요하다.

1.1 프로세스 분석가의 역할과 자질

ERP시스템 도입 프로젝트에서 프로세스를 이해하고 문제점을 진단하고 해결방법을 제시하는 사람을 프로세스 분석가라고 하는데, 프로세스 분석가가 수행하는 작업내용은 다음과 같다.

- 프로세스 운영 상황과 운영상의 문제점 도출: 프로세스 운영이나 운영상의 문제점은 프로세스 분석가가 분석하게 될 가장 핵심적인 내용으로 현재의 프로세스에서의 업무처리방식과 투입되고 산출되는 데이터 및 데이터와 업무의 흐름을 파악하여 문제점을 도출하고 이런 문제점들이 해결될 수 있도록 새롭게 설계될 프로세스가 어떤 모습이어야 하는지를 파악하는 것이다.

- 프로세스의 품질: 새롭게 설계될 프로세스 중에서 문제를 해결하는데 직접적으로 이용되지는 않지만, 설계될 프로세스의 품질을 결정하게 되는 프로세스의 신뢰성, 구현용이성, 사용자 편리성 등과 같은 내용들을 파악하는 것이다.
- 기술적인 기반구조: 프로세스를 운영하는데 사용되는 하드웨어나 기타 시스템들은 프로젝트 종료 후에도 필요하기 때문에, 프로세스를 운영하는데 활용되는 모든 기술적인 기반구조 또한 분석 대상이 된다.
- 프로세스 운영자의 자질과 역량: 프로세스를 실제로 운영하는 업무처리 담당자들에게 일반적으로 자체적인 문제 해결이나 혹은 보다 효율적인 업무처리를 위해서 요구되는 자질과 역량과 특성 조건들이 있다. 실제 운영자들의 자질과 역량과 업무관련 특성들도 ERP시스템 도입 프로젝트 대상 영역의 프로세스를 분석하는데 무관하지 않기 때문에, 중요한 분석내용에 포함된다.

프로세스 분석 단계에서 구체화되어야 할 분석 내용들은 해당 프로세스의 문제해결에 직접적으로 관여되거나 또는 문제 해결에는 직접적으로 관여되지 않지만, 프로세스의 품질을 결정하거나, 이를 통해서 ERP시스템 도입 효과를 이끌어낼 수 있기 때문에, 프로세스 분석가는 가능한 한 모든 내용들을 파악하고 체계적으로 정리하여야 한다. 따라서 비즈니스프로세스를 분석하는 과정에서 분석가는 다음과 같은 역할을 하게 된다.

1.1.1 프로세스 운영자의 요구를 찾아내고 정리 기록하는 역할

현재의 업무처리방식이나 현재 운영되고 있는 프로세스에 대해서는 실제 업무처리 담당자인 프로세스 운영자가 가장 잘 알고 있기 때문에, 프로세스 분석가는 어떠한 형태로든 실제 운영자로부터 도움을 받아 이를 분석하고 운영자들이 요구하는 사항들을 정리할 수밖에 없다. 그러나 현재의 업무처리방식이나 현재의 프로세스를 운영하고 있는 담당자들 자신이 자신의 문제를 정확하게 알지 못하거나 구체적으로 표현하지 못하는 경우가 많기 때문에, 프로세스 분석가는 프로세스 운영자와의 회의나 면담, 설문조사 또는 업무처리 과정을 직접 관찰함으로써 프로세스 운영상의 문제점과 이들의 요구사항들을 찾아내고 이를 일목요연하게 정리하며 체계적인 문서로 작성하는 기록자로서의 역할을 담당한다.

1.1.2 프로세스 운영자와 관리자 사이의 중재자로서의 역할

프로세스 분석 작업은 이미 작성된 프로젝트 계획수립 결과를 기초로 하며, 프로세스 분석 작업결과는 프로세스 재설계를 위한 기초 자료로 활용된다. 따라서 프로세스 재설계 작업자는 프로세스 자체와 프로세스의 문제점과 프로세스 운영자의 요구사항들을 바르게 이해해야 한다. 그런데 프로세스 분석가는 실제 프로세스 운영자와 프로세스 재설계 작업자혹은 이후의 작업자 또는 관리자 사이에 위치하기 때문에, 이들을 연결하는 중재자로서의 역할을 담당하게 된다.

ERP시스템 도입 프로젝트에는 일반적으로 다양한 관점을 가진 다양한 이해관계자들이 참여하며, 이들은 각자의 관점에서 자신의 표현방식으로 자신의 견해만을 주장하는 것이 보통이다. 따라서 프로세스 분석가는 다양한 관점의 다양한 이해관계를 조정하며 중재하는 역할을 담당한다.

1.1.3 프로세스 분석가의 자질

프로세스 분석가는 프로젝트 대상 영역 내의 종단간 프로세스 혹은 이에 속하는 개별 프로세스마다 어떤 문제가 있는지? 문제의 원인은 무엇인지? 어떻게 해결할 수 있는지? 실제 프로세스 운영자의 요구가 무엇인지? 등을 파악해 내기는 쉽지 않다. 따라서 프로세스의 문제점과 프로세스 운영자의 요구사항들을 찾아내고 이를 정리하며 체계적으로 문서화하는 역할과 모든 이해관계자들의 견해를 중재하는 역할을 제대로 수행하기 위해서는 다음과 같은 자질이 요구된다.

- 업무 영역에 대한 전문적인 지식: 해당 영역의 프로세스를 이해하고 문제를 파악하며 문제의 원인과, 프로세스 운영자의 요구를 파악하기 위해서는 해당 영역에 대한 전문적인 지식을 소유하고 있어야 한다.

- 논리적이고 조직적인 사고: 해당 영역의 프로세스 운영상의 문제점들과 실제 운영자의 다양한 요구사항들은 대부분 부분적이며 단편적으로 파악되기 때문에, 이를 조합하여 전체를 이해하고 분석하기 위해서는 조직적이고 논리적인 사고 능력을 갖추어야 한다.
- 원만한 인간관계: 프로세스 분석가는 많은 프로세스의 실제 운영자들 그리고 이들 프로세스의 관리자 그리고 많은 이해관계자 사이의 견해를 중재해야 하기 때문에, 원만한 인간관계를 소유하고 있어야 한다.
- 프로세스 분석을 위한 전문기술 및 풍부한 경험: 무엇보다도 유사 영역에 대한 풍부한 분석 경험을 가지고 있어야 한다. 프로세스 분석을 위한 다양한 전문 기술을 소유하고 있다면, 파악한 문제를 분석하고 체계적으로 정리하는데 많은 도움이 될 것이다.

1.2 프로세스 분석을 위한 의사소통: 업무관찰

프로세스 운영자들이 어떻게 업무를 처리하고 있는지? 그들의 문제가 무엇인지? 또 그들이 요구하는 것이 무엇인지? 파악할 수 있는 방법은 회의나 인터뷰를 통한 방법이 가장 기본적이다. 그러나 회의나 인터뷰 또는 설문조사를 통한 방법은 프로세스 운영자들이 처리하는 업무를 간접적으로 경험하는 것이기 때문에, 프로세스 분석가가 가지는 업무지식을 이용하여 직접 보고 느끼며 체험하는 과정을 거쳐 문제점을 분석하고 해결방법을 운영자와 함께 논의하는 업무관찰 방법이 현실적으로 가장 이상적인 방법이다

그러나 분석 대상 프로세스는 추상적이기 때문에, 직접 보고 정확하게 이해하기란 쉽지 않다. 따라서 일반적으로 분석 대상 프로세스를 정확하게 이해하기 위해서 복잡한 프로세스를 단순하게 표현하는 방법이 필요한데, 일반적으로 프로세스를 단순하게 표현하는 방법을 모델링이라고 한다.

모델링이란, 현실세계의 추상적이고 복잡한 내용을 추상화하여 단순한 그림으로 표

현하는 것을 말하는데, 분석 대상 프로세스를 모델링하는 작업은 복잡한 프로세스를 단순한 그림인 프로세스 모델process model로 표현한다는 것이다.

업무관찰 결과 프로세스 모델을 작성하기 위해서는 체계적인 절차와 논리적인 접근 방법 그리고 무엇보다 자동화된 모델링 도구가 필요하기 때문에, 프로세스 분석가는 풍부한 경험과 해당 영역의 전문지식을 가지고 있어야 하며, 더불어 모델링 도구를 이용할 수 있어야 한다. [그림 4-1]은 분석 대상 프로세스를 모델링하는 과정과 원리를 도식화한 것이다.

그러나 업무를 관찰한다고 해도 프로세스 분석가는 프로세스 운영자보다 업무프로세스를 정확하게 이해할 수는 없기 때문에, 프로세스 운영자에게 모델링 도구를 교육하고 자신이 담당하는 프로세스 모델을 작성하도록 하는 것이 가장 효과적인 방법이다. 만일 프로세스 운영자가 직접 모델링하는 경우, 프로세스 운영자는 모델링 도구를 통해서 자신의 업무를 설명하는 것이고, 프로세스 분석가는 작성된 모델을 통해서 업무를 이해하는 것이기 때문에, 모델링 도구는 프로세스 분석가와 운영자 사이의 효율적인 의사소통 수단으로 이용된다.

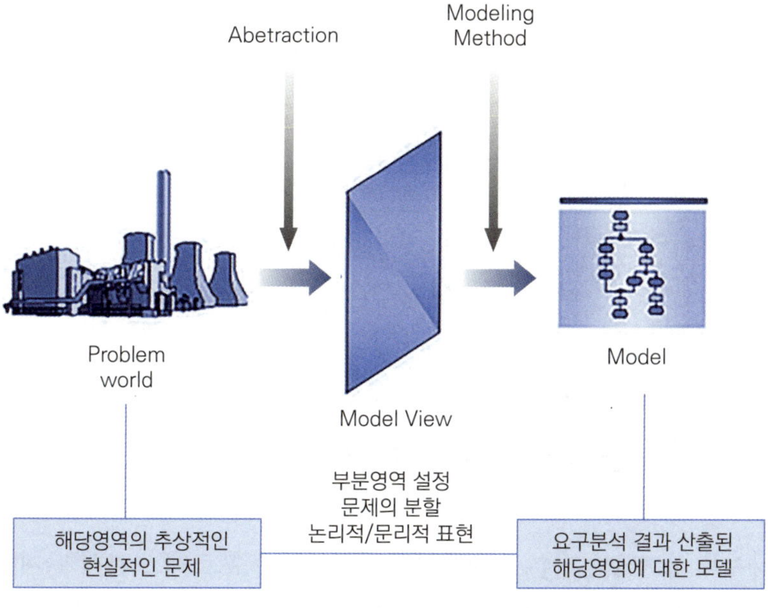

[그림 4-1] 프로세스 모델링 과정과 원리

2 프로세스 분석 세부 절차

프로세스 분석의 목적은, 현재의 프로세스를 정확하게 이해하는 것이다. "프로세스를 이해한다." 는 의미는, 현재의 프로세스가 실제로 어떻게 운영되고, 어떤 문제가 있는지? 만일 문제가 있다면, 문제가 있다는 사실을 판단하는 근거가 무엇인지? 등을 이해하는 것이다. 즉, 프로세스를 이해한다는 것은 구체적인 상황이나 조건부 상태의 모습as-if 또는 should be이 아니라, 현재의 있는 모습 그대로as-is 이해하는 것을 의미하며, 다음과 같은 과정으로 진행한다.

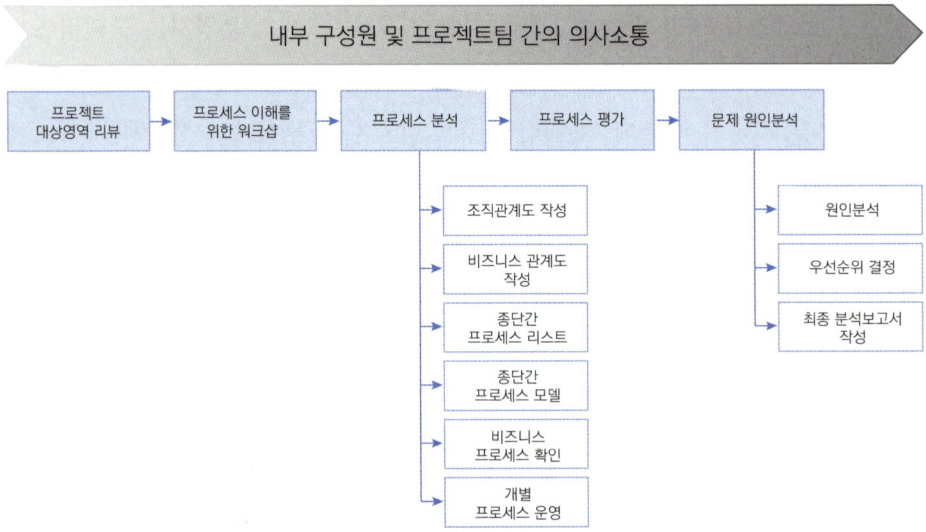

[그림 4-2] 프로세스 분석 단계의 세부 작업 절차

2.1 구성원 및 프로젝트팀 간의 의사소통

ERP 라이프 사이클의 다른 단계에서와 마찬가지로 프로세스 분석 단계에서도 프로젝트팀과 구성원 사이의 긴밀한 의사소통은 물론 프로젝트팀 구성원들과 프로젝트에 직접 참여하지는 않지만 프로세스와 관련된 많은 이해관계자 사이의 의사소통은 매우 중요하다. 따라서 프로세스 분석 작업의 전 과정을 통해서 도출되는 모든 내용들과 중요한 의사결정 사항들은 긴밀한 협조와 정보 공유가 이루어져야 한다. 이는 프로젝트에 참여하는 사람들에게는 자신의 업무가 다음 단계의 어떤 작업으로 이어지는지? 언제 어떤 작업에 그리고 어떤 방식으로 참여하게 되는지? 등을 공지하는 성격이 되기도 하지만, 성공적인 프로젝트 수행을 위해서는 프로젝트팀 외부 영역으로부터의 적극적인 지원이 필요하기 때문에, 프로젝트팀 외부의 이해관계자들에게도 그들의 작업 진행 과정과 내용에 대해서 충분한 의사소통이 있어야 한다.

상호 의사소통을 통해서 공유해야 할 내용은 이전 단계에서 확정된 모든 내용들과 앞으로 논의되고 결정 혹은 수정되는 모든 내용들이 포함된다.

2.2 프로젝트 범위 리뷰

프로젝트 범위는 이전 단계인 계획수립 단계의 워크숍을 통해서 결정되었으며, 모든 프로젝트팀 구성원들과 프로젝트 이해관계자들에게 공지된 사실이다. 그러나 프로세스 분석을 위한 워크숍을 개최하기 이전에 이러한 사실에 대해서 다시 한 번 점검하는 단계를 거친다. 프로젝트 범위를 리뷰 하는 이유는 프로젝트 범위 자체를 수정하려는 것이 아니라, 프로젝트 범위 내의 분석 대상 프로세스를 명확하게 구분하기 위함이라 할 수 있다.

2.3 프로세스 이해를 위한 워크숍

프로세스 분석 단계에서 수행되는 가장 중요한 작업 중에 하나는 프로젝트 범위 내의 모든 종단간 프로세스와 이에 속하는 개별 프로세스를 정확하게 이해하기 위해서 추상적인 프로세스를 구체화하여 분석하는 작업이다. 이와 같은 추상적인 프로세스를 구체화 하는 작업을 앞에서 설명한 것처럼 프로세스 모델링이라 하는데, 자동화된 도구를 이용하여 프로세스 모델을 작성하는 이유는 추상적인 프로세스를 단순하게 그림으로 표현하는 것이 전부가 아니라, 프로세스에 포함되는 모든 업무처리내용과 흐름은 물론 개별 기능활동마다 소요되는 시간과 비용들까지 표현할 수 있기 때문에 프로세스를 쉽고 빠르게 이해할 수 있기 때문이다.

프로세스를 이해하기 위한 워크숍을 시작하기 전에 프로세스모델링 작업이 필수적이지만, 프로세스를 이해하기 위한 워크숍에서는 모든 프로세스를 정확하고 구체적으로 이해하려는 것이 아니라, 대상 프로세스에 대해서 소규모의 변화가 필요한지? 효율성 제고를 위해서 재설계가 필요한지? 혹은 효율성을 높이기 위해서 전면적인 프로세스 혁신이 필요한지를 구분하고 이에 따라서 적절한 수준에서 프로세스를 이해하는 것으로 충분하다.

이를 위해서 모든 분석 대상 프로세스들을 다음과 같은 관점에서 이해하는 것이 필요하다.

- 대상 프로세스가 원래의 프로세스 목표를 달성하고 있는가?
- 대상 프로세스가 비즈니스 요구사항들을 충족시키고 있는가?
- 대상 프로세스가 기업이 추구하는 목표를 달성하는데 얼마나 중요한가?

2.4 프로세스 분석

2.4.1 조직관계도 작성

조직관계도organizational relationship map는 기업 내부 주체인 조직단위들과 외부 주체비즈니스 파트너, 고객, 공급업체 등들과의 관계를 설명하는 일종의 조직배경도이다. 조직관계도를 통해서 기업 내부의 업무흐름은 정확하게 표시되지 않지만, 외부와의 업무협조 및 업무흐름을 이해할 수 있다. 조직관계도를 통해서는 구체적인 부가가치 흐름이나 프로젝트 대상 영역을 확인할 수는 없지만, 프로세스를 분석하기 전에 조직관계도를 작성하는 이유는 가장 거시적인 관점에서 기업의 부가가치 창출에 관여된 주체들을 식별하고, 이들 주체들 사이에 어떤 관계가 있으며, 기업의 부가가치 창출 배경을 이해하려는 데 있다. 다음은 제조 기업에서의 조직관계도의 예이다.

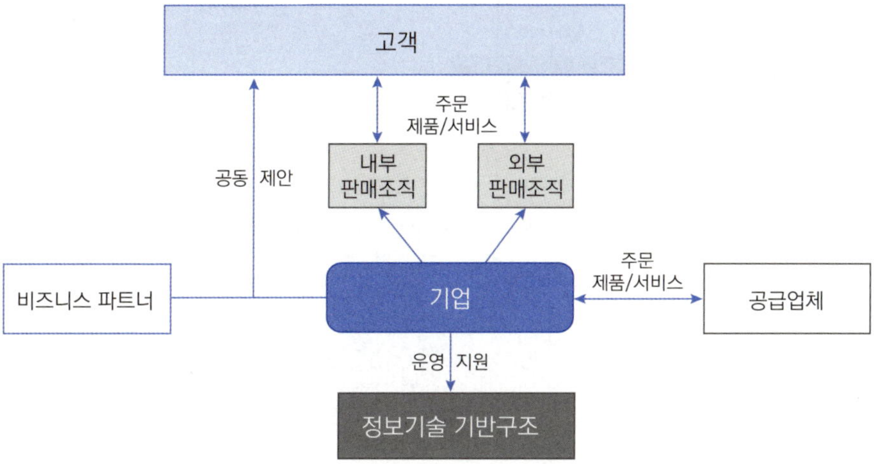

[그림 4-3] 조직관계도의 예 제조기업 기준

2.4.2 프로세스관계도 작성

프로세스관계도는 조직관계도에서 표시한 기업 내부와 부분적으로 외부와 연결된 모든 종단간 프로세스들을 포함하고 있는 전체 프로세스 개요에 해당되는 모델이다. 프로세스관계도를 통해서도 아직은 구체적인 부가가치 창출 흐름을 인식할 수는 없지만, 기업의 부가가치를 창출하는 핵심 프로세스가 무엇이며, 이를 지원하기 위한 지원 프로세스가 무엇인지를 확인할 수가 있다. 따라서 프로세스관계도를 작성하는 근본적인 목적은 이를 통해서 분석 대상이 되는 종단간 프로세스 리스트를 작성하기 위해서이다. 다음은 앞에서 작성한 조직관계도를 바탕으로 기업 내부의 프로세스관계도를 작성한 것이다.

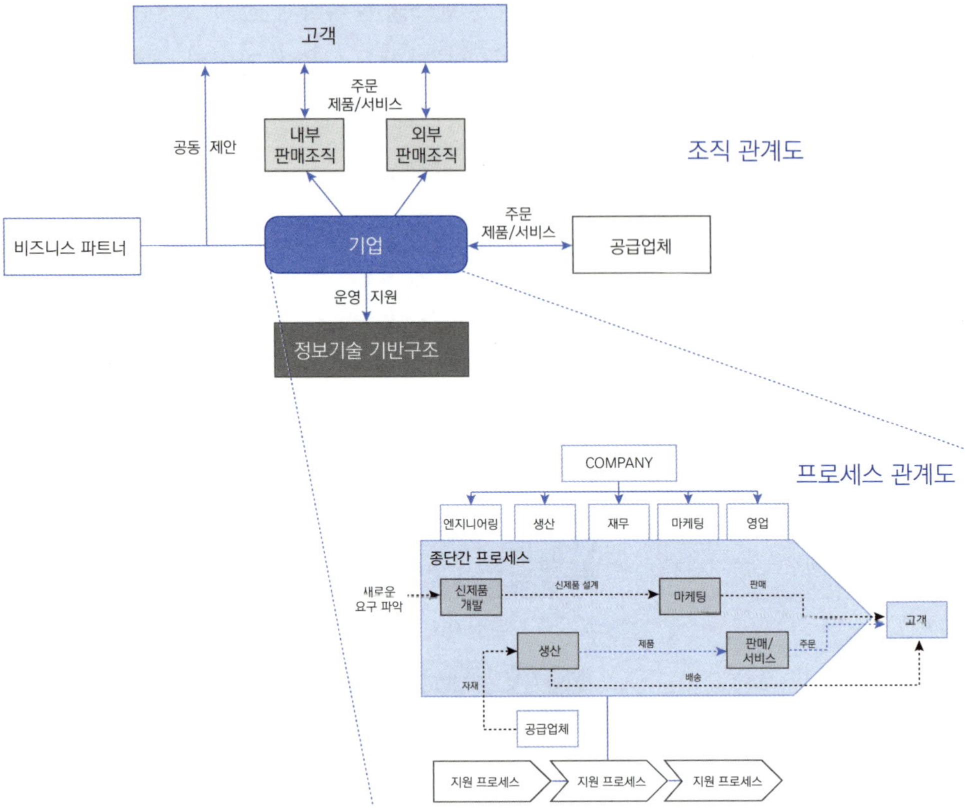

[그림 4-4] 프로세스관계도의 예

이와 같은 프로세스관계도는 다음과 같은 정보를 제공하기 때문에, 직접적인 분석 대상은 아니지만, 프로세스를 분석하기 전에 작성하는 것이 필요하다.

- 프로세스 사이의 연관관계에 대한 정보를 제공한다.
- 최고 경영자에게 프로젝트 대상 프로세스가 부가가치 창출에 얼마나 기여하는지? 기업의 목표를 달성하는데 얼마나 중요한지? 등을 설명하여 프로젝트 지원을 이끌어 낼 수 있는 근거로 활용할 수 있다.

2.4.3 종단간 프로세스 및 개별 프로세스 리스트 작성

종단간 프로세스 리스트를 작성하는 작업은 조직관계도로부터 프로세스관계도를 작성하고 나면 프로젝트 대상 범위가 구체적으로 드러나는데, 이에 속하는 모든 종단간 프로세스 리스트를 작성하는 작업이다. 이를 통해서 분석 대상 프로세스가 무엇인지? 구체화된다. 다음은 조직관계도로부터 프로세스관계도를 작성하고, 이로부터 프로세스 리스트를 도출하는 과정을 도식화한 것이다.

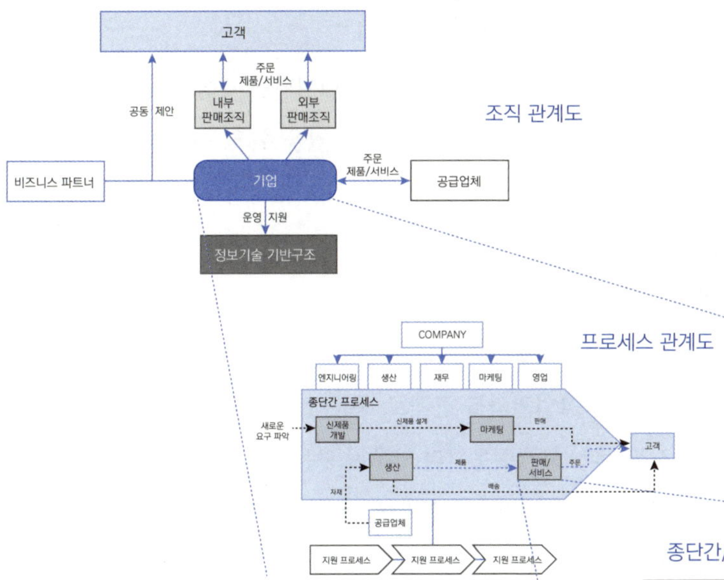

종단간/프로세스 리스트

업무(비즈니스) 영역	종단간 프로세스	개별 프로세스
자재 관리	입고 관리	국내 자재 입고
		수입 자재 입고
	출고 관리	일반 자재 출고
		장치 산업 출고
		대치 출고
	재고 관리	자재 보관 관리
		재물 조사
		재고 평가
	…	…
영업 관리	고객 문의 처리	…
	고객 제안 처리	…
	고객 주문 처리	…

[그림 4-5] 종단간/개별 프로세스 리스트 작성 예

2.4.4 종단간 프로세스 모델 작성

종단간 프로세스 모델은 종단간 프로세스를 수행하는 데 필요한 가장 상위의 주활동을 중심으로 표시한 모델이며, 주활동을 개괄적으로 이해하기 위해서 작성한다. 예를 들어, 다음은 사례 기업의 (종단간) 영업프로세스를 가정한 것이다.

> [종단간 영업프로세스 시나리오]
>
> 구체적인 고객 문의가 접수되거나 혹은 영업 팀의 자체적인 판단에 의해서 고객문의처리가 필요하다고 판단되면 고객문의처리 업무를 개시한다.
>
> 이 활동의 주체는 영업 팀이며, 이 활동을 위해서 필요한 데이터는 각종 영업데이터이다. 고객문의처리 작업의 결과 고객문의가 취소되는 경우도 있을 수 있으며, 구체적인 제안서를 작성하여 이를 고객에게 제안할 필요도 있다. 제안서를 작성하여 고객에게 제안할 필요가 있는 경우 고객제안처리 업무가 개시된다.
>
> 고객제안처리 업무는 제안처리 팀에서 담당하며, 고객제안처리 작업의 결과는 고객제안이 불가능하거나 혹은 가능한 경우 둘 중에 한 가지이다.
>
> 제안이 가능하다면, 고객제안처리 작업결과를 근거로 주문서가 작성되고 동시에 주문으로 고객주문처리 업무를 시작한다. 고객주문처리 업무는 주문처리 팀에서 담당하며 고객주문처리 작업의 결과는 주문조건을 확인함과 동시에 주문서가 작성되어 고객에게 발송된다.

만일 종단간 영업프로세스가 위와 같이 수행된다는 가정 하에 작성된 종단간 프로세스 모델은 다음과 같다. 프로세스 모델을 작성하는 방법은 여러 가지가 있으며, 다양한 도구들이 이용된다. 따라서 작성된 프로세스 모델의 의미를 이해하기 위해서 프로세스 모델링 방법론과 모델링 도구에 대한 이해가 전제되어야 한다. 프로세스 모델에 표현된 다양한 심벌들이 방법론들과 모델링 도구마다 다르기 때문이다. 예를들어, 삽입된 프로세스 모델에서 사용된 심벌의 의미는 다음과 같다.

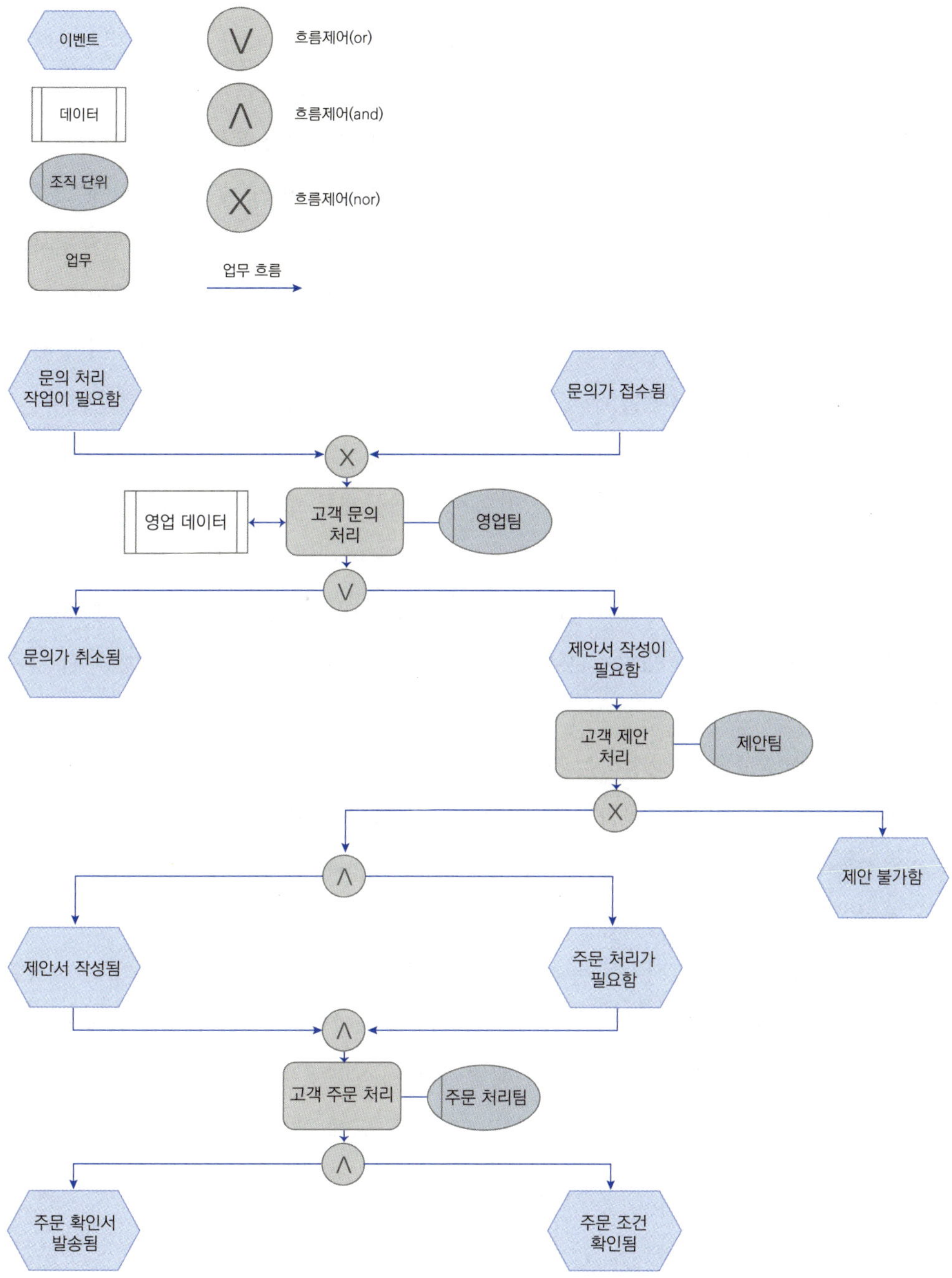

[그림 4-6] 종단간 프로세스 모델의 예 고객문의-고객제안-고객주문

2.4.5 개별 프로세스 모델 작성

종단간 프로세스 모델은 상위 레벨의 프로세스 흐름만을 나타내는 것이기 때문에, 구체적으로 그 업무가 어떻게 수행되는지를 알 수가 없다. 예를 들어, 위의 영업프로세스에 속하는 주 업무인 고객문의처리 작업이 구체적으로 어떻게 수행되는지에 대해서는 전혀 알 수가 없기 때문에, 이러한 종단간 프로세스 모델을 통해서는 업무프로세스를 분석할 수가 없으며, 따라서 어떤 부분이 왜 문제이며, 해결 방법은 무엇인지 전혀 할 수가 없다. 이유는 종단간 프로세스에는 주 업무들만 포함되어 있을 뿐 이 업무를 처리하기 위해서 수행되어야할 구체적인 세부 업무들이 표시되지 않았기 때문이다.

예를 들어, 영업프로세스의 주 업무 중에 고객문의처리, 고객제안처리 혹은 고객주문처리 과정을 부분적으로 수정하거나 전면적인 재설계를 했다고 하더라도 이러한 작업이 전혀 불필요하다는 판단 하에 삭제하는 경우가 아니라면 수정 혹은 전면적인 재설계 후에도 고객문의처리, 고객제안처리, 고객주문처리 주 업무는 여전히 존재할 것이기 때문에, 재설계 전과 재설계 후의 영업프로세스 모델의 모습은 전혀 변하지 않기 때문이다.

개별 프로세스 모델을 작성하는 이유는 바로 종단간 프로세스에 포함된 세부 활동을 이해하고 이를 분석하기 위한 기본 자료를 추출하기 위함이다. 따라서 종단간 업무프로세스들이 구체적으로 어떻게 처리되는지를 이해하려면 종단간 프로세스에 속한 개별 프로세스 모델을 작성해야만 한다.

개별 프로세스 모델을 작성하는 방법은 동일한 모델링 도구를 이용한다고 가정할 때 위의 종단간 프로세스 모델과 동일하게 작성되며, 삽입된 개별 업무프로세스 모델은 종단간 영업프로세스에 속한 3개의 개별 프로세스고객문의처리 프로세스와 고객제안처리 프로세스 그리고 고객주문처리 프로세스 중에서 [데모 시나리오 흐름]에 근거하여 고객문의처리 프로세스 모델을 작성한 것이다.

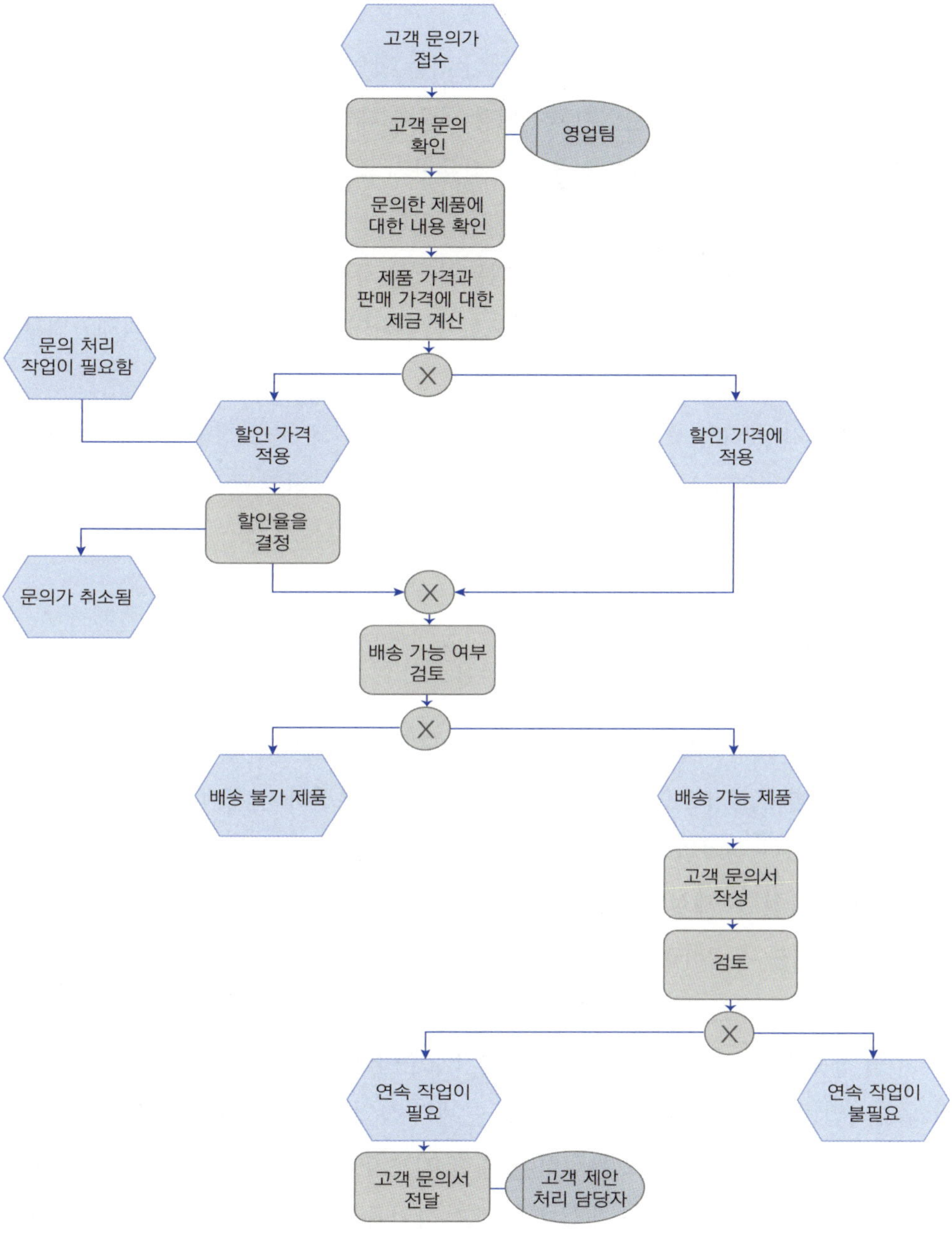

[그림 4-7] 개별 프로세스 모델의 예 고객문의처리 프로세스

○ 고객문의처리 데모 시나리오

① 고객문의가 접수되면, 영업담당 직원이 이를 확인한다.

② 고객이 문의한 제품을 확인한 후, 해당 제품에 대한 가격/세금을 결정한다.

③ 할인율에 따라 할인가격을 적용할지 적용하지 않을지를 결정한다.

④ 할인율 적용과 상관없이 배송가능한지 확인한다.

⑤ (만일 배송 가능한 제품인 경우) 고객문의서를 작성하고 검토한다.

⑥ (추가 작업이 필요한 경우) 추가적으로 작업하여 고객문의서를 고객제안업무로 연계된다.

⑦ (만일 추가 작업이 필요 없는 경우) 추가 작업이 필요 없는 경우 고객문의서를 전달할 필요가 없기 때문에, 고객문의처리 업무를 중단하고 종료한다.

2.5 프로세스 평가

종단간 프로세스에 속하는 개별 프로세스 모델을 작성하는 목적은 개별 프로세스 단위 혹은 개별 프로세스 내의 개별 활동 단위 별로 분석하여 어떤 부분이 왜 문제이며, 문제가 얼마나 심각한 수준인지 즉, 프로세스가 조직에 미치는 영향 정도를 분석하고 재설계를 마친 후 재설계 전과 재설계 후의 프로세스를 비교분석하기 위해서 활용할 기본 데이터를 추출하려는 데 있다.

따라서 개별 프로세스 모델을 작성하는 수준에서는 단순한 모델링 작업에 그쳐서는 안 되며, 세부 활동 단위 별로 구체적인 평가기준이 필요하다. 이러한 세부 활동 단위별 구체적인 평가기준은 프로세스 재설계 단계의 작업을 통해서 새롭게 설계한 프로세스와 기존의 프로세스를 비교 분석하기 위한 기초자료를 수집하는 데 활용되기도 하며, 다른 한편으로는 프로세스 재설계 단계의 작업을 수행하는 데 있어서 기업이 추구하는 목표에 미치는 영향 정도 즉, 문제의 심각성 정도에 따라서 작업의 우선순위를 정하기 위한 의미도 포함되어 있다.

2.5.1 프로세스 평가기준

일반적으로 프로세스에 대한 평가는 기업이 추구하는 목표에 기여하는 정도에 근거한 프로세스의 효과성과, 프로세스 자체의 효율성을 중심으로 이루어지며, 대표적인 평가방법은 비용 대비 효과분석cost-benefits analysis이다. 여기에서 효과성은 프로세스가 기업이 추구하는 목표에 기여하는 정도를 의미하기 때문에, 기업이 추구하는 목표와 연계하여 평가하며, 효율성은 프로세스 자체의 비용 대비 효과를 의미하기 때문에, 프로세스 처리와 연계하여 평가 가능하다. 프로세스의 효과성과 프로세스 운영의 효율성 모두 중요하다. 특히 ERP시스템을 도입하는 목적은 업무처리시간을 단축하고 비용을 절감하고자 하는 프로세스 운영의 효율성 제고 측면과, 장기적으로 이를 통해서 기업이 추구하는 목표를 효과적으로 달성하고자하는 것이기 때문에, 프로세스 운영의 효율성과 효과성 측면의 양면의 평가가 모두 필요하다.

그런데 효과성에 대한 평가나 효율성에 대한 평가 모두 업무를 처리하는 과정을 설명하는 프로세스를 대상으로 하는 것이기 때문에, 프로세스 효율성 측면의 평가기준은 프로세스 운영과 관련된 비용COST과 시간TIME이라 할 수 있으며, 비용과 시간에 포함되는 세부 항목들은 다음과 같다.

o 프로세스 운영 측면의 평가기준

① 시간TIME: 대기시간, 준비시간, 처리시간

② 비용COST: 재료비, 인건비, 기타 비용

이와 같은 평가기준을 통해서 프로세스를 처리하는데 소요되는 시간과 비용, 활동기준 비용activity-based cost에 대한 분석 자료를 추출할 수 있을 뿐만 아니라, 예를 들어, 어디에서 병목현상이 발생하고 있는지? 비용 대비 활동이 비효율적으로 수행되고 있는 곳은 어디인지? 등을 파악할 수가 있다.

○ 프로세스 관리 측면의 평가기준

① 프로세스에 대한 고객만족도

② 프로세스 효과성에 대한 정도

③ 프로세스의 생산성 추이

④ 프로세스로부터 산출되는 보고서의 종류와 수

⑤ 프로세스 담당자의 만족도

⑥ 프로세스 담당자의 이직 혹은 전직

프로세스 운영 측면의 평가기준과 프로세스 관리 측면의 평가기준들은 대부분 프로세스 분석을 위한 워크숍에서 수집된 기본 정보를 통해서 결정되는데, 경우에 따라서는 프로세스 실제 운영 담당자들과의 인터뷰를 통해서 기본 정보를 수집하거나 다양한 설문이나 회의 또는 관리자에게 보고되는 보고서 등을 통해서 수집된 정보를 통해서 최종 결정된다.

2.6 문제점 분석

2.6.1 문제 원인 분석

문제점 분석 단계에서는 프로세스에 내재되어 있는 문제와 문제의 근본적인 원인을 분석하는 작업이 수행된다. 프로세스에 내재되어 있는 근본적인 문제의 원인을 분석한다는 것은 프로세스의 비 효과성의 원인과 비효율성의 원인이 무엇인지를 밝히는 것을 의미한다. 특히, ERP시스템 도입 프로젝트의 목적이 효율적인 프로세스를 구축하여 기업이 추구하는 목표를 효과적으로 달성하고자 하는 것이기 때문에, 프로세스의 비 효과성의 근본 원인이 어디에 있는지를 찾는데 초점을 맞추어야 한다. 프로세스에 내포되어 있는 문제의 근본 원인을 정확하게 밝혀내지 못한 상태에서는 그 어떠한 프로세스 재설계 작업도 의미가 없기 때문에, 평가기준에 따라 평가된 프로세스 모델을 근거로 근본 원인을 찾는 작업은 매우 중요하다.

가장 일반적으로 사용되는 방법은 프로세스를 이해하기 위한 워크숍에서 다양한 문제점들을 도출하기도 하고, 경우에 따라서는 프로세스를 일상적으로 운영하는 실제 담당자들과의 회의 혹은 업무관찰 등을 통해서 문제점을 도출하는 것이다. 그러나 프로세스의 근본 문제점을 분석하는 데 있어서 중요한 사실은 내부의 프로젝트팀 혹은 프로세스 실제 운영자들의 경우에는 주로 효율성에 더 큰 관심을 갖기 때문에, 프로세스의 효과성에 대한 문제점을 분석하기 위해서는 모든 대상 프로세스를 다음과 같은 관점에서 바라보는 것이 필요하다.

- 프로세스의 개별 활동이 이해관계자의 요구에 부합되는가?
- 프로세스의 개별 활동이 기업이 추구하는 목표에 부합되는가?
- 프로세스의 개별 활동이 적정한 흐름으로 수행되고 있는가?
- 프로세스의 개별 활동들 간의 단절이나 재작업 혹은 보충 작업이 필요한가?
- 작업오류나 재작업이 요구되는 활동들이 있는가? 있다면 어떤 활동인가?
- 작업오류나 재작업이 요구되는 원인이 자체적인 원인인가? 아니면 이전 작업 혹은 입력 데이터로부터 야기된 것인가?
- 문제의 근본 원인이 프로세스 운영자의 업무숙련도, 업무태만 혹은 요구되는 기술 부족에서 야기되는 것은 아닌가?
- 내부의 프로세스 운영자의 숙련도 혹은 기술수준에 맞는 프로세스의 모습은 어떤 모습인가?

2.6.2 우선순위 결정

프로세스 내에 포함된 개별 활동 단위별로 문제점들과 문제의 근본적인 원인을 파악했다면 발견된 문제들을 해결하는 위해서 해결 방법을 찾아야 한다. 여기에서 말하는 해결 방법을 찾는다는 것은 분석한 개별 프로세스를 재설계하는 것을 의미한다.

그러나 ERP시스템 도입 프로젝트의 목표와 프로젝트 비용 그리고 시간적 한계가 있기 때문에 모든 도출된 문제의 원인들을 제거하는 것은 현실적으로 쉽지 않다. 어떤 문제는 해결 자체가 어려운 경우도 있고, 어떤 문제는 경미한 수준의 문제이기도 하고, 어떤 문제는 해결하기에 너무 시간과 자원이 과도하게 많이 필요한 경우도 있기 때문이다. 따라서 문제의 심각성과 문제해결 가능성 그리고 문제해결로 얻을 수 있는 효과성에 근거하여 재설계 작업의 우선순위가 결정된다. 우선순위를 결정하기 위한 요인들은 다음과 같다.

- **긴급한 정도**Urgency: 해결해야 할 문제해결 혹은 요구사항을 충족시키는 것이 어느 정도 시급한지에 따라 우선순위를 결정한다.
- **효율성 정도**Efficiency: 해당 프로세스의 효율성이 기업이 추구하는 목표에 어느 정도 작용하는지를 고려하여 우선순위를 결정한다.
- **이해관계자의 관심도**Stakeholders' view: 프로세스 운영에 직접 혹은 간접적으로 관련된 이해관계자의 의견을 반영하여 우선순위를 결정한다.
- **해결 가능성**Possibility: 그러나 문제의 근본 원인을 도출하는 목적은 이를 해결하여 효과적인 프로세스로 재설계하기 위한 것이기 때문에, 문제의 심각성과 프로젝트 일정 및 비용계획과 기업의 상황 및 환경을 고려하여 어느 해결 가능성이 있는지를 고려하여 우선순위를 결정한다.

우선순위를 결정하는 데는 프로세스 재설계 작업의 성격과 방향성에 대한 내용도 포함될 수 있는데, 문제점 분석과 우선순위를 통해서 다음과 같은 프로세스 재설계 작업의 방향성이 설정된다.

① 현재의 프로세스 유지
② 현재의 프로세스 외주
③ 현재의 프로세스 소규모 변화
④ 다른 프로세스와의 연계
⑤ 현재의 프로세스의 전면적인 재설계
⑥ 현재의 프로세스 제거

연습문제

1. 프로세스 분석가의 자질과 역할에 대해서 설명하시오.
2. 프로세스 분석가가 프로세스 운영자간의 의사소통 방법에 대해서 설명하시오.
3. 프로세스 분석 단계에서 생성되는 산출물들에 대해서 설명하시오.
4. 프로세스 분석 단계의 세부 작업절차에 대해서 설명하시오.
5. 프로세스 워크숍에서 중점적으로 다루어지는 내용들에 대해서 설명하시오.
6. 실질적인 프로세스 분석 작업과정에 대해서 설명하시오.
7. 실질적인 프로세스 분석 작업 과정에서 작성되는 모델유형에 대해서 설명하고, 이들 모델을 작성하는 이유에 대해서 설명하시오.
8. 프로세스 평가기준에 대해서 설명하시오.
9. 프로세스 분석결과 도출된 우선순위를 결정하는 요인들에 대해서 설명하시오.
10. 프로세스 분석 단계에서 도출된 작업결과에 따라서 프로세스 재설계 작업의 방향성과 내용이 결정되는데, 프로세스 분석결과 예상할 수 있는 재설계 방향성과 내용에 대해서 설명하시오.

Chapter 05

ERP 라이프 사이클[3]: 프로세스 재설계

1. 프로세스 재설계 개요
2. ERP 기반의 재설계 방법론
3. 프로세스 재설계 패턴

학습개요 및 목표

업무프로세스를 좁은 의미로 해석하면 단순히 업무처리활동들의 연속된 흐름만을 의미하지만, IT분야에서 일반적으로 받아들여지는 넓은 의미의 업무프로세스에는 업무처리활동들의 연속된 흐름은 물론 업무처리를 위해 투입되고 산출되는 데이터, 업무처리 수행 주체인 조직단위 혹은 조직구성원 등이 포함된다. 이렇게 볼 때 프로세스 재설계 작업은 업무처리활동의 흐름은 물론, 투입되고 산출되는 데이터항목 및 데이터 구조, 조직 구조와 조직 구성원의 역할 등을 새롭게 바꿔야 하기 때문에, 작업 자체가 단순하지 않다. 프로세스 작업 내용이 많다보니 업무프로세스에 비효율적 요소와 기업이 추구하는 목표를 달성하는 데 비효과적인 요소들이 내포하고 있다고 하더라도 이를 해체하여 새롭게 구성하려는 시도는 쉽지 않다.

그럼에도 불구하고 기업이 추구하는 목표를 달성하는 데 현재의 프로세스가 비효율적이고 비효과적이라는 분석결과가 도출되었고, 그래서 프로세스를 재설계하는 작업을 할 가치가 있다고 판단되면 프로세스에 대한 재설계 작업이 시작된다. 프로세스 재설계 작업을 위한 기초 자료는 이전 프로세스 분석 단계에서 도출된 종단간 프로세스와 개별 프로세스의 문제점들과 프로세스 운영자들의 요구사항들이다.

본 장에서 현재의 프로세스를 효율적으로 개선하고 더 나아가서 기업이 추구하는 목표를 달성하는 데 보다 효과적으로 작용할 효율적인 모습으로 새롭게 재설계하는 방법 및 과정과 다양한 재설계 유형 및 패턴에 대해서 살펴보고자 한다. 그러나 본 장에서는 넓은 의미의 프로세스가 포함하고 있는 데이터와 조직구조 측면은 제외하고 업무처리활동의 연속된 흐름이라는 좁은 의미의 업무프로세스에 초점을 맞출 예정이며, 본 장의 학습목표는 다음과 같다.

- 프로세스 재설계 단계의 작업과정에 대해서 이해한다.
- 프로세스 재설계 방법론을 이해한다.
- 다양한 프로세스 재설계 유형에 대해서 학습한다.
- 프로세스 재설계의 작업을 통해서 최종적으로 도출되는 결과물과 결과물의 활용에 대해서 이해한다.

1 프로세스 재설계 개요

1.1 프로세스 재설계 작업의 딜레마

프로세스 재설계 단계는 프로세스 분석 단계의 작업을 통해서 도출된 종단간 프로세스와 이에 속한 개별 프로세스를 전사적 관점에서 효율적인 모습으로 새롭게 디자인하는 과정이다. 프로세스 재설계 단계의 목적은 설정된 프로젝트 범위 내의 종단간 프로세스 그리고 이에 포함된 개별 프로세스들을 프로세스 실제 운영자 및 프로세스에 관련된 모든 이해관계자들의 기대에 부응할 수 있도록 효율적으로 개선하고 효과적으로 재설계하는 것이다.

그러나 프로세스 재설계 작업의 목표인 프로세스의 효율성과 효과성을 높이는 데 있어서 가장 큰 문제는 이해관계자들의 기대수준을 어느 정도 충족시키느냐? 하는 것이다. 이는 프로젝트 일정과 비용 그리고 기대하는 효율성 및 효과성 수준에 따라서 재설계 작업 수준이 달라지기 때문에 매우 중요한 문제이다. 예를 들어, ERP시스템 도입 일정을 맞추는데 문제가 없고, 소요되는 비용을 충당하는 데 문제가 없으며, 모든 가능한 요구수준을 충족시킬 수 있다면 최고의 효율성과 효과성을 제공할 수 있지만, 실제 프로세스 재설계 과정에서는 비용과 일정과 자원의 한계로 인해서 프로세스 재설계 수준이 제한될 수밖에 없다. 즉, 모든 문제를 해결하거나 모든 요구사항을 충족시킬 수준으로 재설계할 수 없다는 것이다. 따라서 프로세스 재설계 작업을 시작하기 전에 제약조건을 고려하여 어느 정도 수준으로 재설계할 것인가를 먼저 결정해야 한다.

제약조건에 따라서 프로세스 재설계 수준을 달리 결정한다는 것은 전체 ERP시스템 도입 프로젝트에 대한 제약조건 즉, 비용과 일정과 가용자원에 따라서 프로세스 재설계 수준을 다르게 설정해야 한다는 것을 의미하며, 이로부터 프로세스 재설계의 딜레마에 빠지게 된다. 프로세스 재설계 딜레마란, 프로젝트의 제약조건과 상황을 고려하여 프로세스 재설계 수준을 낮게 설정할 경우, 프로세스 문제점의 일부만을 해결하고 요구사항의 일부분만을 충족시킬 수밖에 없기 때문에 ERP시스템 도입 효과가 적어지며, 반대로 프로세스 재설계 수준을 높게 설정할 경우에는 프로젝트의 제약조건과 상황이 프로젝트를 지원할 수 없기 때문에, ERP시스템 도입 프로젝트 자체가 실패가 끝날 위험이 있다는 것이다.

그러나 프로젝트의 제약조건이나 상황 등과 같은 현실적인 영향요인을 고려하더라도 프로세스 재설계의 목적은 기업이 추구하는 목표를 효과적으로 달성할 수 있도록 프로세스를 효율적으로 설계하는 것이기 때문에, ERP시스템 도입 효과를 극대화할 수 있는 방향으로 진행함이 당연하다.

1.2 프로세스 재설계 세부 절차

프로세스 재설계 작업을 위한 세부절차는 프로세스 재설계 방법론에 따라서 다양하다. 동일한 방법론이라 하더라도 프로세스 재설계 목적과 상황에 따라서 적용되는 세부 절차가 다르기 때문에, 일률적으로 표준화된 세부절차를 제시하기는 쉽지 않지만, ERP 라이프 사이클 관점에서의 재설계 세부절차를 도식화하면 다음과 같다.

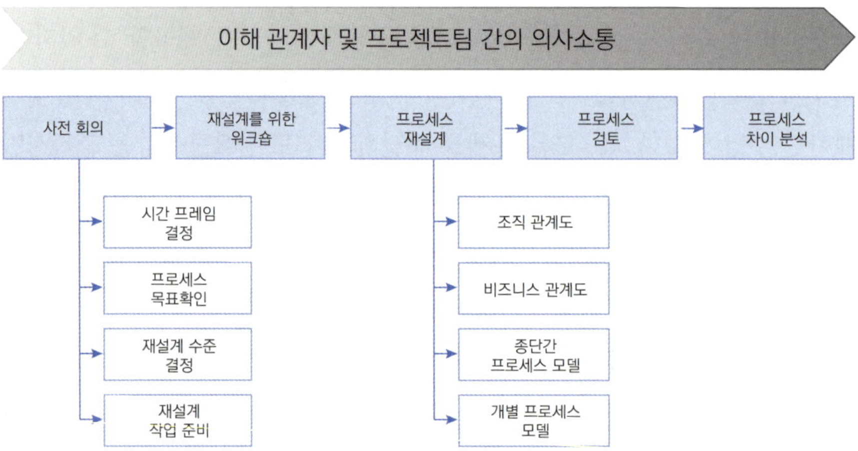

[그림 5-1] 프로세스 재설계 단계의 세부절차

1.2.1 이해관계자 및 프로젝트팀 간의 의사소통

ERP시스템 도입 프로젝트를 수행하는 모든 단계들에 이해관계자 및 프로젝트팀 간의 의사소통 단계가 포함되어 있다. 프로세스 재설계 단계에서도 마찬가지로 이해관계자 및 프로젝트팀 간의 의사소통 단계가 포함되어 있는데, 프로세스 재설계 작업을 수행하는데 이해관계자들과 프로젝트팀 구성원들 간에 재설계 범위와 재설계를 위한 다양한 방법들에 대한 정보를 공유하고 각각의 방법들에 대한 비용 대비 효과를 정확하게 이해하기 위한 목적이다. 이러한 의사소통을 통해서 이해관계자들은 언제나 자신의 의견이나 요구사항들이 어떻게 반영되고 있으며, 어떤 내용들을 추가로 요구할 것인지? 그리고 그들의 요구가 반영되지 못했다면 그 이유에 대한 정보를 제공받을 수 있기 때문이다.

이해관계자 및 프로젝트팀 간의 의사소통 단계는 프로세스 재설계 단계의 일부가 아니라, 프로세스 재설계 작업이 이루어지는 전 과정 동안 진행되는 것이기 때문에, ERP시스템 도입 프로젝트에 참여하는 모든 사람들이 프로세스 재설계에 대한 모든 내용들에 대한 진행과정과 상태와 프로젝트의 목표 혹은 프로세스 재설계 방향과 구체적인 방법들에 대한 정보를 공유하게 된다.

1.2.2 사전회의

프로세스 재설계 단계를 본격적으로 시작하기 전에 프로젝트를 직접 수행하는 핵심 이해관계자와 최고경영자 그리고 최고 경영층을 구성하는 이해관계자들이 참석하여 워크숍 형식으로 사전회의를 개최한다. 사전회의를 개최하는 목적은 추구하는 목표와 설정된 프로젝트 대상 범위 내의 종단간 프로세스 및 이에 속한 개별 프로세스들의 목표 그리고 기타 재설계될 비즈니스 영역에 대한 정보를 확인하고자 하는 것이다. 더 나아가서 프로젝트 계획수립 및 프로세스 분석 단계를 통해서 수집된 정보를 이용하여 프로세스 재설계 작업을 보다 효과적이고 효율적으로 수행하기 위한 형식적인 프레임워크를 결정하기 위한 목적도 포함되어 있다. 사전회의에서 다루어진 핵심 내용들은 다음과 같다.

(1) 시간 프레임 결정

사전회의에서 첫 번째로 다루어야할 내용은 시간 프레임을 결정하는 것이다. 프로세스 재설계 작업은 분석 단계에서 도출한 프로세스들에 대한 문제점과 이해관계자들의 다양한 요구사항들을 반영하여 기존의 프로세스를 효율적이고 효과적인 프로세스로 전환하는 창의적인 작업이기 때문에, 다양한 문제점들과 다양한 요구사항들을 반영하여 새로운 프로세스로 디자인하기 위해서는 충분한 시간이 필요하지만, 프로젝트 계획수립 단계에서 정한 프로젝트 시간 범위 내에 프로세스 재설계 작업을 완수하기 위해서는 프로세스 재설계 단계에 어느 정도의 시간을 할애할 수 있는지를 먼저 결정하는 것이 필요하다. 그러나 시간 프레임을 결정하는 데는 프로세스 재설계 작업의 정도 즉, 기존의 프로세스의 문제점을 해결하는 데 어느 정도 수준에서 타협할 것인가? 그리고 이해관계자들의 요구사항을 어느 정도 수준까지 반영할 것인가에 달려있기 때문에, 시간 프레임결정은 결국 프로세스 재설계 작업 수준을 결정하는 것과 동일하다.

(2) 프로세스 재설계 작업의 목표 확인

프로세스 재설계 단계에서 확인하려는 프로세스 목표는 프로세스 자체의 목표가 아니라, 프로세스 분석 단계에서 확인한 프로세스의 문제점으로부터 출발하여 프로세스 재설계 작업을 하는데 어디에 초점을 맞추어야 하는지에 대한 목표를 의미한다. 예를 들어, 프로세스의 비용을 절감하는데 초점을 맞출 것인가? 아니면 프로세스의 수행시간을 단축하는데 초점을 맞출 것인가? 와 같은 재설계의 목표와 방향성 차원에서의 목표를 의미한다.

프로세스 재설계 작업의 목표는 이전 단계인 프로세스 분석 단계에서 도출한 분석 결과에 달려 있다. 가장 일반적인 프로세스 재설계 작업의 목표는 비용절감에 초점을 맞추는 것이다. 그러나 비용절감은 곧 프로세스의 품질저하로 이어지는 경우가 많기 때문에, 프로세스 재설계 방향과 목표를 비용절감에 둘 것인가? 프로세스의 품질에 둘 것인가? 는 신중하게 결정해야 할 문제이다. 일반적으로 프로세스 목표를 확인하고 재설계 방향성과 목표를 결정하기 위해서는 다음과 같은 내용들에 대해서 신중하게 검토하고 결정해야 한다.

- **전략적인 측면:** 프로세스 재설계와 관련하여 기업의 목표와 전략 그리고 프로젝트의 방향성을 중심으로 다음과 같은 측면을 고려하여 결정해야 한다.
  - 프로젝트가 기업의 목표와 전략에 어느 정도 부합되는가?
  - 프로젝트가 일회성 사업인지? 혹은 지속적으로 진행되는 사업인지?
  - 프로젝트를 통해서 내부의 프로세스를 개선하려는 사업인지? 혹은 프로세스를 혁신적으로 개혁하려는 사업인지?
- **프로젝트 추진 목적과 동기:** 프로젝트를 추진하는 동기에 따라서 프로세스 재설계 작업의 방향성과 개별 프로세스 목표가 결정된다. 프로젝트 추진 동기는 다음과 같이 구분된다.
  - 현재의 프로세스의 병목현상을 해소하기 위한 목적에서 추진된다.
  - 프로세스처리의 효율성을 높이기 위해서 추진된다.
  - 고객서비스 수준을 향상시키기 위해서 추진된다.
  - 프로세스 운영비용을 절감하기 위해서 추진된다.
  - 프로세스의 품질을 향상시키기 위해서 추진된다.
- **프로젝트 추진계획:** 프로젝트를 추진하는 다음의 계획들 또한 프로세스 재설계 방향성과 프로세스 재설계 작업의 목표를 설정하는데 고려해야 한다.
  - 프로젝트를 수행하는데 필요한 자원을 어느 정도 확보할 수 있는가?
  - 새로운 프로세스에 대해서 이해관계자들의 기대수준은 어느 정도인가?
  - 프로젝트를 수행하는데 기업이 지원 가능한 범위는 어느 정도인가?
- **프로젝트의 성공기준:** 다음과 같은 여건들에 대한 수정이나 변화된 내용이 있다면, 프로세스 재설계 목표와 방향성을 결정하는데 고려해야 한다.
  - 프로젝트에 영향을 미칠 수 있는 내외부 이해관계자들이 프로젝트에 대해서 어떤 부분에 어느 정도의 기대를 하고 있는가?
  - 프로젝트의 성공과 실패를 판단하는 기준은 무엇인가?
- **프로젝트 여건:** 프로젝트를 수행하기 위한 기본적인 여건에 따라서 프로세스 재설계 방향성과 목표가 달라진다.
  - 이전 단계에서 결정된 시간 프레임

- 프로세스 재설계 결과로부터 이어지는 구현방향성, 예를 들어 새로운 프로세스를 구현하기 위해서 새로운 시스템이 구현되어야 하는 경우처럼 프로세스 구현 방향이나 여건이 어느 정도까지 인지?
- 프로젝트에 참여하는 팀 구성원들의 변화 혹은 프로세스 실제 운영 담당자들의 얼마나 자주 바뀌는지?

이처럼 프로세스 재설계 작업에 영향을 미치는 여러 가지 여건이나 조건들에 의해서 작업 범위가 달라지고 따라서 프로세스 재설계 작업의 목표가 달라지기 때문에, 다양한 여건과 조건들에 대한 검토가 먼저 이루어져야 한다.

(3) 재설계 수준 결정

앞에서 확인된 프로세스 재설계 작업의 방향성과 목표에 따라서 프로세스 재설계 수준이 결정되기 때문에, 재설계하려는 프로세스의 목표에 따라서 프로세스 재설계 수준을 결정한다. 일반적인 프로세스 재설계 수준은 다음과 같다.

- 프로세스의 유지
- 프로세스의 변화
- 프로세스의 제거

사전회의를 통해서 지금까지 확인하고 결정한 시간프레임, 프로젝트 대상 범위 내의 프로세스들에 대한 재설계 방향성과 목표 그리고 재설계 수준에 근거하여 본격적인 재설계 작업이 시작된다. 그러나 재설계 작업을 시작하기 전에 재설계를 위한 워크숍을 갖는 것이 일반적이다.

1.2.3 재설계를 위한 워크숍

재설계를 위한 워크숍 단계는 본격적인 프로세스 재설계 작업을 시작하기 전에 작업에 필요한 사항들을 준비하기 위한 단계이다. 재설계를 위한 워크숍 단계의 목적은 프로세스 재설계 작업이 효율적으로 진행될 수 있도록 지금까지 도출한 프로세스 관련 모든 정보들을 확인하고 체계적으로 정리하여 실질적인 프로세스 재설계 작업자들에게 제공하는 것이며, 재설계를 위한 워크숍 단계를 통해서 체계적으로 정리해야 할 프로세스 관련 주요 정보들은 다음과 같다.

- 조직관계도
- 조직관계도로부터 도출된 비즈니스관계도
- 비즈니스관계도에 포함된 종단간 프로세스 모델
- 종단간 프로세스 모델에 포함된 개별 프로세스 모델
- 개별 프로세스 모델에 포함되어 있는 모든 업무기능과 업무기능의 평가기준

그러나 위와 같은 정보들은 이미 이전 단계로부터 생성되었을 것이기 때문에 쉽게 얻을 수 있으며, 이를 프로젝트 참여자들에게 제공하는 것은 어렵지 않기 때문에, 이미 생성된 정보들을 체계적으로 정리하기 위한 별도의 워크숍 단계를 거칠 필요가 없을 것이다.

1.2.4 프로세스 재설계

프로세스 재설계 단계는 현재의 프로세스를 기업이 추구하는 목표와 전략을 고려하여 효율적이고 효과적인 미래의 프로세스로 새롭게 만드는 과정이기 때문에, 전체 ERP시스템 도입 프로젝트 중에서 가장 핵심적인 부분에 해당된다.

프로세스 재설계 단계에서는 현재의 종단간 프로세스 모델과 이에 포함된 모든 개별 프로세스 모델을 새롭게 작성하게 된다. 프로세스 재설계 작업 내용과 방법은 이전 단계들에서 도출한 프로세스 재설계 작업의 수준, 프로젝트의 제한 여건에 따라서 다양하게 이루어지는데 이에 대해서는 다음 절에서 구체적으로 살펴보기로 하겠다.

그러나 어떤 방법론에 이용하여 재설계 작업을 하더라도 재설계된 프로세스는 ERP

시스템을 도입하여 활용하기에 가장 적절해야 하며, 동시에 기업이 추구하는 목표가 효과적으로 달성되고, 프로세스가 효율적으로 운영될 수 있어야 한다. 가장 이상적인 최적의 프로세스optimized business processes로 재설계하기 위해서 다음과 같은 원칙들을 준수하는 것이 필요하다.

○ 프로세스 재설계 수행원칙

① 가능한 한 많은 재설계 방법과 유형을 고려한다.
② 제시된 재설계 방법과 유형에 대해서 속단하지 않는다.
③ 내부의 이해관계자는 물론 프로세스에 관련된 외부의 이해관계자들의 의견까지를 수렴한다.
④ 재설계 작업자들의 능력을 과소평가하거나 과대평가하지 않는다.
⑤ 재설계 작업 결과에 대한 구현방법에 가능한 한 영향을 받지 않는다.
⑥ 가능한 한 기술적인 요인을 배제한다.
⑦ 할 수 있는 것과 할 수 없는 것 그리고 해야 할 것과 해서는 안 될 것들을 구별한다.

○ 프로세스 재설계 작업원칙

① 재설계 대상 프로세스를 통합적인 시각으로 통찰한다.
② 종단간 프로세스와 이에 포함된 개별 프로세스들을 기업의 목표와 전략 그리고 프로세스의 목표와 연계하여 생각한다.
③ 모든 프로세스는 기업의 목표와 전략에 부합되도록 설계되어야 한다. 즉, 프로세스의 효과성 향상을 우선적으로 고려한다.
④ 동일한 효과를 창출하는 프로세스는 내부의 효율성 제고를 우선하되, 효율성과 효과성이 상충될 때에는 효율성보다 효과성을 우선적으로 고려한다.
⑤ 종단간 프로세스는 물론 모든 개별 프로세스 간의 단절을 확인한다.
⑥ 모든 프로세스에 대해서 누가 어떻게 처리하는지 확인한다.
⑦ 프로세스에 대한 문제점들과, 모든 이해관계자들의 요구사항들이 올바르게 파

악되었는지 확인하고 올바르게 반영한다.

⑧ 최고의 프로세스가 아니라 우리에게 최적인 프로세스를 개발한다.

⑨ 연관된 프로세스 참조모델(reference model)이 존재하는 경우 적극 활용한다.

⑩ 내규로 정해진 프로젝트 수행 원칙들을 준수한다.

1.2.5 프로세스 검토

프로세스 검토 단계는 재설계된 프로세스에 대한 효율성과 효과성 그리고 타당성을 검증하는 단계로서 재설계된 프로세스에 기초하여 ERP시스템을 구현하기 전에 논리적 모순과 프로세스의 일관성을 검토하여 최종적으로 구현할 최적의 프로세스를 결정하기 위한 과정이다.

재설계된 프로세스들에 대한 효율성과 효과성, 타당성, 논리적 모순, 프로세스의 단절 혹은 일관성 등에 대한 검토는 일반적으로 시뮬레이션을 통해서 검증한다. 시뮬레이션은 프로세스를 재설계하는 것만큼의 노력이 요구되며, 시뮬레이션 과정을 생략하거나 혹은 과소평가하여 가볍게 처리해서는 안 된다.

시뮬레이션을 수행하기 위해서는 먼저 프로세스를 평가하기 위한 기준들이 마련되어 있어야 하는데, 구체적인 평가기준들은 이미 프로젝트 계획수립 단계에서 도출했던 구체적인 기준들을 프로세스 평가 기준으로 삼는다. 그러나 시뮬레이션은 평가기준이 정량적인 수치일 때 가능하며, 프로젝트 이해도, 프로젝트 매니저의 능력, 프로젝트 지원, 프로젝트의 일관성 등은 정량적인 수치로 측정할 수 없기 때문에, 일반적인 시뮬레이션 과정에서는 개별 활동별 소요되는 비용과 시간을 중심으로 시뮬레이션을 수행하는 경우가 많다.

이어지는 시뮬레이션 결과 예시는 종단간 프로세스에 속한 개별 프로세스 모델에 포함된 활동들마다 구체적인 평가항목비용과 시간들을 정리한 것이다. 프로세스 모델에 포함된 업무활동에 소요되는 다양한 비용과 소요되는 시간이 표시 되어있어서 이어지는 프로세스 차이분석 단계에서 재설계하기 전과 후의 평가항목 데이터를 비교하면,

(반대의 상황이 될 수도 있으나 효과가 있다는 가정 하에) 소요되는 비용이 어느 정도 절감되는지? 그리고 시간은 어느 단축되는지를 구체적으로 비교 검토할 수가 있다.

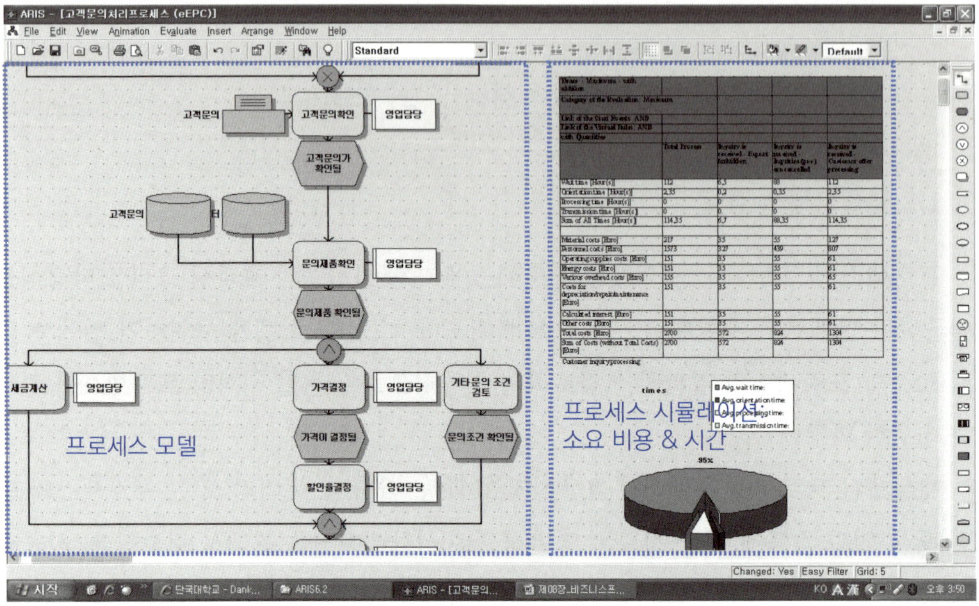

[그림 5-2] 프로세스 시뮬레이션 결과 예시

일반적인 시뮬레이션 도구들은 시뮬레이션 결과가 자동으로 수정되기 때문에, 프로세스 모델에 포함된 활동 기반 소요 비용과 시간 조건이 달라지면 그 결과를 즉시 확인할 수 있다. 이러한 시뮬레이션 실행 기능을 이용하여 재설계된 프로세스들을 검증할 수 있을 뿐만 아니라, 시뮬레이션을 통해서 프로세스에 대한 가상분석what-if 또한 가능하다.

예를 들어, 프로세스를 운영하는데 더 많은 인적자원을 투입한다면, 소요 비용과 시간을 단축시킨다면, 혹은 반대로 비용과 시간이 더 많이 소요된다면 등과 같이 여러 가지 경우를 가정하고 각각의 경우마다 프로세스 모델의 효율성과 효과성, 타당성 등을 검증함으로써 다양한 프로세스들을 비교 검토하는 것이 가능하다. 이 같은 프로세스 검토 단계를 거치는 이유는 새롭게 설계한 프로세스의 효율성을 증대시키기 위한 것이기 때문에, 프로세스 검토를 위한 시뮬레이션은 일종의 순환과정으로 다음과 같이 진행된다.

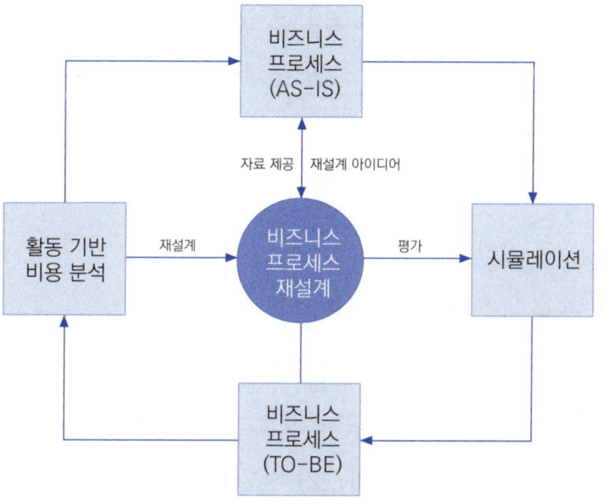

[그림 5-3] 시뮬레이션 순환과정

현재의 프로세스에 대해 제공되는 다양한 기본 자료들을 통해서 프로세스를 재설계하는 과정을 거치며, 재설계된 프로세스를 시뮬레이션을 통해서 평가하고 검토하며, 프로세스에 대한 활동 단위 별로 평가기준에서 정한 비용분석을 실시한다. 활동기반 비용분석 결과에 따라서 프로세스를 재설계하는 자료로 활용하거나, 수정할 필요가 없다고 판단되면 프로세스 구현 후, 일상적인 프로세스 운영과정에서의 활동단위 별 운영비용을 산정하는 기본 자료로 활용된다.

1.2.6 프로세스 차이분석

이전의 프로세스 검토 단계의 작업은 프로세스에 포함된 활동단위 별 시뮬레이션을 통해서 프로세스의 효율성과 효과성을 검증하기 위한 목적으로 수행되는 반면, 프로세스 차이분석 단계는 프로세스 자체의 효율성과 효과성 이외에 새롭게 설계된 프로세스를 구현하는데 영향을 주거나 받을 수 있는 영향 요인을 도출하기 위해서 기존의 프로세스와 새롭게 설계된 프로세스의 차이점을 도출하는 데 초점을 둔 작업과정이다.

프로세스 차이분석 작업을 통해서 도출된 차이점들은 조직구조와 구성원들의 역할

분담 정의, IT부문의 시스템 활용 및 배치 그리고 사용자 교육 자료를 만드는 작업자들에게 유용한 자료로 활용되기 때문에, 기존의 프로세스와 새롭게 설계된 프로세스의 차이점은 영향을 미칠 수 있는 모든 항목들을 포함되어야 하지만, 분석 수준을 구체적인 수준까지 상세하게 할 필요는 없다. 예를 들어, 프로세스 차이분석 단계에서 도출되는 정보들은 다음과 같다.

- 기존의 프로세스에 대한 개요
- 새롭게 설계된 프로세스에 대한 개요
- 비교 대상 프로세스의 핵심적인 변화 내용
- 영향요인 별로 핵심 변화 내용과 프로세스 구현에 요구되는 사항들: (1) 조직구조와 조직구성원의 역할에 대한 변화, (2) 지원 시스템에 대한 변화

2 ERP 기반의 재설계 방법론

프로세스 재설계 작업은 프로세스 분석단계에서 도출된 결과를 토대로 하되, 기업의 환경들비즈니스 환경과 IT기술 기반구조, 조직의 성숙도을 고려하여 우리에게 맞는 최적의 프로세스를 찾는 것이기 때문에, 프로세스를 재설계하는 정형화된 방법이 있을 수 없으며, ERP 도입목적과 상황에 따라서 다양한 방법론들이 존재한다. ERP 라이프 사이클은 ERP시스템 도입을 전제로 진행되는 프로젝트이기 때문에, 본 절에서는 ERP 기반의 재설계 방법론에 대해서만 살펴보기로 한다.

2.1 ERP시스템 기반의 재설계

ERP시스템 개발업체들은 "자사의 ERP시스템은 동종 업종에서 가장 표준화되고 가장 효율적인 선진 프로세스best practices를 기반으로 구현된 시스템이다." 라고 주장한다. 이는 ERP시스템 개발업체들이 산업유형별로 전 세계의 다양한 프로세스들을 연구하여 공통적으로혹은 평균적으로 가장 효율적으로 운영되는 프로세스를 ERP시스템의 모듈로 구현했기 때문이다. ERP시스템 기반의 프로세스 재설계는 이러한 ERP시스템 개발업체들이 구현한 프로세스 그대로 혹은 기업 상황에 맞게 수정한 후 도입한다는 가정 하에 고려대상이 된다.

ERP시스템 기반의 재설계의 경우, ERP시스템 개발업체들이 모듈화해서 제공하는 프로세스가 언제나 자사에서도 최적일 수는 없을 것이다. 이는 기업마다 비즈니스 환경과 프로세스 관련 이해관계자들의 관심과 요구사항들이 언제나 동일한 것이 아니기 때문에, ERP시스템 기반의 재설계는 자사의 환경과 프로세스 관련 이해관계자들의 관심과 요구사항들을 검토한 후 신중하게 결정해야 한다. 그러나 현실적으로 복잡한 프로세스를 재설계하는 작업이 쉽지 않기 때문에, ERP시스템 기반의 재설계는 훌륭한 대안이 될 수 있을 것이다.

그러나 ERP시스템 기반의 재설계는 표준이 되는 프로세스ERP시스템이 제공하는 표준 프로세스를 미리 결정하고, 자사의 프로세스를 맞추는 것이기 때문에, 평균적인 재설계 수준에 머무를 수 있다는 단점과, 자사의 특수한 상황을 충분히 고려하지 못한다는 단점이 있다.

따라서 ERP시스템이 제공하는 프로세스는 표준 프로세스일 뿐이기 때문에, 그 자체를 도입하는 것으로 자사의 프로세스가 언제나 효과적이며 효율적으로 재설계되는 것은 아니라는 비판적인 시각을 가질 필요가 있다. 그럼에도 불구하고 프로세스 재설계 작업에 소요되는 시간과 투입되는 인력과 비용을 고려할 때, ERP시스템 기반의 재설계는 훌륭한 대안이 될 수 있다.

2.2 ERP시스템 기반의 재설계 절차

ERP시스템 기반의 프로세스 재설계 절차는 결국 ERP시스템 도입 절차에 준하여 진행되기 때문에, ERP시스템 제공업체에서 제공하는 시스템 구현프로세스와 유사하게 다음의 절차에 따른다.

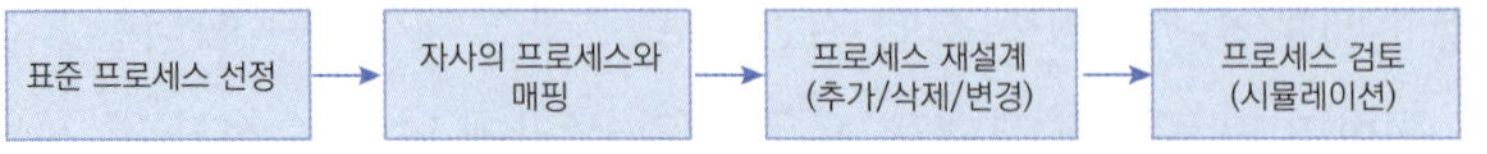

[그림 5-4] ERP시스템 기반 프로세스 재설계 절차

2.2.1 표준 프로세스 선정

표준 프로세스를 선정한다는 것은, 도입 대상 ERP시스템 선정을 의미한다. 따라서 표준 프로세스 선정 작업의 핵심은 결국 어떤 ERP시스템을 표준으로 할 것인지를 결정하는 것이다. 표준 프로세스에 대한 결정은 기업의 환경과 자사의 프로세스의 목표, 대상 프로세스와의 적합 정도, ERP시스템 제공업체의 지원능력 등을 종합적으로 고려하여 신중하게 결정해야 한다. 일반적으로 표준 프로세스를 결정하는 데 고려해야 할 사항들은 다음과 같다.

- 자사의 업무를 효과적으로 지원할 기능이 포함되어 있는가?
- 제공하는 표준 프로세스를 자사의 업무환경과 프로세스의 목표에 맞게 변환하는 작업이 얼마나 용이하게 이루어질 수 있는가?
- 제공하는 표준 프로세스가 얼마나 효율적으로 구성되어 있는가?
- 최신 정보기술들을 얼마나 수용하고 있고, 어느 정도 호환성을 제공하는가?
- 유사한 ERP시스템 기반 프로세스 재설계 사례가 있는가? 있다면 재설계된 프로세스에 대한 평가(만족도, 효과성과 효율성 등)는 어떠한가?
- ERP시스템 제공업체의 업계 신뢰도는 어느 정도인가?

• ERP시스템 제공업체의 국내외 시장점유율은 어느 정도인가?

2.2.2 자사의 프로세스와의 매핑

ERP시스템 기반의 프로세스 재설계 방법의 유용성은 결국 대상이 되는 ERP시스템에서 제공하는 프로세스가 기업의 업무처리기능을 얼마나 포함하고 있으며, 얼마나 효과적인지? 그리고 얼마나 효율적인지에 따라 결정된다. 표준 프로세스 선정 단계에서 기업의 기업환경과 프로세스 환경, 제공업체의 신뢰도와 표준 프로세스의 효율성을 바탕으로 대상 표준 프로세스가 이미 선정되었기 때문에, 기업의 프로세스와의 매핑 단계에서는 기업의 프로세스 모델과 표준 프로세스 모델을 정확하게 비교 검토하는 작업이 필요하다.

기업의 프로세스 모델은 프로세스 분석 단계에서 종단간 프로세스 모델과 이에 포함된 개별 프로세스 모델이 이미 작성되었기 때문에, 이미 작성된 프로세스 모델을 활용하며, 비교 대상인 표준 프로세스 모델은 ERP시스템 내에 구현된 프로세스 모델을

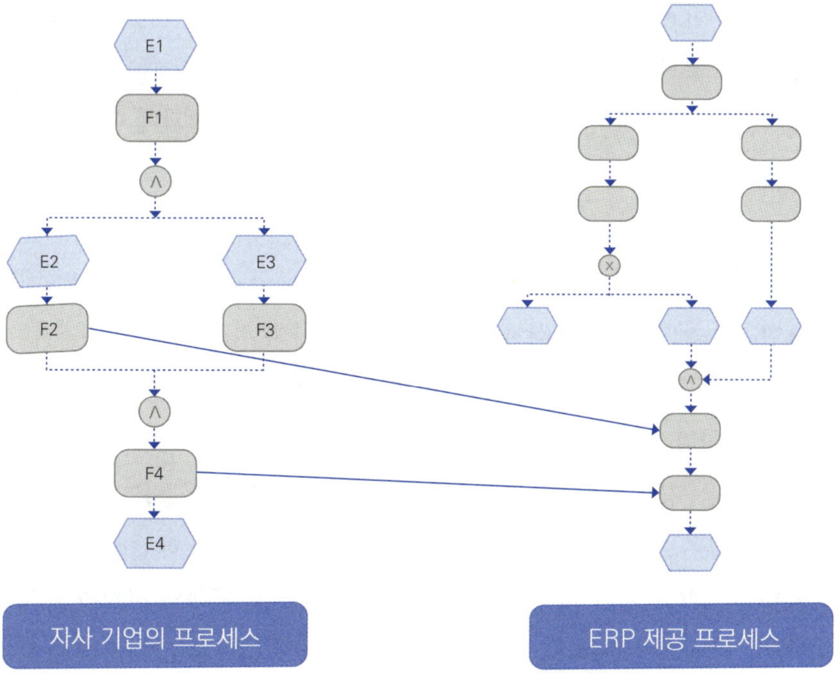

[그림 5-5] 기업의 프로세스와 ERP제공 프로세스 매핑

활용한다.

구체적인 매핑 과정에서 주의할 점은, 비교 대상 프로세스 모델 내의 업무기능들이 어느 정도 매핑이 되느냐 보다는 표준 프로세스가 자사의 업무처리에 얼마나 적합한지를 보아야 한다는 것이다. 즉, 프로세스의 단순 매핑률보다는 자사의 특성 상 중요하게 다루어지는 업무처리기능들과의 매핑 정도를 고려해야 한다는 것이다.

예를 들어, 자사의 프로세스와 표준 프로세스의 매핑 관계를 나타낸 [그림 5-5]의 경우, 자사 기업의 프로세스 기준에서 볼 때 매우 높은 매핑률을 나타내고 있는 것이 사실이다. 그러나 자사의 F1 혹은 F2 기능은 상대적으로 비중이 적으며, F3 기능이 매우 중요하다고 가정할 때, 이와 같은 매핑 정도는 높은 수준의 매핑 수준이 아니라는 것이다.

2.2.3 프로세스 재설계

자사의 프로세스와의 매핑 단계의 작업을 통해서 자사의 업무처리환경과 업무의 비중에 따라서 모든 비교 대상 프로세스들을 매핑한 후 그 결과 종단간 프로세스 혹은 이에 포함된 개별 프로세스마다 어떤 부분을 어떻게 수정하고 삭제해야 하는지? 그리고 어떤 부분을 어떻게 추가해야 하는지를 알 수 있는데, 도출된 결과에 따라서 다음과 같은 추가적인 재설계 작업을 수행한다.

- 수정하고 삭제해야 하는 경우: 자사의 프로세스와 표준 프로세스와의 매핑 결과 불필요한 기능에 대해서는 삭제하고, 매핑 내용이 부적절하거나 혹은 처리내용이 다른 경우에는 자사의 프로세스의 수정 혹은 표준 프로세스를 수정하여 최종 프로세스로 결정한다.
- 추가해야 하는 경우: 표준 프로세스에 자사의 실제 업무기능을 지원하는 기능이 없을 경우 혹은 프로세스 분석 단계에서 발견한 문제점을 해결하기 위해서 또는 요구사항을 충족시키기 위해서 필요한 기능이 없는 경우에는 선정한 표준 프로세스의 전체 흐름과 자사의 비즈니스 환경과 업무처리환경을 고려하여 효율적인 프

로세스를 새롭게 개발해야 한다.

자사의 프로세스와 표준 프로세스의 매핑 정도와 매핑 내용에 따라서 추가 수정 삭제작업을 거쳐서 최종적인 프로세스를 확정한다.

3 프로세스 재설계 패턴

일반적으로 프로세스 재설계 작업자마다 다른 방법론에 근거하여 프로세스를 재설하지만, 어떤 방법론을 이용하느냐에 상관없이 모든 작업자들이 목표로 하는 일반적인 접근방법은 언제나 존재하기 마련인데, 이러한 일반적인 접근방법을 프로세스 재설계 패턴유형이라 부른다.

프로세스 재설계 패턴은 프로세스가 가지는 문제점에 따라서 달라지는 것이 당연하다. 어떤 작업자는 프로세스의 자동화에 초점을 맞추기도 하고, 어떤 작업자는 프로세스의 단순화에 초점을 맞추기도 한다. 또 어떤 작업자는 프로세스가 창출하는 부가가치에 초점을 맞추어 재설계 작업을 진행하기도 한다. 이와 같은 단순화, 자동화, 부가가치 극대화와 같은 사고는 분명 프로세스 재설계 방법론과는 다른 것이며, 어느 방법론을 이용하더라도 재설계 원칙으로 삼을 수 있는 것이다. 프로세스 재설계 패턴은 결국 방법론이나 재설계 대상에 상관없이 적용되는 일종의 재설계 원칙이라 할 수 있다.

이처럼 프로세스 재설계 패턴을 재설계 원칙으로 본다면, 재설계 패턴은 재설계 작업 전에 선택되어야 하는데, 프로세스 재설계 패턴을 선택하는 데 중요한 것은 반드시 어느 한 원칙만을 선택해야 하는 것이 아니라, 프로젝트의 성격과 도출된 문제의 내용과 종류에 따라서 여러 가지 원칙을 동시에 선택·적용함으로써 프로세스 재설계 효과를 극대화시킬 수 있는 패턴을 선택하는 것이 중요하다. 일반적으로 선택 가능한 패턴은 다음과 같다.

3.1 프로세스 리엔지니어링 → 근본적이고 혁신적인 변화추구

리엔지니어링 패턴의 핵심은 기존의 프로세스와 기업의 업무프로세스들은 전통적인 산업사회의 기업환경과 업무처리사고에서 만들어진 것이기 때문에, 효율성과 효과성이 떨어질 수밖에 없다는 가정 하에 모든 업무프로세스를 백지상태에서 새롭게 재설계해야 한다는 것이다. 프로세스 리엔지니어링은 따라서 기업 내의 모든 프로세스에 대해서 의문을 품고 새로운 환경에 맞는 최적의 프로세스를 찾는 방법이며, 일부 기업들은 이러한 접근방법으로 기존의 프로세스들이 기초하고 있는 가정들을 근본적으로 변화시키는 새로운 프로세스를 개발하여 생산성과 효율성을 높이는 데 성공하였다.

그러나 프로세스의 규모가 크고 복잡한 경우에 리엔지니어링 패턴의 재설계는 기업 내의 업무 혼란을 야기 시킬 수 있으며, 장기적으로 재설계 효과를 거둘 수 있을 수 있으나, 프로세스가 정착되어 정상적으로 운영되기까지의 불확실성이 너무 크기 때문에, 기업 구성원들은 물론 관리자들까지도 과격하고 급진적인 리엔지니어링 패턴의 재설계를 꺼리는 것이 사실이다. 또한 프로세스의 근본적이고 혁신적인 리엔지니어링을 위해서는 많은 시간과 노력이 요구되며, 실패와 혼란을 초래할 수 있다는 위험성이 내포되어 있지만, 성공하는 경우, 생산성과 효율성 측면에서 주요한 돌파구를 마련할 수도 있다는 장점이 있다. 리엔지니어링 접근법은 비용 대비 효과의 불투명성 그리고 실패 위험성에도 불구하고 프로세스의 규모가 작거나, 업무 자체가 표준화되어 있지 않거나, 비정형화된 업무의 경우 프로세스 자체를 표준화하고 정형화하는 데 매우 유용하다.

3.2 프로세스 단순화 → 중복성 제거 및 슬림화 추구

프로세스 단순화는 기존의 프로세스 내의 세부 활동들이 중복되어 있어서 중복된 활동들을 제거하여 단순화함으로써 프로세스의 효율성을 상당부분 증대시킬 수 있다는 가정 하에 출발하는 재설계 패턴이다. 프로세스 단순화는 프로세스의 규모가 큰 경우 세부 활동의 중복성의 문제가 발생할 가능성이 높기 때문에, 크고 복잡한 규모의 프로세스를 대상으로 하는 재설계 작업에 더 유리한다.

프로세스 단순화를 위해서는 기존의 모든 종단간 프로세스와, 이에 포함된 모든 개별 프로세스들 그리고 이에 포함된 모든 세부 활동들이 파악되어야 하며, 모든 프로세스들이 어디에서 시작하는지? 또 어디로 연결되는지? 등에 대한 프로세스들 간의 연관관계와 개별 활동 단위 별로 구체적으로 점검하는 작업이 필요하다. 구체적인 점검내용은 다음과 같다.

- 이 활동이 정말 필요한가?
- 이 활동에서 생성된 데이터를 다른 곳에서는 얻을 수 없는 특별한가?
- 이 활동에서 대기하는 시간이나 준비하는 시간이 지나치게 많은 것은 아닌가?
- 다른 활동과 병행 처리될 수 있는 가능성은 없는가?
- 불필요한 업무가 순환되는 것은 아닌가?

꼭 필요한 활동이라 하더라도 불필요하게 흐름을 복잡하게 하거나 다른 활동과 중복되는 활동이라면 이를 제거하거나 혹은 업무를 조정하는 작업이 필요하며, 중복되거나 업무의 흐름을 복잡하게 하더라도 그 활동을 통해서만 얻을 수 있는 데이터나 정보가 있다면 제거해서는 안 될 것이다. 다른 점검 사항들에 대해서도 위와 같은 기준에 맞춰서 꼭 필요한 활동들로 이루어진 최적의 흐름을 유지할 수 있는 프로세스 흐름을 만드는 것이 단순화의 목적이다.

3.3 프로세스 부가가치 극대화 → 기업의 목표와의 연계 강화

일반적으로 기업에서 수행되는 대부부의 활동들은 20%의 부가가치 창출활동과, 80%의 비 부가가치 창출활동으로 구성되며, 80%의 비 부가가치 활동은 다시 가치 구동활동과 정말 가치 없는 활동으로 구성된다고 알려져 있다. 이런 현실을 감안할 때,

비 부가가치 활동 특히, 정말 가치 없는 활동이 많을수록 프로세스의 효과성을 떨어질 수밖에 없다. ERP시스템 도입을 전제로 기존의 프로세스를 분석하여 재설계하는 이유는 기업이 추구하는 목표를 효과적으로 달성할 수 있는 프로세스를 바꾸는 것임을 감안할 때 프로세스 부가가치 극대화는 가장 핵심적인 재설계 패턴이며, 그 어떤 재설계 패턴보다 중요하다.

프로세스 부가가치 극대화는 종단간 프로세스 혹은 이에 포함된 프로세스 혹은 이에 속하는 개별 활동들이 기업이 추구하는 부가가치 창출에 어느 정도 기여하는지에 따라서 프로세스 혹은 활동을 제거하려는 목적에서 출발한다. 따라서 프로세스 부가가치를 극대화하려는 패턴은 고객관점과 기업의 부가가치 창출 관점에서 모든 프로세스와 이에 속하는 활동들을 바라보는데, 이는 타성에 젖어 무의식적으로 업무를 수행하는 부서 및 부서 구성원들에게 매우 중요하다.

프로세스 부가가치 극대화 관짐에서 프로세스 재설계 직업자는 모든 프로세스와 세부 활동들을 다음과 같은 기준으로 평가하며, 이런 기준을 충족하는 경우에는 부가가치 창출에 기여한다고 간주하지만, 만일 세 가지 기준을 충족되지 못하면 과감하게 새로운 모습으로 변화시키는 것이 바람직하다.

- 프로세스 이용자가 해당 활동에 대해서 가치를 지불할 용의가 있는가?
- 프로세스나 세부 활동이 기업의 부가가치를 증가시킬 수 있는가?
- 프로세스나 세부 활동이 제대로 작동하는가?

프로세스 부가가치 극대화는 결국 프로세스 운영자에게 가치를 주지 못하는 비 부가가치 활동을 골라내고 이 중에서 가치 구동활동이 아닌 순수하게 제거되어야 할 활동들을 골라낼 수 있기 때문에, 기업 내부의 모든 프로세스와 이에 포함된 세부 활동들을 체계적으로 점검하고 재설계하는 데 매우 유용한 패턴이라 할 수 있다.

3.4 프로세스 자동화 → 프로세스 운영의 효율성 추구

프로세스 자동화는 프로세스의 실제 운영상의 효율성 향상을 위해서 소프트웨어 애플리케이션 시스템에 초점을 맞추는 재설계 패턴이다. 이는 보통 시스템개발자들에 의해서 수행되는 것이 보통이지만, 프로세스를 처리하는 모든 애플리케이션들은 프로세스를 수행하는 도구일 뿐이며, 본질은 애플리케이션 시스템이 처리하는 프로세스에 있다고 할 수 있기 때문에, 프로세스 재설계 작업과 병행된다.

프로세스 자동화 방법에는 워크플로우 기반의 재설계 방법과 ERP시스템 기반의 프로세스 재설계 방법 등이 있으며, 이 이외에도 XML기반의 프로세스 언어 시스템개발 등이 있는데, 모든 프로세스 자동화 패턴의 핵심은 상호 유기적으로 연계된 프로세스 내의 모든 구체적인 세부 활동과 투입되고 산출되는 모든 데이터의 흐름을 자동화함으로써 업무의 흐름과 데이터의 흐름을 개선한다는 것이다. 이는 프로세스 운영의 효율성 향상에 매우 큰 효과가 있는 것이 사실이다. 그러나 프로세스 자체의 효과성을 검증하는 데는 분명 한계가 있다. 따라서 프로세스 자동화와 함께 모든 대상 종단간 프로세스와 이에 속하는 개별 프로세스 그리고 세부 활동 단위 별로 기업이 추구하는 목표와 전략에 어느 정도 부합되는지? 등에 대한 효과성 검증이 필수적으로 동반되어야 한다.

연습문제

1. 프로세스 재설계 딜레마에 대해서 설명하시오.
2. 프로세스 재설계 결과 산출되는 결과물들을 열거하고 설명하시오.
3. 프로세스 재설계 단계의 세부 절차 중에서 사전회의를 통해서 결정되는 주요 사항들에 대해서 설명하시오.
4. 프로세스 재설계 단계의 재설계를 위한 워크숍에서 도출되는 프로세스 관련 주요 정보들에 어떤 것들이 있는지 설명하시오.
5. 프로세스 재설계 작업을 효율적으로 진행하고 의미 있는 결과를 도출하기 위해서 고려해야 할 프로젝트 수행원칙과 재설계 작업원칙에 대해서 설명하시오.
6. ERP시스템 기반의 프로세스 재설계 방법론에 대해서 설명하시오.
7. ERP시스템 기반의 프로세스 재설계에서 표준이 되는 프로세스ERP시스템을 선정하는 기준에 대해서 설명하시오.
8. 업무프로세스를 워크플로우 관점에서 설명하시오.
9. 프로세스 재설계 방법론을 검색하여 워크플로우 기반의 재설계 방법론과 ERP 기반의 재설계 방법론을 비교해서 설명하시오
10. 프로세스 재설계 패턴유형에 어떤 것들이 있는지 설명하시오.

Chapter 06

ERP 라이프 사이클[4]: 구현 및 유지보수

1. 프로세스 구현
2. ERP시스템 도입(설치) 및 유지보수

학습개요 및 목표

업무프로세스는 기업이 추구하는 목표를 달성하기 위해서 정의된 업무들이 처리되는 연속된 흐름이라는 사실은 여러 차례 설명하였다. 그런데 기업의 업무들은 경우에 따라서는 수작업으로 처리되기도 하지만, 대부분의 업무들은 시스템을 이용하여 처리되며, 본 교재에서는 전사적인 통합시스템인 ERP시스템을 도입하여 운영하려는 목적으로 ERP시스템을 도입하는 과정인 ERP Life-Cycle 전 과정과 실제로 ERP시스템을 도입하여 운영하는 데 초점을 두고 있다.

ERP시스템 도입 프로젝트는 물리적인 시스템을 도입하여 운영하는 것이 최종 목표이기는 하지만, 중요한 것은 기업의 업무처리프로세스를 기업이 추구하는 목표를 보다 효과적으로 달성할 수 있는 형태로 새롭게 재구성하여 모든 업무들이 효율적으로 처리될 수 있는 ERP시스템으로 구현하는 것이다.

본 장에서는 프로세스 재설계 단계를 통해서 새롭게 설계된 프로세스와 이에 포함된 세부 활동들을 처리할 시스템을 구현하는 과정에 대해서 살펴보기로 한다. 시스템을 구현한다는 것은 시스템을 도입한다는 것을 의미하고, 시스템을 도입하기 위해서는 기술적인 측면과 비 기술적인 측면 모두를 고려해야 하기 때문에, 구체적으로 비 기술적인 측면의 구현과 기술적 측면의 구현으로 나누어 살펴보기로 하겠다. 비 기술적인 측면의 구현은 새롭게 설계된 프로세스와 이에 포함된 세부 활동들을 지원하기 위한 조직구조와 조직구성원의 역할 분담 등을 새롭게 하는 것을 의미하고, 기술적인 측면의 구현은 새롭게 설계된 프로세스를 수행할 시스템을 구현하는 것 ERP Life-Cycle의 최종 단계인 ERP시스템 도입을 의미한다.

ERP시스템 도입한 이후 도입한 ERP시스템으로 업무를 처리하는 방법은 본 교재 후반의 실제 운영 부분에서 다루기로 하겠다. 본 장의 학습목표는 다음과 같다.

- 프로세스의 기술적 측면의 구현 의미를 이해한다.
- 프로세스의 기술적 측면의 구현 내용과 방법에 대해서 이해한다.
- 프로세스의 비 기술적 측면의 구현과정을 이해한다.

1 프로세스 구현

재설계된 프로세스를 구현하는 것은 다음 두 가지 내용을 포함한다.

- 재설계된 프로세스가 정상적으로 처리되도록 시스템을 구현하는 것
- 재설계된 프로세스를 처리할 기반을 구축하는 것

첫 번째의 경우는 프로세스를 처리할 시스템을 구현하는 것을 의미하는데 이를 보통 기능관점의 구현이라 한다. 그리고 두 번째의 경우는 재설계된 프로세스를 처리하는데 맞도록 업무와 역할을 재조정하며 조직구조를 변경하는 것을 의미하는데, 이를 보통 조직관점의 구현이라 한다.

새롭게 설계된 프로세스를 운영하는데 새로운 시스템 개발이 요구되지 않는다면, 새로운 프로세스에 맞도록 조직구조를 변경하고, 새로운 업무와 역할 분담을 조정하는 것으로 끝나겠지만, 만일 새롭게 설계된 프로세스를 운영하는 데 새로운 시스템이 필요하다면 비 기술적인 측면의 구현과 기술적 측면의 시스템 도입 작업이 동시에 진행되는 것이 일반적이다.

1.1 조직관점의 비 기술적인 구현

비 기술적인 조직관점의 프로세스 구현 작업의 핵심은 새롭게 설계된 프로세스에 맞도록 조직구조를 변경하고, 새로운 업무와 활동에 대한 역할을 재조정하는 것이며, [그림 6-1] 같은 절차에 따라 진행된다.

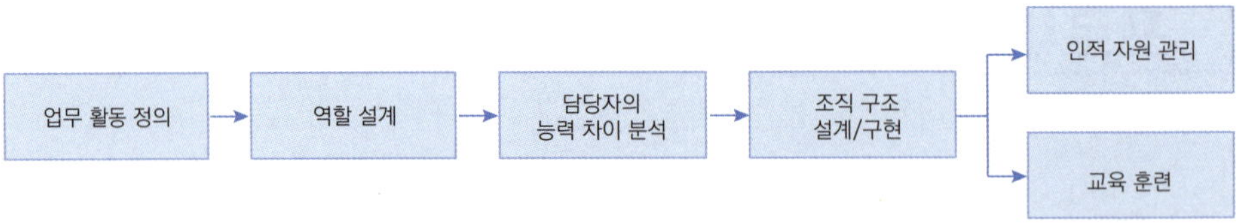

[그림 6-1] 조직관점의 프로세스 구현 절차

1.1.1 업무활동 정의

업무활동들은 프로세스 재설계 작업 결과에 따라서 새로운 업무활동들이 추가 삭제되거나 혹은 변경되는 것이 보통이기 때문에, 새롭게 설계된 프로세스가 효율적으로 처리되기 위해서는 이를 처리할 담당자들이 이를 정확하게 이해하여야 하며, 또는 업무처리방식이 새롭게 변경되어 이에 필요한 새로운 능력이 요구되는 경우 필요한 자질과 능력에 따라서 역할이 재조정되어야 하기 때문에, 새롭게 업무활동을 정의하는 작업이 먼저 선행되어야 한다.

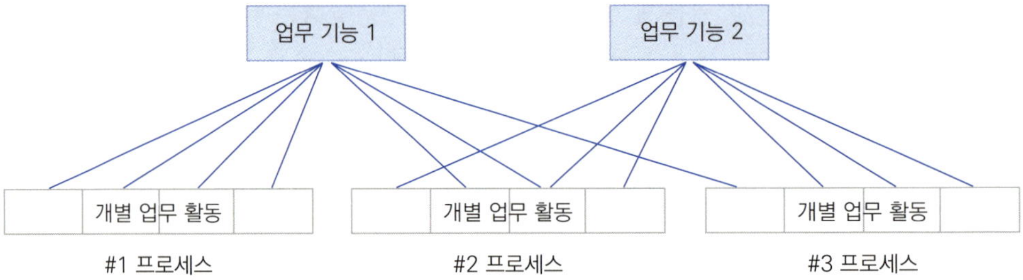

[그림 6-2] 업무활동 정의

1.1.2 역할 설계

개별 업무활동들이 특정 업무기능으로 그룹화 되고 나면, 그룹화 된 업무기능별로 역할을 재설계하는 작업이 진행되는데, 업무기능의 역할이란, 그룹화된 개별 업무활동을 수행하는 담당자의 구체적인 역할을 의미하는 것이 아니라, 업무기능이 어떤 역할을 하는지를 나타내는 일종의 업무기능 자체에 대한 역할을 의미한다. 즉 업무역할은 업무를 통해서 수행되는 기능을 의미하며, 일반적으로 분류되는 업무기능에 대한 역할은 다음과 같다.

- (R)Responsibility: 업무기능을 책임지고 수행하는 주체는 누구인가?
- (A)Accountable: 해당 업무기능은 어떤 업무기능을 수행하는데 필요한가?
- (S)Supportive: 업무기능을 수행하는데 필요한 정보를 누구로부터 전달받는가?
- (C)To be Consulted: 업무수행을 위해서 필요한 능력을 갖추고 있는가?
- (I)To be Informed: 업무 수행결과 생성된 결과는 누구에게 전달되는가?

이와 같은 분류기준에 의한 업무기능 역할을 효율적으로 설계하기 위해서 사용되는 RASCI 모델은 일반적으로 〈표 6-1〉과 같은 매트릭스 형태로 작성된다. 일반적으로 업무활동을 정의하는 작업과 정의된 업무활동의 역할을 설계하는 작업은 동시에 진행되며, [그림 6-3]은 업무활동 정의 및 역할설계의 예시이다.

〈표 6-1〉 RASIC 모델의 예

	Position Person	Position Person	Position Person	Position Person
업무기능1	R		A	
업무기능2	A	R	S	C
업무기능3	RA		I	I
업무기능4	RA			C

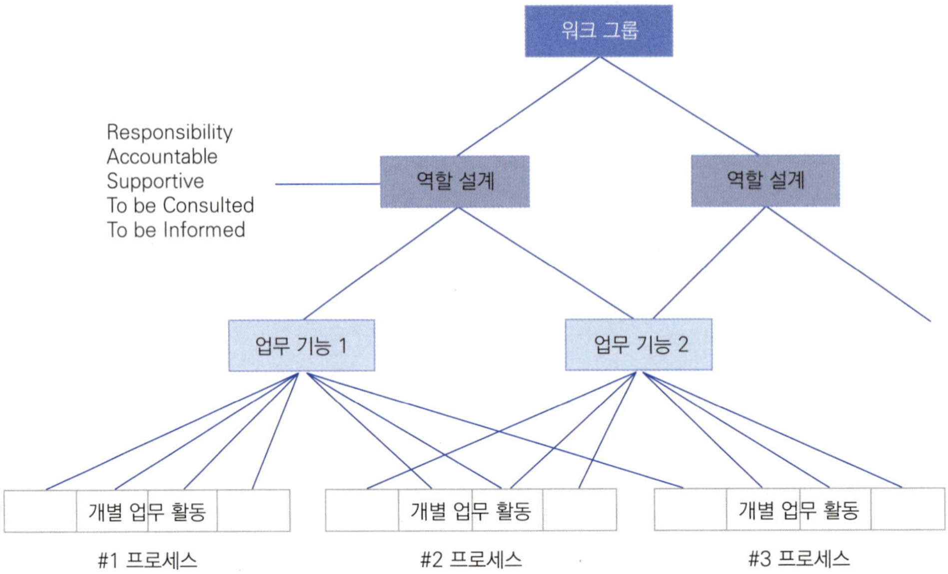

[그림 6-3] 업무활동 정의 및 역할설계

1.1.3 프로세스 운영자의 능력차이 분석

프로세스 운영자의 능력차이 분석은, 프로세스에 포함된 개별 업무활동을 효율적으로 수행하는데 필요한 자질과 능력은 무엇이며, 현재의 업무 담당자는 어느 정도의 자질과 능력을 갖추고 있는지를 비교 검토하는 단계의 작업이다.

이는 프로세스 수행을 위해서 특별한 자질이나 능력이 필요한 경우, 요구되는 자질과 능력을 갖춘 담당자를 선발하여 프로세스가 효율적으로 수행될 수 있도록 하기 위함이며, 다른 한편으로는 기존의 업무 담당자들이 요구되는 자질과 능력을 갖추지 못하고 있는 경우라면 요구되는 자질과 능력을 갖출 수 있도록 구체적인 교육훈련 계획을 수립하여 실행에 옮기기 위함이다.

1.1.4 조직구조 설계 및 구현

조직구조 설계 및 구현 단계는 새롭게 정의된 업무활동과 기능, 업무기능에 대한 역할을 기반으로 새로운 조직구조를 설계하는 과정이며 [그림 6-4]에서 보듯이 상향식 혹은 하향식 두 가지 방법으로 진행된다.

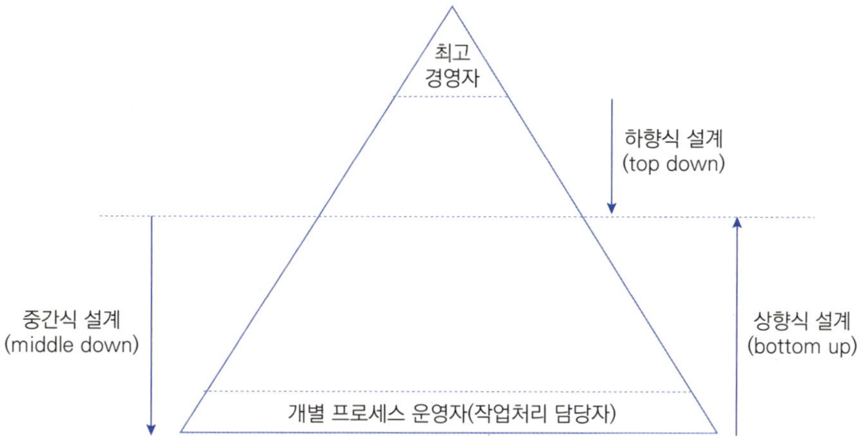

[그림 6-4] 조직구조의 설계 방법
(출처: Jeston and Neilis, 2006)

- 하향식 조직구조 설계: 최상위 조직구조에 대한 결정을 내려지면 점진적으로 하위 조직구조를 구체적으로 설계하는 방식중간식 조직구조 설계도 중간 조직구조에서 시작하는 것이 다를 뿐, 하향식 조직구조 설계의 일종임
- 상향식 조직구조 설계: 하향식 조직구조 설계처럼 근본적이고 대대적인 최상위 조직구조를 개편하고 이에 따라 하위의 조직구조를 점진적으로 설계하는 것이 아니라, 최상위 조직구조는 그대로 둔 상태에서 핵심 프로세스만을 중심으로 하위 조직구조만을 새롭게 설계하는 방식

그러나 상향식 혹은 하향식 혹은 중간식 방법으로 조직구조를 설계하더라도 근본적인 조직구조의 설계 방법은 다음과 같다.

- 최상위 계층의 조직모델을 작성한다.
- 재설계하려는 조직구조를 점진적으로 구체화한다.
- 가능한 기존의 조직구조와의 차이를 최소화할 수 있도록 새로운 조직관계도를 작

성한다.

1.2 기능 관점의 기술적인 구현

조직 관점의 프로세스 구현이 비 기술적인 구현이라면, 기능 관점의 프로세스 구현은 재설계된 프로세스에 맞춰서 실제로 업무를 처리하기 위한 시스템을 도입하는 것을 의미하기 때문에, 기능 관점의 기술적인 구현이라 할 수 있다. 따라서 기능 관점의 프로세스 구현은 시스템 개발 절차에 준하여 다음과 같이 진행하는 것이 일반적이다.

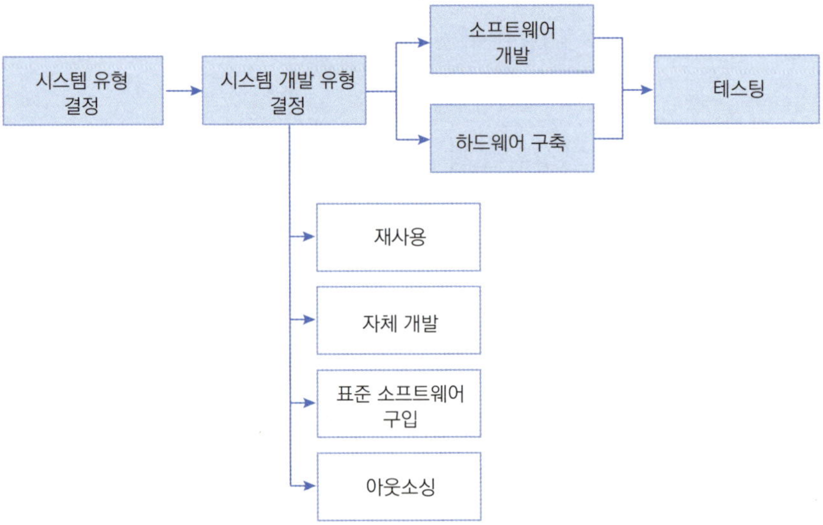

[그림 6-5] 기능 관점의 프로세스 구현 절차

1.2.1 시스템 유형 결정

기능 관점의 프로세스 구현은 핵심은 프로세스를 처리하는데 필요한 도구를 개발하는 것이며, 이에는 프로세스의 유형과 프로젝트의 목적에 따라서 다음과 같은 다양한 시스템 유형들이 대상이 될 것이다.

- 프로세스를 처리하기 위한 부분적인 자동화 시스템
- 프로세스 통합처리하기 위한 전사적 시스템
- 기타 목적의 시스템들

물론 이외에도 프로세스 모델을 작성하기 위한 시스템, 기존의 프로세스와 새롭게 설계한 프로세스를 비교 분석하기 위한 시뮬레이션 시스템, 프로세스 성과를 측정하기 위한 BSC시스템 등 다양한 유형이 시스템이 있을 것이다. 그러나 본 교재는 ERP시스템 도입이라는 목적을 가지고 시작했기 때문에, 도입 대상 시스템 유형은 기업의 업무를 통합 처리할 전사적자원관리시스템인 ERP시스템이 될 것이다.

1.2.2 시스템 도입 유형 결정

시스템 개발 유형 결정은, 이전 단계에서 결정된 시스템 유형을 어떤 방법으로 기업에 도입하느냐를 결정하는 것이다. 시스템을 어떤 방식으로 도입하느냐에 따라서 조직구조, 하드웨어 장비 구입 등과 같은 관련 작업의 내용과 범위가 달라지기 때문에, 기업의 상황가용자원, 비용, 도입 시기 등을 고려하여 필요한 시스템 유형을 결정하고, 어떻게 구현할 것인가를 결정해야 한다.

(1) 재사용

재사용은 새롭게 설계된 프로세스와 기존의 프로세스와의 차이가 크지 않아서 기존의 시스템을 이용하여도 재설계된 프로세스를 수행하는데 문제가 없다고 판단되는 경우에는 기존의 시스템을 사용할 수가 있다.

(2) 표준 소프트웨어의 구입

표준 소프트웨어란, 소프트웨어 개발업체로부터 구입하여 자체의 상황에 맞도록 수정하여 사용할 수 있는 소프트웨어를 의미한다. 기업에서 활용하고 있는 대부분의 상용시스템은 거의 대부분 표준 소프트웨어를 구입한 후 수정하는 방식으로 구현된 시스템들이다. 본 교재에서 다루는 ERP시스템의 경우에도 ERP시스템을 자체 개발하는 경우는 거의 없으며 대부분 표준 소프트웨어를 구입하여 자체의 상황에 맞게 수정하여 사용하는 것이 보통이다.

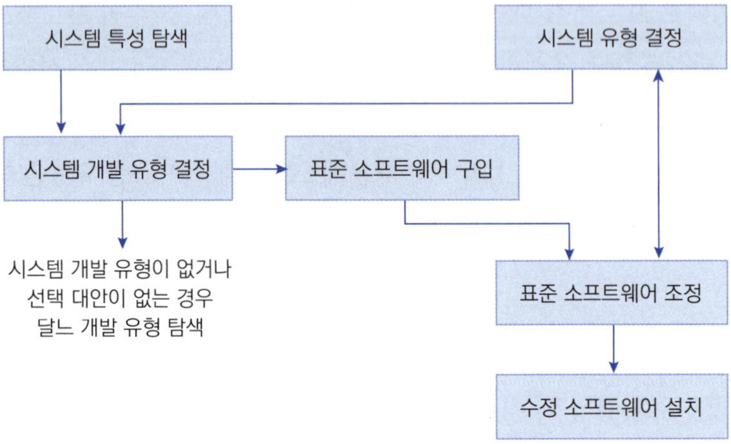

[그림 6-6] 표준 소프트웨어 선택 과정

표준 소프트웨어 구입에 의한 구현방법은 기존의 시스템을 재사용하는 방법보다는 개발 비용이 많이 소요되지만, 자체 개발하는 방법보다는 작은 비용으로 프로세스를 처리할 시스템을 구축할 수 있다는 장점이 있다. 또한 이미 검증된 시스템을 구입하는 것이기 때문에, 프로세스 효율성에 대한 위험성이 없다는 것도 장점이라 할 수 있다. 그러나 표준 소프트웨어를 구입하는 경우는 재설계된 프로세스와 완벽하게 일치되는 시스템이 아니기 때문에 다음과 같은 단점들이 존재한다.

- 시스템을 자체 개발하는 비용보다는 적게 소요되지만 재사용하는 것보다는 더 많은 추가 비용이 발생할 수 있다.
- 기존 시스템과의 호환성에 문제가 발생할 수 있다.
- 표준 소프트웨어가 요구하는 사양에 따라서 하드웨어 구축에 필요한 추가 비용이 발생할 수 있다.

- 새로운 시스템에 대한 사용자의 교육훈련 과정이 필요하다.

그러나 아무리 훌륭한 표준 소프트웨어라 하더라도 새롭게 설계된 프로세스와 완벽하게 일치되는 것이 아니기 때문에, 가장 심각한 단점은 다음과 같다.

- 최종 사용자들이 표준 소프트웨어를 개발 과정에 참여하는 것이 아니기 때문에, 새롭게 설계된 프로세스가 요구하는 사항들이나 혹은 프로세스 관련 핵심 이해관계자들의 다양한 요구사항들을 충분하게 반영할 수 없다.
- 필요한 경우 표준 소프트웨어를 수정하는 데 많은 시간과 비용이 소요될 수 있으며, 또한 필요 없는 기능에 대한 추가비용 부담이 문제될 수 있다.

동일한 혹은 유사한 기능의 많은 제품들이 존재하듯이, 시스템도 마찬가지로 같은 기능을 제공하는 다양한 표준 소프트웨어들이 존재하기 마련이다. 따라서 다양한 표준 소프트웨어 중에서 기업이 추구하는 목표와 전략 그리고 프로세스의 목표와 내용에 가장 잘 부합되는 소프트웨어를 선택하는 것은 매우 중요하다.

(3) 자체 개발

이론적으로 다양한 이해관계자들의 다양한 요구사항과 비즈니스 환경, 내부의 기업 환경과 IT환경이 허락한다면, 필요한 시스템을 필요한 형태로 구현할 수 있는 가장 이상적인 방법이라 할 수 있다. 자체 개발하는 경우의 가장 큰 장점은 모든 필요한 기능과 다양한 요구사항들을 모두 반영하여 최적의 시스템을 개발할 수 있다는 것이지만, 오랜 시간과 많은 비용이 소요된다는 것이다.

2 ERP시스템 도입설치 및 유지보수

2.1 ERP시스템 설치

시스템 설치란 기존의 시스템을 새로 구현된 시스템으로 전환하는 것을 말하는데, 이는 단순히 물리적인 시스템의 교체만을 의미하는 것이 아니라, 데이터의 전환까지를 의미하며, 일반적으로 다음과 같은 방법으로 설치한다.

- 직접설치빅뱅 방식의 설치: 새로운 ERP시스템으로 전환하기 위해서 특정 날짜를 정하고 정해진 날짜에 기존의 시스템 사용을 중지하고 새로운 ERP시스템으로 일괄적으로 전환하는 방법이며, 특정 날짜에 모든 기존의 시스템 사용을 중지하고 새로운 ERP시스템을 사용하게 될 때 나타날 수 있는 오류로 인해서 업무가 마비되는 사태가 발생할 수 있으므로 시스템 전환에 대한 위험성은 그 어느 방법보다 높다는 것이 단점이다.
- 병행설치: ERP시스템으로 전환하기 위해서 특정 날짜를 정하여 정해진 날짜에 새로운 시스템으로 전환하되, 일정 기간을 정하여 기존의 시스템과 새로운 ERP시스템을 동시에 운영하는 방법이다. 병행설치 방법은 결국 일정기간 동안 두 가지 시스템을 모두 운영하는 것이기 때문에, 두 시스템을 동시에 운영하기 위한 인력낭비와 컴퓨팅 자원 활용 면에서 비효율적이다.
- 파일럿 설치: 새로운 ERP시스템이 여러 영역에서 동시에 이용될 때 영역을 구분하여 일정 영역에서 먼저 새로운 ERP시스템으로 전환하여 시험적으로 운영하고 시스템 운영에 문제가 발생하지 않으면 전체 영역으로 확대하여 모든 시스템을 전환하는 방법이며, 새로운 ERP시스템으로의 전환이 기업에 미치는 부정적인 영향을 가장 최소화할 수 있는 방법이다.
- 단계적 설치: 새로운 ERP시스템의 몇 가지 기능만을 시험적으로 설치하여 운영한 후 문제가 발생하지 않으면 단계적으로 기능을 확대하여 설치하여 운영하는 방법

으로 단계적 전환에 따르는 위험을 상당 부분 줄일 수 있다는 장점이 있지만, 전체로 전환하는 데 상당한 시간이 필요하다는 단점이 있다.

2.2 사용자 교육

새로운 ERP시스템 도입은 업무처리 방식의 변화를 의미한다. 따라서 기존의 업무처리 방식에 익숙한 사용자들에게는 생소하며, 특히 ERP시스템 도입은 더욱 그럴 것이기 때문에, 새로운 시스템에 대한 사용자들의 반응은 부정적인 경우가 대부분이다. 아무리 좋은 시스템이 개발되었다 하더라도 사용자들이 외면한다면, ERP시스템을 도입한 의미가 없을 것이다.

따라서 최종 사용자들로 하여금 시스템을 쉽고 편리하게 사용할 수 있는 환경을 마련하는 것이 중요하다. 한편으로는 사용자들 스스로 새로운 시스템을 이용하여 업무를 처리하겠다는 의지가 있어야 하며, 다른 한편으로는 사용자들이 시스템을 적극적으로 사용할 수 있도록 교육훈련이 필요하다.

2.3 ERP시스템 유지보수

일반적으로 시스템 유지보수란, 개발된 시스템을 도입하여 운영하면서 또 다른더 효율적이고 더 효과적인 시스템으로 대체되는 순간까지 수명을 연장시키기 위한 일련의 작업들을 말한다. 그러나 시스템 유지보수는 일단 시스템이 개발된 후의 일이기 때문에, 시스템을 개발하는 과정에서는 시스템 유지보수에 대해서 많은 주의를 기울이지 않는 것이 사실이다.

그러나 Putnam의 시스템 생명주기 예측모형에 의하면, 전체 시스템 개발 노력에서 시스템 정의 및 요구분석에 소요되는 노력이 약 20% 정도이며, 시스템 개발이 차지하는 비중은 약 20% 정도인 반면, 시스템 운영 및 유지보수가 차지하는 비중은 약 60%

정도로 높은 것으로 알려져 있다. 이는 시스템 개발 못지않게 유지보수를 위한 작업도 중요하다는 것을 의미한다.

비용적인 측면에서도 일단 시스템이 개발되어 사용되기 시작하면 시스템 운영에 필요한 비용 이외에 추가적인 비용은 발생하지 않지만, 시스템이 폐기되어 새로운 시스템으로 대체되는 순간까지 유지보수 비용이 발생하게 된다. 특히, 기업 구성원들에게 생소한 ERP시스템 운영 초기단계는 사용미숙으로 인한 오작동 및 오류가 빈번하게 발생하여 많은 비용이 발생하게 된다. 또한 ERP시스템이 폐기되기까지 상당한 시간이 흘러 업무처리 환경이 변화되고 업무의 내용이 변함에 따라 지속적인 유지보수가 필요하기 때문에, 추가적인 비용이 발생하며, 특히 시스템 운영 말기에 가까울수록 유지보수의 내용이 많아지기 때문에 더 많은 비용이 요구된다.

시스템은 시간이 지날수록 기능과 성능이 저하될 수밖에 없다. 시스템 자체의 문제도 있지만 시스템 이외의 나른 이유들로 인해서 유지 보수해야 하는 상황이 발생할 수밖에 없다. 일반적으로 유지보수는 목적과 시스템 상황에 따라서 다음과 같이 구분된다.

- 수정적 유지보수: 시스템 운영과정에서 발견된 결함이나 오류를 찾아내고 이를 수정하기 위해서 유지 보수하는 작업
- 조정적 유지보수: 시스템 자체의 결함이 아닌 새로운 환경변화에 적응하기 위해서 새로운 소프트웨어나 하드웨어를 사용하는데 현재의 시스템을 조정해야 하는 경우 이를 조정하기 위해서 유지 보수하는 작업
- 예방적 유지보수: 향후 예상되는 새로운 환경변화에 적응하기 위해서 데이터구조나 시스템 성능을 보완할 필요가 있을 때 이를 개선하기위한 목적으로 유지 보수하는 작업

3 시스템의 진화와 사망

유지 보수과정을 거치면서 시스템들은 부분적으로 새로워지면서 수명이 다할 때까지 진화한다. 시스템 진화의 의미는 시스템이 운영되면서 제기되는 프로세스 운영자들의 다양한 요구를 충족시키며 환경 변화와 정보기술 변화를 수용하여 다른 시스템들과의 연계 영역을 넓혀가는 등 지속적으로 변화함을 의미한다.

그러나 유지보수를 통해서 끝없이 진화하고 발전할 수는 없다. 어느 순간 진화의 끝이 존재할 수밖에 없는데, 이 순간이 시스템 진화의 끝이며 시스템이 폐기되는 순간이다. 시스템 자체가 생명력을 갖지는 못하지만, 다른 시스템으로 대체되는 순간까지를 시스템 생명주기라 하며, 생명주기 동안 생명을 연장하기 위해서 다양한 유지 보수방법들이 동원된다. 시스템이 생명을 다하고 다른 시스템으로 대체되는 이유는 일반적으로 다음과 같다.

- 새로운 환경변화를 더 이상 수용할 수 없을 때
- 업무의 변화로 인해서 많은 시스템 기능이 불필요하게 될 때
- 시스템 고장으로 기능을 상실하게 될 때
- 비즈니스의 변화로 새로운 도구가 필요할 때
- 기술적인 환경변화로 인해서 새로운 시스템이 요구될 때

ERP시스템도 마찬가지이다. 비록 막대한 비용과 오랜 시간 동안 힘든 작업을 해서 도입했지만, 시간이 지나면서 비즈니스 환경과 업무처리 환경이 변화되고, 기술 환경이 진화하고 발전하게 되어 기존의 ERP시스템이 제 기능을 다하지 못하게 될 때가 되면 ERP시스템이 폐기되고 (새로운 ERP시스템을 도입한다고 가정할 때) 새로운 ERP시스템을 도입하기 위해서 새로운 ERP Life-Cycle을 시작하게 된다.

연습문제

1. 프로세스 구현 단계의 의미와 필요성에 대해서 설명하시오.
2. 프로세스 구현 작업의 측면에 대해서 설명하시오.
3. 비 기술적 구현과 기술적 구현의 의미를 설명하시오.
4. 조직 관점의 구현 과정에 대해서 설명하시오.
5. 비 기술적인 조직관점의 조직구조 설계 방법에 대해서 설명하시오.
6. 기술적인 측면의 프로세스 구현에서 먼저 결정해야 할 시스템개발 유형 중에서 자체개발과 표준 소프트웨어의 구입, 렌탈 방식의 구현의 차이점과 장단점에 대해서 설명하시오.
7. 표준 소프트웨어를 선택하고 구입하는 과정에 대해서 설명하시오.
8. 시스템을 설치하는 네 가지 방법을 열거하고 장단점을 비교하여 설명하시오.
9. 시스템을 설치하고 운영하는 과정에서 제기되는 다양한 문제점들에 대해서 설명하시오.
10. 시스템 생명주기 관점에서 시스템 사망을 무엇을 의미하며, 왜 그런 상황이 발생하는지 이유를 설명하시오.

3부

ERP시스템 실제운영_UNIERP

Chapter 07

UNIERP 운영 개요 및 환경설정

1. UNIERP 운영개요
2. UNIERP 운영을 위한 기본 환경설정
3. 데이터베이스 백업 및 복원

1 UNIERP 운영개요

1.1 운영시점 및 기간

일반적으로 ERP시스템은 회계연도 단위로 운영된다. 따라서 1월 1일부터 12월 31일까지를 기본 운영기간으로 하여 회계연도 마지막 날12월 31일에 모든 작업을 마감하고 결산하며, 이어지는 회계연도의 첫째 날1월 1일 모든 데이터를 이월 받아 기초 데이터로 활용한다.

그러나 본 교재는 ERP시스템 운영과정을 교육하기 위한 목적으로 구성된 것이기 때문에, 편의 상 실제 운영기간을 월 단위로 가정한다. 구체적인 UNIERP 운영기간은 2xxx년 10월 01일부터 10월 31일까지로 한다.

1.2 운영기업 소개

본 교재는 가상기업[KO431]이 UNIERP를 운영하는 시나리오를 전제로 구성되어 있다. 운영주체인 가상기업 [KO431]의 사업부와 사업장 그리고 영업 구매조직은 다음과 같이 구성되어 있다.

(1) 인사 관점의 사업부 구성

인사 관점의 사업부는 지원본부, 영상사업본부 그리고 부품사업본부로 구성되어 있으며, 본 시나리오의 운영 대상인 영상사업본부는 연구소, 해외영업담당, 국내영업담당, 생산담당, 구매담당 그리고 품질관리팀으로 구성되어 있으며, 전체 사업부 구성은 [그림 7-1]과 같다.

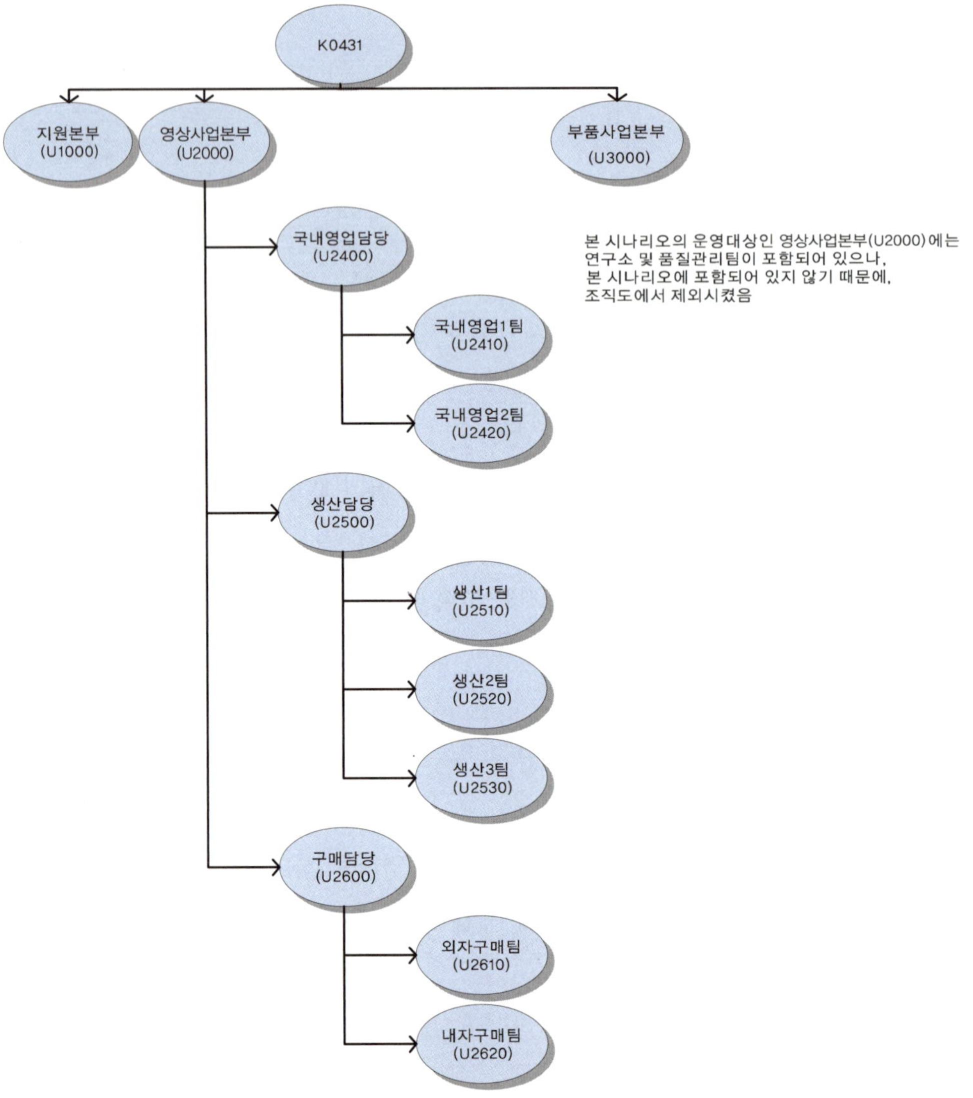

[그림 7-1] KO431의 사업부 구성

(2) 재고 및 생산관점에서의 사업장 구성

재고 및 생산관점에서의 사업장은 관리사업장, 수원사업장 그리고 구미사업장으로 구성되어 있다. 본 시나리오에서는 수원사업장만을 대상으로 하지만, 전체 사업장은 [그림 7-2]와 같이 구성되어 있다.

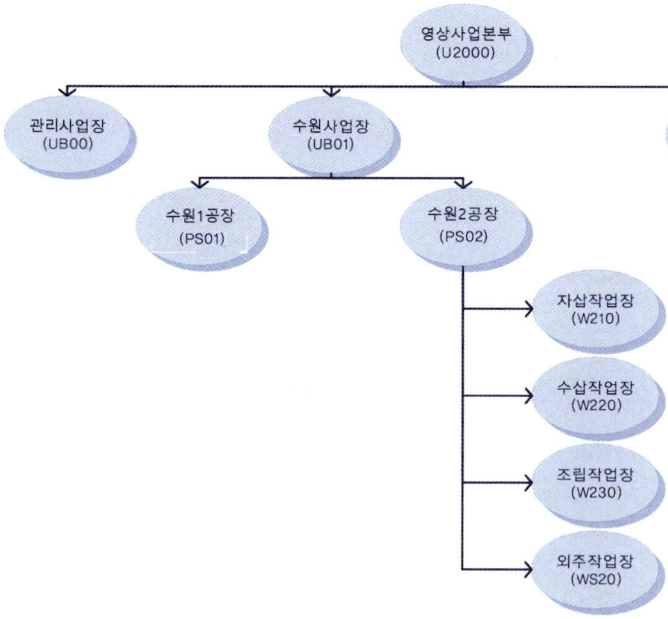

[그림 7-2] [KO431]영상사업본부의 사업장 구성

(3) 영업·구매조직 구성

영업조직은 국내영업과 수출영업조직으로 구성되어 있으며, 구매조직은 외자구매, 내자구매 그리고 외주가공구매그룹으로 구성되어 있다

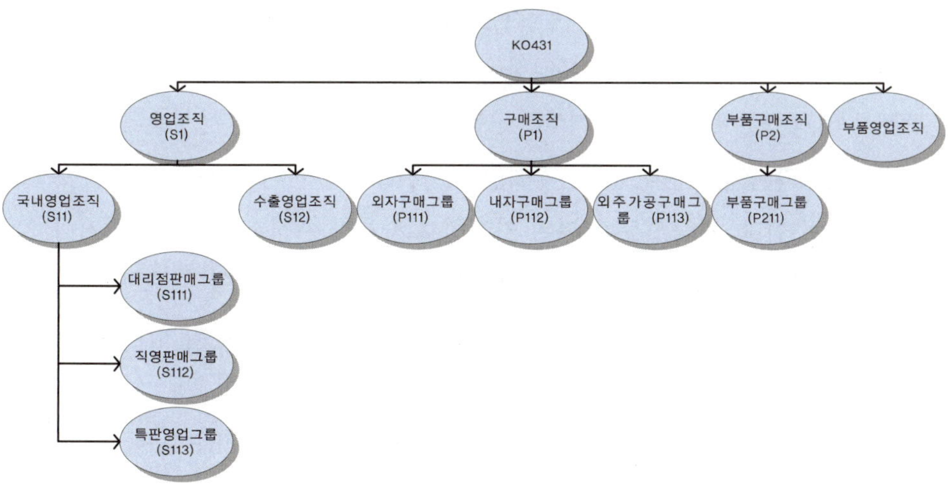

[그림 7-3] [KO431]영상사업본부 영업 구매조직 구성

1.3 기본 전제

UNIERP 운영을 위해서 개발된 시나리오는 다음 사항들을 전제로 한다.

(1) 거래처

① 판매: 운영기간 동안의 판매거래처는 E1001 옥시와 C1002 대리점판매: 신세계이마트 강남 그리고 C1004 유통판매: 개인판매으로 한정한다.

② 발주: 판매계획 및 수주품목을 생산하기 위해서 필요한 부품 및 원자재 발주처는 E1002 동부제강와 S1001 화양정밀로 한정한다.

(2) 공장

판매품목은 수원사업장 내의 PS02 수원2공장에서만 생산된다고 가정한다.

(3) 제품

운영기간 동안 발생하는 판매계획 및 수주품목은 1019LCD-0001로 한정한다.

(4) 기타 전제

① 데이터 포맷: UNIERP에 설치된 기본 포맷방법을 기준으로 한다.

② 거래번호 생성: UNIERP를 운영하는 중에 각종 등록업무 수주등록, 발주등록, 구매입고등록, 공정별 실적등록, 매출채권등록, 회계전표등록 등의 거래를 수행하면 시스템에서 자동으로 거래번호가 생성되는데, 모든 거래번호는 시스템에서 자동으로 생성되는 번호를 기준으로 한다. 자동으로 부여된 거래번호 자체를 수정하거나 삭제하거나, 임의로 조정할 수 없다는 점을 주의해야 한다. 따라서 작업 중에 자동으로 생성되는 거래번호가 다를 수 있다. 그러나 거래번호가 다르게 생성된다 하더라도 작업과정에는 전혀 영향을 미치는 않는다.

③ 시나리오 및 작업개요: 본 교재에 수록된 시나리오는 UNIERP 실제 운영을 교육하기 위한 목적으로 개발된 것이며, 작업내용은 다음과 같다.

영역	작업일	시나리오	작업내용
영업판매	10-01	DanDB_S1_판매계획 SP	판매 실행계획 수립
		DanDB_S2_수주관리 SO	수주 및 내역 등록관리
생산관리		DanDB_S3_생산계획 MPS	생산량 및 생산일정 계획
		DanDB_S4_자재소요계획 MRP	자재소요량계획
구매관리		DanDB_S5_구매발주	내자 및 외주위탁가공품 발주
	10-08	DanDB_S6_내자구매입고	내자구매 원자재 입고처리
		DanDB_S7_외주위탁가공구매입고	외주위탁 가공품 입고처리
제조공정 및 실적관리	10-15	DanDB_S8_작업지시	작업지시 오더확정
		DanDB_S9IF_부품출고	작업에 필요한 부품 출고
		DanDB_S10IF_반제품실적관리	반제품실적등록 및 입고처리
		DanDB_S11_외주공정실적관리	외주공정실적등록/부품 출고
		DanDB_S12_사내공정실적관리	중간공정 실적등록
		DanDB_S13_공정검사	공정 중 품질검사
		DanDB_S14_최종공정실적관리	최종공정 실적관리
		DanDB_S15IF_생산입고	최종 완제품 입고처리
		DanDB_S16_제조오더마감	제조오더마감
출하/ 출고관리	10-24	DanDB_S17_출하관리	출하 및 출하내역 등록
		DanDB_S18_출하검사	출하검사
		DanDB_S19_출고처리	수주품목 출고처리
매입/ 매출관리	10-27	DanDB_S20_매입관리	매입세금계산서 발생
		DanDB_S21_매출관리	매출세금계산서 발행
채권채무관리		DanDB_S22_채무관리	채무 외상매입금 출금처리
		DanDB_S23_채권관리	채권 외상매출금 입금처리
결산마감	10-31	DanDB_S24_결산마감	재고마감 및 회계 결산마감

✓ 모든 시나리오 작업은 순차적으로 진행함을 원칙으로 한다. → 특정 시나리오 작업을 위해서는 이전 시나리오 작업결과를 필요로 하며, 해당 시나리오 작업결과는 이어지는 시나리오 작업을 위해서 반드시 필요하다.

✓ 따라서 해당 시나리오 작업 전에는 반드시 이전 시나리오 데이터베이스로 복원하며,

✓ 또한 시나리오 작업 후에는 작업결과를 반드시 백업한다.

✓ 백업과 복원 데이터베이스 파일명은 [DanDB_S#_작업내용] 으로 한다.

1.4 UNIERP 작업환경

1.4.1 UNIERP 접속

UNIERP시스템은 클라이언트-서버 환경에서 구동되며, 작업과정에서 생성되는 모든 데이터는 SQL 데이터서버에 저장된다. UNIERP와 SQL서버는 서버 PC에 설치되어 있으며, 사용자들은 클라이언트 PC에 설치된 UNIERP Client 아이콘을 클릭하면 나타나는 접속화면[그림 7-4]을 통해서 접속한다. UNIERP 접속 시 반드시 본인의 데이터베이스에 접속 한다.

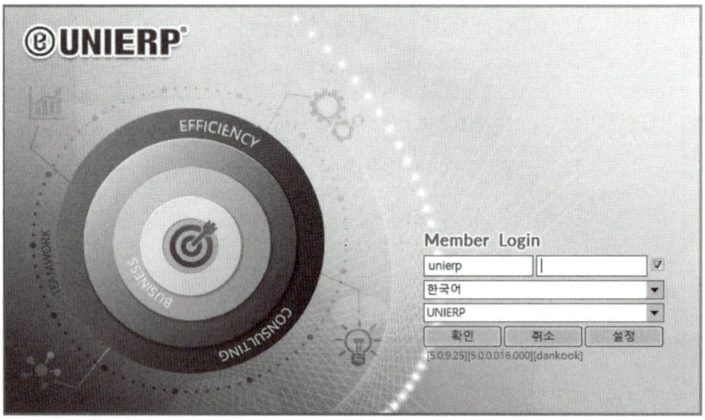

[그림 7-4] UNIERP 접속화면

1.4.2 UNIERP 메뉴 및 화면구성

UNIERP 접속 후 나타나는 작업 화면은 [그림 7-5]에서 보는 것처럼 리본메뉴 바, 주메뉴 내비게이션, 하위상세메뉴 내비게이션 그리고 작업창으로 구성되어 있다.

(1) 리본메뉴 바

리본메뉴 바는 작업, 작업내용 조회, 저장, 작업창 닫기 등의 작업이 가능한 일반 리본과, 새로운 작업창 열기, 복사, 삭제, 이전 혹은 다음으로의 이동 작업을 할 수 있는 싱글 리본, 작업 과정에서 행추가, 행복사, 행삭제, 취소 작업을 할 수 있는 멀티 리본 그리고 찾기, 도움말, 즐겨찾기 등 작업을 위해서 필요한 보조 기능들을 제공하는 도구 리본, PDW 리본, 기타 리본으로 구성되어 있다.

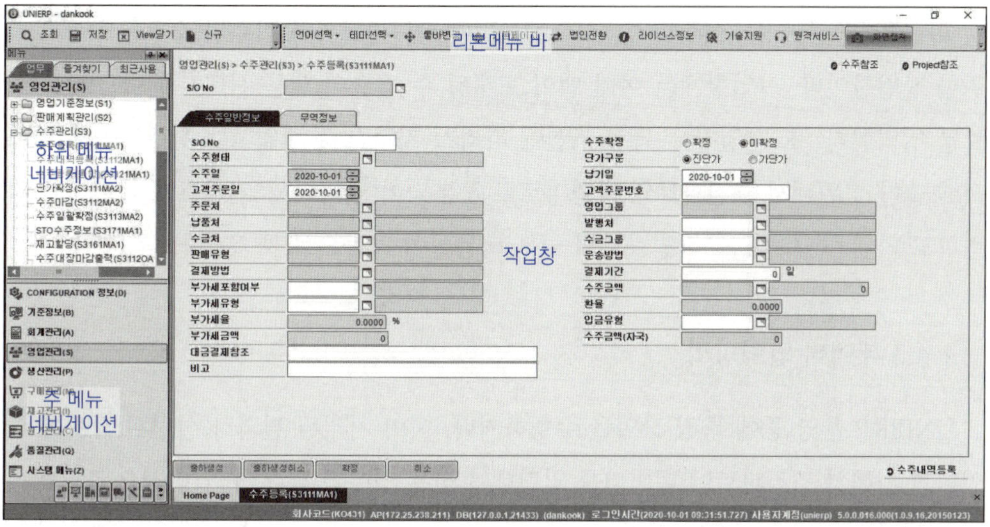

[그림 7-5] UNIERP 메뉴 및 화면구성

(2) 주메뉴 내비게이션

주메뉴 내비게이션은 화면 좌측 하단에 위치해 있으며, 주메뉴 내비게이션에 나열된 주메뉴 항목들은 UNIERP 서버에 등록된 메뉴들로 구성되어 있다. 주메뉴는 서버 설정을 통해서 메뉴 자체를 확대하거나 축소시킬 수가 있다. 또한 주메뉴 내비게이션에 표시되도록 하느냐는 화면 좌측 하단 버튼을 추가 혹은 삭제하여 주메뉴에 표시되도록 하거나, 필요에 따라서는 감출 수도 있다.

(3) 하위상세메뉴 내비게이션

하위메뉴 내비게이션은 주메뉴 내비게이션에서 특정 메뉴를 선택하면 이에 속하는 하위메뉴들이 표시되어 나타나는 메뉴 바이다. 예를 들어, 주메뉴 [영업관리]를 선택하면, [영업관리]에 속하는 [영업기준정보], [판매계획관리], [수주관리], ... 등의 메뉴가 표시되어 나타난다. 원하는 작업 내용에 따라서 하위메뉴 내비게이션의 메뉴를 선택하면 해당 작업창이 표시되어 나타난다.

(4) 작업창

하위메뉴에서 특정 메뉴를 선택하면 화면 우측에 작업창이 나타난다. 작업창의 상단 좌측에는 주메뉴>>하위메뉴>>현재 작업화면 순으로 표시된다. [그림 7-5]에 표시된 화면은 [영업관리>>수주관리>>수주등록] 메뉴를 선택하여 접수된 수주를 등록하기 위한 작업창이다. 작업창에는 여러 탭이 표시될 수 있으며 탭을 선택하여 요구하는 정보를 입력한다. 또 작업창은 특정 조건에 따라서 자동으로 채워지는 정보들을 서버에서 호출하기 위해서 조건파트와 작업파트로 구분되어 있으며, 조건파트에 데이터를 입력하고 확인혹은 조회하면, 작업파트의 일부 내용들이 자동으로 채워진다.

1.4.3 데이터 입력방법

UNIERP 운영 중에 특정 작업을 수행하거나, 이미 처리된 결과나 설정된 정보를 확인하기 위해서 조건파트에 데이터를 입력해야 하는 경우가 많은데, 일반적으로 데이터를 입력하는 방법은 다음과 같다.

(1) 윈도우 팝업

윈도우 팝업 창을 이용한 입력방법은 조건파트 혹은 작업파트에 이미 입력되어 있는 기본값 중에서 해당되는 검색값을 선택하여 입력하는 방식이다. 해당 팝업 창을 열면 검색결과가 오름차순으로 나타나는데, 이 중에서 해당되는 값을 선택하면 된다. 검색창에 특정 값을 입력하면, 입력된 특정 값 이후의 값들이 오름차순으로 나타난다.

(2) 라디오 버튼

라디오 버튼을 이용한 데이터 입력방법은 여러 항목 중에서 하나를 선택해야 하는 경우에 이용되는 데이터 입력방식이다.

(3) 콤보박스

콤보박스는 윈도우 팝업 창과 유사하지만 윈도우 팝업 창보다 간단한 데이터를 입력해야 하는 경우에 사용된다.

(4) 체크

체크 방식의 데이터입력은 승인, 확정 혹은 특정 대상을 선택해야 하는 경우에 사용된다.

(5) 직접입력

직접입력 방법은 입력창에 데이터를 직접 입력하는 방식으로 독립적으로 운영되는 시스템을 이용하는 경우에는 작업을 위해서 필요한 데이터를 직접 입력해야 하지만, ERP시스템을 운영하는 경우에는 거의 모든 필요한 데이터들이 자동으로 연동되기 때문에 직접 입력해야 하는 경우는 많지 않다.

(6) 자동생성

자동생성 방법은 작업자가 조건파트의 입력항목 데이터를 입력하고 조회혹은 저장하면 자동으로 생성되는 방법이다. 예를 들어, 주문등록 작업창에 주문처를 입력하면, 기록된 주문처 정보와 거래 방식 등 자동으로 생성된다.

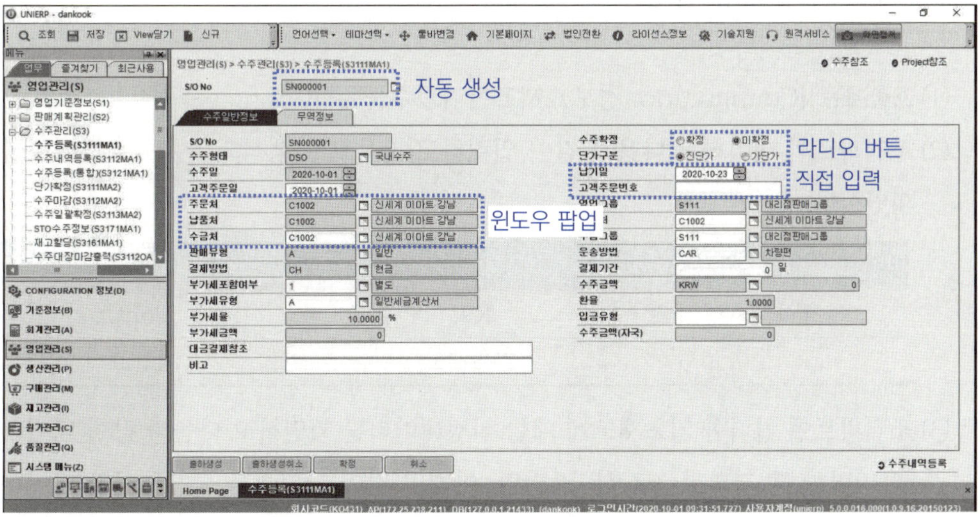

[그림 7-6] UNIERP 데이터 입력 방법예시

2 UNIERP 운영을 위한 기본 환경설정

ERP시스템 운영 개시 시점에 기초 데이터기초 재고 및 기초 채권/채무를 생성하기 위해서는 다음과 같은 기본환경이 설정되어 있어야 한다.

① 재고수불유형 등록
② 분개형태등록
- 기초재고
- 외상매입금 및 외상매출금

기초 데이터를 생성하는 작업은 매 회계연도 개시일마다 반복되는 작업이며, 기초 데이터를 생성하기 위한 기본환경은 시스템 관리자에 의해서 설정되는 것이 보통이다. 하지만 ERP시스템을 최초로 도입하여 운영하는 것이라면, 기본환경을 설정해 주어야 한다.

2.1 재고 수불유형 설정

(1) 호출메뉴: [Configuration정보〉〉재고관리〉〉수불유형Config.등록]
(2) 조건파트의 데이터를 다음과 같이 입력하고 자동으로 생성되는 재고수불유형을 확인한다.

입력 항목	데이터	입력/표시방법
수불유형	R91	PopUp
	기초재고	자동표시

(3) 조건파트에 입력한 기초재고에 대한 설정데이터를 확인하고 다음과 같이 데이터를 입력한 후 결과를 저장한다. 만일, 아래와 같이 재고수불유형에 대한 데이터가 설정되어 있다면 확인하는 것으로 충분한다.

입력 항목	데이터	입력/표시방법
수불유형	R91 기초재고	PopUp
재고증감여부	증가	Radio Button
재고유형1	Good Inventory	Combo Box
재고유형2	Good Inventory	Combo Box
재고단가반영	예	Radio Button
수불구분	예외입고	Combo Box
회계 Posting 구분	예	Radio Button
창고간 이동/공장간 이동	아니오	Radio Button
품목간 이동/계번간 이동	아니오	Radio Button

✓ 회계 Posting 구분은, 업무처리결과 회계전표가 자동으로 생성되도록 하기 위해서 반드시 "예"로 설정되어 있어야 한다.

2.3 분개형태 설정

(1) 호출메뉴: [Configuration정보>>회계관리>>분개형태등록]

(2) 조건파트의 회계거래유형 데이터 입력

입력 항목	데이터	입력/표시방법
회계거래유형	R91 기초재고	PopUp 자동표시

(3) 회계거래유형 별로 아래와 같이 설정되어 있음을 확인하며, 다르게 설정되어 있는 경우, 모든 거래항목의 차대구분을 아래와 같이 설정한다.

입력 항목	데이터	입력/표시방법
20	반제품	차변
30	원자재	차변
50	상품	차변
10	제품	차변
35	부자재	차변

(4) 설정 내용을 확인하고 결과를 저장한다.

(5) (2)~(4)까지의 과정은 반복하며, 다음 항목에 대한 분개형태를 설정이미 설정되어 있는 경우에는 단순 확인하고 저장한다.

입력 항목	데이터	입력/표시방법
회계거래유형	AP007 기초채무등록	PopUp 자동표시
	AR008 기초채권등록	PopUp 자동표시

○ 기초채무등록

거래항목명	차변/대변	계정명
외상매입금	대변	외상매입금, 외화외상매입금, 미지급금

○ 기초채권등록

거래항목명	차변/대변	계정명
외상매출금	차변	외상매출금, 외화외상매출금, 미수금

3 데이터베이스 백업 및 복원

본 교재에 수록된 시나리오는 UNIERP시스템 운영기간 동안 제조 기업에서 나타날 수 있는 모든 가능한 업무들이 거의 모두 발생한다는 가정 하에 구성되어 있으며, 수많은 부분 업무들이 순차적으로 처리된다. 기업에서 처리되는 모든 업무처리결과들은 서로 연계되어 있기 때문에, 특정 작업을 처리하기 위해서는 이전 작업의 처리결과가 전제되는 경우가 대부분이며, 본 교재의 시나리오 또한 순차적으로 진행됨을 전제로 한다.

본 교재에 수록된 시나리오는 모든 작업이 순차적으로 처리된다는 가정 하에 구성되어 있다. 따라서 이전 단계의 작업은 이어지는 단계의 작업을 위한 전제가 되며, 이전 단계의 작업에 오류가 있거나, 잘못 처리된 경우에는 이어지는 단계의 작업이 정상적으로 처리되지 못한다. 따라서 순차적으로 진행되는 각각의 시나리오 작업이 완료되면 반드시 데이터베이스를 백업 받고, 이어지는 작업을 수행하기 전에는 이전 작업결과가 저장되어 있는 데이터베이스를 복원하는 것을 원칙으로 한다. 데이터베이스를 백업하고 복원하는 과정은 다음과 같다.

(1) 호출메뉴: [시스템메뉴>>DB관리>>UNIERP DB관리]
(2) 백업의 경우, 작업창의 백업버튼을 클릭하여 백업DB 저장경로를 지정하고 백업 데이터베이스를 저장한다. → 백업DB는 작업내용을 이해할 수 있는 명칭으로 한다 예: DanDB_S5_내자구매입고처리.
(3) 복원의 경우, 작업창의 복원버튼을 클릭하여 복원DB가 저장되어 있는 경로를 탐색하여 저장되어 있는 복원DB를 선택하여 복원한다.

다음은 데이터베이스를 백업하고 복원하는 메뉴와 화면구성이다.

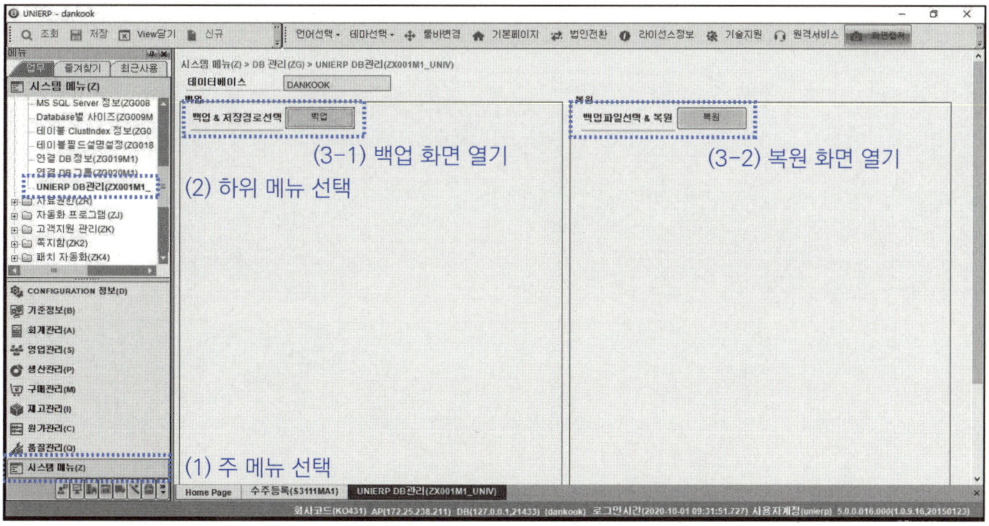

[그림 7-7] 데이터베이스백업 및 복원 메뉴와 작업화면

Chapter 08

판매계획 및 수주관리

학습개요 및 목표

본 교재에 수록된 시나리오는 전형적인 제조 기업의 모든 업무들이 UNIERP시스템 운영 기간 동안에 실제로 모두 발생한다는 전제 하에 개발되었다. 전형적인 제조 기업에서 발생 가능한 업무들은 다음과 같다.

- 계획기간 동안 예상되는 판매계획 수립 및 수주관리
- 판매계획과 고객 주문을 근거로 예상되는 생산계획 생산량과 생산일정 등 수립
- 생산 제품 별로 예상되는 자재소요계획 수립
- 필요한 원자재 및 반제품을 발주 형태에 맞춰 필요한 소요량만큼 발주하고 입고 처리하는 작업
- 생산계획에 따라 일정 별로 세부 공정을 진행하여 완제품을 생산하는 업무
- (필요한 경우) 제조 공정의 품질검사 및 실적관리
- 납기일이 도래하면 제품을 납품하는 업무
- 원자재 구매 및 완제품 출고 후 세금계산서 발행하는 업무
- 채권 및 채무를 관리하며 입금과 출금을 처리하는 작업
- 재고마감 및 회계결산

본 장에서는 계획기간 동안 예상되는 판매계획을 수립하여 등록하는 과정과 고객 주문을 처리하는 작업에 대해서 살펴보도록 한다.

그러나 판매계획을 수립하여 등록하는 과정은 판매계획 유형과 기타 판매계획 수립에 필요한 기본환경이 어떻게 설정되어 있냐에 따라서 다르기 때문에, 판매계획을 수립하기 전에 설정되어 있는 판매계획 기간 정보 및 판매계획 환경을 확인하는 과정을 거친다. 만일 필요한 경우에는 설정되어 있는 판매계획 기간 정보나 판매계획 환경을 변경해야 한다. 본 장의 학습목표는 다음과 같다.

- 판매계획 수립 및 수주관리를 위해서 필요한 시스템 환경을 이해한다.
- 월 판매계획을 수립하는 과정을 이해한다.
- 수주등록 및 수주내역을 등록하는 과정을 이해한다.
- 판매계획 및 수주와 관련된 업무를 이해한다.
- 판매계획 및 수주 처리 전 작업을 ERP시스템으로 처리하는 방법을 이해한다.

1 판매계획 기간 정보 및 환경설정

본 교재에 수록된 시나리오에서 고객별 품목판매계획을 등록하는 작업은 계획기간 동안 예상되는 판매계획을 수립하고 확정하여 영업그룹 단위 별로 월 판매계획을 등록하는 작업으로 고객별 품목판매계획 등록은 (UNIERP시스템이 월 단위로 운영되기 때문에) 월 단위 판매계획 기간별로 등록되어야하기 때문에, 품목판매계획을 등록하기 전에 판매계획 기간이 월 단위로 설정되어 있어야 한다. 판매계획 기간 및 판매계획 환경을 설정하는 방법은 다음과 같다.

1.1 칼렌다 확인 및 생성

UNIERP를 이용한 월 판매계획 수립 및 수주처리 업무는 운영 시점부터 시작하여 월 단위로 진행되기 때문에, 운영 시점부터 계획수립 단위에 맞추어 월 단위의 칼렌다가 생성되어 있어야 한다. 따라서 UNIERP를 이용한 월 판매계획 수립 및 수주업무를 처리하기 전에 월 단위의 칼렌다가 생성되어 있는지 확인해야 하며, 만일 칼렌다가 생성되어 있지 않거나 혹은 계획기간 단위가 다른 경우에는 이를 새롭게 설정해 주어야 한다. 우선 칼렌다가 생성되어 있지 않은 경우에는 다음과 같이 해당연도의 칼렌다를 생성해야 한다.

(1) 호출메뉴: [기준정보〉〉칼렌다 정보B4〉〉칼렌다 생성]

(2) 조건파트의 데이터 입력

① 생성연도: 시스템 운영 연도

② 공휴일 선택사항: 이는 입력된 생성연도에 따라서 정해진 공휴일 목록이 자동으로 표시되기 때문에, 특별히 수정할 필요는 없다. 하지만 창립기념일과 같은 휴무일을 별도로 지정해야 하는 경우에는 하단 우측의 공휴일 지정 버

튼을 이용하여 새로운 공휴일을 지정할 수 있다.

③ 요일선택: 실제 작업 휴무일을 선택한다. 이는 주5일 근무제 실시 등과 같이 운영기업의 근무환경에 따라서 다르기 때문에, 기업 상황에 따라 실제로 작업을 하지 않는 요일을 선택하면 된다.

(3) 하단 좌측의 생성 버튼을 클릭하여 칼렌다를 생성하고 저장한다.

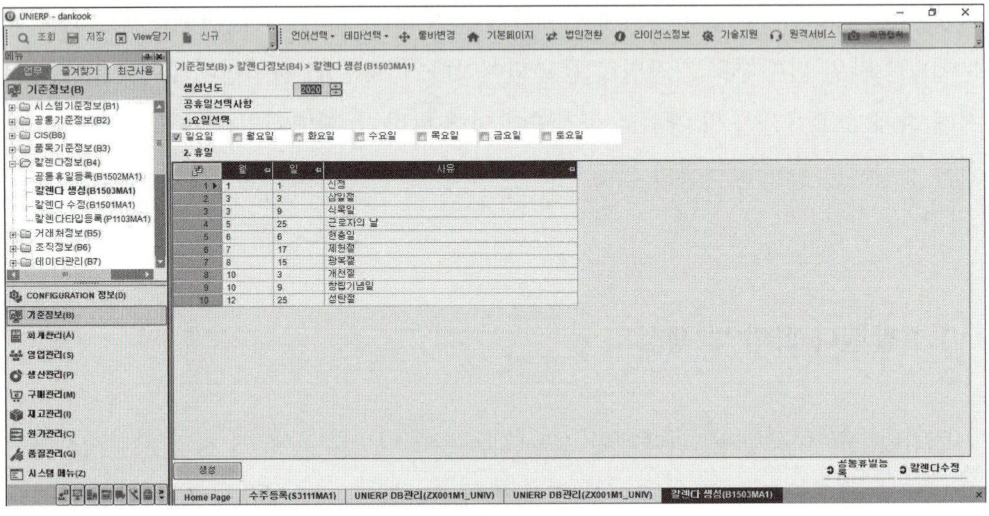

[그림 8-1] 칼렌다 생성

UNIERP를 운영하는데 해당 년도의 칼렌다뿐만 아니라, 생산계획 및 자재소요계획을 수립하는 작업에 공장별 품목정보 중에서 계획정보-Lot크기의 적용방법에 따라서 기간통합법 계획기간 동안의 모든 계획을 통합하는 방식이 적용되거나, 혹은 Lot for Lot 방식 계획기간 동안의 계획들을 개별적으로 분리하는 방식이 적용될 수 있기 때문에, 생산칼렌다를 다음과 같이 생성한다.

본 시나리오에서 1019LCD-0001 LCD Monitor 19"은 기간통합법이 적용되며, 이외의 모든 품목에 대해서는 Lot for Lot 방식이 적용되는 것으로 한다. 따라서 생산 칼렌다의 두 가지 M: 기간통합법, W: Lot for Lot방식 방식의 생산칼렌다를 모두 생성시켜야 한다. 생산 칼렌다를 생성하는 방법은 다음과 같다.

(1) 호출메뉴: [생산관리>>생산기준정보>>생산칼렌다정보관리>>생산칼렌다생성]

(2) 조건파트의 데이터 입력

① 칼렌다Type: M

② 생성연도: 시스템이 운영되는 년도 자동표시

③ 화면 중간의 실행버튼을 클릭하여 칼렌다를 생성한다.

④ 칼렌다Type: W Lot for Lot도 동일한 방법으로 생성한다.

(3) 칼렌다M, W 생성결과는 다음과 같다.

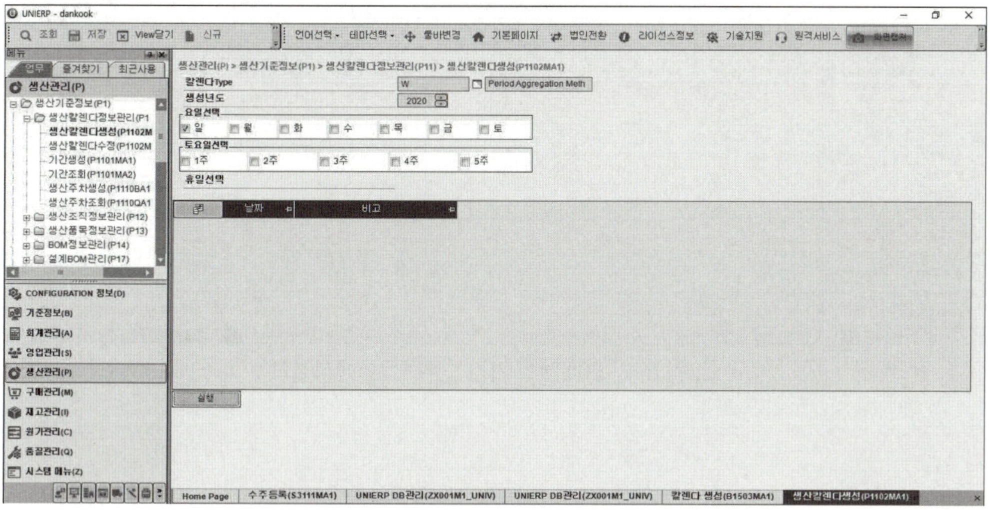

[그림 8-2] 생산칼렌다M 생성결과

1.2 판매계획 기간 단위 변경

본 교재에 수록된 시나리오는 판매계획을 수립하는 모든 작업들이 월 단위로 진행된다. 따라서 판매계획 기간 단위가 월 단위로 설정되어 있어야 하며, 만일 다르게 설정되어 있는 경우에는 다음 절차에 따라서 판매계획 기간을 월 단위로 설정해야 한다.

(1) 호출메뉴: [기준정보〉〉공통기준정보〉〉환경등록]

(2) 조건파트의 데이터 입력: Major Code S0018 선택한 후 조회한다.

(3) 작업파트 왼쪽의 첫 번째 행을 선택하여 오른쪽 행의 Minor코드 10, 순번 1, 참

조Y로 설정되어 있으면 이를 확인하고, 만일 설정되어 있지 않으며, 상단 리본 메뉴 바에서 행을 추가하고행추가 메뉴 Minor코드10, 순번1, 참조Y를 입력-저장하여 다음과 같이 판매계획 기간 단위를 설정한다.

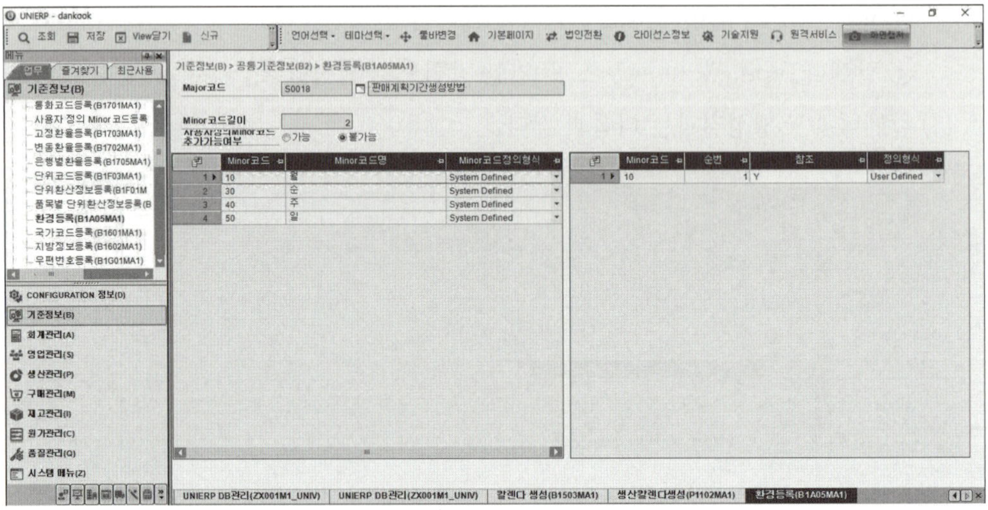

[그림 8-3] 판매계획 기간 단위월 단위 생성결과

1.3 판매계획 기간 정보 설정

생산칼렌다M, W와 기준정보의 월 단위로 판매계획 기간 단위를 생성한 후 판매계획 기간 정보를 생성하는 방법은 다음과 같다. 참고로, 판매계획 기간 정보 생성은 시스템을 운영하는 해당 년도를 기준으로하기 때문에, 해당 년도 전체의 판매계획은 월 단위로 수립된다.

(1) 호출메뉴: [영업관리>>판매계획관리>>판매계획기간정보생성]

(2) 조건파트의 데이터 입력

① 판매계획유형: 실행계획

② 최종 생성연도: 시스템이 운영되는 년도 자동표시

③ 생성연도: 2xxx년

④ 기간생성방법: 월

(3) 하단 좌측의 생성 버튼을 클릭하여 판매계획 기간정보를 생성한다. 만일 생성되어 있으면, 이를 확인하는 것으로 충분하다.

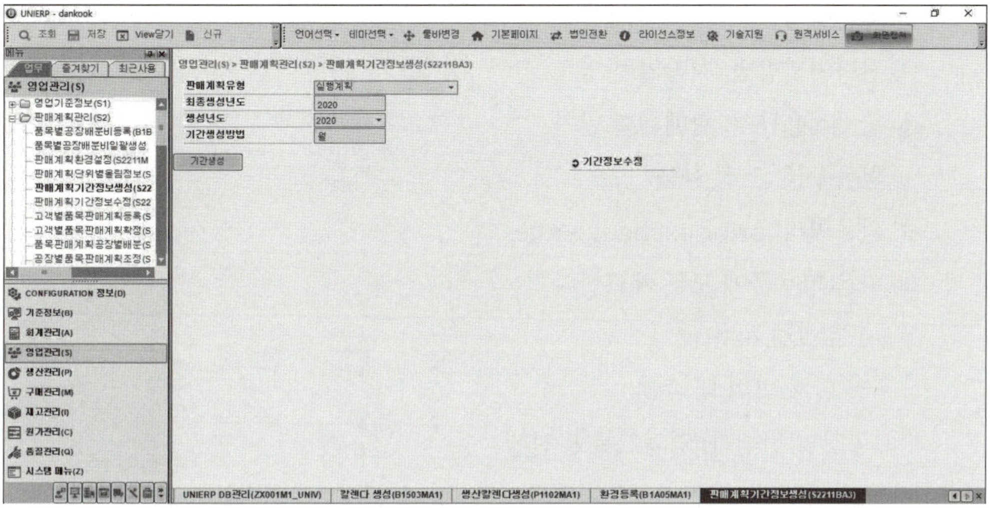

[그림 8-4] 판매계획 기간 정보 생성

1.4 판매계획 환경설정

품목판매계획 등록-확정 및 배분 작업 중에 확정기간과 예시기간 등의 항목들은 자동으로 채워지는데, 이는 설정된 환경에 따라 자동으로 채워지는 것이다. 따라서 이어지는 다음 단계의 작업을 위해서는 판매계획 환경을 설정해 주어야 한다. 판매계획의 유형은 경영층의 판단에 의한 계획경영계획과, 판매담당자들이 과거의 데이터와 경험에 근거하여 수립하는 계획실행계획으로 구분되는데, 본 시나리오에서의 판매계획은 실행계획에 근거하기 때문에, 실행계획에 대한 환경을 다음과 같이 설정한다.

(1) 호출메뉴: [영업관리>>판매계획관리>>판매계획 환경설정]

(2) 조건파트의 데이터 입력: 판매계획 유형실행계획.

(3) 조회 버튼을 클릭한다.

(4) 조회결과 나타나는 작업파트의 데이터를 다음과 같이 변경한다.

① 확정구간: 1월

② 예시구간: 0월

③ 배분방법확정 및 예시: 일 배분

④ 잔량처리방법: 시작일 반영

⑤ 단가적용규칙: 판매계획 단가

⑥ 환율구분: 고정 환율

⑦ 환율처리: prior exchange rate

⑧ 다음 항목들에 모두 체크한다.

- 프로그램 사용
- 진 단계 범위 내 수정
- 공장별 진행과, 영업그룹별 진행

(5) 변경된 작업파트 데이터를 저장한다. 저장결과는 다음과 같다. 만일, 판매계획 환경이 위와 같이 설정되어 있다면, 이를 확인하는 것으로 판매계획 환경설정 작업을 대신한다.

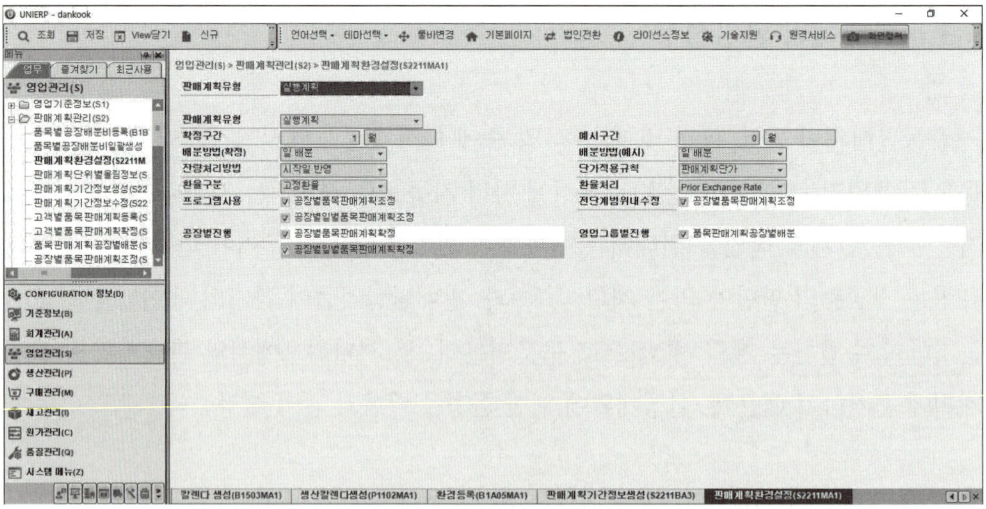

[그림 8-5] 판매계획 환경설정 결과 - 실행계획

1.5 재고마감

UNIERP시스템의 새로운 운영시점이 도래하면본 시나리오에서는 해당 연도 10월, 이전 운영기간 동안의 재고에 대한 마감작업이 필요하다. 이는 이전 운영기간 동안의 재고를 이어지는 운영기간의 초기재고로 이월하고 해당 운영기간 동안의 재고관련 업무를 처리하기 위해서 필요한 작업이다. 따라서 ERP시스템의 운영에 있어서 재고마감 작업은 필수이며, 재고마감 작업을 수행하지 않을 경우, 운영기간 동안 발생한 재고관련 업무를 처리할 수가 없다. 예를 들어, 발주한 원자재가 도착되어 입고하는 과정에서 재고현황의 작업 년 월이 일치하지 않음으로 입고처리 작업을 하지 못하게 되기 때문에, 입고처리 해당 년 월 이전의 재고는 마감되어 있어야 한다. 재고마감 작업은 다음과 같이 수행한다.

(1) 호출메뉴: [재고관리〉〉재고현황 & 마감〉〉재고마감작업]

(2) 조건파트의 데이터 입력

① 공장: PS02수원2공장

② 최종마감년월: 2xxx-10 → ERP운영이 월 단위로 운영되는 것으로 설정되어

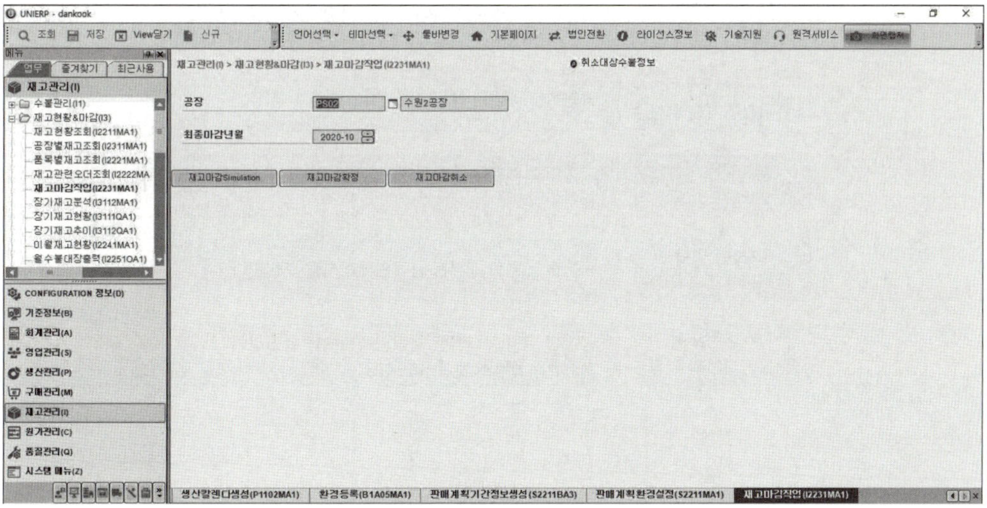

[그림 8-6] 재고마감 결과

있기 때문에, 운영시점인 2xxx년 10월 이전의 모든 운영기간의 재고가 마감되어야 한다. 따라서 2xxx년 9월까지의 재고를 마감한다.

(3) 재고마감 결과는 [최종마감년월]이 2xxx-10으로 표시된다[그림 8-6] 참조.

2 월 판매계획 수립[DanDB_S1_판매계획(SP)]

월 판매계획 수립은 영업그룹 단위 별로 계획기간 동안 예상되는 판매계획을 등록-확정하여 공장 별로 품목별, 일별로 배분하고 수정하는 작업이며, 다음과 같은 과정으로 진행된다.

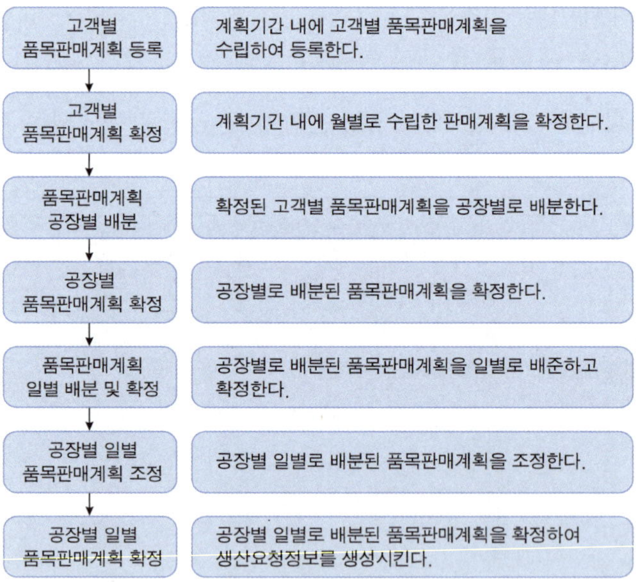

2.1 고객별 품목판매계획 등록

본 시나리오는 영업그룹 단위별로 예상되는 월 품목판매계획을 수립하는 과정이다. 이는 실무 차원의 실행계획이며, 실행계획에 대한 환경은 이미 이전 단계에서 설정한 바 있다. 계획기간 동안 예상되는 고객별 품목판매계획 등록 작업은 다음과 같이 진행된다.

(1) 호출메뉴: [영업관리〉〉판매계획관리〉〉고객별품목판매계획등록]

(2) 조건파트의 데이터를 다음과 같이 입력한다.

① 판매계획유형: 실행계획

② 영업그룹: S111 대리점판매그룹

③ 거래구분: 내수

④ 계획기간: 2xxx10 2xxx년 10월

- 계획기간 팝업창을 열고 계획기간 2xxx10을 선택-확인한다.

(3) 화면 상단 좌측의 조회 버튼을 클릭한다.

(4) 조회결과는 다음과 같다: "고객별 판매계획이 존재하지 않습니다."

(5) 행추가: 검색된 데이터 즉, 등록된 품목판매계획이 없기 때문에, 새로운 판매계획을 등록하기 위해서 상단 메뉴바의 행추가 버튼을 클릭하여 새로운 행을 추가한다.

(6) 자료파트의 데이터 입력 → 추가된 행의 개별 항목별로 데이터 입력

① 계획기간: 콤보상자를 열어 2xxx10 2xxx년 10월을 선택한다.

② 고객: 콤보상자를 열어 E1001 옥시를 선택한다.

③ 품목: 1019LCD-0001 LCD Monitor 19"

- 품목항목을 선택하여 팝업창을 연다.
- 하단 좌측의 조회 버튼을 클릭한다.
- 1019LCD-0001 LCD Monitor 19"를 선택-확인한다.

④ 수량: 500

⑤ 계획단위: EA

⑥ 데이터 입력 후 자동으로 생성되는 항목

- 단가: 1,127,234
- 금액: 563,617,000
- 확정 및 배분: N
- 시작일: 2xxx-10-01
- 종료일: 2xxx-10-31

(7) 데이터 입력완료 후에 저장한다.

(8) 고객별 품목판매계획 등록 결과는 다음과 같다.

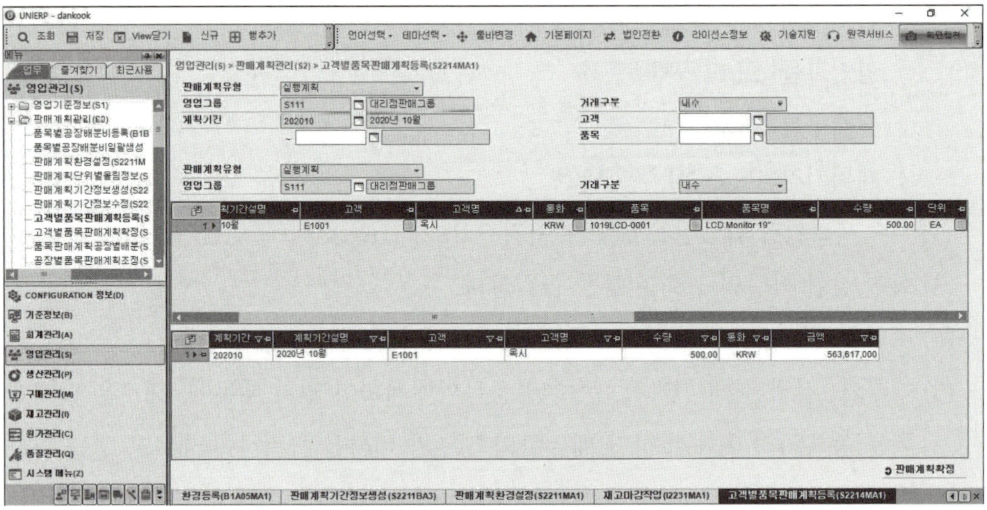

[그림 8-7] 고객별 품목판매계획 등록결과

2.2 고객별 품목판매계획 확정

고객별 품목판매계획 확정은 이전 단계에서 등록한 고객별 품목판매계획 등록 내용을 공장별, 일별로 배분하기 전에 확정하는 작업이며, 다음과 같은 단계로 작업이 진행된다.

(1) 호출메뉴: [고객별 품목판매계획등록 창 우측 하단의 판매계획 확정 버튼을 클릭하거나 혹은 영업관리>>판매계획관리>>고객별품목판매계획확정]

(2) 조건파트 데이터 입력 → 고객별 품목판매계획등록 창 우측 하단의 판매계획 확정 버튼을 클릭하여 이동한 경우, 조건파트 데이터들이 자동으로 채워짐.

① 판매계획유형: 실행계획

② 작업유형: 확정

③ 영업그룹: S111 대리점판매그룹

④ 확정기간: 2xxx10 확정

(3) 좌측 하단의 확정 아이콘 클릭하여 확정한다.

(4) 확정결과는 다음과 같다.

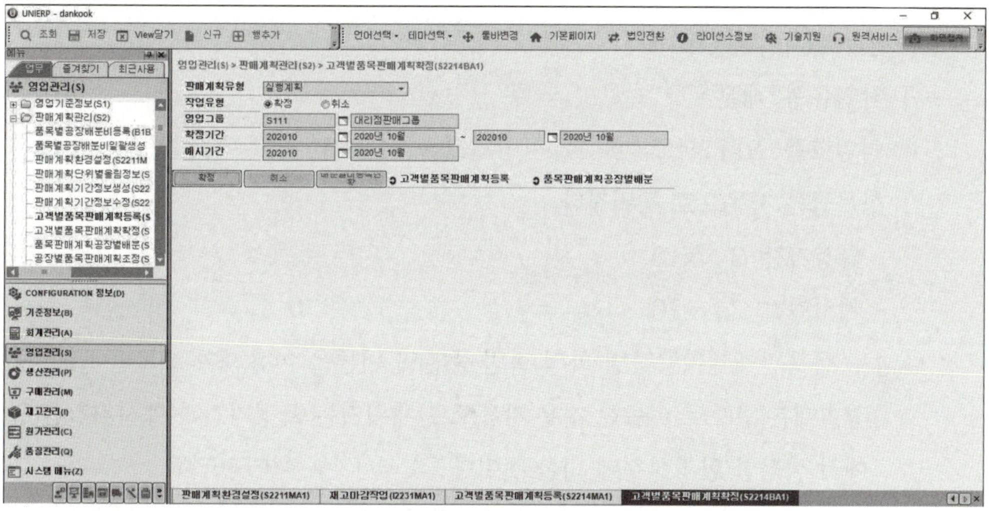

[그림 8-8] 고객별 품목판매계획 확정결과

2.3 품목판매계획 공장별 배분 및 확정

품목판매계획 공장별 배분 및 확정은 확정된 고객별 품목판매계획을 공장별로 배분하고 확정하는 작업이다. 본 시나리오에서는 고객별 품목판매계획 전량을 PS02 수원2공장로 배분하는 것으로 한다. 품목판매계획 공장별 배분 및 확정작업은 다음과 같이 진행된다.

2.3.1 품목판매계획 공장별 배분

고객별 품목판매계획 공장별 배분과정은 다음과 같다.

(1) 호출메뉴: 품목판매계획 공장별 배분 창으로 이동하는 방법은,

- (권장) 고객별 품목판매계획확정 화면 중간 버튼품목판매계획공장별배분을 클릭하여 이동하거나,
- [영업관리〉〉판매계획관리〉〉품목판매계획공장별배분]

(2) 조건파트 데이터 입력

① 작업유형: 배분

② 영업그룹: S111 대리점판매그룹 → 영업그룹 S111 대리점판매그룹을 입력하면 다음 항목들은 자동으로 채워진다.

- 확정기간: 2xxx10
- 예시기간: 2xxx10

→ 품목판매계획공장별 확정 화면 중간의 버튼을 이용하여 품목판매계획공장별배분 창으로 이동한 경우 자동으로 채워지는 확정기간과 예시기간은 앞에서 설정한 환경설정에 의한 것이다확정기간: 1 개월, 예시기간: 0개월.

(3) 중간 좌측의 배분 아이콘 클릭하여 배분한다. 정상 처리된 배분작업 결과는 다음과 같은 화면을 통해서 확인할 수가 있다.

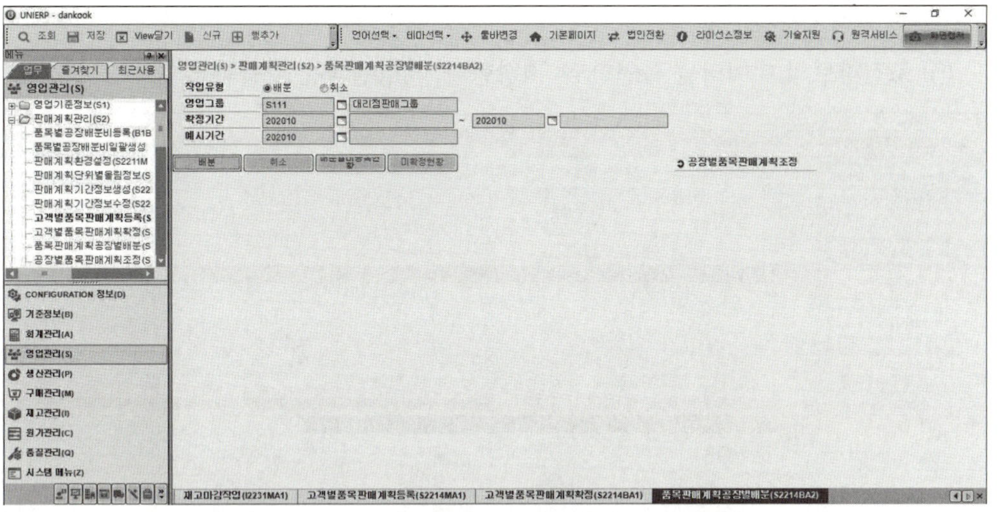

[그림 8-9] 고객별 품목판매계획 공장별 배분결과

2.3.2 공장별 품목판매계획 조정

이전 단계에서 품목판매계획을 공장별 배분한 결과를 확정하기 전에 필요한 경우 다음과 같이 조정한다. 품목판매계획을 조정하는 방법은 다음과 같다.

(1) 호출메뉴: [화면 중간 우측의 공장별품목판매계획조정 버튼을 클릭하여 이동하거나 혹은 영업관리>>판매계획관리>>공장별품목판매계획조정]

(2) 조건파트 데이터 입력 → 품목판매계획공장별배분 화면 중간 우측의 공장별품목판매계획조정 버튼을 클릭하여 이동하면 추가된 행에 다음 내용들이 자동으로 채워짐.

① 계획기간: 2xxx10

② 공장: PS02 수원2공장

③ 영업그룹: S111 대리점판매그룹

④ 품목: 1019LCD-0001 LCD Monitor 19"

⑤ 거래처: E1001 옥시

⑥ 거래구분: 내수

(3) 조건파트의 데이터를 확인한 후 저장한다. 저장결과는 다음과 같다.

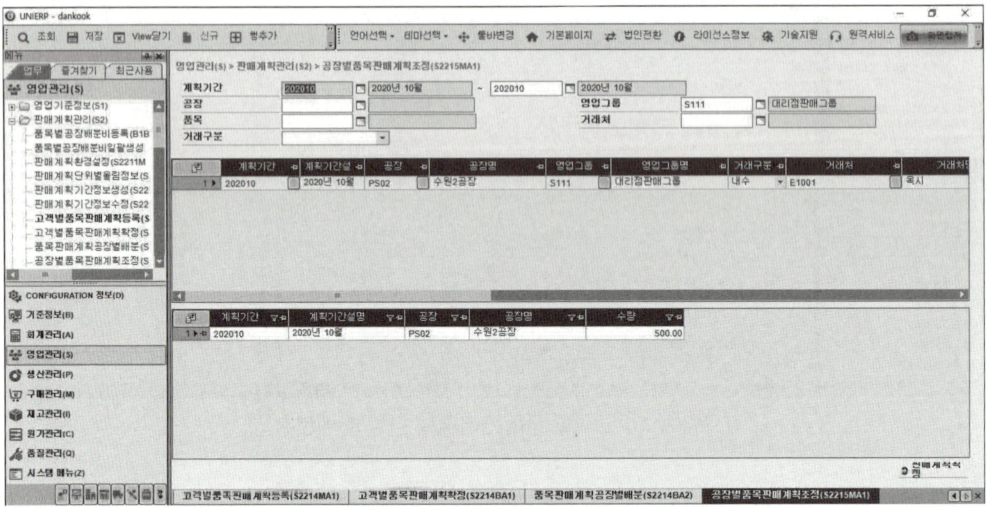

[그림 8-10] 품목판매계획 공장별 배분 조정결과

2.3.3 공장별 품목판매계획 확정

공장별 품목판매계획을 확정하는 작업은 다음과 같다.

(1) 호출메뉴: [공장별 품목판매계획조정 화면 우측 하단의 판매계획확정 버튼을 클릭하여 이동 혹은 영업관리>>판매계획관리>>공장별품목판매계획확정]

(2) 조건파트 데이터 입력 → 공장별 품목판매계획조정 화면 우측 하단의 판매계획확정 버튼을 클릭하여 이동한 경우, 화면 이동 후 자동으로 채워지지 않는 항목들은 다음과 같이 입력한다.

① 작업유형: 확정

② 공장: PS02 수원2공장 → 작업유형과 공장 PS02을 입력하면 확정기간 2xxx10과 예시기간 2xxx10이 자동으로 표시된다.

(3) 확정 버튼을 클릭한다. 공장별 품목판매계획 확정 결과는 다음과 같다.

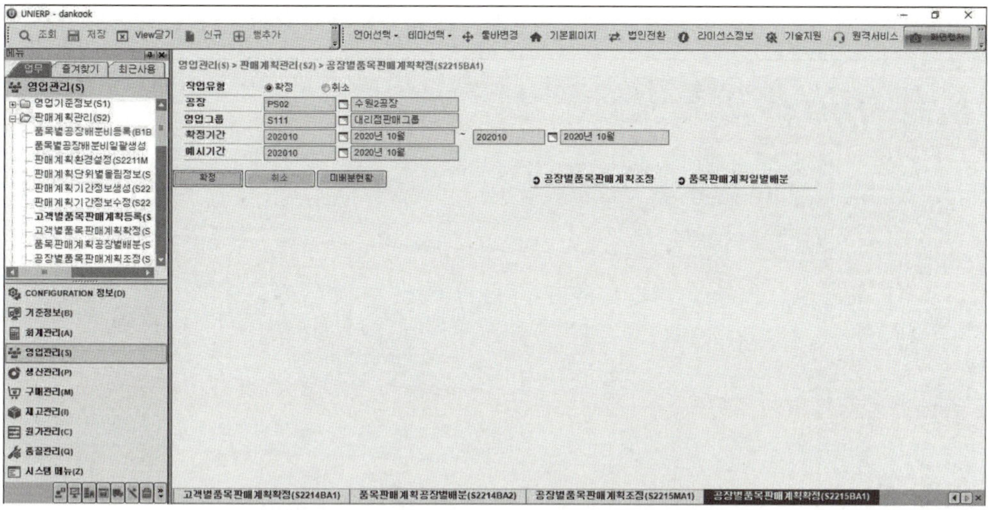

[그림 8-11] 품목판매계획 공장별 배분 확정 결과

2.4 품목판매계획 일별 배분 및 확정

품목판매계획 일별 배분은 공장별로 배분된 판매계획을 일별로 배분하고 확정하는 작업으로 다음과 같이 진행된다.

(1) 호출메뉴: [공장별품목판매계획확정 화면 중간 우측의 품목판매계획일별배분 버튼을 클릭하여 이동하거나, 혹은 영업관리>>판매계획관리>>품목판매계획일별배분]

(2) 조건파트 데이터 입력 → 공장별품목판매계획확정 화면 중간 우측의 품목판매계획일별배분 버튼을 클릭하여 이동하면, 모든 항목들이 자동으로 채워짐.

① 작업유형: 배분

② 공장: PS02 수원2공장

③ 영업그룹: 별도로 표시되지 않는다.

④ 조건파트의 확정기간/예시기간 2xxx10은 자동으로 표시된다.

(3) 좌측 중간의 배분버튼을 클릭한다. 품목판매계획 배분결과는 다음과 같다.

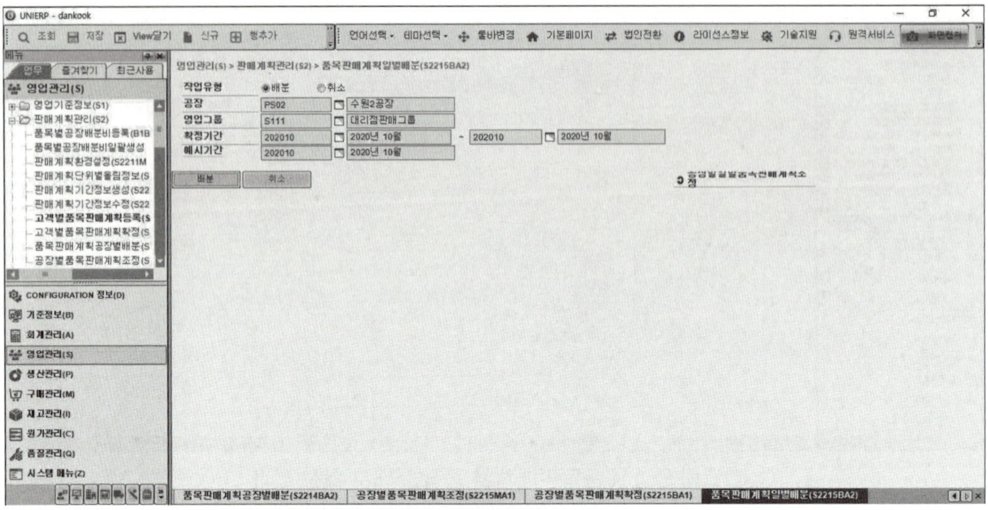

[그림 8-12] 품목판매계획 일별 배분 결과

2.5 공장별 일별 품목판매계획 조정 및 확정

2.5.1 공장별 일별 품목판매계획 조정

공장별로 일별 배분된 품목판매계획은 생성된 생산기준정보와 설정된 판매계획 환경에 의해서 일률적으로 배분된 것이다. 따라서 공장별로 일별 품목판매계획 조정 단계에서는 일률적으로 배분된 품목판매계획을 재조정하는 작업이며, 공장별로 일별 배분된 품목판매계획을 조정하는 작업은 다음과 같이 진행된다.

(1) 호출메뉴: [품목판매계획일별배분 화면 중간 우측의 공장별일별품목판매계획조정 버튼을 클릭하여 이동하거나, 혹은 영업관리>>판매계획관리>>공장별일별품목판매계획조정]

(2) 조건파트의 데이터 입력 → 입력품목판매계획일별배분 화면 중간 우측의 공장별일별품목판매계획조정 버튼을 클릭하여 이동한 경우, 일별 배분된 내용이 다

음과 같이 자동으로 채워진다.

① 계획일: 2xxx-10-01

② 공장: PS02 수원2공장

③ PS02 수원2공장에 배분된 계획량은 계획기간 10월 1일~10월 31일까지 실제 작업 가능 날짜에 맞추어 배분된 것이다 [그림 8-13].

(3) 공장별 일별 품목판매계획을 다음과 같이 조정-저장한다.

- 2xxx년 10월 20일: 120
- 2xxx년 10월 23일: 250
- 2xxx년 10월 27일: 130

→ 10월 20일/23일/27일 이외 날짜의 수량은 모두 0으로 조정한다. 이는 작업일 10월 20일 120개, 10월 23일 250개 그리고 10월 27일 130개 이외의 날짜에는 생산하지 않는다는 것을 의미한다.

(4) 공장별 일별 품목판매계획_조정 후의 결과는 [그림 8-14]와 같다.

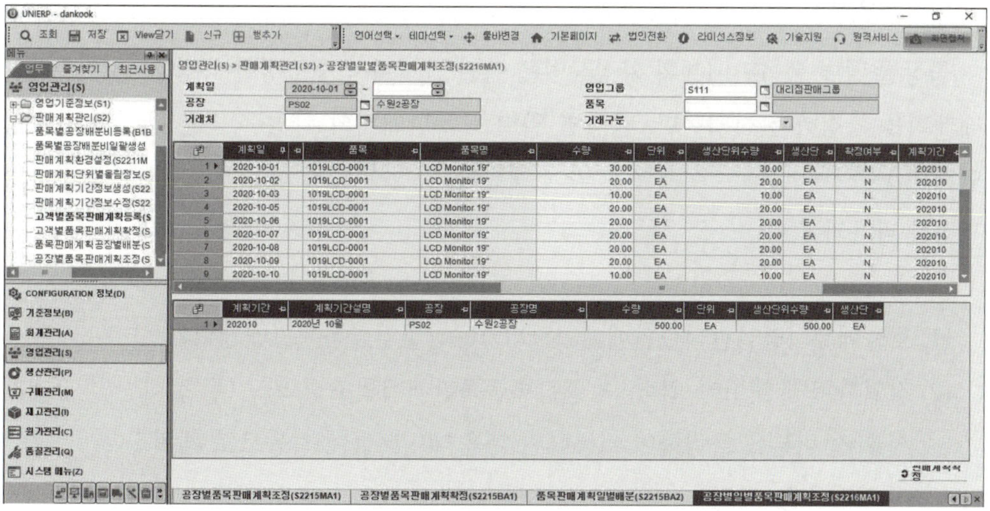

[그림 8-13] 공장별 일별 품목판매계획_조정 전

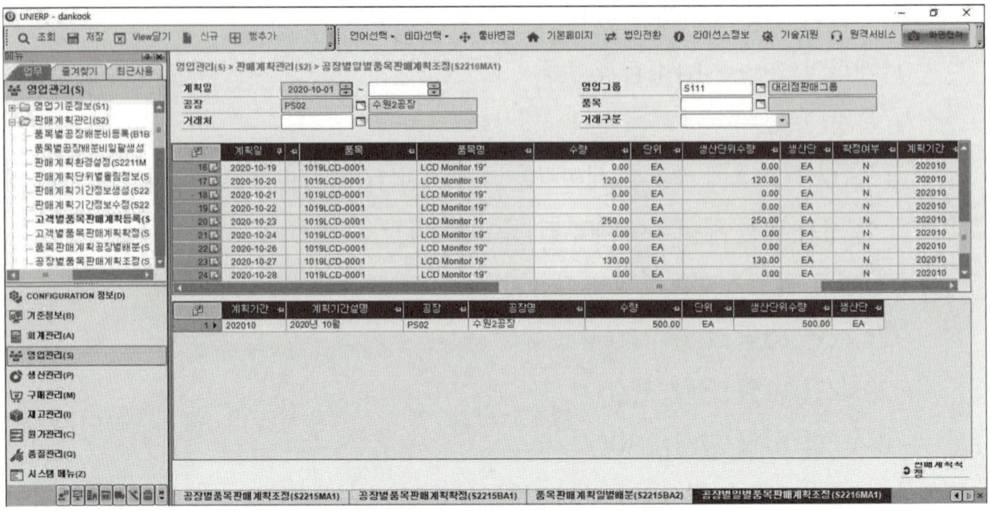

[그림 8-14] 공장별 일별 품목판매계획 조회결과_조정 후

2.5.2 공장별 일별 품목판매계획 확정

공장별 일별 품목판매계획 확정작업은 이전 단계에서 재조정한 공장별 일별 품목판매계획을 확정하는 작업이다. 공장별 일별 품목판매계획 확정 작업은 생산계획 수립 단계의 MPSMaster Production Schedule와 연계된다. 공장별 일별 품목판매계획을 확정하는 과정은 다음과 같다.

(1) 호출메뉴: [영업관리〉〉판매계획관리〉〉공장별일별품목판매계획확정]

(2) 작업파트의 데이터 입력 → 공장별품목판매계획조정 화면 우측 하단의 판매계획 확정 버튼을 클릭하여 이동하면 다음 데이터들이 자동으로 채워진다.

① 작업유형: 확정

② 공장: PS02 수원2공장

③ 영업그룹: S111 대리점판매그룹

④ 확정기간 및 예시기간: 2xxx10

(3) 확정한다. 확정 결과는 다음과 같다.

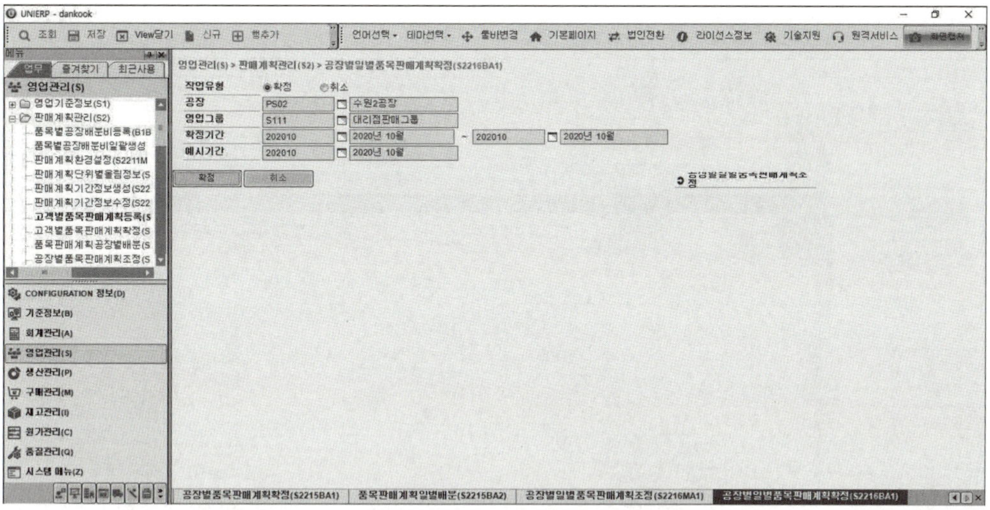

[그림 8-15] 공장별 일별 품목판매계획 확정결과

2.6 MPS 요청조회

공장별 일별로 확정된 품목판매계획을 확정했다는 것만으로 작업이 정상적으로 처리되었다는 것을 확인하기는 쉽지 않다. 특히 ERP시스템과 같은 전사적 통합시스템을 이용하는 경우가 아니라면, 이전 단계의 작업이 정상적으로 처리되었다는 것을 확인하기란 쉽지 않다.

그러나 ERP시스템을 이용하는 경우에는 연계된 업무들이 정확하고 빠르게 처리될 수 있도록 필요한 데이터들이 자동으로 전달되는데, 공장별 일별 품목판매계획 수립은 생산계획을 수립하는 업무와 연계되어 있기 때문에, 생산계획을 수립하는 담당자에게 자동으로 전달되어 있을 것이다. 따라서 공장별 일별 품목판매계획 확정 작업이 정상 처리 되었음은 다음과 같이 MPS요청조회를 통해서 쉽게 확인할 수가 있다.

(1) 호출메뉴: [생산관리〉〉MPS〉〉MPS요청조회]

(2) 조건파트의 데이터 입력: PS02수원2공장

(3) 조회결과는 다음과 같다.

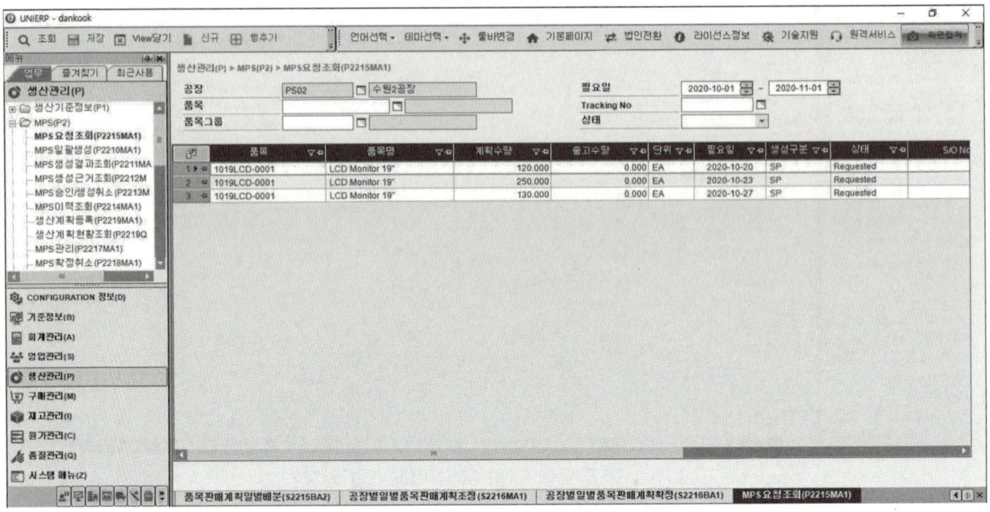

[그림 8-16] MPS요칭조회 결과

3 수주관리[DanDB_S2_수주관리(SO)]

앞 절에서 설명한 월 판매계획 수립은 고객의 구체적인 주문과 상관없이 이루어지기 때문에, 재고생산MTS: Make-To-Stock을 위한 기본 데이터가 되는 반면, 수주관리는 고객으로부터 접수한 구체적인 주문에 근거하기 때문에, 주문생산MTO: Make-To-Order의 기준 데이터가 된다.

본 절에서는 다음과 같은 가정 하에 고객으로부터 접수되는 주문을 처리하는 과정을 살펴보기로 하겠다.

(1) 모든 주문은 2xxx년 10월 1일 접수된다.

(2) 주문 품목은 월 판매계획 수립 단계에서와 마찬가지로 1019LCD-0001 LCD

Monitor 19"로 한정한다.

(3) 수주형태는 다음과 같이 2가지 유형으로 한정하다.

① 대리점판매: 일반 국내수주형태로 대리점으로부터 주문을 접수하여 등록하는 경우이며, 대리점 판매 거래처는 신세계이마트 강남C1002으로 한다.

② 개인판매: 일반 국내수주형태로 일반 개인으로부터 주문을 접수하여 등록하는 경우이며, 개인 주문 거래처는 개인판매C1004로 가정한다.

(4) 작업 과정에서 자동으로 채워지는 데이터들은 설정된 기준정보에 따른다.

(5) 수주 품목 단가는 진단가를 적용하며, 수주 확정된 품목은 자동으로 생산계획MPS 요청 데이터로 연계된다.

(6) 수주관리 작업수주등록 및 수주내역등록은 다음과 같이 진행된다.

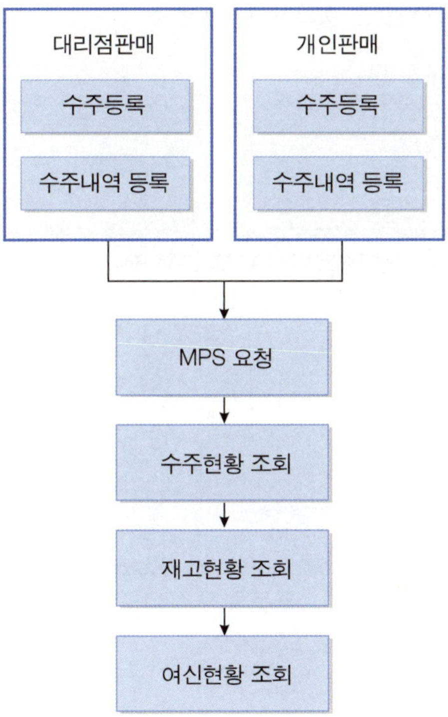

본 절에서 작업하고자 하는 수주등록 및 수주내역 등록 작업은 수주내역 현황과, 수주한 제품에 대한 가용재고현황 그리고 수주 제품에 대한 MPS요청과 연계되어 있다.

따라서 수주등록 및 수주내역을 등록하기 전에 등록 전과 후의 결과가 시스템에 어떻게 반영되어 나타나는지를 확인하기 위해서 수주내역, 가용재고현황 그리고 MPS요청 목록을 확인해 보기로 하겠다.

○ 수주내역 현황 조회

(1) 호출메뉴: [영업관리>>수주관리>>수주현황조회]

(2) 조건파트의 데이터 입력: 수주형태 국내수주, DSO

① 수주형태: DSO 국내수주

② 수주일: 자동표시됨

(3) 설정기간 동안 등록된 수주내역을 조회한다. 수주내역 조회결과는 다음과 같이 검색된 데이터가 없는 것으로 나타난다.

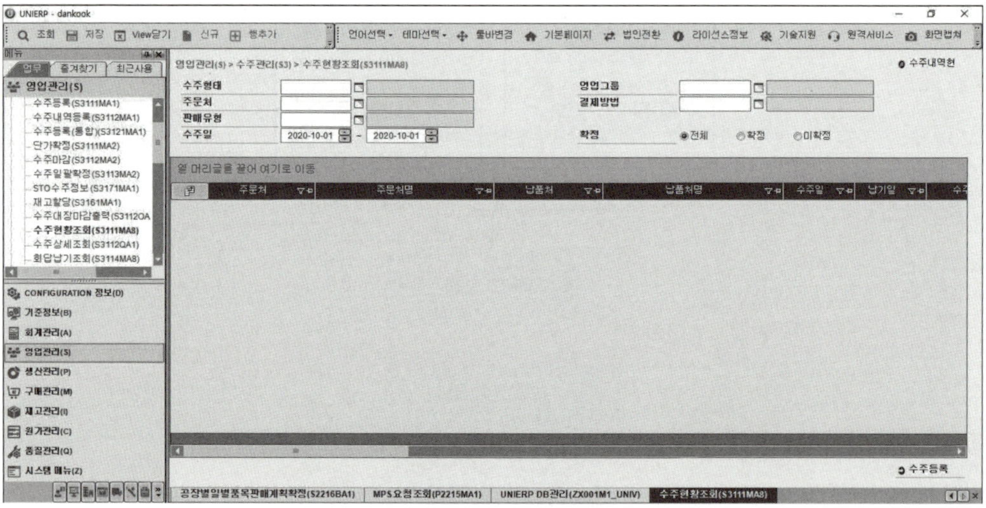

[그림 8-17] 수주등록 전 수주내역 조회결과

○ 가용재고 현황 조회

가용재고 현황과 MPS요청 결과를 확인하는 방법은 다음과 같다.

(1) 호출메뉴: [생산관리>>MRP>>가용재고조회]

(2) 조건파트의 데이터 입력: 공장PS02, 품목1019LCD-0001

(3) 조회결과: "검색된 데이터가 없습니다."

○ MPS요청조회

(1) 호출메뉴: [생산관리〉〉MPS요청〉〉MPS요청조회]

(2) 조건파트의 데이터 입력: 공장PS02, 필요일자동표시됨

(3) 조회결과: 수립된 판매계획에 의한 3건의 MPS요청결과만이 나타난다. → 이전 시나리오에서 작업한 [그림 8-16] 참조.

3.1 국내수주1: 대리점판매

대리점판매는 대표적인 국내수주 형태의 주문으로 대리점 수주를 등록하고 구체적인 내역을 등록하는 과정은 다음과 같다.

○ 수주등록 및 수주내역 등록_대리점 1차

(1) 호출메뉴: [영업관리〉〉수주관리〉〉수주등록]

(2) [수주일반정보] 탭의 작업파트의 데이터를 다음과 같이 입력한다.

① 수주형태: 국내수주DSO

② 수주확정: 미확정

③ 단가: 진단가

④ 수주일: 2xxx-10-01

⑤ 고객주문일: 2xxx-10-01

⑥ 납기일: 2xxx-10-20

⑦ 주문처: C1002 신세계이마트 강남 → 주문처 팝업상자를 열어 표시된 주문처 목록에서 C1002신세계이마트 강남 선택-확인하면 거래처 관련 다음 항목들이 자동으로 채워진다.

- [납품처]: C1002
- [발행처]: C1002
- [수금처]: C1002
- [영업그룹]: S111 대리점판매그룹
- [판매유형]: A, 일반
- [운송방법]: CAR 차량편
- [결제방법]: CH 현금
- [VAT유형] : A 일반세금계산서
- [VAT율] : 10%
- [VAT포함구분]: 별도
- [수주금액]: KRW 0

(3) 화면 상단의 저장 버튼을 클릭한다.

- 수주일반정보 데이터를 입력하고 저장하면 수주번호SN000001가 자동으로 생성된다. → [무역정보] 탭은 수주형태가 수출/통관의 경우에만 해당되므로 국내수주의 경우에는 기록할 내용이 없다.
- 수주등록 결과는 다음과 같다.

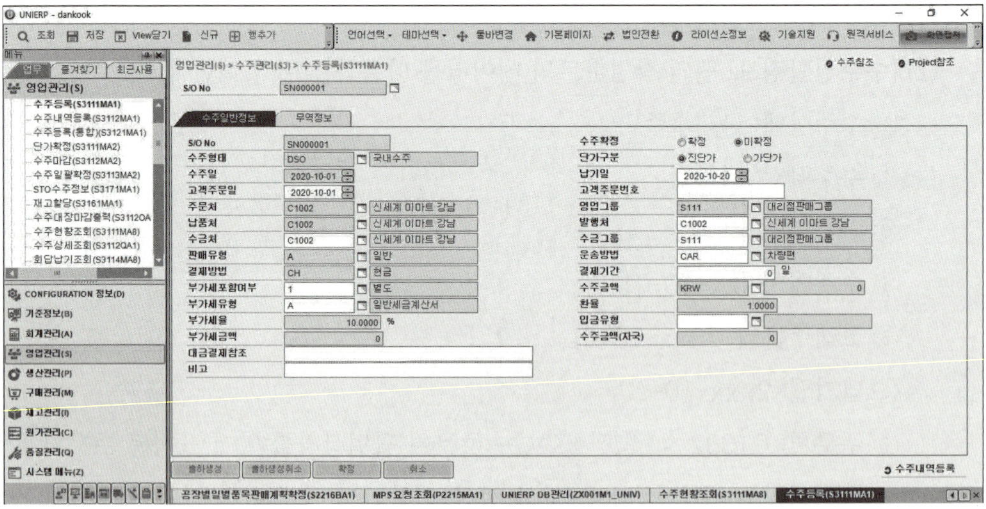

[그림 8-18] 수주등록 결과

(4) 우측 하단의 수주내역등록 버튼을 클릭한다.

- 수주내역등록 버튼을 클릭하면 수주등록 후 자동으로 생성된 수주번호SN000001가 표시된다.
- 동시에 "수주내역 정보가 없습니다." 라는 메시지가 나타나면 확인 버튼을 클릭한다.
- 수주가 등록되어 수주번호는 자동으로 생성되었으나, 수주내역이 등록되어 있지 않기 때문에, "수주내역 정보가 없습니다."라는 메시지가 나타나는 것은 당연하다. UNIERP의 경우, 수주등록 - 수주내역 등록, 발주등록 - 발주내역 등록처럼 등록과 내역등록을 구분하여 별도로 처리한다.

(5) 작업파트의 공장 데이터 입력: 공장: PS02수원2공장

(6) 행추가: 화면 상단의 행추가 버튼을 클릭한다.

(7) 수주내역등록: 추가된 행에 다음과 같이 수주내역을 등록한다.

- 품목: 1019LCD-0001LCD Monitor 19" 단위: EA
- 납기일: 2xxx-10-20수주등록에 납기일을 이미 등록했기 때문에, 자동으로 표시됨
- 수량: 400 → 수량 입력 후, 단가, 수주금액 등이 자동으로 표시됨
- 수등록 작업에서 등록한 기타 항목들이 자동으로 채워진다.

○ 수주등록 및 수주내역 등록_대리점 2차

해당 주문처로부터 추가 주문이 더 있는 경우에는 추가 주문만큼 행을 추가하여 위와 같은 방법으로 추가 주문을 입력한다. 본 시나리오에서는 신세계이마트 강남C1002 대리점의 추가 주문이 있는 것으로 가정하고 추가 주문을 입력한다. 작업은 1차 수주내역등록 화면에서 진행한다.

(9) 추가 수주내역을 등록하기 위해서 새로운 행을 추가한다.

(10) 새로 추가된 행에 다음과 같이 추가 수주내역을 입력한다.

- 품목: 1019LCD-0001LCD Monitor 19"
- 납기일: 2xxx-10-24

- 수량: 150개

(11) 2건의 수주등록 결과를 저장한다. 다음은 신세계이마트 강남C1002에서 접수한 2건의 수주 및 수주내역을 등록 결과이다.

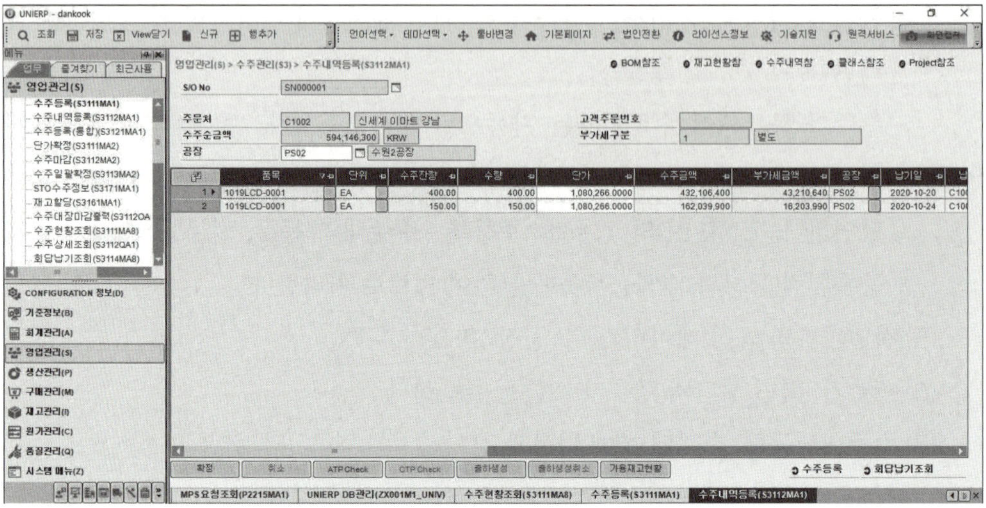

[그림 8-19] 수주내역등록_대리점 1-2차 수주내역

(12) 확정: 화면 하단 좌측의 확정버튼을 클릭한다.

- 확정버튼을 클릭하면 다음과 같이 "[201929]여신한도를 KRW 153,560,930 만큼 초과하였습니다. 저장하시겠습니까?"라는 메시지가 나타난다.

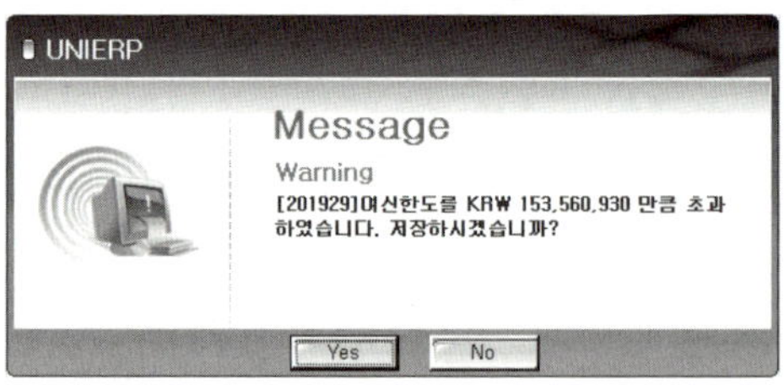

- 여신한도 초과 메시지를 확인하면, 수주내역등록이 최종 확정된다. 여신한도 초과에 대한 경고메시지는 거래처에 대한 여신한도가 초과되는 경우 수주를 받지 못하도록 하는 경우도 있으며, 수주는 가능하지만 주문 제품이 실지로 출고되는 시점에 여신한도를 높이고 출고 가능하도록 하는 경우도 있다. 이 경우 여신한도 초과 경고메시지에도 불구하고 주문을 접수한 이유는 납기일

이 도래하여 실제 출고시점에 추가 담보를 설정하여 여신한도를 높이면 문제 되지 않기 때문이다.

대리점 판매그룹의 수주 및 수주내역을 등록한 후, 수주처리가 정상적으로 처리되었음을 확인할 수 있는 방법은 다음과 같이 다양하다.

- 수주현황조회
- 수주상세조회
- 가용재고조회
- MPS요청조회

예를 들어, 수주 및 수주내역을 등록하기 전에는 가용재고정보가 없었지만, 수주 및 수주등록 화면 하단 우측의 가용재고현황 버튼을 클릭하여 확인하면, 대리점 수주 및 수주내역 등록 후의 가용재고현황이 다음과 같이 나타난다.

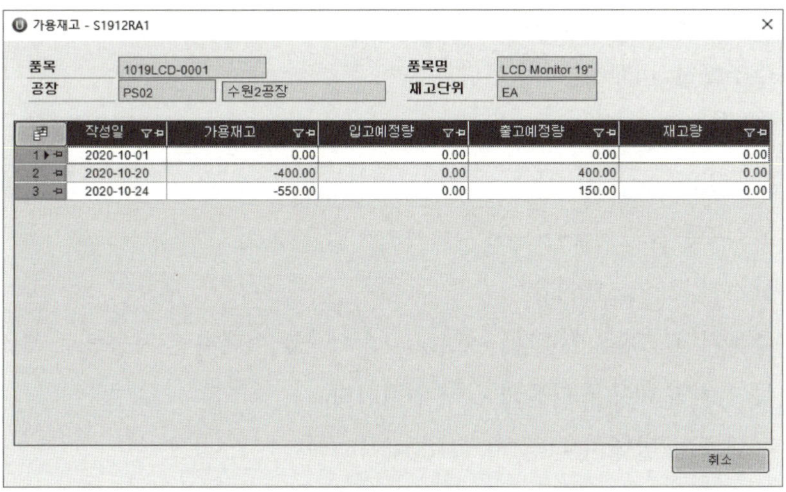

[그림 8-20] 대리점판매 수주 후의 가용재고 현황

판매계획은 재고생산 관점에서 작성된 것이기 때문에, 구체적으로 제품에 대한 출고예정량이 나타나지 않지만, 구체적인 고객으로부터의 수주는 납기일에 수주된 제품이 실지로 출고되어야하기 때문에, 납기일인 10월 20일과 10월 24일에 각각 400개와 150개가 출고예정량으로 표시되어 나타난다.

3.2 국내수주2: (개인)직영판매

본 시나리오에서는 대리점판매그룹S111의 판매유형A: 일반 이외에 개인유통판매그룹S112으로부터 주문이 접수되는 것을 전제로 한다. 따라서 개인유통판매그룹S112의 판매유형B: 유통판매의 추가 주문을 등록하고 주문내역을 등록한다. 개인유통판매의 주문을 등록하고 주문내역을 등록하는 방법은 앞 절에서 설명한 대리점판매그룹의 수주 및 수주내역등록 과정과 동일하다.

(1) 호출메뉴: [영업관리〉〉수주관리〉〉수주등록]

(2) [수주일반정보] 탭의 작업파트의 데이터를 다음과 같이 입력한다.

① 수주형태: 국내수주DSO

② 수주확정: 미확정

③ 단가: 진단가

④ 수주일: 2xxx-10-01

⑤ 고객주문일: 2xxx-10-01

⑥ 납기일: 2xxx-10-23

⑦ 주문처: C1004 개인판매 → C1004 개인판매를 선택하면 자동으로 채워지는 항목 이외의 내용은 다음과 같이 입력한다.

- [납품처/발행처/수금처]: C1004
- [영업그룹]: S112 직영판매그룹 : 직접 입력함
- [판매유형]: B, 직영 : 직접 입력함
- [운송방법]: CAR 차량편 : 직접 입력함
- [결제방법]: CH 현금 : 직접 입력함

- [부가세유형] : A 일반세금계산서 : 직접 입력함
- [부가세율] : 10%
- [부가세포함여부]: 별도

(3) 화면 상단의 저장 버튼을 클릭한다. 수주일반정보 데이터를 입력하고 저장하면 수주번호 SN000002가 자동으로 생성된다.

(4) 수주등록 결과는 다음과 같다.

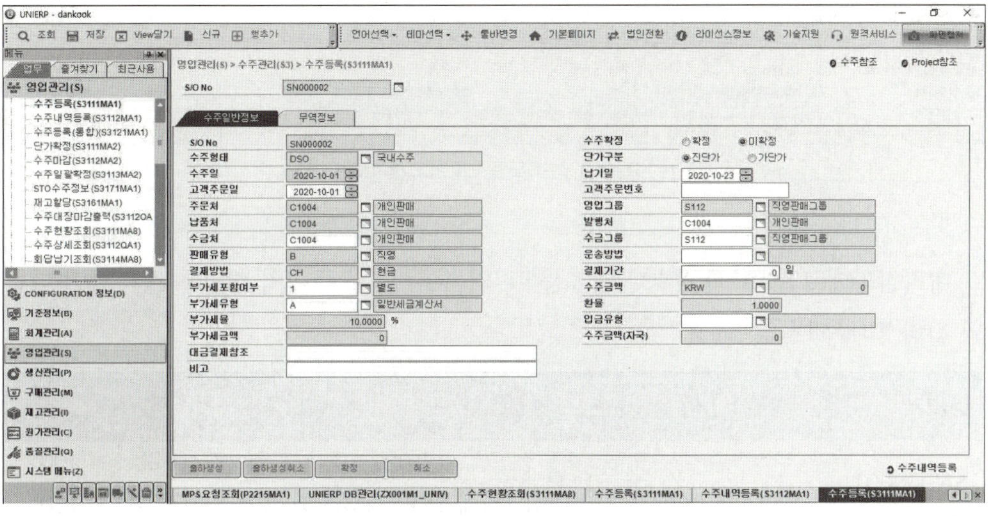

[그림 8-21] 수주등록_개인유통판매C1004

(5) 화면 하단 우측의 수주내역등록 창으로 이동한 후, 행을 추가하여 자동으로 입력되지 않은 다음 수주내역을 등록한다.

① 품목: 1019LCD-0001 LCD Monitor 19" 단위: EA

② 수량: 90 수량 입력 후, 단가, 수주금액, VAT금액 은 자동으로 표시됨

(6) 저장-확정한다. 개인유통판매 수주내역 등록 및 확정결과는 다음과 같다.

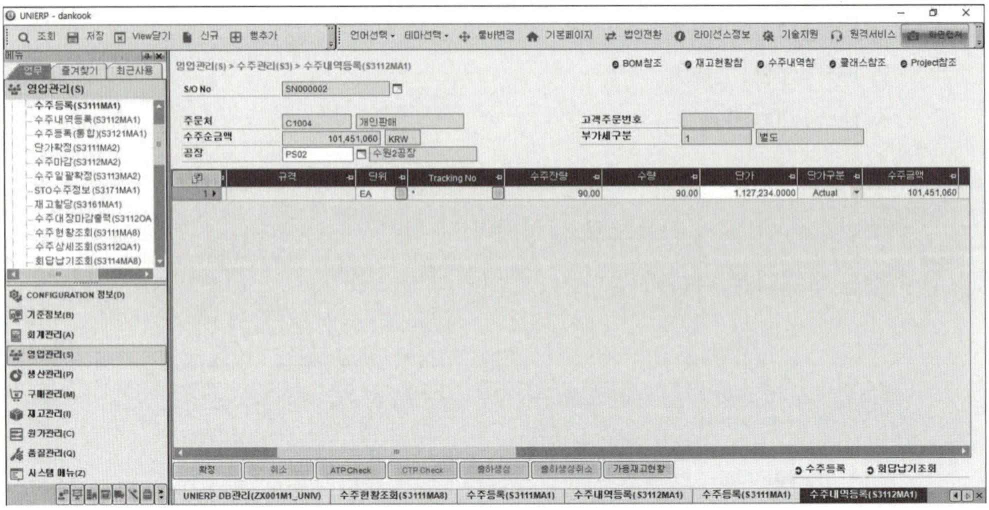

[그림 8-22] 수주등록_개인유통판매C1004

대리점판매그룹S111과 유통판매그룹S112의 수주 및 수주내역 결과를 정리하면 다음과 같다핵심요약정보.

<table>
<tr><th>주문번호</th><th>품목</th><th>영업
그룹</th><th>주문처</th><th>납기일</th><th>수량</th></tr>
<tr><td rowspan="2">SN000001</td><td rowspan="3">1019LCD-0001</td><td rowspan="2">S111</td><td rowspan="2">C1002
(신세계이마트 강남)</td><td>2xxx-10-20</td><td>400</td></tr>
<tr><td>2xxx-10-24</td><td>150</td></tr>
<tr><td>SN000002</td><td>S112</td><td>C1004(개인판매)</td><td>2xxx-10-23</td><td>90</td></tr>
</table>

3.3 수주 및 수주내역등록 확인

수주 및 수주내역등록 작업이 정상적으로 처리되었다면 다음과 같은 수주현황 혹은 수주상세조회를 통해서 확인할 수가 있다.

3.3.1 수주상세조회

수주 및 수주내역등록 전과 후의 수주현황을 비교하기 위해서 수주 및 수주내역등록 이전의 수주현황은 이미 확인하였다[그림 8-17]. 이제 수주 및 수주내역이 등록 이후의 수주현황을 조회해 보기로 하겠다.

(1) 호출메뉴: [영업관리>>수주관리>>수주상세조회]

(2) 조건파트의 데이터를 다음과 같이 입력한다. → 조건파트의 입력데이터 선택은 조회하려는 내용에 따라 다르다. 본 시나리오의 경우 아래 데이터 중 어느 하나를 입력-조회해도 결과는 동일하다.

① 수주형태: 국내수주DSO

② 수주일: 2xxx-10-01~2xxx-10-31

③ 확정여부: 확정 → 수주상세조회 결과는 다음과 같다.

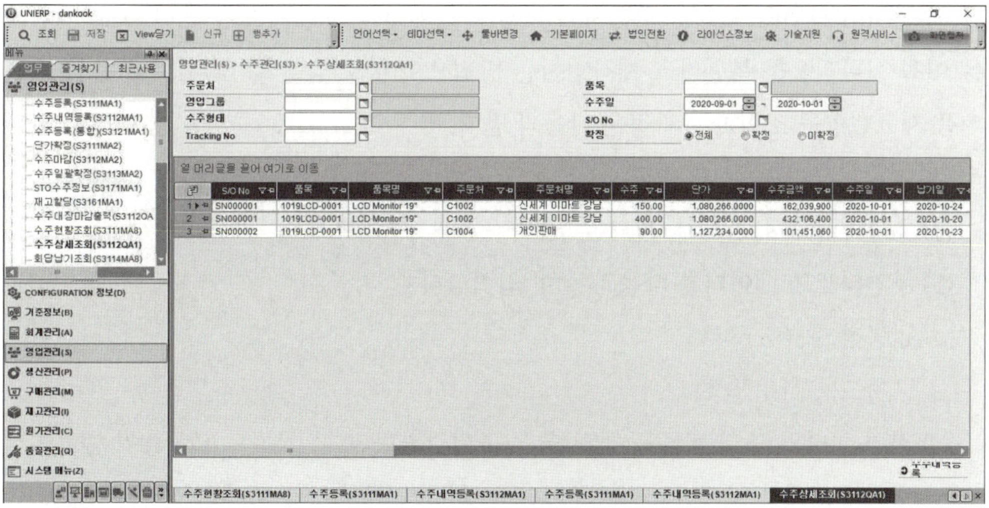

[그림 8-23] 수주상세조회 결과

조회결과 작업일 현재 국내수주형태로 수주된 주문은 모든 2건수주번호 기준이며, 첫 번째 주문은 C1002신세계이마트 강남로부터 1019LCD-0001LCD Monitor 19" 품목에 대해서 두 건의 주문내역납기일 10월 20일과 10월 24일에 각각 400개와 150개이 등록되어 있으며, 두 번째는 C1004개인유통판매로부터는 접수된 주문이며, 주문 내역은 1019LCD-0001LCD Monitor 19"에 대해서 90개에 대한 주문납기일 10월 23일이다.

C1002 와 C1004 로부터의 주문들은 모두 확정여부가 "Y" 로 표시되어 모두 확정 처리되어 있음을 알 수 있으며, 총 수주량은 640개임을 알 수 있다.

3.3.2 재고현황조회

수주 및 수주내역이 정상적으로 등록되었다면, 수주등록과 동시에 등록된 수주량은 고객이 요구하는 납기일에 출고되어야 하는 양으로 기록될 것이다. 10월 1일에 수주된 주문에 대해서 1019LCD-0001 LCD Monitor 19" 제품 640 개의 주문이 등록되었기 때문에, 납기일은 다르지만, 완제품 재고현황조회결과 640개가 출고예정량으로 기록되어 있어야 한다.

만일, 출고예정량으로 기록되지 않았다면 주문처리 작업에 오류가 있음을 의미한다. 주문처리 작업의 오류는 주문처리 작업 과정에서의 사소한 오류를 바로 잡거나 혹은 이전 시나리오를 복원하고 재작업하는 방법으로 바로 잡을 수 있다. 수주품목인 완제품 재고현황을 조회하는 과정은 다음과 같다.

(1) 호출메뉴: [재고관리〉〉재고현황&마감〉〉재고현황조회]

(2) 조건파트의 데이터를 다음과 같이 입력한다.

① 공장: PS02 수원2공장

② 창고: S210 제품창고

(3) 화면 상단의 조회 버튼을 클릭한다. 조회결과화면에서 보는 바와 같이 출고예정량이 640개가 나타난다출고예정량 640개는 주문처와 상관없이 총 주문량에 해당된다.

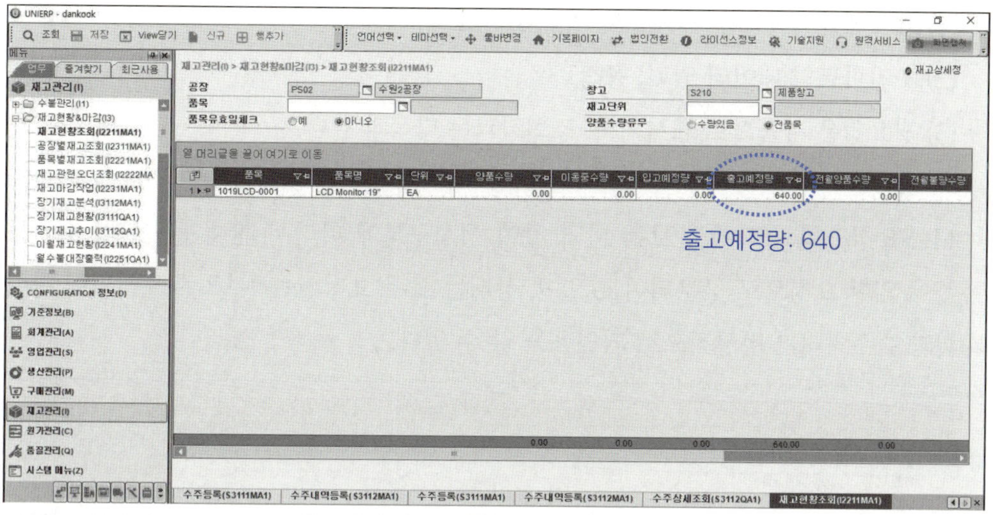

[그림 8-24] 재고현황조회-수주등록 이후

PS02수원2공장 내에는 다음과 같이 4가지 유형의 창고가 있다.

(1) S210제품창고: 제품 창고에 저장되는 품목은 완제품이며, 본 시나리오에서는 품목번호가 "1xxx- "로 시작하는 모든 품목은 완제품이다.

(2) S220반제품창고: 반제품 창고에 저장되는 품목은 반제품이며, 본 시나리오에서는 품목번호가 "2xxx-"로 시작하는 모든 품목은 반제품에 해당된다

(3) S230원자재창고: 원자재 창고에 저장되는 품목은 제품 생산에 필요한 원자재들이며, 본 시나리오에서 품목번호가 "3xxx-"으로 시작하는 모든 품목은 원자재에 해당된다.

(4) S2E1002외주창고: 외주가공을 의뢰하는 위탁업체에 위치한 창고

3.3.3 MPS요청조회

MPS란 생산해야 될 제품수량을 의미하는데, 앞에서 처리한 판매계획과 수주내역등록은 모두 생산량을 결정하기 위한 기초데이터로 활용된다. 수주등록 및 수주내역등록 후의 MPS요청결과를 조회해 보기로 하겠다.

(1) 호출메뉴: [생산관리>>MPS>>MPS요청조회]

(2) 조건파트의 데이터 입력: 공장PS02

(3) 필요일은 자동으로 표시되며, 조회결과는 다음과 같다.

MPS요청조회 결과에서 보는 바와 같이 생성구분에 따라서 판매계획SP과, 수주등록SO에 의한 요청으로 구분되어 있으며, 상태는 모두 요청Requested으로 표시되어 판매계획과 수주처리가 정상적으로 되었음을 알 수 있다.

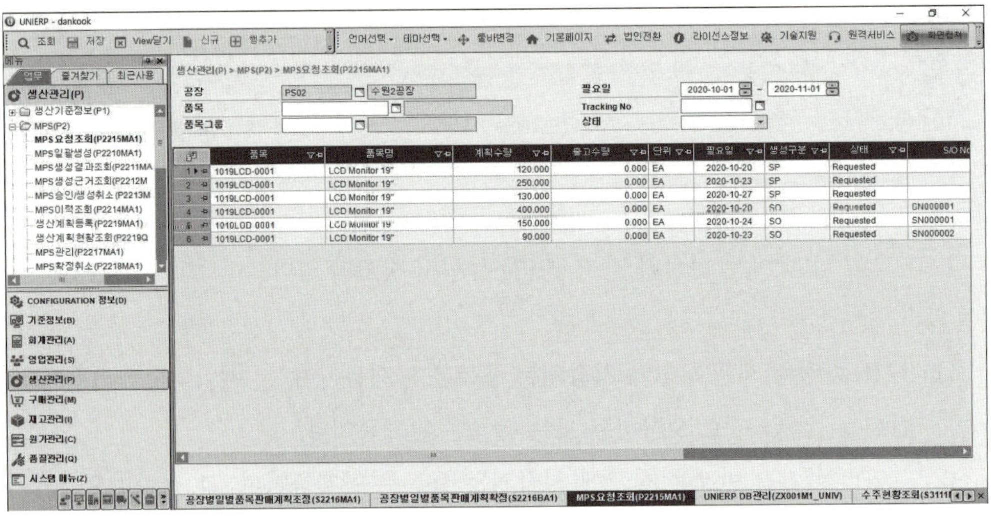

[그림 8-25] MPS요청조회 결과_수주 및 수주내역 등록 후

Chapter 09

생산관리

학습개요 및 목표

판매계획이 수립되고 고객으로부터 구체적인 주문이 접수되어 주문내역이 등록되면, 품목판매계획과 수주품목에 대한 재고 현황을 파악하고 계획량+수주량이 재고량에 미치지 못한 경우 부족량에 대해서 구체적인 생산계획을 수립하게 된다.

UNIERP에서는 월 판매계획과 확정된 수주를 동시에 고려한 혼합형 생산방식에 의해서 생산계획 MPS: Master Production Schedule을 수립한다. MPS수립 MPS생성, MPS승인을 위한 MPS요청은 이미 판매계획과 수주등록 작업이 완료되면 자동으로 요청되기 때문에, 이미 MPS요청이 이루어져 있는 상태이다.

MPS수립 후에는 생산에 필요한 원자재 및 반제품을 확보하기 위해서 어떤 반제품 혹은 어떤 원자재가 언제까지 얼마나 필요한지에 대한 자재소요계획 MRP: Material Requirement Planning을 수립하게 되며, MRP수립 MRP전개, MRP승인, MRP일괄전환이 확정되면, 외부로부터 필요한 반제품이나 원자재를 구입해야 하는 경우에는 구매오더 구매요청 자료가 생성되며, 만일 자체적으로 생산해야 하는 품목의 경우에는 제조오더 작업지시 자료가 생성된다. 본 시나리오의 생산관리 작업은 다음과 같은 작업들이 포함되어 있으며, 그림과 같은 흐름으로 진행된다.

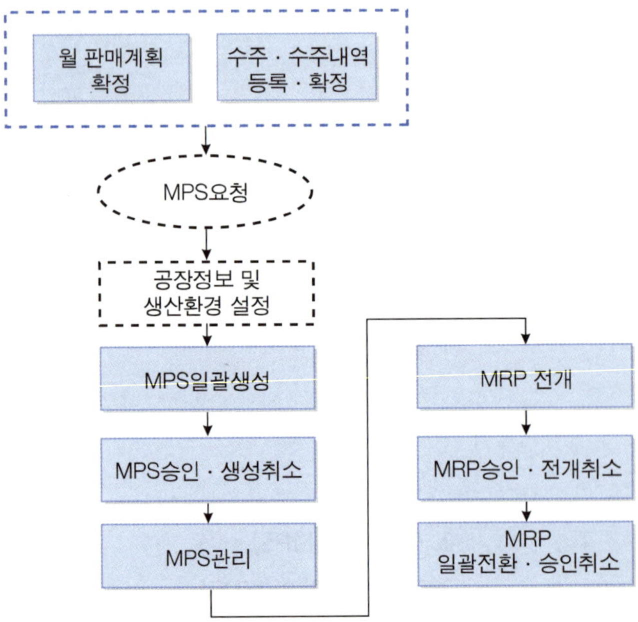

1 생산계획(MPS)[DanDB_S3_생산계획(MPS)]

1.1 생산계획MPS 개요

생산계획MPS을 수립하는 목적은 영업 담당자의 수요예측과 고객으로부터 접수된 주문을 근거로 확정된 제품수량이 납품에 차질이 없도록 계획기간 동안에 어떤 품목을 언제 얼마나 생산해야 하는지를 계획하는 것이다. 최적의 생산계획을 수립하기 위해서는 다음과 같은 기본 개념들을 이해하여야 한다.

(1) 생산전략

생산전략은 생산계획을 수립하는 데 있어서 어떤 자료를 근거로 할 것인가를 나타낸다. 근거자료에 따라서 다음의 세 가지로 구별된다.

(가) MTS방식: 계획기간 동안 수립된 판매계획을 근거로 한다.
(나) MTO방식: 계획기간 동안 확정된 수주를 근거로 한다.
(다) MIXED방식: 판매계획과 확정된 수주 정보를 혼합한 자료에 근거한다.

✓ UNIERP에서는 수립된 판매계획과 고객으로부터 접수된 수주내역에 따라서 생산계획이 수립되기 때문에, 생산전략은 MIXED방식에 따른다.
✓ 어떤 생산전략에 근거할 것인가는 운영기업의 특성에 따라서 [configuration정보 〉〉 생산관리 〉〉 생산환경설정] 메뉴에서 설정할 수가 있다.

(2) 계획기간

생산계획을 수립하는 데 다음과 같은 계획기간 내의 세부구간을 구별하여 사용한다. 이는 모두 특정 시점예: 작업일을 기준으로 구별된다.

(가) 계획기간PH: Planning Horizont: 특정 시점 이후의 전체 계획구간

(나) 확정구간DTF: Demand Time Fence: 오늘부터 DTF까지의 계획구간은 MPS확정 구간으로 새로운 계획을 추가하거나 혹은 기존의 계획을 수정할 수 없는 구간이며, 확정구간이 길수록 생산계획은 안정적이다. 만일 확정구간이 매우 짧아서 3일의 여유가 있다면, 3일 이후에는 새로운 계획을 추가하거나 기존의 계획을 수정할 수 있다는 것을 의미하기 때문에, 이와 같은 생산계획은 매우 불안정하다.

(다) 개방구간PTF: Planning Time Fence

(a) MPS확정구간DTF~MPS계획구간PTF: 모든 새로운 계획이 추가될 수 있으며, 기존의 계획에 대한 수정이 가능한 구간이다. 이 구간에서는 별도의 확정처리 작업이 필요하지 않다.

(b) MPS계획구간PTF~전체 계획구간PH: 새로운 계획이 추가되거나 기존의 계획 수정은 가능하지만 별도의 확정처리 작업이 필요한 구간

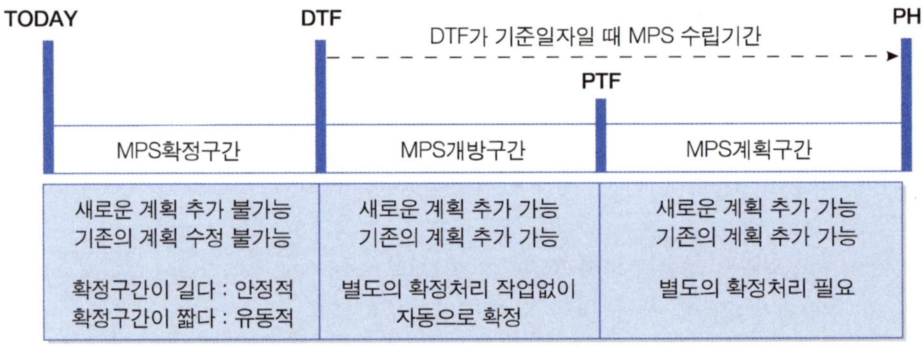

✓ 계획구간 설정은 [기준정보>>조직정보>>공장정보등록] 메뉴에서 수정할 수 있다.

(3) MPS수량 결정방식

MPS수량을 결정하는 방식은 생산전략에 따라 다음과 같이 달라진다.

(가) SP Sales Plan vs. SO Sales Order MAX 방식: 판매계획량과 수주량 중 최댓값을 MPS 수량으로 결정한다.

(나) SP Sales Plan 중심의 결정방식: 판매계획수량을 중심으로 다음과 같이 MPS수량을 결정한다.

(a) 판매계획량 〉 수주수량: MPS계획수량 = 판매계획량

(b) 판매계획량 〈 수주수량 = 〈 가용재고량: MPS계획수량 = 0

(b) 판매계획량 〈 수주수량〉가용재고량: MPS계획수량 = 수주수량 - 판매계획량 - 가용재고량

(다) SO Sales Order 중심의 결정방식: 수주수량을 중심으로 MPS계획수량을 결정하는 방식으로 다음의 규칙에 따른다.

(a) 판매계획량 〈 수주수량: MPS계획수량 = 수주수량

(b) 수주수량〈판매계획량 = 〈 가용재고량: MPS계획수량 = 0

(c) 수주수량〈판매계획량 〉 가용재고량: MPS계획수량 = 판매계획량 - 수주수량 - 가용재고량

1.2 생산계획 MPS 작업 단계

생산계획은 이전 단계인 판매계획과 수주내역을 근거로 하며, 이어지는 발주 및 제조공정 작업의 기준이 되며, 다음과 같이 3단계로 나누어 진행한다.

(1) MPS 생성

판매계획 및 확정 처리된 수주에 대해서는 자동적으로 MPS요청이 되기 때문에, MPS요청 건에 대해서 현재의 재고현황, 입고예정량, 예약수량 등을 감안하여 일별로 품목별 목표 생산수량을 결정하는 단계

(2) MPS 승인

생성된 MPS에 대한 적절성 여부를 확인한 후, 이를 승인하는 단계이며, 승인 단계를 거친 후 모든 MPS는 다음 두 가지 중에 한 가지 상태로 표시된다.

① Accepted: 생성된 MPS 생성 후 승인 시점에 PTF 이전에 포함되는 경우

② Requested: MPS요청 후 아직 생성되지 않았거나, PTF 이후에 생성된 MPS 요청 건인 경우

(3) MPS 확정

MPS 최종 확정 단계이며, 확정 단계를 거친 후에는 다음 세 가지 상태 중에 하나로 표시된다.

① Firm: MPS가 DTF 안에 존재하는 경우

② Open: MPS가 DTF 와 PTF 사이에 존재하는 경우

③ Plan: MPS가 PTF 밖에 존재하는 경우

✓ MPS 확정 상태 중에서 Firm과 Open 상태에 있는 MPS 만이 다음 단계에서 수행될 자재소요계획MRP의 대상이 된다.

1.3 기준정보 확인 및 설정

생산계획을 수립함에 있어서 앞에서 설명했던 기준정보들은 매우 중요한 의미를 갖는다. 따라서 생산계획을 수립하기 전에 설정되어 있는 기준정보들을 확인하고 필요하다면 새롭게 설정하는 작업이 필요하다. 만일 필요한 기준정보와 필요한 모든 환경정보들이 올바르게 설정되어 있다면, 기준정보 및 환경정보 설정 작업을 수행할 필요는 없으며, 설정되어 있는 정보들을 확인하는 것으로 대신한다.

1.3.1 기준정보 확인 및 필요한 경우 설정

생산계획MPS요청, MPS승인, MPS확정을 수립하는데 직접적으로 관련된 첫 번째 기준정보는 계획기간이다. 계획기간이 어떻게 설정되어 있느냐에 따라서 MPS승인 상태가 달리지기도 하고, 어떤 MPS는 MRP전개 대상이 되기도 하고, 대상에서 제외되기도 한다.

기준정보를 확인하고 필요한 경우 수정하는 방법은 다음과 같다.

(1) 호출메뉴: [기준정보〉〉조직정보〉〉공장정보등록]

(2) 조건파트의 데이터 입력: PS02 수원2공장

(3) 화면 상단의 조회버튼을 클릭하여 설정되어 있는 공장정보를 확인한 후, 공장정보를 아래와 같이 수정한다 이미 설정되어 있으면 확인한다.

① MPS 계획구간PH: 60일

② MPS 확정기간DTF: 10일

③ MPS 계획기간PTF: 20일

④ MRP 확정기간: 15일

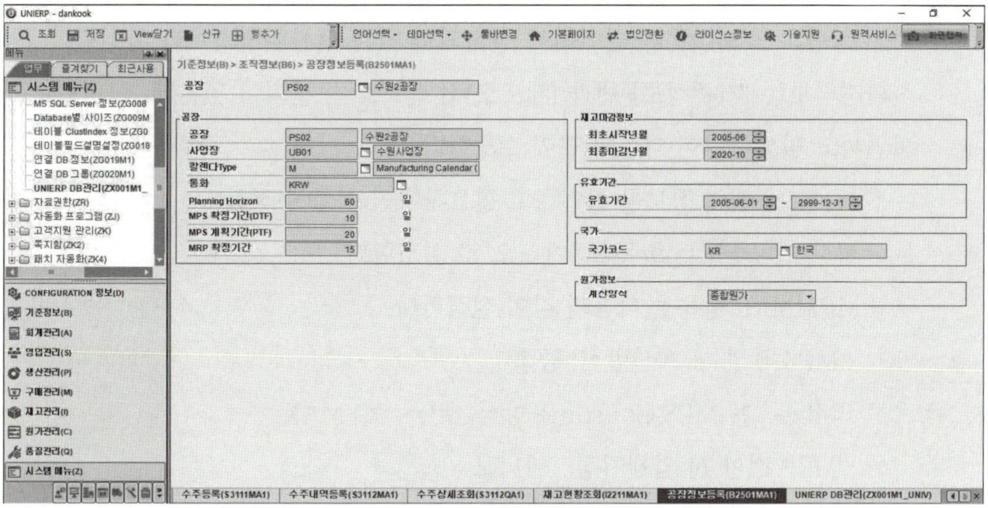

[그림 9-1] PS02 수원2공장 등록정보

✓ 수정이 필요한 경우: 만일 설정되어 있는 기준정보를 변경하고자 할 때에는 기준정보를 수정하고 저장한다.

✓ 수정이 필요하지 않는 경우: 만일 설정되어 있는 기준정보들을 변경하지 않고 이후에 진행되는 모든 생산계획MPS과 자재소요계획MRP에 적용시키려면 단순 확인 후에 창을 닫는다. 주의: 이후의 모든 생산계획 및 자재소요계획 수립 일정은 설정되어 있는 기준정보에 의한다.

1.3.2 생산환경정보 확인 및 설정

생산환경 정보는 주로 MPS 계획수량 확정방법과 생산실적 관리 방법 등에 관한 내용들을 담고 있다. 생산환경 정보 또한 다른 기준정보와 마찬가지로 생산환경 정보를 확인한 후 이를 그대로 적용할 경우에는 단순 확인 작업으로 끝나지만, 이를 다르게 적용하고자 할 때에는 생산환경 정보를 수정한 후 이를 저장하면 수정된 환경에 따라 MPS생성, MPS승인, MPS확정 및 MRP전개 작업이 진행된다. 생산환경 정보를 확인하고 수정하는 방법은 다음과 같다.

(1) 호출메뉴: [Configuration정보 〉〉 생산관리 〉〉 생산환경설정]

(2) 조건파트의 데이터 입력: PS02 수원2공장

(3) 화면 상단의 조회버튼을 클릭하여 설정되어 있는 생산환경정보를 확인한다. 생산환경정보는 [기준정보] 탭과 [제조오더] 탭으로 구분되어 있는데, 환경정보를 확인하고 필요하다면 다음과 같이 수정한다.

① [기준정보] 탭의 정보를 확인하고 필요하다면 이를 수정한다.

- 생산기준의 모든 항목을 "아니오"로 설정한다.
- MPS/MRP 항목을 다음과 같이 설정한다.
  · MPS 작성 시 계산방식: 종속
  · Mixed 품 MPS Consume 방식: SP vs SO MAX
  · MRP 전환 시 업체지정: "아니오"

② [제조오더] 탭의 정보를 확인하고 필요하다면 이를 수정한다.

- 공정별 계획관리 세부 항목들을 다음과 같이 수정한다.
  · 공정외주시자사품투입: 전공정
  · 공정삭제시자사품 및 자원 투입: 삭제
  · 자품목투입 기준공정: 말공정
- 제조오더 확정 세부 항목들을 다음과 같이 수정한다.
  · 제조오더확정시 재고check: 안함

· 납입지시사용여부: "아니오"

- 생산실적 세부 항목들을 다음과 같이 수정한다.

· 실적입력시전공정수량: 예

· 과실적허용여부 외 모든 항목: "아니오"

· 실적동시 자동입고: 예 → 실적동시 자동입고 "예" 의 의미는, 제조공정에서 중간실적이나 최종실적이 발생하면 자동으로 입고됨을 의미한다. 만일, 실적동시 자동입고가 "아니오" 로 설정되어 있으면, 중간실적이나 최종실적이 발생할 때마다 별도의 입고처리 작업을 수행해야 한다.

(4) 수정한 기준정보와 제조오더 정보를 저장한다. 다음은 수정된 기준정보와 제조오더 정보이다.

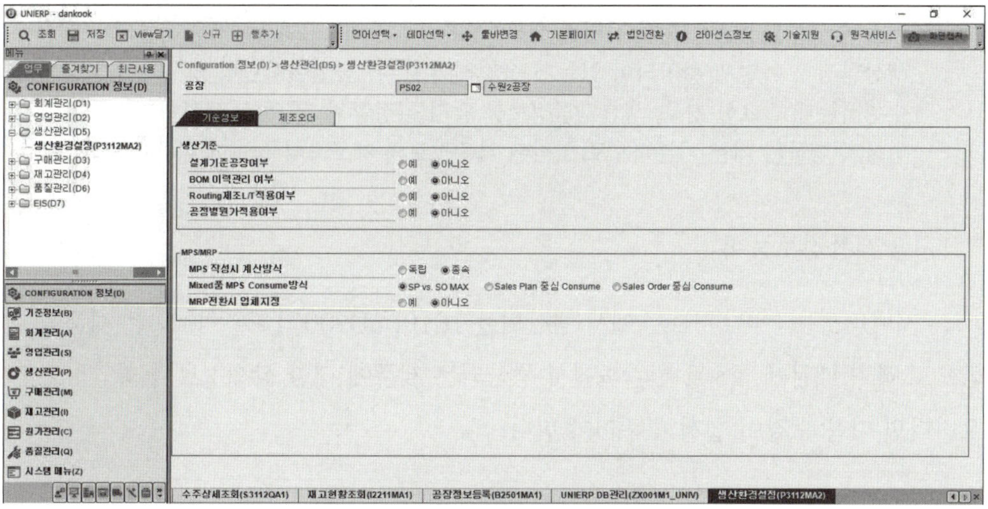

[그림 9-2] 생산환경 설정 정보_기준정보[탭]

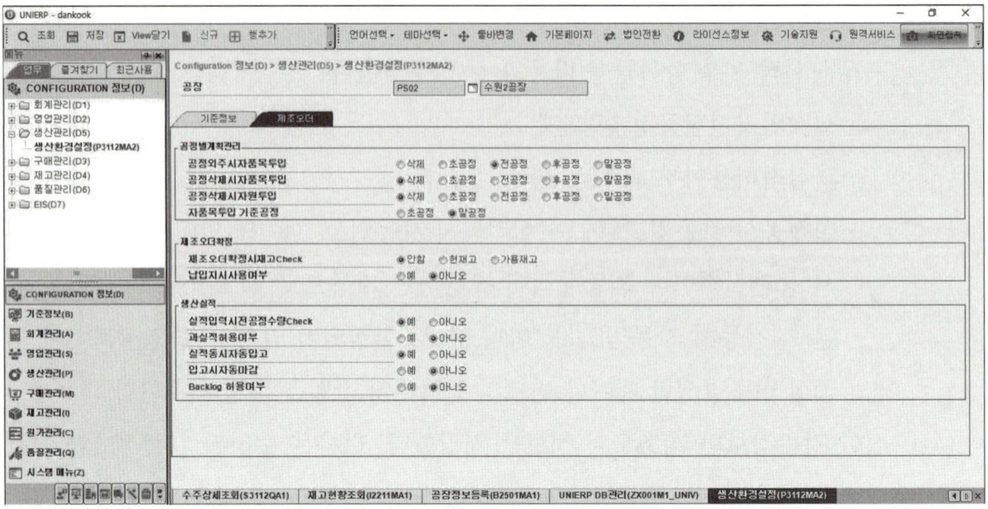

[그림 9-3] 생산환경 설정 정보_제조오더[탭]

✓ 저장된 생산환경은 이후에 진행될 생산계획MPS과 자재소요계획MRP에 적용되기 때문에, 생산환경이 어떻게 설정되어 있는지 숙지해야 한다. 공정실적관리 및 생산입고 작업을 수행하는데 필요한 경우, 생산환경정보를 달리 설정할 수 있으나, 생산관리MPS 및 MRP 작업을 수행하는 데는 기본적으로 설정된 기준정보와 제조오더 정보에 따른다.

1.3.3 제품정보등록

본 시나리오는 PS02수원2공장에서 생산되는 1019LCD-0001LCD Monitor 19" 제품을 대상으로 하기 때문에, PS02수원2공장에서 생산되는 제품에 대한 상세정보를 확인하고 필요하다면 다음과 같이 설정해 주어야 한다.

(1) 호출메뉴: [기준정보>>품목기준정보>>공장별품목정보등록]

(2) 조건파트의 데이터 입력: 공장PS02, 품목1019LCD-0001

(3) 조건 데이터 입력된 데이터의 내용을 조회하면, 조회한 1019LCD-0001 품목에 대한 정보가 표시되는데, 이 중에서 자동 표시된 정보 이외의 계획정보 및 오더정보를 다음과 같이 수정한다.

① 계획정보 탭의 Lot 크기: 기간통합법

② 오더정보 탭의 제조L/T: 0일 → 5일

③ 오더정보 탭이 공정검사 및 출하검사: “예”

④ 공정검사 “예”의 의미는, 설정된 제조공정 단계의 작업을 마친 후, 다음 공정이 시작되기 전에 공정검사를 수행하여 합격 판정을 받아야 다음 공정을 시작할 수 있다는 의미이다. 공정검사를 “아니오”로 설정하면, 다공정으로 완제품이 생산되는 경우, 중간 공정들의 공정검사 없이 모든 공정이 진행되어 완제품이 생산된다.

⑤ 출하검사 “예”의 의미는 주문제품을 출하하기 전에 출하검사를 수행하여 합격 판정된 품목만이 출하될 수 있음을 의미하며, 만일 “아니오”로 설정하는 경우에는 모든 출고제품이 출고시에 출고검사를 진행하지 않고 곧바로 출고됨을 의미한다.

(4) 제품정보등록 결과를 저장한다. 저장결과는 다음과 같다.

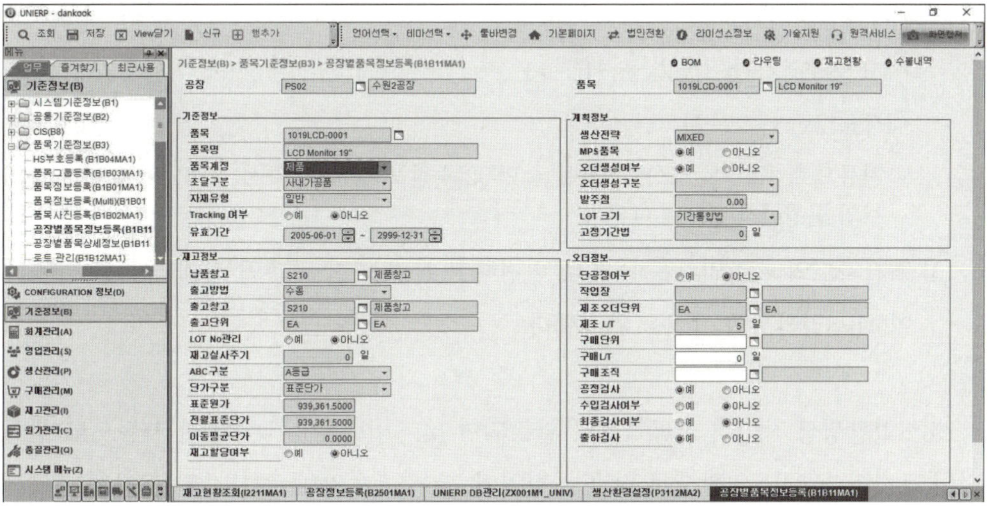

[그림 9-4] 제품 1019LCD-0001 정보등록

1.4 MPS 일괄생성

MPS 일괄생성은 언제 어느 정도의 양을 생산해야 하는지를 결정하는 작업이다. MPS일괄생성 작업은 품목판매계획과 수주에 근거하며, 품목판매계획과 수주가 확정되면 자동으로 MPS 요청이 되기 때문에, MPS 일괄생성 작업은 요청된 6건의 MPS요청 데이터[그림 8-25] 참조에 근거하여 다음과 같이 진행한다.

(1) 호출메뉴: [생산관리 〉〉 MPS 〉〉 MPS일괄생성]

(2) MPS일괄생성 화면을 호출하고 조건파트에 공장PS02을 입력-조회하면 다음의 정보들이 자동으로 표시되어 나타난다.

- 계획일: 2xxx-11-30
- 가용재고, 안전재고, 최대 LOT, 최소 LOT 감안여부: 감안함.
- 기준일자: DTF
- MPS 확정기간DTF: 2xxx-10-11
- PTF: 2xxx-10-21

✓ 자동으로 채워지는 모든 내용들은 PS02(수원2공장)에 대해서 설정되어 있는 기준정보와 환경설정 내용에 따른다.

(3) 조건파트의 기준일자를 DTF로 변경하고 화면 하단 좌측의 실행 버튼을 클릭하여 MPS일괄생성 작업을 완료한다.

MPS일괄생성 작업이 성공적으로 완료되면 MPS이력NoMH000001이 자동으로 생성되어 표시된다. MPS일괄생성 결과 계획일이 2xxx-11-30으로 표시되는 이유는 생산환경 설정에서 MPS계획기간을 60일로 설정했기 때문에, 작업일에 60일을 더한 시점이 2xxx-11-30이기 때문이며, MPS확정기간DTF이 2xxx-10-11로 표시되는 이유는 생산환경 설정에서 MPS확정기간을 10일로 설정했기 때문에, 작업일에 10일 더한 시점이 2xxx-10-11이기 때문이다.

MPS일괄생성 결과는 [생산관리〉〉MPS〉〉MPS생성결과조회]를 통해서 확인할 수가 있는데, 다음은 MPS생성결과를 조회한 결과이다.

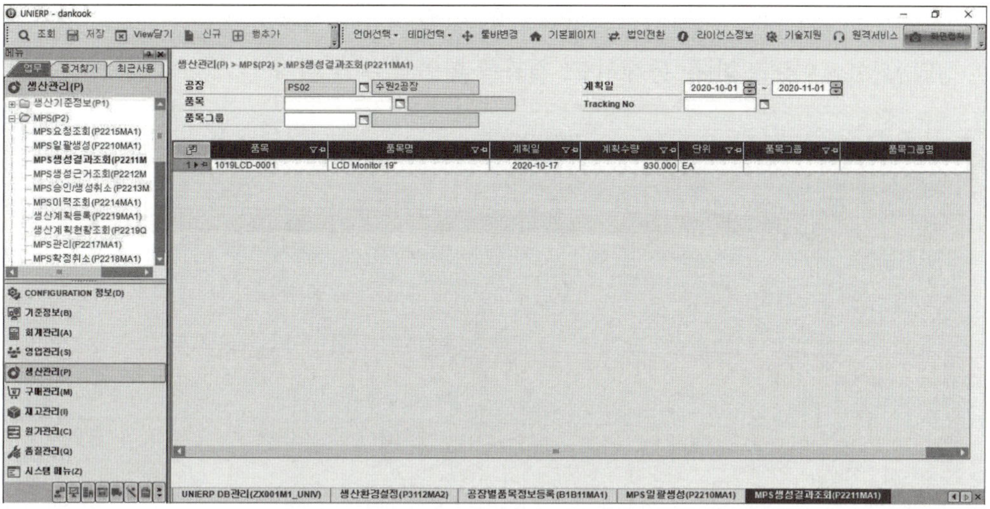

✓ 계획수량930은 SP vs. SO MAX 방식에 의해서 동일 날짜의 판매계획수량과 수주량을 중에서 최댓값을 기준으로 자동 계산된 수량이다.

[그림 9-5] MPS 일괄생성 결과조회

1.5 MPS승인/생성취소

MPS승인/생성취소는 일괄 생성한 MPS를 확인하고 승인하거나, 생산계획 정보가 올바르게 편성되어 있지 않으면, 일괄 생성한 MPS를 수정하기 위해서 취소하는 작업이다. MPS승인/생성취소 작업은 다음과 같이 진행한다.

(1) 호출메뉴: [생산관리>>MPS>>MPS승인/생성취소]

(2) 조건파트의 데이터 입력: PS02수원2공장

(3) 조건파트의 공장 데이터를 입력하면 대부분의 항목 데이터들이 자동으로 표시되며, 이를 기준으로 후속 작업을 진행한다.

(4) 화면 하단 좌측의 MPS승인 버튼을 클릭한다. MPS승인 버튼을 클릭하면, "작업을 수행하시겠습니까?"라는 메시지가 나타나는데, 이를 확인하면, "작업이 완료되었습니다."라는 메시지와 함께 MPS승인 작업이 완료된다.

MPS승인/취소 작업에서 MPS승인의 의미는, 앞에서 생성한 MPS수량930개를 생산하는 것을 승인한다는 의미이다. MPS 승인 작업이 성공적으로 완료되면, [생산관리>>MPS>>MPS 이력조회]를 통해서 그 결과를 확인할 수가 있다.

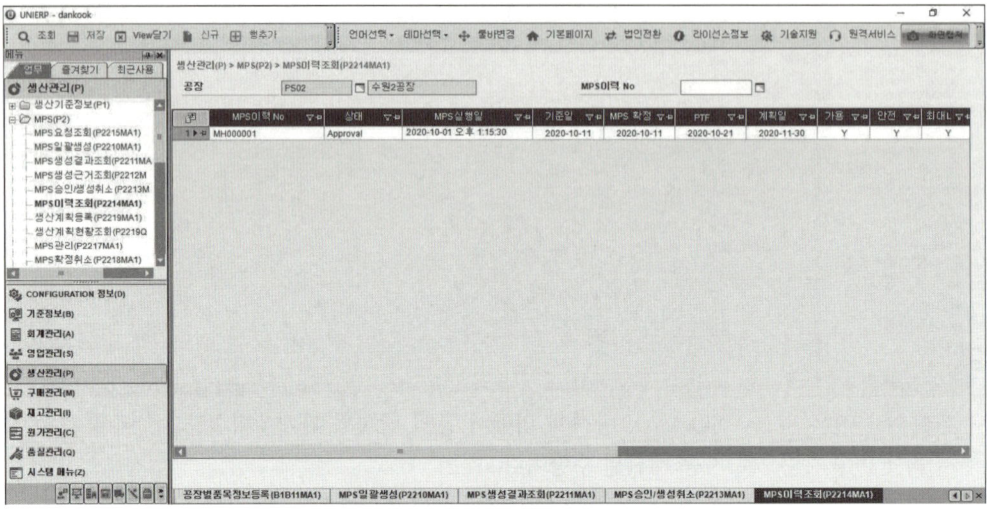

[그림 9-6] MPS 이력조회 결과

1.6 MPS 관리

MPS관리는 MPS일괄생성, MPS승인 과정에서 입력한 정보의 이상 여부를 확인하고 최종적으로 확정하는 작업이며, MPS관리 작업은 다음과 같이 진행한다.

(1) 호출메뉴: [생산관리>>MPS>>MPS관리]

(2) 조건파트의 데이터 입력: PS02수원2공장

(3) 조건파트의 공장PS02을 입력-조회하면, MPS목록확정대상 목록이 화면 하단에 다음 항목들과 함께 자동으로 표시된다.

① lot sizing 항목

② Time Fence 항목

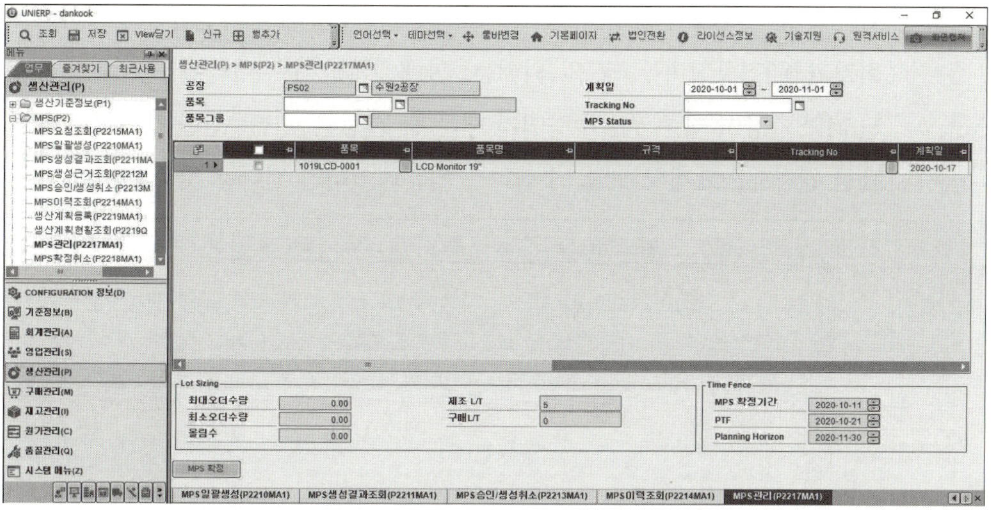

[그림 9-7] MPS관리 대상 MPS목록

(4) 요청된 MPS 항목을 선택한다. MPS관리 대상 목록을 선택하는 방법은 작업일 기준으로 대상이 MPS확정구간DTF 내에 있느냐? 혹은 밖에 있느냐? 에 따라서 다음 두 가지 경우가 있을 수 있다.

① 요청 항목이 OPOpen 상태인 경우: 요청상태가 OP인 경우에는 자동으로 확정되기 때문에, 별도로 선택할 필요가 없다.

② 요청 항목이 OPOpen 이외의 상태의 항목을 확정하고자 할 경우: 이러한 경우에는 별도로 확정하고자 하는 목록을 직접 체크 선택하여야 한다.

(5) 화면 하단 좌측의 MPS확정 버튼을 클릭한다.

(6) "작업을 수행하시겠습니까?"라는 메시지가 나타나면 예를 클릭한다.

(7) "검색된 데이터가 없습니다."라는 메시지가 나타나는데, 이는 더 이상의 MPS확정 대상 항목이 없다는 것을 의미한다.

(8) MPS확정 작업이 완료되면, MPS확정 결과는 다음과 같이 확인할 수 있다.

① 호출메뉴: [생산관리〉〉MPS〉〉MPS조회]

② 조건파트의 데이터 입력: PS02수원2공장

③ 화면 상단의 조회버튼을 클릭한다.

④ MPS확정 목록에서 확정여부가 "Y"로 표시됨을 통해서 확인한다. → MPS 조회결과 MPS확정여부 "Y"의 의미는, 판매계획과 수주내역에 근거하여 결정된 MPS수량이 최종 생산수량이기 때문에, 결정된 MPS수량을 생산하는데 필요한 원자재소요계획 MRP을 수립하는 기준데이터가 된다는 것을 의미한다.

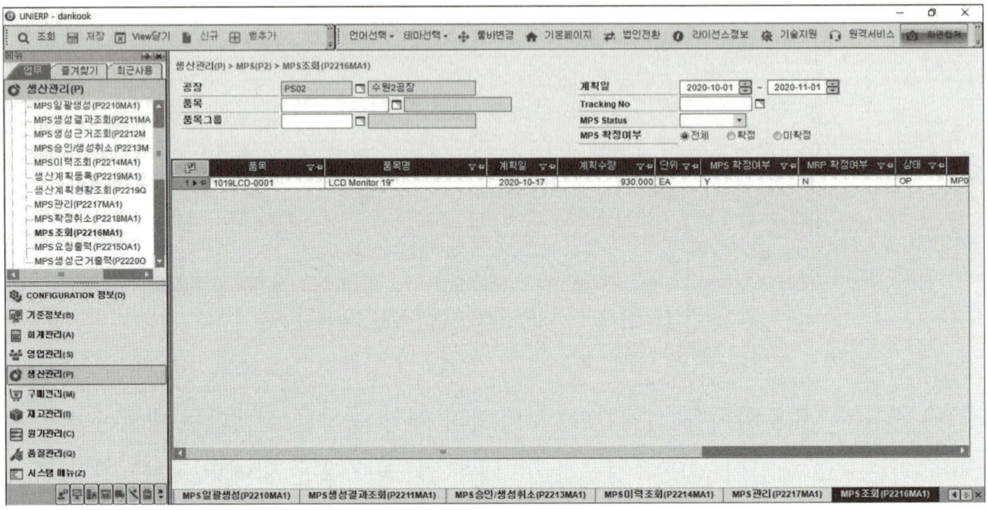

[그림 9-8] MPS 확정결과

2 자재소요계획(MRP)[DanDB_S4_자재소요계획(MRP)]

2.1 자재소요계획 MRP 개요

자재소요계획 MRP 수립 작업은 생산계획량 MPS이 최종 확정되면 MPS로부터 기준일을 기준으로 생산량만큼을 생산하는 데 필요한 반제품 및 원자재를 계산하는 작업이다. 이는 최종 확정된 계획량을 생산하기 위해서 필요한 반제품 혹은 원자재를 언제 얼마나 구매해야 하는지에 대한 계획을 수립하는 작업의 기초데이터로 활용된다.

MRP 작업 대상이 되는 MPS는 확정처리결과 상태가 Open 혹은 Firm 인 MPS 만이 대상이며, 이는 기준정보와 생산환경정보에 설정되어 있는 DTF, PTF, PH 등에 의해서 결정된다.

자재소요계획MRP 수립 작업은 다음과 같이 3단계 거치면서 순차적으로 진행된다.: MRP전개-MRP승인-MRP일괄전환.

(1) MRP전개

MRP전개란, 완제품 혹은 반제품 생산에 필요한 부품이나 원자재를 상위 품목에서 하위품목으로 일정과 수량계획에 따라서 계획오더제조오더 혹은 구매오더를 생성하는 작업이다. 한 개의 완제품이나 반제품을 생산하는 데 필요한 부품 혹은 원자재는 BOMBill of Material 정보에 설정되어 있으며, 계획오더를 생성하는데 현재의 재고현황과 입고예정량, 출고예정량, 안전재고량, 품목별 Lot Sizing 정책 등이 고려된다.

(2) MRP승인

MRP승인은 MRP전개 결과와 전개근거에 따라서 MRP전개 결과 생성된 계획오더의 적절성을 검토하여 승인 혹은 취소하는 작업이다. 승인된 계획오더의 상태는 경우에 따라서 다음과 같이 결정된다.

① Plan: MRP승인 후 MRP전환이 이루어지기 전 상태인 경우
② Open: MRP전환이 이루어진 상태인 경우
③ Release: 제조오더가 확정된 상태인 경우
④ Start: 제조오더에 실적이 등록된 상태인 경우

(3) MRP전환

MRP일관전환 단계는 승인된 계획오더를 제조오더로 혹은 구매오더로 일괄적으로 전환하는 작업이며, MRP일괄전환 과정을 통해서 계획오더가 실행오더로 전환된다. MRP일괄전환 작업이 완료되면 [기준정보〉〉공통기준정보〉〉환경등록]에 설정된 내용

에 따라서 자동으로 구매요청이 확정된다.

2.2 MRP 요청조회

자재소요계획MRP 대상은 확정 처리된 모든 MPS 항목이다. 따라서 MPS가 확정된 모든 항목들이 요청되었을 것이기 때문에, 다음과 같이 MRP 요청조회를 실행하면 확정 처리된 MPS 항목들이 나타날 것이다.

(1) 호출메뉴: [생산관리〉〉MRP〉〉MRP요청조회]

(2) 조건파트의 데이터 입력: PS02수원2공장

(3) 화면 상단의 조회 버튼을 클릭한다. 조회결과는 다음과 같다.

- ✓ MRP 요청대상 항목은 생산계획MPS이 최종 승인된 MPS 항목이다.
- ✓ MPS관리를 통해서 최종 확정된 항목의 Time FenceMPS 확정기간, PTF, Planning Horizon는 생산환경과 해당 공장PS02에 설정된 정보에 따른다.
- ✓ ERP시스템을 이용하지 않고 수작업 혹은 별도의 독립된 시스템을 이용하는 경우에는 데이터가 자동으로 연계되지 않지만, ERP시스템을 이용하기 때문에, 순차적인 업무진행흐름에 따라 수립된 모든 생산계획 데이터는 자재소요계획 작업으로 자동으로 연계된다.

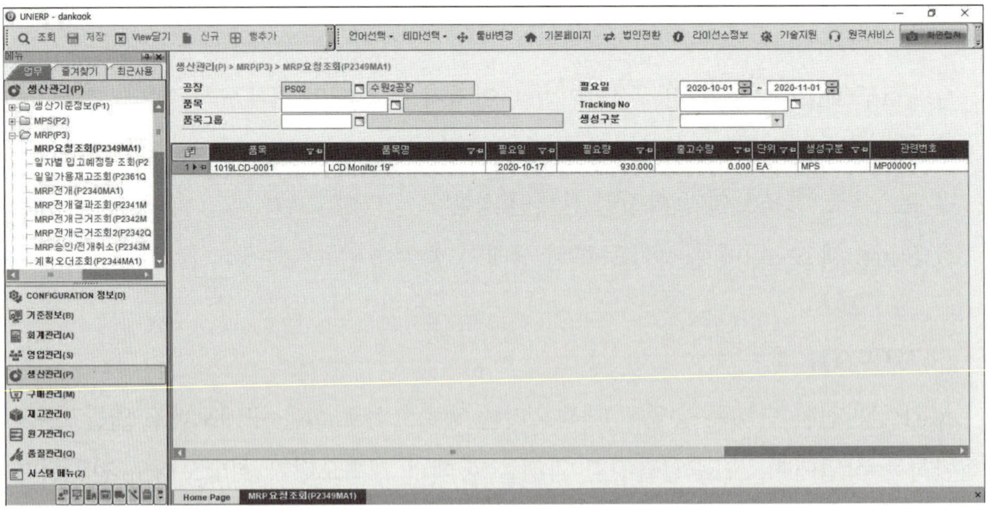

[그림 9-9] MRP 요청대상 항목

2.3 MRP전개

MRP전개는 BOM 설정정보와 현 재고현황, 입고예정량, 출고예정량, 안전재고 등을 고려하여 제품 생산을 위해서 필요한 소요량과 소요시기를 파악하는 작업이며, 다음과 같이 진행된다.

(1) 호출메뉴: [생산관리>>MRP>>MRP전개]

(2) 조건파트의 데이터 입력: PS02 수원2공장

(3) 화면 중간 좌측의 Data Check 버튼을 클릭한다.

(4) 데이터 체크 결과 다음과 같은 자료들이 자동으로 표시된다.

입력 항목	데이터	입력/표시방법
기준일	2xxx-10-01	자동표시 현재일
확정전개기간	2xxx-10-16	자동표시
예시전개기간	2xxx-11-30	자동표시
가용재고/안전재고	감안함	자동표시
에러 개수	0	자동표시

✓ 데이터 항목 중에 자동으로 표시되는 확정전개기간과 예시전개기간은 [조직정보>>기준정보>>공장정보등록] 창에서 설정한 MRP확정기간 15일, 계획기간 60일을 합산하여 확정전개기간과 예시전개기간이 자동 표시된다.

✓ 에러개수 [0] 은 이상이 없을 경우 자동으로 표시되지만, 만일 이상이 있는 경우에는 달리 표시된다. 예를 들어, 특정 품목의 칼렌다 오류에서 비롯된 경우가 많은데, 이럴 경우 [생산관리>>생산기준정보>>생산칼렌다정보관리>>생산칼렌다정보생성] 화면을 열어 해당 년도의 칼렌다 Type을 M Lot for Lot과 W 기간통합법 방식으로 생성하여 해결한다.

(5) 화면 중간의 MRP전개 버튼을 클릭한다.

(6) [작업이 완료되었습니다.] 라는 메시지가 나타나면 이를 확인하고 화면 중간의 MRP전개 버튼을 클릭한다. → MRP전개가 성공적으로 수행되고 나면, MRP실행번호 00000000000001가 자동으로 생성된다.

MRP전개가 정상적으로 수행되었다면, 전개결과는 다음과 같이 [MRP전개결과조회]를 통해서도 확인해 볼 수가 있다. MRP전개결과는 MRP전개가 이상 없이 수행된 경우에만 표시되며, 만일 에러갯수가 "0"이 아닌 경우에는 에러를 수정하고 MRP전개를 정상적으로 완료한 후에 조회 가능하다.

(1) 호출메뉴: [생산관리>>MRP>>MRP전개결과조회]

(2) 조건파트의 데이터 입력: PS02수원2공장

(3) 화면 상단 메뉴에서 MRP전개 결과를 조회하면 다음과 같이 6행의 MRP전개결과가 표시된다.

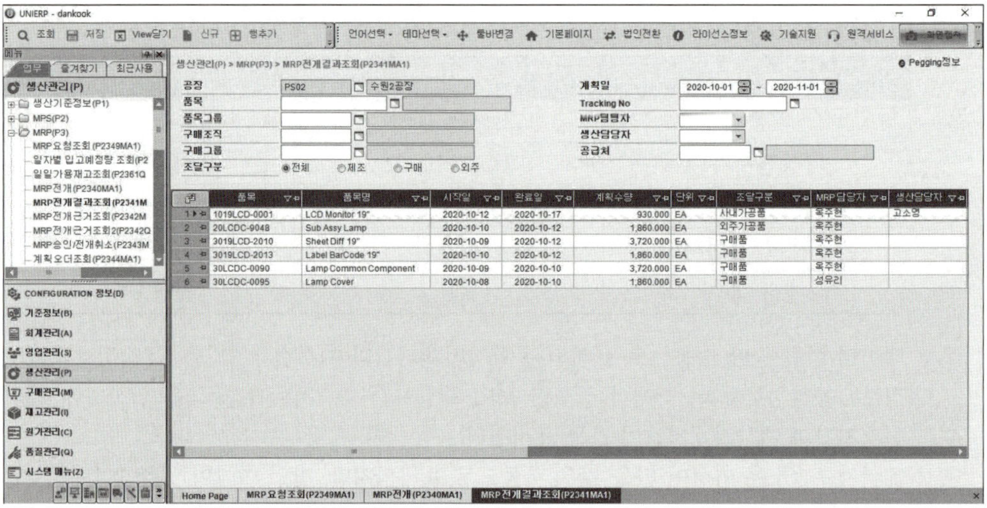

✓ 첫 번째 행의 작업은 주문제품을 생산하는 작업인데, 완료일소요자재가 확보되어야할 날짜이 2xxx-10-17일로 표시되어 있다. 이는 최초의 제품 납기일인 10월 20일에 차질 없이 납품하기 위해서는 [기준정보>>품목기준정보>>공장별품목정보등록]에서 PS02수원2공장의 1019LCD-0001에 적용되는 제조오더L/T가 5일제품을 생산하는데 5일 소요을 감안하여 5일 전에는 필요한 원자재 확보 작업이 완료 되어야한다. 그러나 이는 실제 작업일 기준으로 5일이기 때문에, 실제로 작업을 할 수 없는 공휴일을 감안해야하기 때문에, 필요한 원자재 확보 작업이 17일에 완료되어야 한다는 것을 의미한다.

✓ 두 번째~여섯 번째 행에 표시된 시작일/완료일 모두 설정된 제품정보에 따라 자동으로 계산된 일정이다.

[그림 9-10] MRP전개 결과

2.4 MRP승인/전개취소

MRP승인 작업은 앞에서 수행한 MRP전개를 통해서 계산된, 품목 생산에 필요한 원자재 혹은 위탁가공품들에 대한 수량과 필요날짜 등의 이상 여부를 검토하여 이상 없다는 가정 하에 이를 승인하는 과정이며, 다음과 같이 수행한다.

(1) 호출메뉴: [생산관리>>MRP>>MRP승인/전개취소]

(2) 조건파트의 데이터 입력: PS02수원2공장 → 공장을 입력하면 다음 항목들이 이미 설정된 기준정보에 근거하여 자동으로 계산되어 표시된다.

입력 항목	데이터	입력/표시방법
MRP 실행번호	0000000000000001	자동생성
기준일	2xxx-10-01	자동표시
확정전개기간	2xxx-10-16	자동표시
예시전개기간	2xxx-11-30	자동표시
가용재고/안전재고	감안함	자동표시
전개일자	2xxx-10-01	자동표시
계획수량	6	MRP전개에 의한 자동표시
상태	Explosion	자동표시

(3) 입력항목 데이터를 확인한 후, 화면 중간 좌측의 [MRP승인] 버튼을 클릭한다. [MRP승인] 버튼을 클릭하기 전과 후의 차이는 [상태] 입력 항목이 전개에서 승인으로 상태가 변경된 것이다. 이로써 MRP승인 완료되며, 다음은 MRP승인 작업이 완료된 결과화면이다.

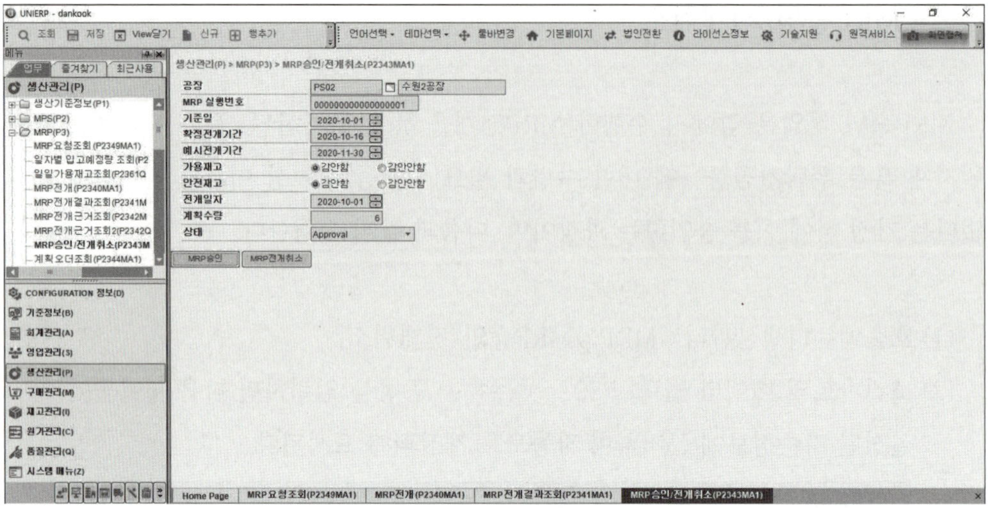

[그림 9-11] MRP 승인결과

MRP승인의 중요한 의미는 MRP승인을 통해서 계획오더 구매 및 외주가공 계획오더가 구체화된다는 것이다. 제조계획오더란 MPS수량만큼을 생산하는데 필요한 원자재 혹은 반제품을 조달하는 방법으로 경우에 따라서 구매 혹은 외주가공위탁으로 구분되어 조달된다.

다음은 MRP승인 후의 제조계획오더를 확인하는 과정이다.

(1) 호출메뉴: [생산관리>>MRP>>계획오더조회]

(2) 조건파트의 데이터 입력: PS02 수원2공장

(3) 화면 상단의 조회 버튼을 클릭한다. 조회결과는 다음과 같다.

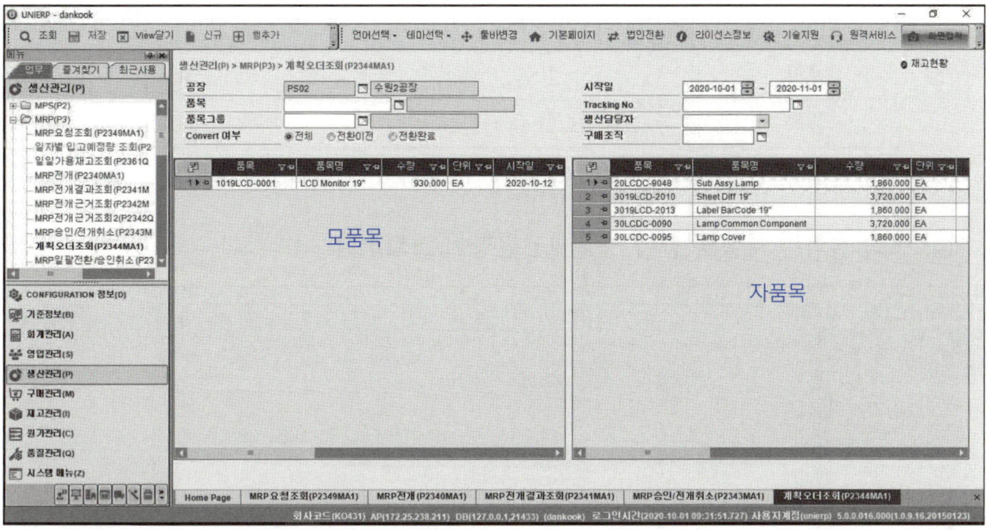

✓ [좌측데이터] 제조계획오더 즉, 생산해야하는 완제품을 의미하며, 이를 모품목이라 한다.

✓ [우측데이터] 좌측의 완제품을 생산하기 위해서 구매 혹은 외주가공을 위탁해야할 품목을 의미하며, 이를 자품목이라 한다.

[그림 9-12] MRP승인 후의 계획오더조회 결과

MRP승인 후 계획오더조회 결과 화면에 표시된 내용의 의미는, 좌측의 사내 가공을 통해서 생산해야 할 완제품 1019LCD-0001을 생산하는데 우측의 원자재/반제품이 필요하다는 것을 의미한다. 자품목의 세부항목들에는 필요한 수량과 해당 작업이 언제 시작해서 언제 완료되어야 하는지 등이 표시되어 있다.

또한 MRP승인 후 재고현황도 달라진다. 아직까지는 제품을 생산하거나 구매하지 않았기 때문에, 실제 재고의 변화는 없으나, 계획오더 상태가 달라졌다. 이는 잠재적인 재고현황의 변화를 의미하기 때문에, 가용재고의 현황은 달라진다. MRP승인 후 가용재고현황을 조회하는 과정은 다음과 같다.

(1) 호출메뉴: [생산관리>>MRP>>가용재고조회]

(2) 조건파트의 데이터를 다음과 같이 입력한다.

입력 항목	데이터	입력/표시방법
공장	PS02 수원2공장	PopUp 자동표시
품목	1019LCD-0001 LCD Monitor 19"	PopUp 자동표시

(3) 화면 상단의 조회 버튼을 클릭한다.

(4) 조회 결과는 다음과 같이 가용재고현황이 조회된다.

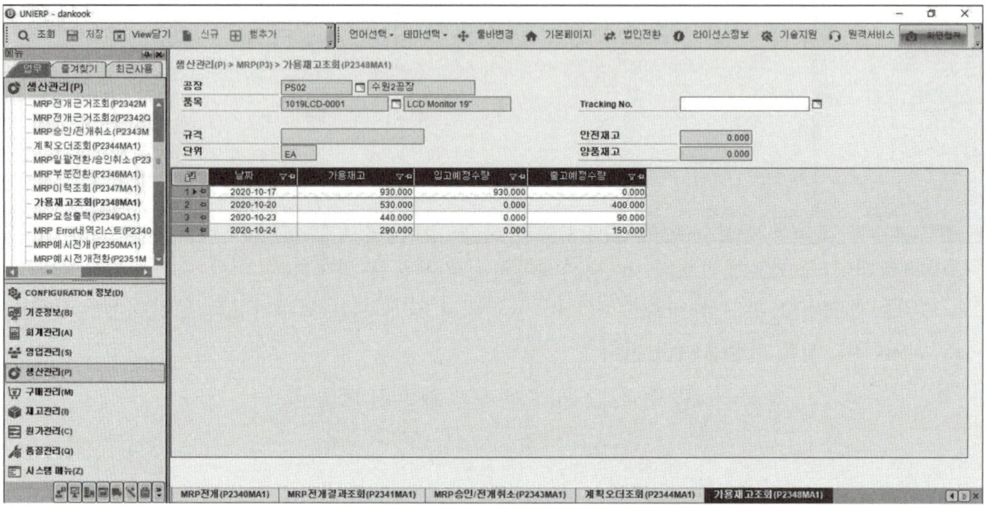

[그림 9-13] MRP승인 후 가용재고현황 변화

가용재고현황 조회 결과 1019LCD-0001 품목은 완료일에 계획된 수량만큼이 입고예정으로 표시됨을 확인할 수가 있다. MRP승인 작업이 완료된 다른 품목에 대한 가용재고현황도 마찬가지로 입고예정으로 계산된다.

2.5 MRP 일괄전환/승인취소

MRP일괄전환 작업은 MRP승인 후 조달구분에 따라서 제조오더 혹은 하위 품목자품목 발주를 위한 구매오더로 일괄 전환하고, 만일 MRP승인 작업이 올바르게 수행되지 못했다면 이를 취소하는 과정이다.

MRP일괄전환/승인취소 작업은 다음과 같이 진행한다.

(1) 호출메뉴: [생산관리>>MRP>>MRP일괄전환/승인취소]

(2) 조건파트의 공장 데이터 입력: PS02 수원2공장

(3) 조건파트의 공장데이터를 입력하면, 대부분의 입력 항목들이 자동으로 표시된다. 표시된 입력 항목 중에서 특히, 확정/예시전개기간, 계획오더번호, 에러개수 등을 확인한 후, MRP일괄전환 버튼을 클릭하여 일괄 전환한다.

(4) 다음은 MRP일괄전환 결과이다.

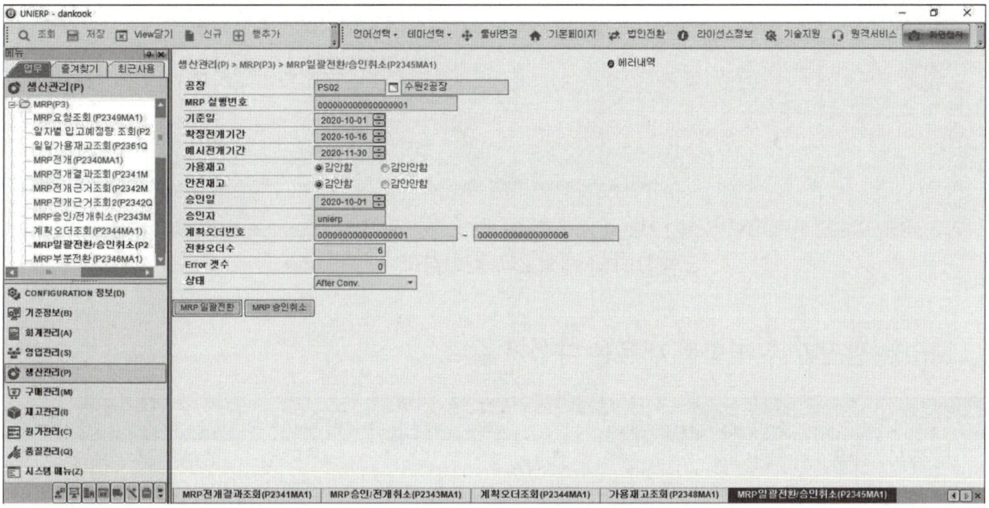

[그림 9-14] MRP일괄전환 결과

2.6 MRP일괄전환 후 제조계획오더 조회

MRP일괄전환 전과 후의 변화를 비교하기 위해서 MRP일괄전환 이전의 계획오더 조회결과와, MRP일괄전환 후의 제조계획오더 조회 결과를 확인해 보도록 하자. MRP 일괄전환 후 계획오더를 조회하는 과정은 다음과 같다.

(1) 호출메뉴: [생산관리>>MRP>>계획오더조회]

(2) 조건파트의 데이터 입력: PS02 수원2공장

(3) 화면 상단의 조회 버튼을 클릭하여 계획오더를 조회한다.

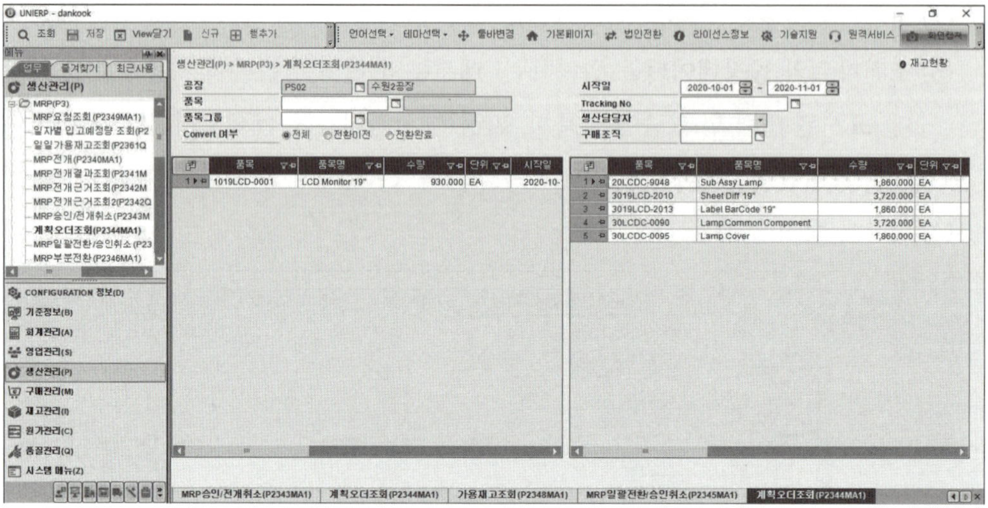

[그림 9-15] 계획오더 조회결과 MRP일괄전환 후

MRP일괄전환 후 변화된 내용은 다음과 같다.

입력 항목	MRP일괄전환 전[그림 9-12]	MRP일괄전환 후[그림 9-15]
모품목/자품목 상태	Plan	Open
제조오더번호	-	PD000001
구매오더번호	-	PR000001~5

✓ 모품목/자품목의 상태가 "Open"이라는 것은, 모품목을 생산하고 자품목을 구매하는 실질적인 작업은 시작되지 않았지만, 시작될 수 있는 상태임을 의미한다.

2.7 MRP일괄전환 후 제조오더현황

MRP일괄전환 작업 결과는 제조오더현황조회를 통해서도 확인할 수가 있으며, 제조오더현황을 조회하는 방법은 다음과 같다.

(1) 호출메뉴: [생산관리>>제조오더관리>>제조오더>>제조오더현황조회]

(2) 조건파트의 데이터 입력: PS02 수원2공장

(3) 화면 상단의 조회버튼을 클릭하여 제조오더내역과 일정 등을 확인한다.

(4) MRP일괄전환 후 제조오더현황 조회결과는 다음과 같다.

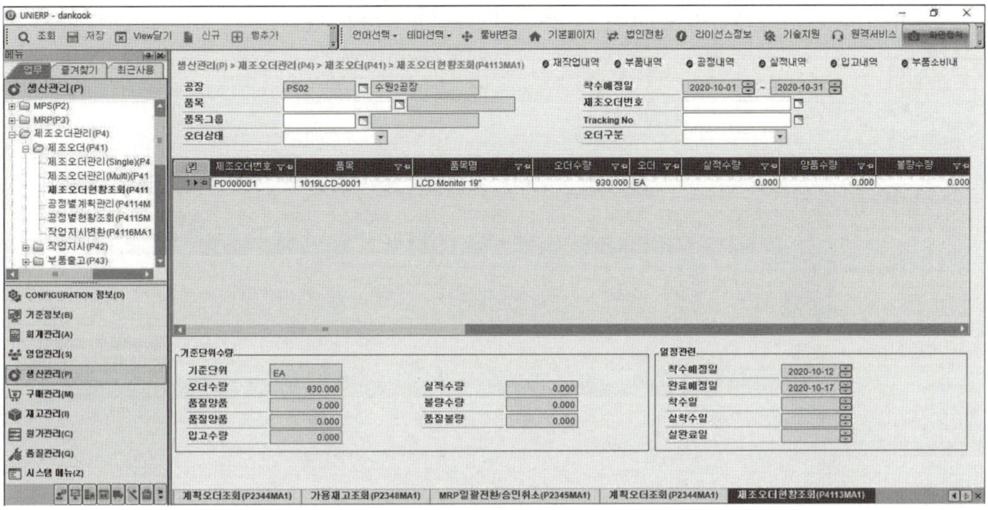

[그림 9-16] 제조오더현황 조회결과 MRP일괄전환 후

2.8 구매요청조회

제조기업의 일반적인 업무처리 흐름으로 볼 때, MRP일괄전환 작업으로 자체적으로 생산할 품목은 제조오더로, 구매 혹은 외주위탁 가공을 의뢰해야 할 품목은 외부업체에 주문발주하는 작업으로 이어지기 때문에, MRP일괄전환 작업 결과데이터 중에서 구매 혹은 외주위탁 가공을 의뢰해야 할 품목데이터는 구매담당자에게 구매요청데이터로 자동으로 전달된다. 따라서 구매 담당자에게 구매요청데이터가 전달되지 않았다면 MRP일괄전환 작업이 정상적으로 처리되지 않았다는 것을 의미한다. 구매요청조회 작업은 다음과 같이 진행한다.

(1) 호출메뉴: [구매관리〉〉구매요청관리〉〉구매요청조회]

(2) 조건파트의 데이터 입력: 공장PS02, 필요일/요청일: 2xxx-10-01~10-31 → 계획기간 내에 필요한 원자재 전량을 일괄 구매한다는 가정 하에 필요일과 요청일을 2xxx-10-01~10-31 으로 설정한다.

(3) 화면 상단의 조회 버튼을 클릭하여 다음 내용을 확인한다.

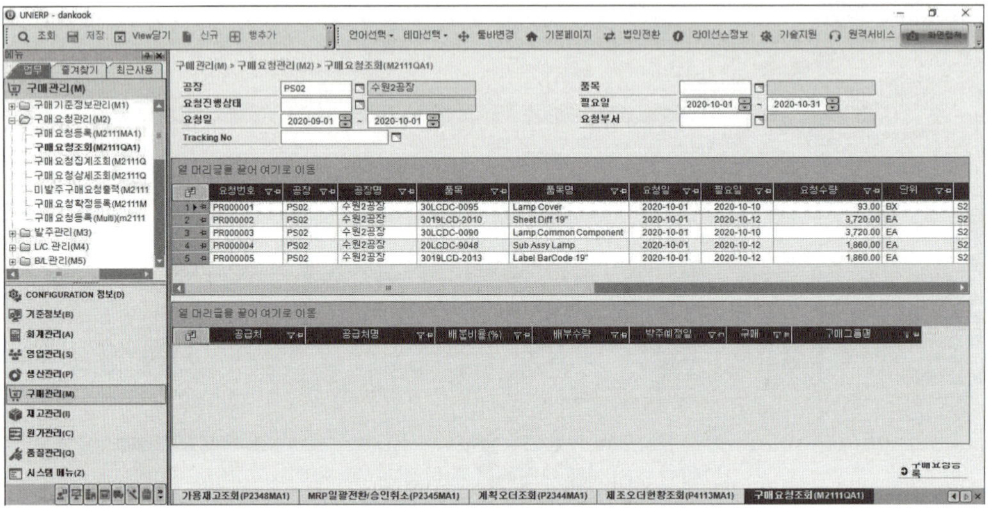

✓ 조회결과 해당 품목이 언제 필요한지? 어느 정도 필요한지? 등이 표시되어 있으며,

✓ 구매요청 진행 상태는 모두 [확정] 으로 표시되어 있다. 이를 근거로 구매담당자는 조회결과 표시된 품목에 대해서 발주관련 후속작업을 진행한다.

[그림 9-17] 구매요청 현황조회

Chapter 10

구매관리

1. 발주처리
2. 내자구매품 입고처리
3. 외주가공품 입고처리

학습개요 및 목표

생산계획 MPS에 의해서 제품 생산량이 결정되고, 자재소요계획 MRP에 의해서 생산에 필요한 부품과 원자재의 필요량과 필요날짜가 정해졌다. 그 결과 자체 생산할 품목이면 제조계획오더가 생성되었으며, 외주가공 및 구매품인 경우에는 구매요청오더가 자동으로 생성되었다. 본 단원에서는 구매요청오더가 생성된 외주가공 및 구매품에 대해서 구매발주-입고처리 작업을 수행한다. 구매발주-입고처리 작업은 다음과 같이 수행한다.

(1) 업체지정 등록: MRP 전개결과 생성된 구매요청오더 건에 대해 공급업체별로 각각의 구매요청 건마다 배분작업을 수행하기 위해서 업체를 지정하는 작업이다.

(2) 발주등록 및 발주내역 등록: 지정된 업체에 발주와 발주내역을 등록하는 작업을 수행하는 과정으로 본 시나리오에서는 다음의 두 가지 종류의 발주형태로 구분한다.
   ① 내자발주 DO: 필요한 원자재에 대한 발주
   ② 위탁가공 SC: 필요한 반제품 가공을 외부에 위탁하고 이를 구매하는 형태의 발주이며, 본 시나리오에서는 필요한 원자재를 보내주고 가공비를 지불하고 단순 가공만을 위탁하는 것으로 한다.

(3) 구매품 입고처리: 모든 발주 내주발주, 위탁가공에 대해서 지정된 날짜에 발주품목이 도착하면 이를 입고 처리하는 작업을 수행하는 작업이다. 본 시나리오의 경우 발주형태에 따라서 내자발주와 위탁가공으로 나누어 발주했기 때문에, 다음과 같이 입고처리 작업도 구분하여 수행한다.
   ① 구매품입고처리
   ② 외주가공품 입고처리: 외주가공품 중에서 사급품 출고 대상인 발주 사내에서 필요한 원자재를 제공하고 부품 가공만을 위탁하는 경우에 대해서는 필요한 원자재의 사급품 출고를 위해서 재고이동 등록을 먼저 한 후에 입고처리 작업을 수행한다.

발주한 원자재 혹은 위탁가공 반제품을 입고할 때, 입고품목에 대한 품질검사 이를 수입검사라고 함를 해야 하는 경우에는 입고처리 전에 품질검사를 수행해야 한다. 품질검사의 이행여부는 해당 품목의 기준정보가 어떻게 설정되어 있느냐에 다른데, 본 시나리오에서는 모든 입고 품목에 대해서 별도의 수입검사를 하지 않는 것으로 한다. 본 시나리오에서는 구매발주 및 입고 업무를 UNIERP시스템으로 처리하는 과정을 학습함을 목표로 한다.

1 발주처리[DanDB_S5_구매발주]

발주처리 작업은 구매요청 건에 대해서 공급업체를 지정하고, 지정된 공급처별로 발주등록과 함께 발주내역을 등록하는 작업이다. 물론 구매요청을 할 공급업체들은 이미 기준정보에 등록되어 있으며, 만일 등록된 업체 이외의 다른 공급업체에 발주하는 경우라면 먼저 업체를 등록해야 한다.

발주처리 업무는 다음을 전제로 진행된다.

(1) 구매요청 수량에 대한 조정은 허락하지 않는다.
(2) 발주업체를 지정하는 작업은 수동으로 처리한다.
(3) 모든 외주가공품들에 대해서 원자재를 공급하고 가공비만을 지급한다.
(4) 발주처리 업무는 2xxx-10-01 일괄적으로 실행한다.

본 절에서 처리할 외주가공품 및 내자발주 작업은 반제품 및 원자재 재고와 직접적으로 관련이 있기 때문에, 본 절에서 처리하는 발주처리 작업이 재고현황과 어떻게 연결되는지 확인하기 위해서 먼저 반제품과 원자재에 대한 재고현황을 조회하고, 발주처리 후의 재고현황과 비교해 보기로 하자.

재고현황은 조회하는 방법은 다음과 같다.

(1) 호출메뉴: [재고관리>>재고현황&마감>>재고현황조회]
(2) 조건파트의 데이터 입력

입력 항목	데이터	입력/표시방법
공장	PS02 수원2공장	PopUp 자동표시
창고 차례로 입력하고 조회함	S210 제품창고 S220 반제품창고 S230 원자재창고 S2E1002 외주창고	PopUp

(3) 반제품과 원자재 재고를 조회하기 위해서 조건파트의 반제품 창고데이터S220과 원자재 창고데이터S230을 차례로 선택한 후, 결과를 조회한다. 다음은 재고현황 조회 결과이다.

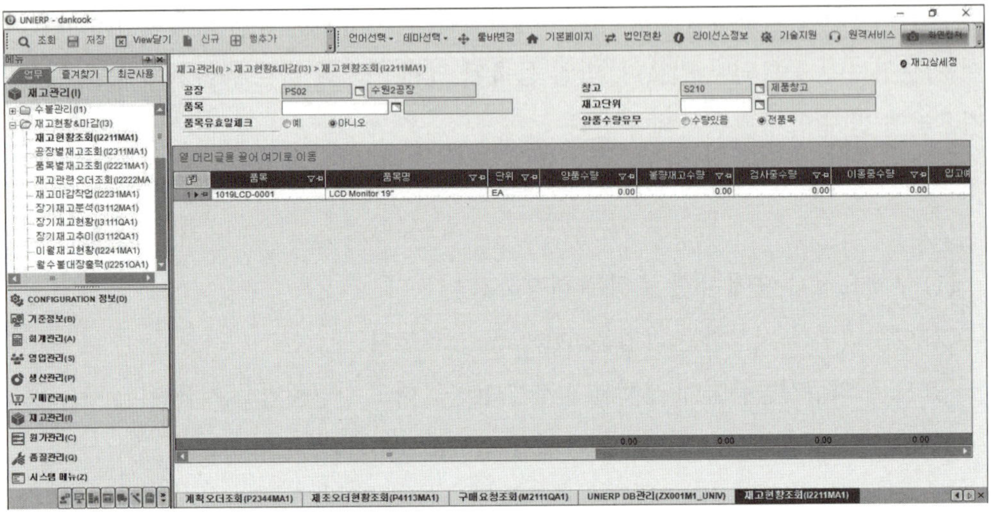

[그림 10-1a] 완제품 창고 재고현황 조회결과 발주처리 이전

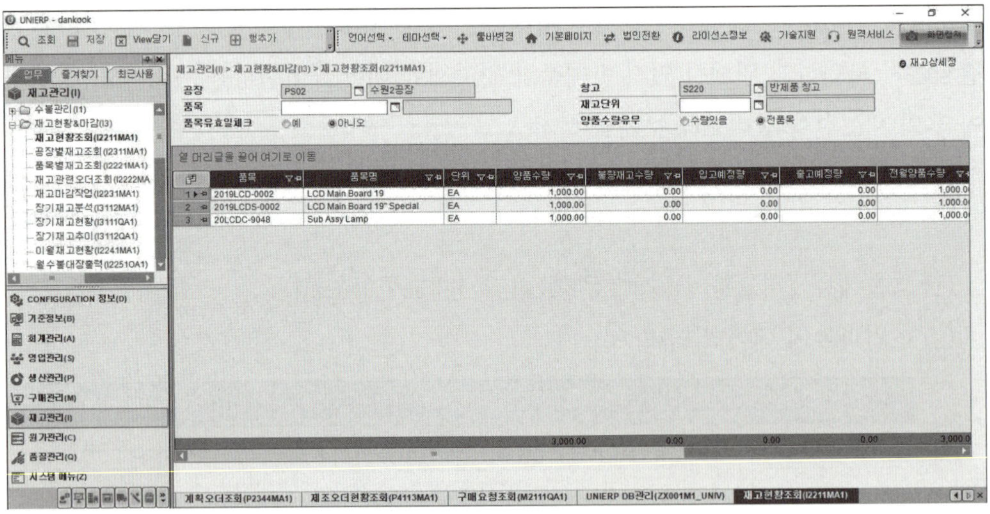

[그림 10-1b] 반제품 창고 재고현황 조회결과 발주처리 이전

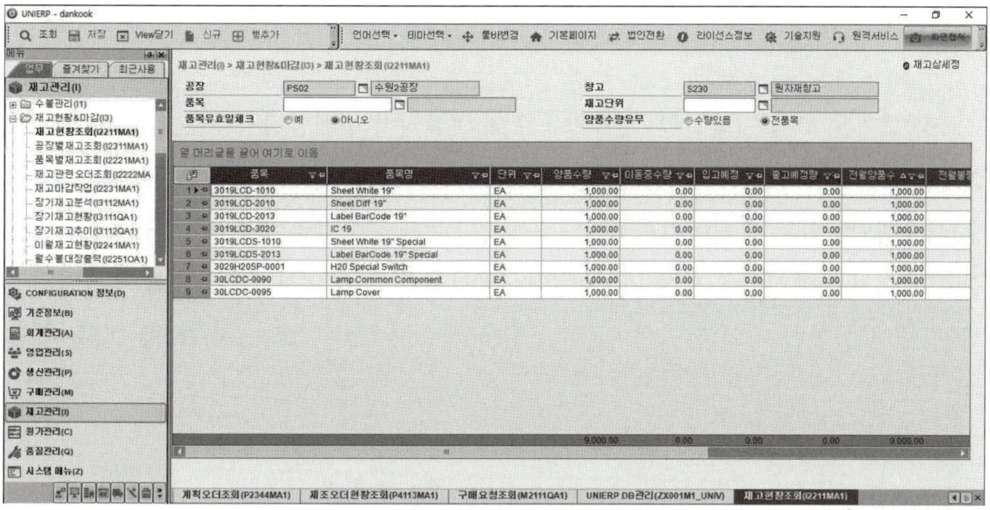

[그림 10-1c] 원자재창고 재고현황 조회결과 발주처리 이전

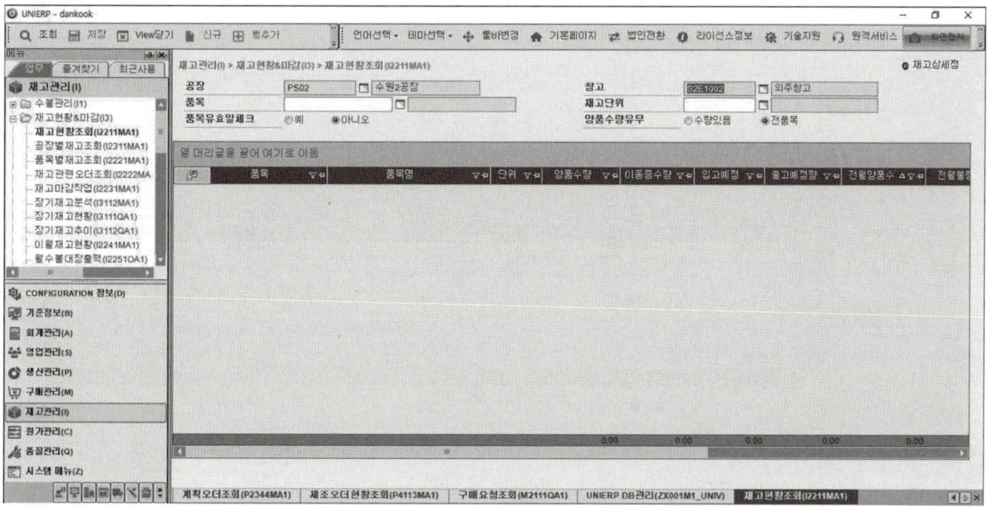

[그림 10-1d] 외주창고 재고현황 조회결과 발주처리 이전

1.1 구매요청조회

구매요청은 MRP일괄전환 이후 자동으로 생성되어 구매담당자에게 전달되는데, 구매담당자에게 구매요청 데이터가 전달되어 있다는 것은 MRP일괄전환 작업이 정상적으로 수행되었다는 증거이기도 하며, 구매담당자가 구매발주 작업을 시작하려면 반드시 구매요청 데이터가 도달해 있어야 한다는 것이다. 구매요청결과를 조회하는 방법은 제9장에서 설명한 바와 동일하며구체적인 방법은 제9장 [그림 9-17] 참조, 조회결과는 다음과 같다.

(1) 호출메뉴: [구매관리>>구매요청관리>>구매요청조회]

(2) 조건파트의 데이터 입력: PS02수원2공장

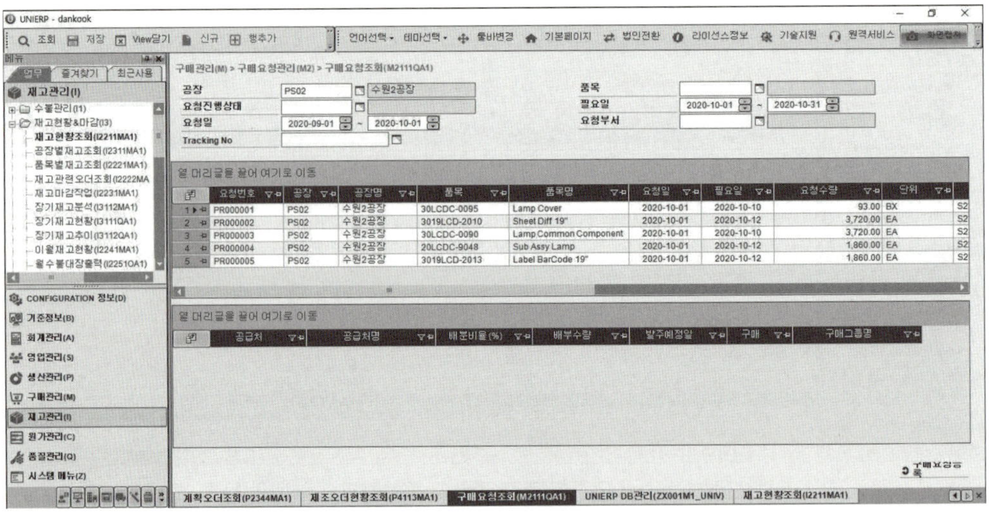

✓ 모든 구매요청 진행 상태는 [확정]으로 표시되며, 이는 구매발주 작업을 시작할 수 있음을 의미한다.

✓ 모든 작업은 MRP일괄전환 작업을 통해서 수행되었음이 표시되어 있다.

[그림 10-2] 구매요청조회_MRP일괄전환 후

1.2 업체지정등록

업체지정등록은 [그림 10-2]에 표시된 구매요청 건에 대해서 발주업체를 지정하는 작업이다. 본 시나리오에서는 내자구매품원자재과 외주위탁가공품반제품을 구분하고 다른 업체에 발주하며, 발주업체는 다음과 같이 가정하고 일괄적으로 구매 발주하는 것으로 한다.

- 모든 외주위탁가공품은 E1002동부제강에 발주한다.
- 모든 내자구매품은 S1001화양정밀에 발주한다.

업체지정등록은 구매건별로 수동으로 처리하며, 과정은 다음과 같다.

(1) 호출메뉴: [구매관리〉〉발주관리〉〉업체지정등록]

(2) 조건파트의 데이터를 다음과 같이 입력한다.

입력 항목	데이터	입력/표시방법
공장	PS02수원2공장	PopUp자동표시
업체지정여부	미지정	Radio button
필요일	2xxx-10-01~2xxx-10-31	직접입력
업체지정방법	수동	Radio button

✓ 업체지정여부를 "미지정"으로 설정하는 이유는, 구매요청 건별로 업체를 지정하고 저장한 후, 자동 검색이 이루어지며, 검색 결과 미지정된 구매요청건만 표시되도록 하기 위해서이다.

(3) 화면 상단의 조회 버튼을 클릭하여 구매요청 항목을 확인한다.

(4) 조회결과 5건의 구매요청 건이 검색되는데, 각각의 건에 대해서 본 시나리오에서 가정한대로 내자구매품은 화양정밀S1001에, 외주가공품은 동부제강E1002으로 지정한다. 화양정밀과 동부제강으로 지정할 품목을 다음과 같다.

- 화양정밀로 지정할 품목: 화양정밀에 발주할 품목은 원자재이다. 따라서 화양정밀에 발주할 품목은 다음과 같다.: 30LCDC-0095 / 3019LCD-2010 / 30LCDC-0090 / 3019LCD-2013.
- 동부제강으로 지정할 품목: 동부제강에 의뢰할 위탁가공품은 반제품이다. 따라서 동부제강에 의뢰할 품목은 다음과 같다.: 20LCDC-9048

업체를 지정하는 방법은 다음 절차에 따른다.

(5) 조회된 데이터 중에서 첫 번째 행PR000001, 품목: 30LCDC-0095을 선택한다. → 행을 선택하는 방법은 각각의 행 번호를 선택하면 된다.

(6) 행을 선택한 후 행추가 버튼을 클릭하여 작업파트 하단에 새로운 행을 추가한 후, 추가된 행에 다음과 같이 데이터를 입력한다.

입력 항목	데이터	입력/표시방법
공급처	S1001 화양정밀	PopUp 자동표시
발주예정일	2xxx-10-08	자동표시
구매그룹	P112	직접입력
구매조직	내자구매그룹	자동표시

(7) 추가된 행에 데이터를 입력한 결과는 다음과 같다.

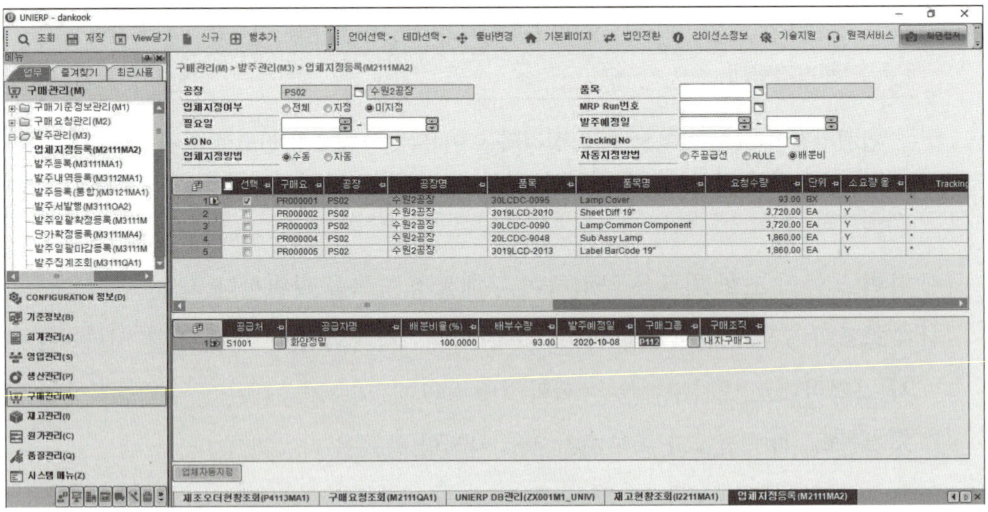

[그림 10-3] 업체지정등록 결과

(8) 저장 버튼을 클릭하면 업체지정 등록이 완료되어 작업파트의 첫 번째 행PR000001, 품목: 30LCDC-0095이 사라지고, 업체지정 등록이 되지 않은 나머지 미지정된 구매요청 항목만이 표시된다.

(9) 나머지 행들 중에서 내자구매품에 해당되는 품목번호가 "3xxx-…"으로 시작하는 PR000002, PR000003, PR000005에 대해서는 위와 동일한 방법으로 모두 화양정밀로 지정한다.

○ PR000002, PR000003, PR000005의 업체 지정

① PR000002 행 번호를 클릭하여 전체를 선택한다.

② 화면 상단의 행추가 버튼을 클릭하여 작업파트 하단에 행을 추가시킨다.

③ 추가된 행의 공급처 팝업창을 열어 S1001화양정밀을 선택한다.

④ 추가된 행에 자동으로 표시되는 항목은 그대로 따른다.

⑤ 추가된 행의 구매그룹은 P112를 입력하고 저장한다. → 저장 후, 이전과 같이 업체가 지정되지 않은 구매요청 데이터만이 표시된다.

⑥ PR000003, PR000005 행도 동일한 방법으로 진행한다.

(10) 구매요청 데이터 중에서 PR000004는 외주위탁가공품에 해당되기 때문에, 행추가 후 추가된 행에 다음과 같이 데이터를 입력하고 저장한다.

입력 항목	데이터	입력/표시방법
공급처	E1002동부제강	PopUp자동표시
발주예정일	2xxx-10-10	자동표시
구매그룹/구매조직	P113외주가공구매그룹	직접입력

(11) 각각의 구매요청 항목마다 독립적으로 행을 추가하고 데이터 입력 후 저장하는 과정을 반복해서 수행한다. 각각의 구매항목들을 개별적으로 작업하고 저장하지 않을 경우에는 구매요청 품목에 대해서 공급처를 이중으로 지정하는 것과 마찬가지가 되기 때문에, 이어지는 작업을 할 수가 없게 된다.

(12) 다음은 업체 지정 여부를 '지정'으로 체크하고 외주가공 및 내자구매품에 대한

업체지정등록을 조회한 결과이다. 결과화면에서 보는 바와 같이 업체지정 등록이 성공적으로 완료되면, 화면 상단에 구매요청목록이 열거되며, 구매요청목록의 어느 한 행을 선택하면, 선택한 항목에 대해서 지정된 발주업체가 화면 하단에 표시되어 나타난다. → 품목별 업체지정등록 내용은 작업창 상단의 구매오더번호를 선택하면, 작업창 하단에 구체적인 내용이 나타난다.

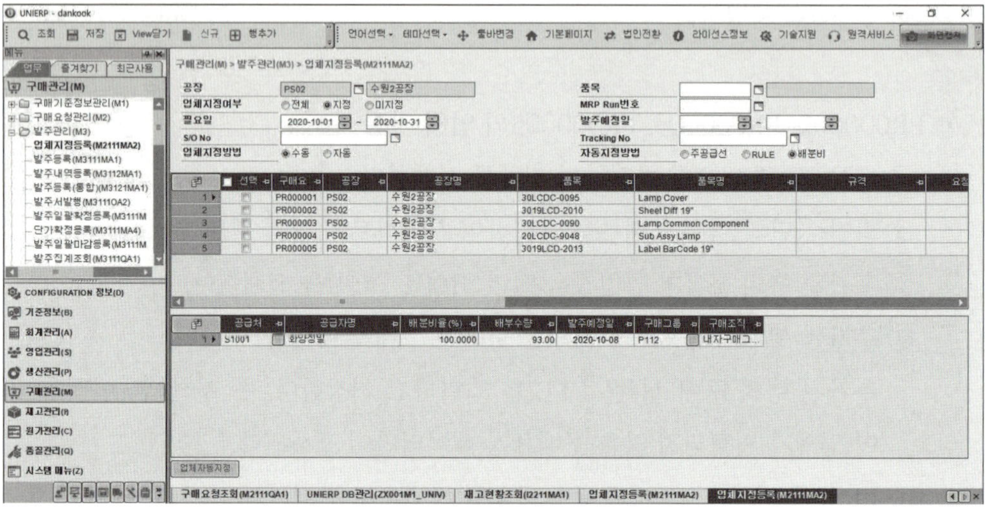

[그림 10-4] 업체지정등록 결과

1.3 발주등록 및 발주내역 등록

업체지정 후 이어지는 작업은 지정된 업체로 내자구매 발주 혹은 위탁가공 발주를 등록하고 발주내역을 등록하는 작업이다. 그런데 발주업체가 다르기 때문에, 발주는 내자발주 작업과 외주위탁가공발주 작업을 구분하여 작업한다. 발주등록 및 발주내역 등록 작업은 내자발주 혹은 외주위탁가공발주 순서와 상관없이 어떤 작업을 먼저 처리해도 상관없다.

1.3.1 내자구매 발주 및 발주내역 등록

내자구매품 발주 및 발주내역 등록 과정은 다음과 같다.

(1) 호출메뉴: [구매관리>>발주관리>>발주등록]

(2) 조건파트에 자동으로 표시되지 않은 다음 항목들에 대한 데이터를 입력한다. → 데이터를 입력하면 표시되지 않았던 항목들이 추가로 표시된다.

입력 항목	데이터	입력/표시방법
발주형태	DO 내자발주	PopUp 자동표시
공급처	S1001 화양정밀	PopUp 자동표시
구매그룹	P112 내자구매그룹	PopUp 자동표시

(3) 입력결과를 저장한다. 입력결과를 저장하면 발주등록번호 PO000001가 자동으로 생성되며 다음과 같은 화면이 나타난다.

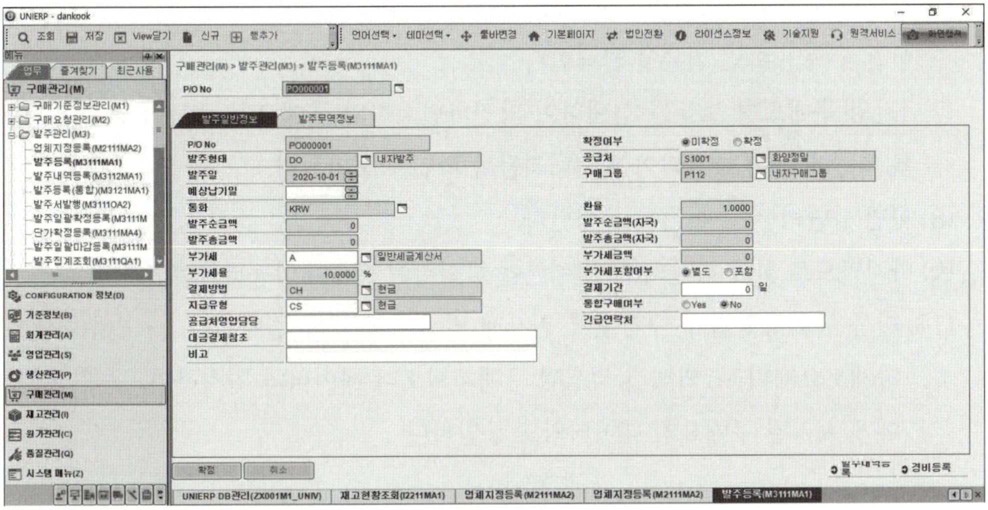

[그림 10-5] 내자구매 발주등록 결과

(4) 내자발주등록 작업은 화양정밀에 발주해야 하는 것만을 등록해야 하기 때문에, 발주할 내역을 등록하기 위해서 내자발주등록 화면 하단 우측의 발주내역등록 버튼을 클릭하여 발주내역등록 화면으로 이동한다.

(5) 발주내역등록 화면이 열리면서 "발주상세 데이터가 존재하지 않습니다."라는 메시지 창을 닫고 화면 상단 우측의 구매요청참조 버튼을 클릭하여 구매요청 데이터 중에서 화양정밀로 지정된 구매품을 검색한다. → 조회 결과 이전에 작업한 업체지정 작업이 정상적으로 되었다면 화양정밀로 지정된 내자구매품목들이 다음과 같이 표시된다.

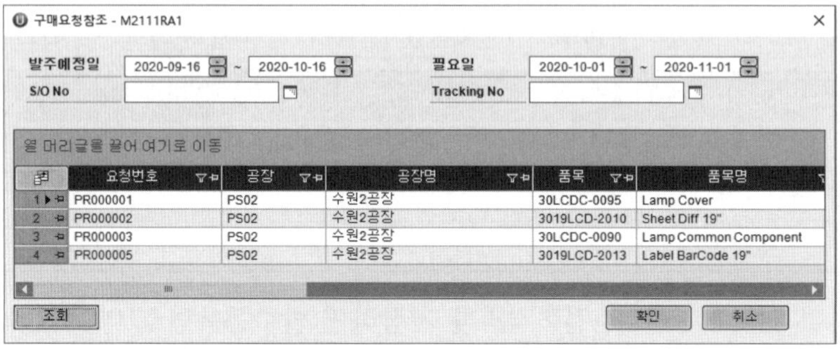

(6) 팝업창에 조회된 4건의 구매요청 모두를 마우스로 드래그하여 선택한 후 화면 하단 우측의 확인 버튼을 클릭한다.

(7) 4건의 구매요청 모두를 선택하여 확인하면 4건의 구매요청 품목이 발주내역등록 화면에 행이 추가되어 발주내역등록 화면에 포함된다.

(8) 화면 상단의 저장 버튼을 클릭한다.

(9) 마지막으로 화면 하단의 확정 버튼을 클릭하여 발주내역등록을 확정한다.

(10) 다음은 화양정밀에 내자구매 원자재 발주내역 등록 결과이다. → 발주내역은 자재소요계획MRP의해서 생성된 구매계획오더 데이터와 일치하며, 구매담당자에게 요청된 구매요청 데이터와도 동일하다.

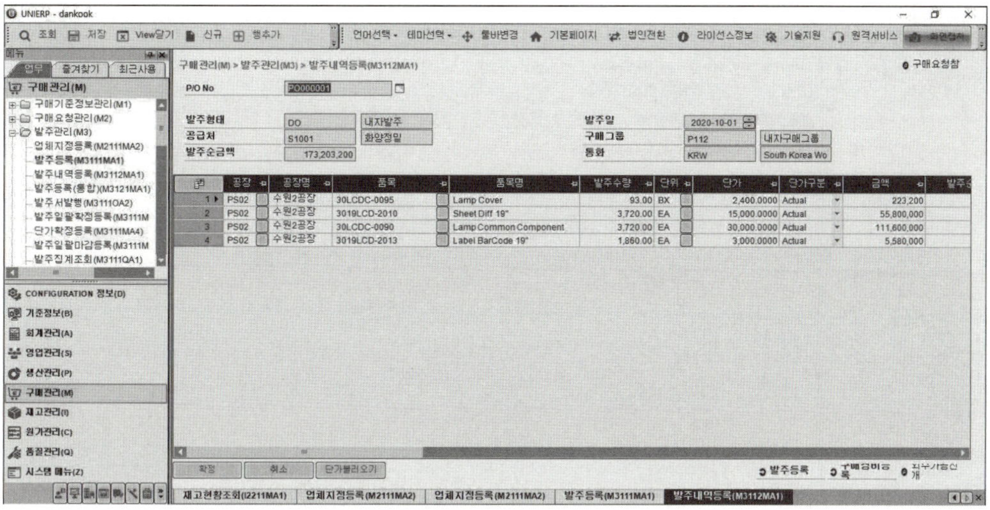

[그림 10-6] 내자구매 발주내역 등록 결과

1.3.2 외주가공구매 발주 및 발주내역 등록

외주가공구매 발주 및 발주내역 등록 작업은, MRP일괄전환 후 외주 위탁가공 발주로 처리해야 할 품목에 대한 발주를 등록하고 구체적인 발주내역을 등록하는 작업이며, 작업 과정은 내자구매 발주 및 발주내역 등록과정과 유사하다.

(1) 호출메뉴: [구매관리>>발주관리>>발주등록]

(2) 조건파트에 다음 항목들에 대한 데이터를 아래와 같이 입력한다.

입력 항목	데이터	입력/표시방법
발주형태	SC 위탁가공	PopUp 자동표시
공급처	E1002 동부제강	PopUp 자동표시
구매그룹	P113 외주가공구매그룹	PopUp 자동표시

(3) 입력결과를 저장한다. 입력결과를 저장하면 발주등록번호 PO000002가 자동으로 생성되며 다음과 같은 발주등록 결과 화면이 나타난다.

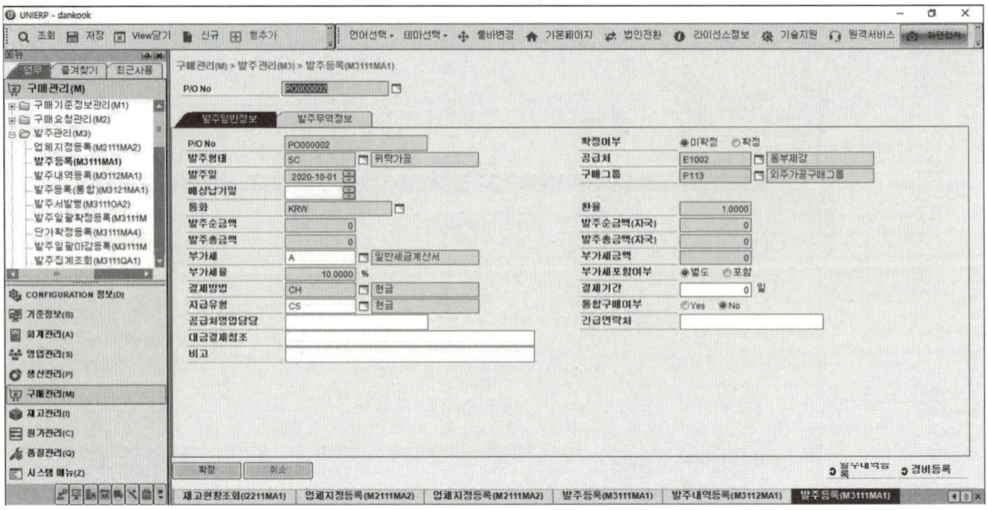

[그림 10-7] 외주 위탁가공구매 발주등록

(4) 현재 작업화면 하단 우측의 발주내역등록 버튼을 클릭한다.

(5) 발주내역등록 버튼을 클릭하면 "발주상세 데이터가 존재하지 않습니다." 메세지 창을 닫고 화면 상단의 구매요청버튼을 클릭하여 동부제강으로 지정된 외주 위탁가공 구매요청 데이터를 조회한다. → 만일, 조회되지 않을 경우에는 발주 예정일/필요일을 2xxx-10-01~2xxx-10-31로 수정-입력하고 조회하면 다음과 같은 발주대상 목록이 표시된다.

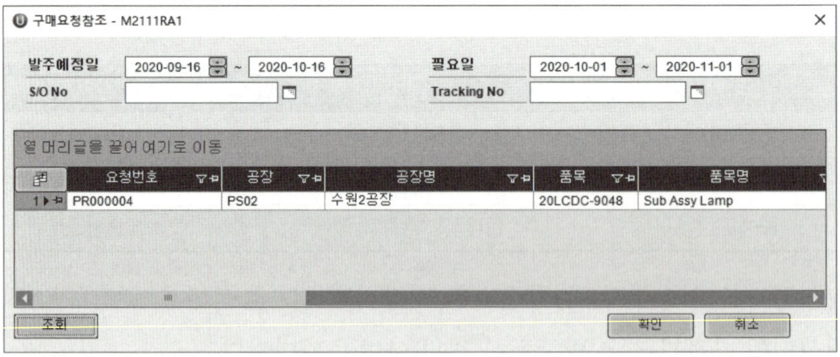

(6) 팝업창에 조회된 1건의 구매요청 항목을 선택한 후 화면 하단 우측의 확인 버튼을 클릭한다. → 선택한 1건의 구매요청 항목이 발주내역등록 화면으로 이동되

어 자동으로 행이 추가되어 표시된다.

(7) 외주가공품 위탁가공비 단가를 아래와 같이 입력한다.

입력 항목	데이터	입력/표시방법
단가	6,600.000	직접입력

- 만일 외주위탁가공의 형태가 외주처에 필요한 원자재를 보내주지 않고 자체적으로 가공위탁품목을 제조하여 납품하는 경우라는 입력할 필요가 없지만, 본 시나리오에서는 모든 외주위탁가공을 의뢰할 때 필요한 원자재를 보내주는 것을 원칙으로 한다. 따라서 위탁가공비 단가를 반드시 입력해야 한다.
- 위탁가공비 단가를 입력하지 않고 위탁가공품을 납품 받는다면, 이는 외주위탁가공품을 무상으로 받는 것과 같기 때문에, 반드시 입력해야하며, 외주처에 지불한 외주가공비는 원자재 구매 후 발생하는 외상매입금과 다른 항목으로 회계처리 한다.

(8) 저장하고 확정한다. → 등록결과는 다음과 같다.

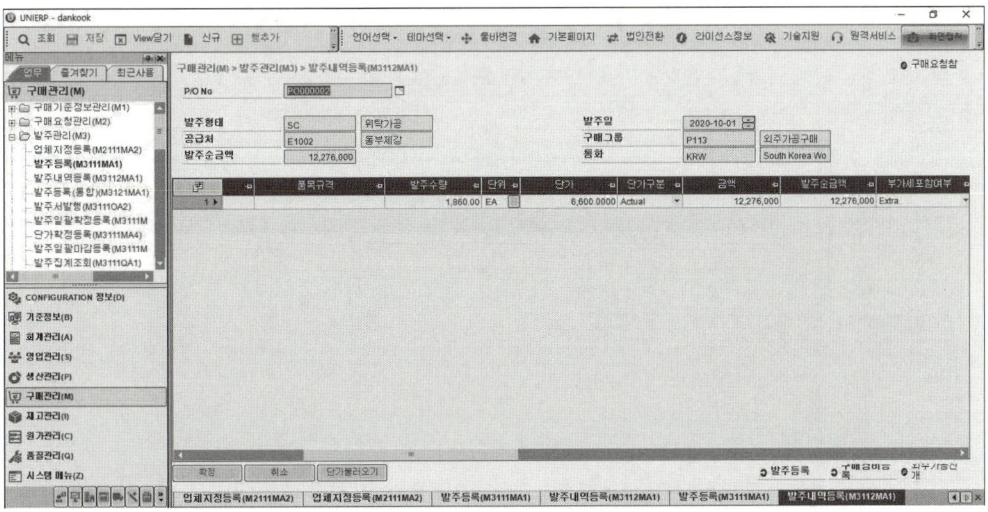

[그림 10-8] 외주 위탁가공구매 발주내역 등록결과

1.4 내자구매 및 외주가공구매 발주 결과

내자구매 및 외주가공구매품을 발주하기 전에 내자구매 및 외주가공구매품을 발주 전 상황과 이후의 상황을 비교하기 위해서 내자구매 및 외주가공구매품을 발주 이전의 재고상태를 조회하였다[그림 10-1a~1d] 참조.

현재 작업상황은 발주 작업만이 완료된 상태이기 때문에, 물리적인 재고변동은 없지만, 재고정보가 달라져 있을 것이다. 예를 들어, 고객으로부터의 주문처리 이후 완제품 재고 변동은 없지만, 정해진 납기일에 해당 제품이 출고예정량으로 표시되는 것처럼, (완제품 창고S210의 재고상태와 외주창고SE1002 재고상태와는 아직은 무관하지만) 반제품 창고S210와 원자재 창고S230에는 다음과 같이 내자구매 및 외주가공구매품 발주 전과 다르게 입고예정량이 표시되어 있음을 확인할 수 있다.

- 원자재창고: 내자구매 발주 품목에 대한 입고예정량 및 외주처에 보내줄 원자재 출고예정량 표시.
- 반제품창고: 외주위탁가공 발주 품목에 대한 입고예정량 표시.

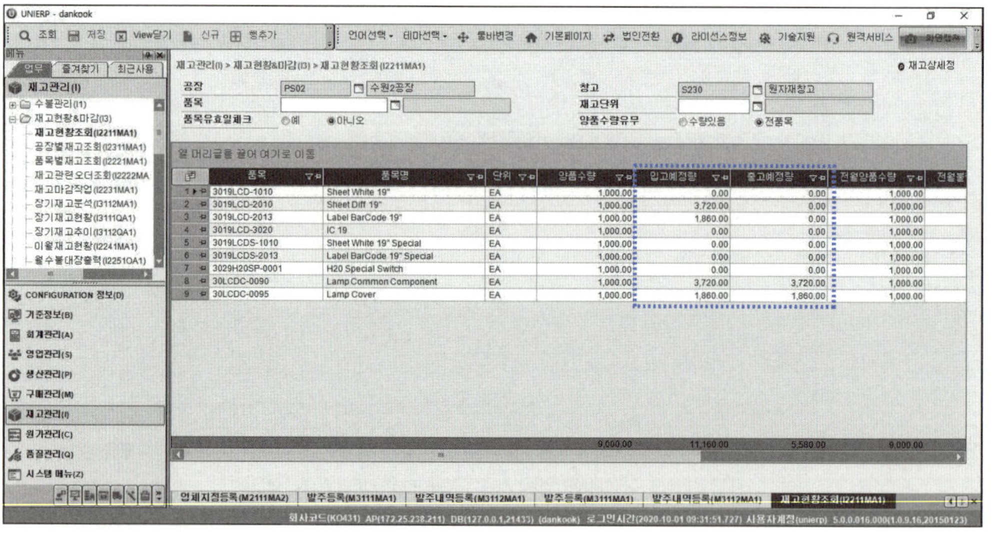

✓ 내자발주구매 확정으로 원자재 입고예정량이 표시되어 있으며,

✓ 외주가공구매 확정으로 외주처로 보내줄 원자재가 출고예정량으로 표시되어 나타남.

[그림 10-9] 원자재 창고 재고현황 조회결과_발주처리 이후

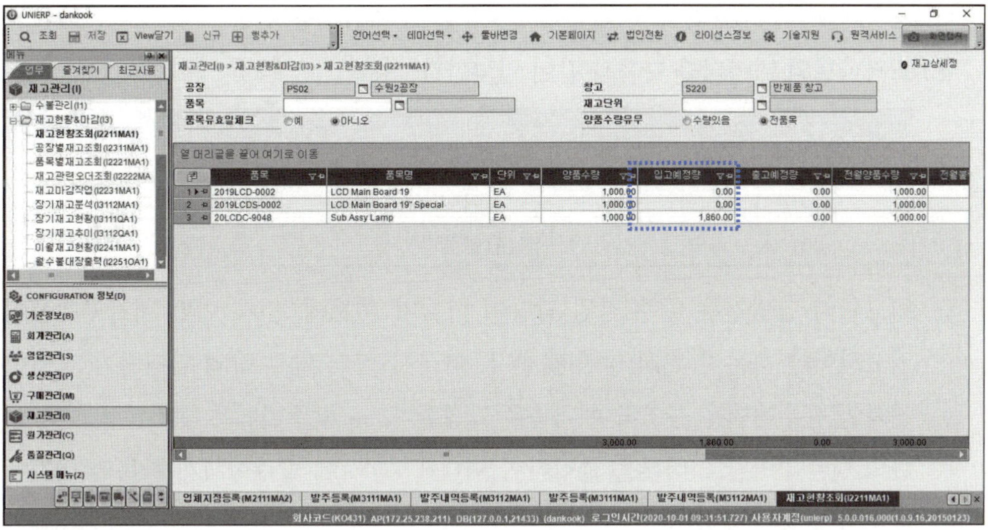

✓ 외주가공구매 확정으로 발주량 만큼의 반제품이 입고예정량으로 표시되어 나타남.

[그림 10-10] 반제품 창고(S210) 재고현황 조회결과_발주처리 이후

2 내자구매품 입고처리[DanDB_S6_내자구매입고]

이전 시나리오에서 제품 생산에 필요한 원자재와 외주가공품을 내자구매와 외주가공구매로 나누어 동시에 발주처리 하였다. 그러나 입고처리 순서는 내자구매품 입고를 먼저 처리하고, 그 이후에 외주위탁가공구매품 입고를 처리해야 한다. 입고처리 순서가 중요한 이유는, 외주위탁가공 발주 품목을 입고 처리한다는 것은 외주처에서 위탁가공을 마무리했다는 것을 의미하기 때문에, 이를 위해서 필요한 원자재를 보내주었어야 하는데, 만일 내자구매품 입고처리를 먼저 하지 않는다면 보내 주었어야 할 원자재가 확보되지 않을 것이고, 외주처에 필요한 원자재를 보내주지 못하기 때문이다.

내자구매품 입고처리 작업은 일정 시간이 경과하여 발주한 품목이 도착했다는 가정하에 입고처리 한다.

(1) 호출메뉴: [구매관리 〉〉 구매입출고관리 〉〉 구매입고등록]

(2) 조건파트의 데이터를 다음과 같이 입력한다.

입력 항목	데이터	입력/표시방법
입고형태	DGR 국내입고	PopUp 자동표시
입고일자	작업일	자동표시
공급처	S1001 화양정밀	PopUp 자동표시

(3) 입고처리 담당자는 발주 작업 담당이 아니기 때문에, 언제 어떤 내자구매품이 입고되어야 하는지 전혀 알지 못한다. 따라서 먼저 발주 작업 담당자가 작업한 결과인 발주내역을 참조하여 내용을 확인한다. → 발주내역은 구매등록 화면 상단의 발주내역참조 버튼을 클릭하면 S1001 화양정밀에 발주한 4개 항목의 내자구매 발주목록이 나타난다.

(4) 4건 발주내역 모두를 마우스로 선택하여 확인한다.

(5) 발주내역 4건을 선택-확인하면, 구매입고등록 화면으로 행이 추가되어 나타난다.

(6) 추가된 행의 4건의 발주내역을 확인한 후 저장한다. 입고등록결과를 저장하면, 입고번호 GR000001가 자동으로 생성되고, 구매그룹 등의 항목들이 자동으로 표시되어 나타난다.

다음은 구매입고등록 결과이다.

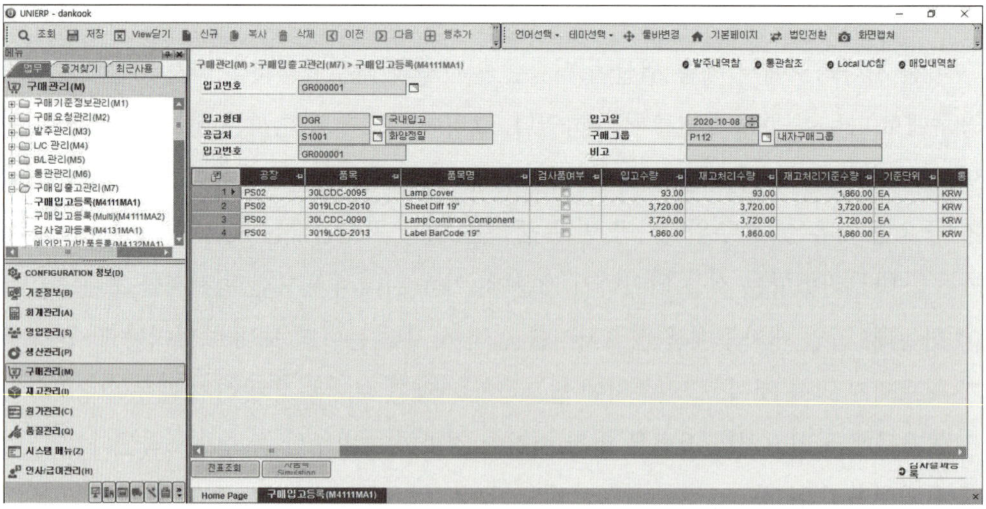

[그림 10-11] 내자구매품 입고등록 결과

✓ 만일, 저장 결과 "작업처리 할 년월과 재고현황의 현재 년 월이 틀립니다. 재고의 현재 년 월을 확인 하세요" 라는 메시지가 나타난다면, 이는 현재 입고처리 작업을 하고 있는 날짜와 마지막으로 재고마감 작업을 한 날짜가 맞지 않다는 것을 의미한다. 만일 이러한 메시지가 나타난다면, 재고마감작업을 수행하고 난 후 다시 입고처리 작업을 수행해야 한다. 재고마감 작업은 다음과 같이 수행한다.

✓ 재고마감 작업을 수행하는 방법:

- 호출메뉴: [재고관리 〉〉 재고현황&마감 〉〉 재고마감작업]
- 조건파트에 항목의 팝업창을 열어 PS02수원2공장을 입력하면, 최종마감연월이 자동으로 표시되어 나타나다.
- 화면 중간의 재고마감확정 버튼을 클릭하면서 최종마감연월이 현재 작업하고 있는 년월2xxx10이 될 때까지 재고마감 작업을 수행한다.
- 재고마감 창을 닫고 입고등록 화면으로 이동한다.

(7) 구매입고 등록은 발주한 원자재가 입고되었다는 것을 의미하기 때문에, 구매입고 등록으로 재고자산이 증가하고, (잠재적인) 부채가 발생하게 된다. 이는 화면 하단 좌측의 전표조회를 통해서 확인할 수 있다.

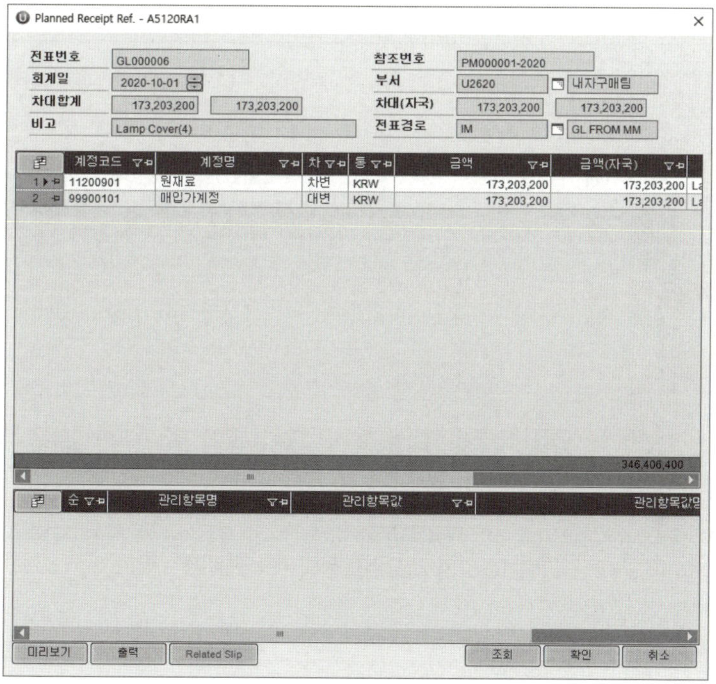

[그림 10-12] 내자구매품 입고등록 후 전표조회

(8) 내자구매 입고처리와 동시에 입고데이터는 다음과 같은 다양한 영역의 다른 작업자에게 자동으로 전달되어 후속작업이 이루어진다.

- **재고수불현황:** 내자구매품이 입고되면, 이동된 품목의 수불현황에 즉시 반영되어 나타나기 때문에, [재고관리>>수불관리>>수불현황조회] 창에서 재고수불 현황이 조회된다.
- **원자재 재고현황:** 내자구매품이 입고되면 직접적으로 원자재 창고S230의 재고상태가 업데이트 되어 반영된다. 즉, 입고예정량이 모두 입고되었으므로 입고예정량은 "0"으로 표시되고, 대신 양품수량이 입고된 수량만큼 증가되어 표시된다.
- **회계전표:** 내자구매품이 입고되었다는 것은 재고자산이 증가된 것을 의미하기 때문에, 재고자산의 증가와 반대급부인 외상매입금아직은 매입가계정 상태임 내용이 반영된 전표가 자동으로 발행된다. 다음은 재고수불현현황과 원자재 창고S230의 재고현황을 조회한 결과이다.

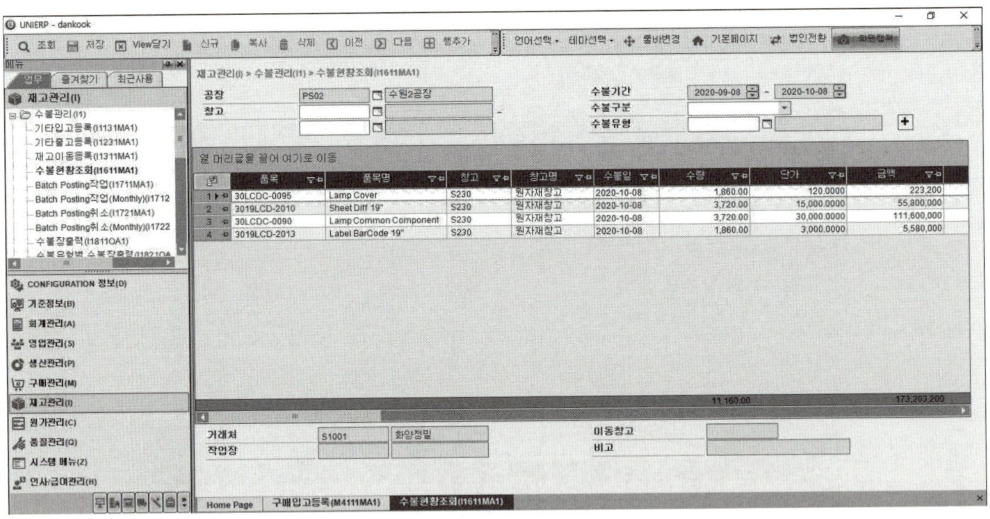

[그림 10-13] 재고수불현황 내자구매 입고처리 후

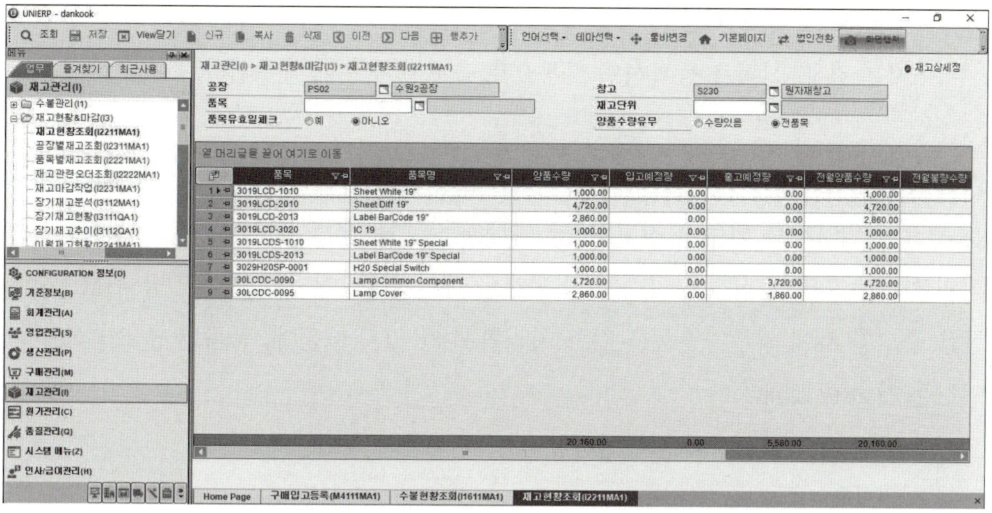

[그림 10-14] 원자재 창고S230 재고현황 내자구매 입고처리 후

3 외주위탁가공품 입고처리[DanDB_S7_외주가공구매입고]

본 시나리오는 모든 외주가공구매품에 대해서 외주처동부제강에 필요한 원자재를 보내주는 것을 원칙으로 한다. 이는 외주가공구매품을 입고처리하기 위해서는 필요한 원자재를 먼저 보내주어야 입고처리를 할 수가 있다는 의미이다.

사급품외주처에 보내 주어야할 원자재을 보내주는 것도 일종의 출고이며, 본 시나리오에서는 자동출고와 수동출고로 나뉜다.

- 수동출고: 수동출고는 대상 품목을 수동으로 출고시키는 방법으로 수동출고 방식의 품목은 수동으로 출고 처리됨과 동시에 출고처리 내용이 해당 창고의 재고상태에 실시간으로 반영된다.
- 자동출고: 자동출고는 대상 품목을 수동으로 출고 처리하지 않더라도 정해진 시점에 자동으로 출고된 것으로 간주되는 방식으로 별도의 출고처리 작업이 필요 없

다. 자동으로 출고되는 시점은 출고대상 품목을 이용해서 어떤 실적결과물이 만들어지는 경우, 실적을 등록하면 자동으로 출고된 것으로 간주된다.

품목마다 출고방식자동출고 혹은 수동출고이 설정되어있다. 자동출고 방식의 사급품 출고는 필요한 원자재를 외주처 창고로 재고이동 등록하는 것으로 처리하고, 수동출고 방식의 사급품 출고는 직접 사급품 출고 등록을 해야 한다. 이처럼 정해진 방식대로 사급품을 출고한 후에 외주가공품을 입고 처리할 수가 있기 때문에, 품목의 출고방식을 확인하는 것이 중요하다.

품목들에 대한 출고방식을 확인하는 방법은 다음과 같다.

(1) 호출메뉴: [기준정보>>품목기준정보>>공장별품목정보등록]

(2) 조건파트에 공장PS02과 검색하고자하는 품목을 검색-입력한다.

(3) 다음은 PS02수원2공장의 30LCDC-0090에 대한 조회 결과이다.

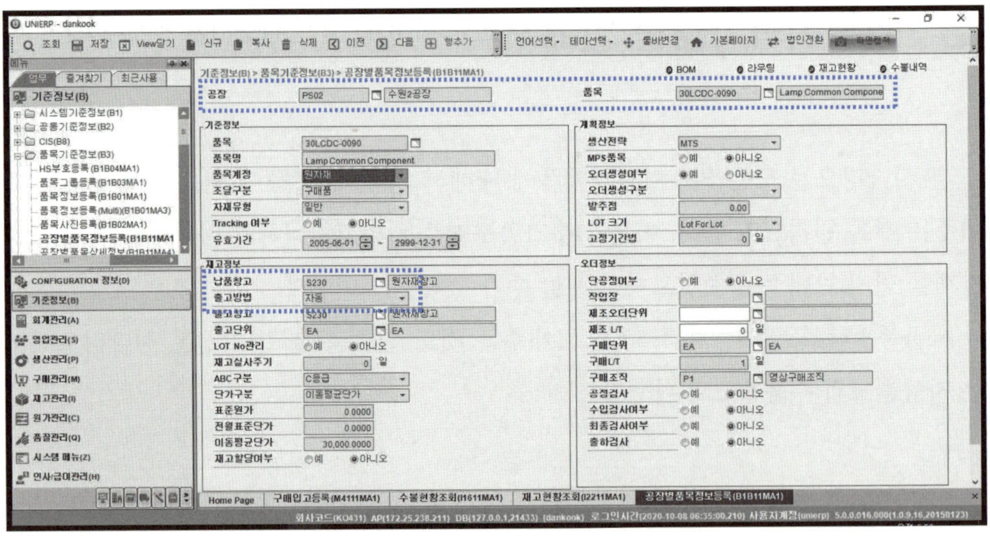

[그림 10-15] 품목별 출고방식 확인예: 30LCDC-0090

본 시나리오에서는 30LCDC-0090의 경우에는 "자동"으로 설정되어 있는 반면, 30LCDC-0095의 경우에는 "수동"으로 설정되어 있기 때문에, 수동으로 설정되어 있는 품목은 사급품출고등록으로 처리하고, 자동으로 설정되어 있는 품목은 재고이동 방식으로 사급품출고 작업을 처리한다.

3.1 사급품출고등록 수동출고 사급품의 경우

(1) 호출메뉴: [구매관리>>외주관리>>사급품출고등록]

(2) 조건파트의 데이터를 다음과 같이 입력한다.

입력 항목	데이터	입력/표시방법
출고유형	SGI사급품출고	PopUp자동표시
공급처	E1002동부제강	PopUp자동표시

(3) 화면 상단 우측의 [자품목예약참조] 창에서 예약된 자품목을 확인한다.

(4) [자품목예약참조] 팝업창을 열면 1개 품목이 조회되는데, 1개 품목을 선택-확인하여 사급품출고등록 화면으로 이동시킨 후 저장한다.

(5) 저장결과, 출고일과 출고번호SI000001가 자동으로 생성된다.

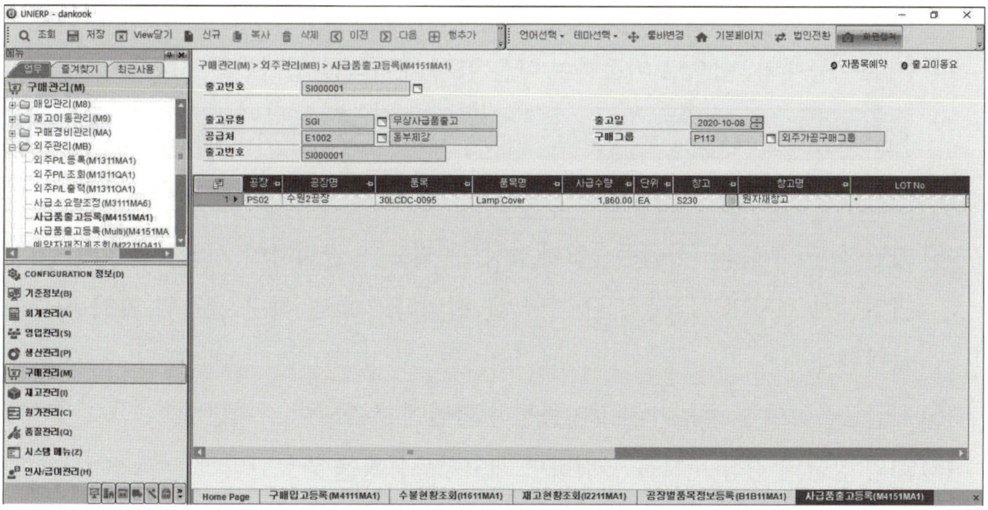

[그림 10-16] 수동출고 방식의 사급품출고30LCDC-0095 등록결과

【확인】 사급품 출고로 원자재 창고S230의 재고현황이 업데이트 되었을 것이며, 출고 내역은 수불현황에 기록되었을 것이다. 원자재 창고S230의 재고현황과 수불현황을 조회하여 사급품 출고 전과 후의 달라진 모습을 확인해 보도록 한다.

3.2 재고이동등록 자동출고방식 사급품인 경우

자동출고 방식의 사급품출고는 다음과 방법 재고이동 으로 진행한다.

(1) 호출메뉴: [재고관리〉〉수불관리〉〉재고이동등록]

(2) 조건파트의 데이터 입력: PS02 수원2공장

(3) 자료파트의 데이터를 다음과 같이 입력한다.

입력 항목	데이터	입력/표시방법
수불유형	T01 창고간이동 양품→양품	PopUp 자동표시
창고	S230 원자재창고	PopUp 자동표시
Cost Center	U2520 생산2팀	PopUp 자동표시

(4) [재고이동내역] 탭으로 이동하여 다음 항목 데이터를 입력한다.

입력 항목	데이터	입력/표시방법
이동창고	S2E1002 외주창고	PopUp 자동표시

(5) 화면 상단 우측의 [사급품출고예정정보] 필드를 클릭하여 사급품을 확인한다. 팝업창에 표시된 사급품30LCDC-0090을 선택하고 화면 하단 우측의 확인 버튼을 클릭한다.

(6) 사급품출고예정 품목이 재고이동등록 화면에 추가되어 나타난다.

(7) 화면 상단의 저장 버튼을 클릭하여 재고이동등록을 완료한다.

다음은 사급품 재고이동등록 결과이다. 사급품 재고이동을 완료하면 재고이동번호

ST000002가 자동으로 생성된다. 재고이동번호가 생성되었다는 것은 해당 품목이 실지로 이동했다는 것을 의미하며, 이를 통해서 해당 창고의 재고상태가 변하게 된다.

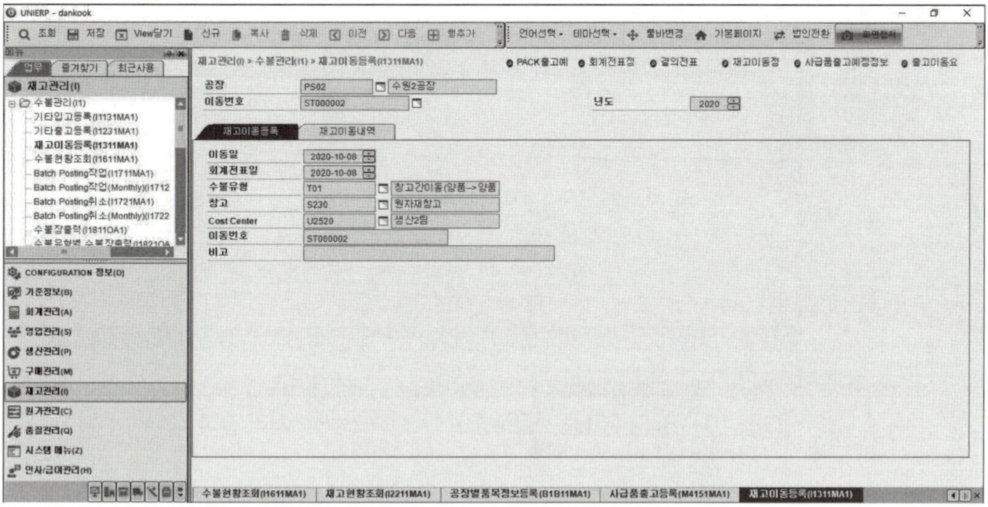

[그림 10-17] 외주가공 사급품 재고이동 등록결과

지금까지 수동출고 방식의 사급품을 수동출고시키는 작업과, 자동출고 방식의 사급품을 재고이동시키는 방법으로 사급품출고 작업을 수행하였다. 외주가공 사급품출고수동출고 및 재고이동 작업을 처리한 결과는 우선 해당 품목이 저장되어 있는 창고의 재고상태를 업데이트시킬 것이며, 그 기록은 실질 품목이 이동된 모든 경로를 보여주는 수불현황에 기록될 것이다.

방식은 다르지만 2건의 사급품 출고처리 작업을 했음에도 처리 결과 화면[그림 10-18]에서 보는 것처럼, 수동출고 방식의 사급품인 30LCDC-0095는 이미 출고된 것으로 확인되지만, 자동출고 방식의 사급품인 30LCDC-0090은 여전히 출고되지 않은 것으로 확인된다. 이는 PS02수원2공장에 적용되는 생산환경 및 공장정보에 따라서 수동출고는 출고 처리하는 순간 출고데이터가 반영되지만, 자동출고는 실적이 발생하는 순간 즉, 외주가공품이 입고되는 순간 사급품이 출고되는 것으로 간주되기 때문에 아직 출고되지 않은 것으로 표시된다. 다음은 사급품 출고 후, 원자재 창고S230의 업데이트된 재고상태를 보여준다.

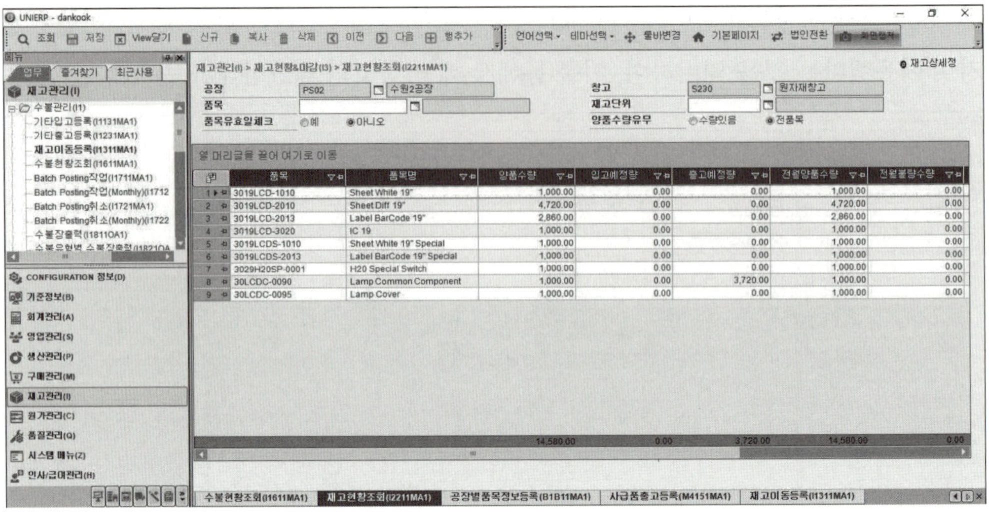

[그림 10-18] 외주가공 사급품출고수동출고 및 재고이동 처리 결과

3.3 외주가공품 입고등록

필요한 사급품을 자동출고 방식으로 그리고 재고이동 방식으로 모두 외주처에 보내 주었기 때문에, 외주처에서는 출고된 사급품을 이용하여 의뢰 받은 위탁가공 반제품을 생산했을 것이다. 이제 생산한 위탁가공품을 보내 왔다는 가정 하에 외주가공품 입고등록 작업을 수행한다. 외주가공품 입고등록 작업은 내자구매입고와 동일한 방법으로 다음과 같이 수행한다.

(1) 호출메뉴: [구매관리>>구매입출고관리>>구매입고등록]

(2) 조건파트의 데이터를 다음과 같이 입력한다.

입력 항목	데이터	입력/표시방법
입고형태	SGR 외주가공품입고 내작	PopUp 자동표시
공급처	E1002 동부제강	

(3) 화면 상단 우측 [발주내역참조]에서 외주가공발주PO000002를 검색한다.

(4) 검색 결과 조회된 품목을 선택-확인하여 입고등록 화면으로 이동시킨다.

(5) 결과를 저장한다. 저장결과는 다음과 같다.

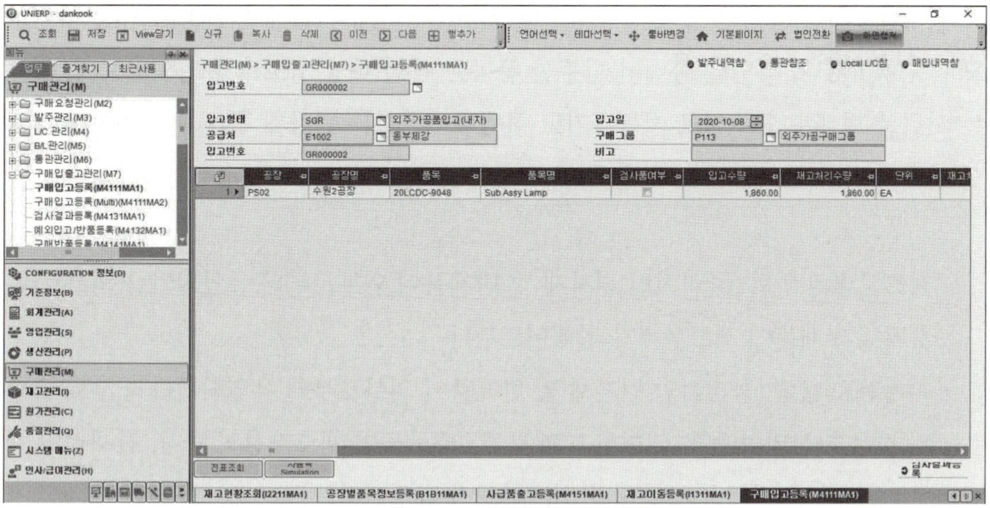

[그림 10-19] 외주가공품 입고처리 결과

외주가공품이 입고되면, 다음과 같은 전표가 자동으로 발행된다. 자동으로 발행된 회계전표는 입고등록 화면 하단의 전표조회를 통해서 확인한다. → 외주위탁가공의 경우에는 내자구매와 다르게 외주가공비를 지불하고 가공을 위탁하는 것이기 때문에, 내자구매입고 후 조회한 전표내용과 다르다.

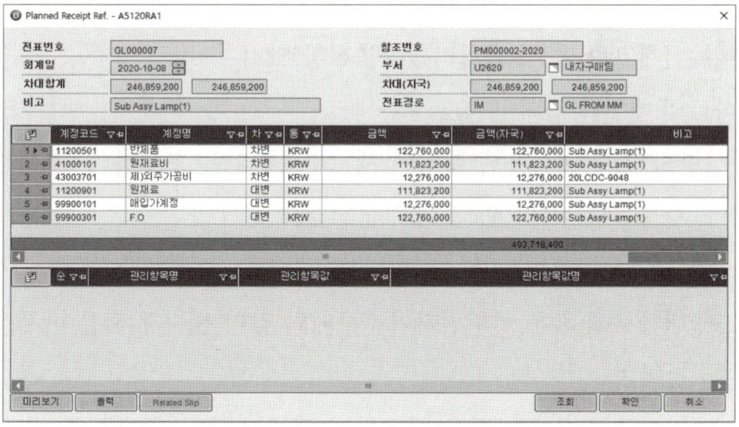

[그림 10-20] 외주가공품 입고처리 후 발행된 회계전표

3.4 재고수불현황조회

구매입고처리 작업을 통해서 내자구매 및 외주가공구매품에 대한 입고등록 작업을 모두 수행하였다. 작업을 통해서 발주한 품목은 직접 해당 창고로 유입되었으며, 일부는 사급품 형태로 외주처로 이동되기도 하였다. 이 모든 원자재 혹은 반제품의 물리적인 이동은 다음 항목들에 이동 흔적과 근거가 남아있다.

- 재고상태의 변화: 물리적인 원자재 및 반제품이 외부로부터 유입되거나 외부로 유출되었기 때문에 재고상태가 업데이트된다.
- 회계전표 발행: 물리적인 원자재 및 반제품이 외부로부터 유입되거나 외부로 유출된 것은 자산의 변동을 의미하기 때문에, 예를 들어 재고자산의 증가, 잠재적인 채무 매입가계정, 위탁가공비에 대한 회계전표가 발행된다.
- 수불현황: 물리적인 이동이 이루어진 모든 품목에 대해서 이동근거와 이동경로들이 기록된다.

지금까지 재고현황을 조회하거나 전표를 조회하는 작업은 수차례 해봤기 때문에, 재고수불현황만을 조회해 보기로 하겠다. 재고수불현황은 다음과 같이 확인한다.

(1) 호출메뉴: [재고관리〉〉수불관리〉〉수불현황조회]

(2) 조건파트의 데이터 입력: PS02 수원2공장

(3) 화면 상단의 조회 버튼을 클릭하여 재고수불현황을 조회한다. 조회결과는 다음과 같다. 수불구분은 다음과 같이 구분된다.

- 구매입고: 내자구매 혹은 외주위탁가공구매와 같이 원자재 혹은 반제품을 발주하여 입고된 것이며,
- 생산출고: 반제품 혹은 완제품을 생산하기 위해서 투입된 경우에 해당된다. 본 시나리오의 경우에서 외주위탁가공을 위해서 출고한 사급품도 생산과정의 일부이

기 때문에 생산출고에 해당된다.

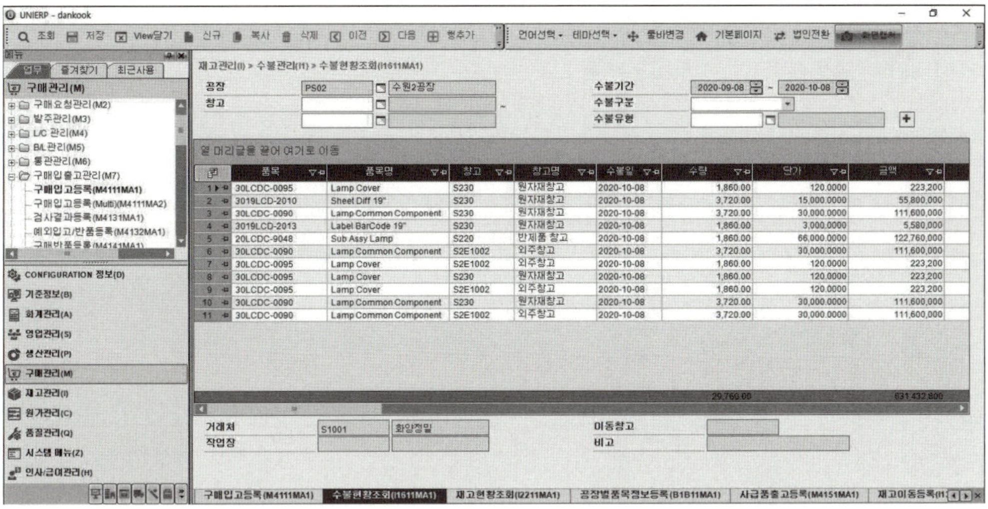

✓ 수불일은 작업일 기준으로 자동으로 표시됨.

✓ 2xxx-10-08: 4종의 내자구매품이 구매입고 처리되었으며, 원자재 창고로 유입됨[1~4행].

✓ 2xxx-10-08: 외주가공품이 입고 처리되어 반제품 창고로 유입됨[5행]. 이를 위해서 자동출고 방식과 수동출고 방식으로 재고이동 등록된 내역과[6~7, 9, 11행], 원자재 창고에서 사급품이 출고되고[8, 10행] 외주창고로 유입되었으며 최종 출고된 수량과 수불구분, 수불유형 등이 기록되어 있음.

[그림 10-21] 구매입고처리 후의 재고수불현황

Chapter 11

작업지시 및 반제품 실적관리

1. 작업지시관리
2. 부품출고처리
3. 반제품 실적등록 및 입고처리

학습개요 및 목표

MRP전개-승인-일괄전환 과정을 거치면 자체적으로 생산할 제조계획오더와 외부로부터 구매하거나 외주위탁 가공할 외주가공 계획오더가 생성된다. 앞 장에서는 필요한 원자재 구매를 위해서 발주처리 및 구매품을 입고 처리하는 작업과, 외주위탁 가공을 위해서 필요한 사급품 출고 및 외주가공품 입고 처리 과정을 살펴보았다.

완제품 생산에 필요한 구매품 및 외주가공품이 입고 처리되었다면, 고객주문 납기일과 월 판매계획을 통해서 수립한 판매계획의 일정을 맞추기 위해서 생산에 필요한 날짜 제조L/T를 감안하여 실제 생산에 착수하여야 한다. 구체적인 생산 활동이 이루어지기 위해서는 MRP 전개결과 생성된 제조계획오더가 제조오더로 전환되어 구체적인 작업지시로 확정되어 전달되어야 하며, BOM Bill of Material에서 성한 하위 품목 및 원자재 구성에 따라서 제품 생산에 필요한 부품을 예약하고 출고한 후 반제품 생산이 완료되면 이를 입고하는 작업을 거쳐야 한다. 따라서 본 장에서는 다음과 같은 내용들을 다루게 될 것이다.

- 작업지시관리
- 부품예약 및 출고
- 반제품 실적관리

작업지시 및 반제품 실적관리 작업을 효율적으로 수행하기 위해서 월 판매계획과 수주를 통해서 생산할 제품과 MRP 전개결과 생성된 제조계획오더 품목에 대해서 보다 구체적으로 이해할 필요가 있기 때문에, 품목정보를 정확하게 이해하여야 한다. 본 시나리오에서의 제조계획오더 품목의 핵심 내용은 다음과 같다.

(1) 본 시나리오에서 작성한 판매계획과 접수한 고객주문 품목은 1019LCD-0001 LCD Monitor 19"이다 [S1_판매계획]과 [S2_수주관리].

(2) 최종 생산 품목은 1019LCD-0001 LCD Monitor 19"로 확인되었다 [S3_생산계획 MPS].

(3) 생성한 계획제조오더 사내가공품은 다음과 같다 [S4_자재소요계획 MRP] .

① 1019LCD-0001 LCD Monitor 19"

② 2019LCD-0002 LCD Main Board 19

(4) 확인된 외주가공품은 20LCDC-9048 Sub Assy Lamp이며, 다음은 사내가공품을 생산하기 위해서 필요한 원자재이다 [S4_생산계획 MRP].

① 3019LCD-2010 Sheet Diff 19"

② 3019LCD-2013 Label BarCode 19"

③ 30LCDC-0090 Lamp Common Component

④ 30LCDC-0095 Lamp Cover

(5) 30LCDC-0090 Lamp Common Component과 30LCDC-0095 Lamp Cover는 외주가공을 위해서 출고되는 부품이다 [S7_입고처리 외주가공구매].

이상의 사실들을 정리하면 제품 1019LCD-0001 LCD Monitor 19"은 다음과 같은 구조를 갖는다.

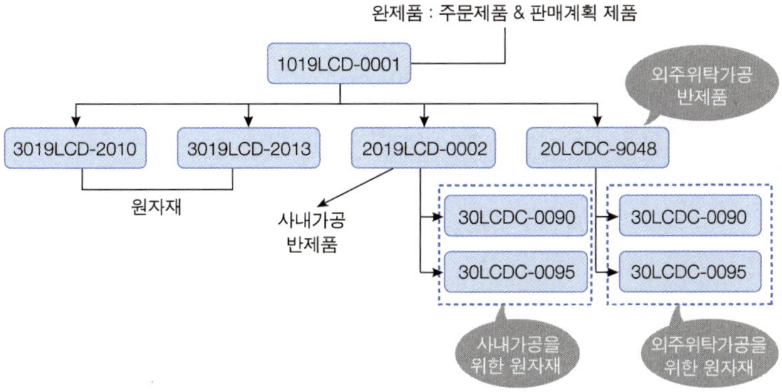

[그림 11-1] 제품 1019LCD-0001 LCD Monitor 19"의 BOM

사내가공을 위한 제조오더를 작업지시로 전환하는 작업은 [생산관리>>제조오더관리] 에서 쉽게 처리할 수가 있다.

그러나 작업지시에 따라서 사내가공을 하는 데 필요한 원자재, 반제품, 외주가공품을 예약하고 출고하는 것은 부품마다 출고방식이 다르다. 어떤 품목은 자동출고방식으로 그리고 어떤 품목은 수동출고방식으로 출고된다. 자동출고방식의 부품의 경우에는 별도의 출고처리작업 없이 실적등록과 동시에 자동으로 출고되지만, 수동출고방식의 부품인 경우에는 수동으로 출고처리를 해야 한다.

자동출고 혹은 수동출고방식의 부품은 품목기준정보에 설정되어 있기 때문에, 본 시나리오에서는 특별한 언급이 없는 한 기준정보에 설정된 다음의 부품출고방식에 따른다.

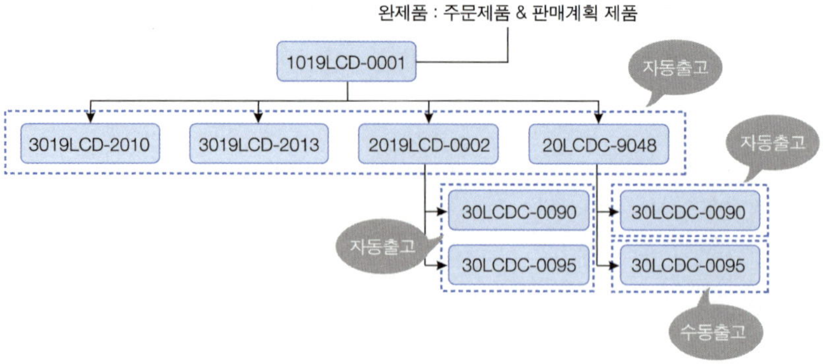

[그림 11-2] 부품출고방식

본 장의 학습목표는 다음과 같다.

- 부품의 출고 방식을 확인하는 방법을 이해한다.
- 반제품 실적등록 및 입고처리 과정을 이해한다.
- 반제품 입고처리 방식을 조정하는 방법과 입고처리 과정을 익힌다.

1 작업지시(제조오더확정)[DanDB_S8_작업지시]

작업지시제조오더확정 작업은 사내가공에 필요한 원자재, 내자구매품, 외주가공구매품 등에 대한 입고정보를 확인하고 자재소요계획(MRP)에 의해서 생성된 제조오더 중에서 [상태]가 "OpenOP"인 제조오더를 확정하여 작업지시를 내리고, 제조오더에 필요한 자품목하위품목을 예약하는 작업을 말한다.

제조오더는 제조계획오더 상태가 "OpenOP"인 경우에만 확정될 수 있다. 따라서 제조오더를 확정하기 전에 먼저 어떤 제조계획오더의 상태가 "OpenOP" 인지를 확인할 필요가 있다. 따라서 제조계획오더현황을 조회하여 제조오더상태를 확인하고, 부품을 예약하고 출고처리 과정에서 재고현황이 어떻게 달라지는지 비교하기 위해서 현재의 재고현황을 확인해야 한다.

제조오더확정 작업은 납기일과 제품 제조L/T를 감안하여 진행하는 것으로 하며, 작업을 시작하기 전에 먼저 다음과 같이 재고현황과 제조계획오더현황을 조회하여 확인한 후 진행하기로 한다.

1.1 재고현황 조회

재고현황조회는 부품예약 및 출고를 위해서 확인하는 것이 주목적이지만, 부품예약 혹은 부품출고 전과 후의 재고상태를 비교하고, 재고의 이동과 재고의 증가 및 감소 상태를 확인하기 위해서이다. 재고현황조회 작업은 다음과 같이 수행한다.

(1) 호출메뉴: [재고관리 〉〉 재고현황 & 마감 〉〉 재고현황조회]

(2) 조건파트의 데이터를 다음과 같이 입력한다.

입력 항목	데이터	입력/표시방법
공장	PS02 수원2공장	PopUp 자동표시
창고	S230 원자재창고	PopUp 자동표시

(3) 화면 상단의 조회버튼을 클릭하여 PS02 수원2공장의 원자재창고 S230의 재고를 조회한다. 재고현황조회결과는 다음과 같다.

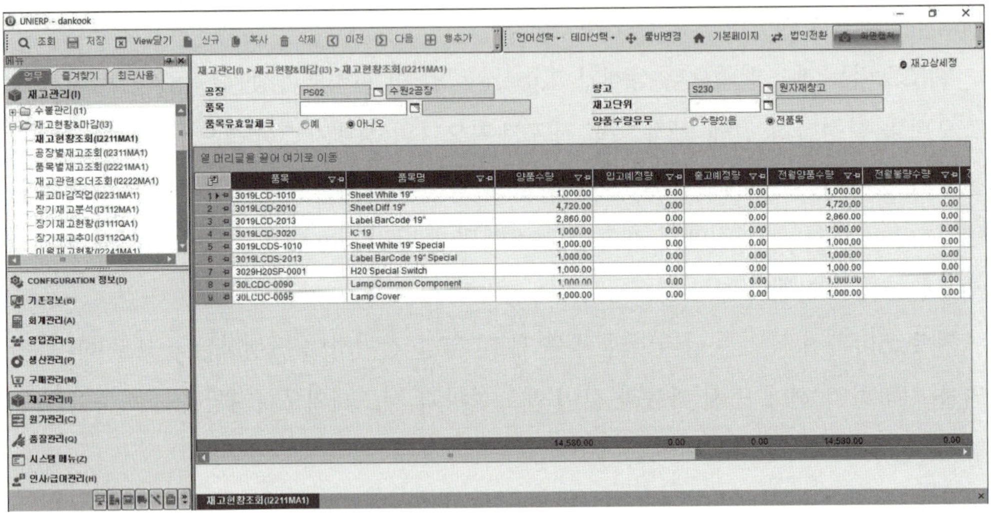

✓ 화면에 나타난 재고현황은 내자구매 및 외주가공구매를 통해서 입고 및 출고처리가 완료된 수량이며, 이는 반제품 혹은 제품 생산을 위해서 출고되기 이전이기 때문에, 양품수량이 증가되어 있는 상태이며 출고예정량도 나타나지 않는다.

[그림 11-3] 원자재 창고 S230 재고 현황

【확인】 원자재 창고(S230) 이외에 반제품 창고(S220)와 제품 창고(S210)의 재고현황도 조회하여 "입고예정량" 혹은 "출고예정량" 정보를 확인하고 작업지시 이전과 이후의 변화된 상태를 비교하도록 한다.

1.2 제조오더현황 조회

제조오더현황은 MRP전개-승인-일괄전환 후 생성된 제조계획오더 현황이며, 작업지시 전과 후를 비교하기 위해서 미리 조회하여 내용을 확인하도록 한다.

제조오더현황은 다음과 같이 조회한다.

(1) 호출메뉴: [생산관리 >>제조오더관리 >>제조오더 >>제조오더현황조회]

(2) 조건파트의 데이터를 다음과 같이 입력한다.

입력 항목	데이터	입력/표시방법
공장	PS02 수원2공장	PopUp 자동표시
착수예정일	2xxx-10-01 ~ 2xxx-10-31	직접입력

(3) 화면 상단의 조회 버튼을 클릭하여 해당 착수예정기간에 해당되는 제조오더를 조회한다. 조회결과는 다음과 같다.

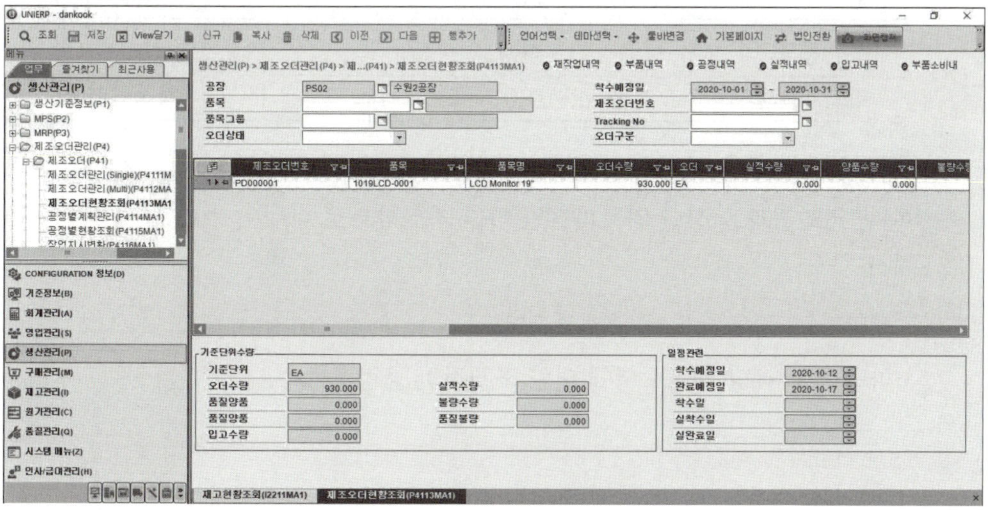

[그림 11-4] 제조오더현황 조회결과 제조오더확정 이전

✓ 제조오더현황조회 결과 창의 하단 파트에는 상단 파트의 각 행에 해당되는 제조계획오더의 착수예정일과 완료예정일 등의 내용이 나타난다. 그리고 결과 창의 상단 파트의 제조계획오

더의 내용은 다음과 같다.

✓ 계획제조오더는 완제품에 해당된다.

- 완제품 제조계획오더는 판매계획과 수주처리결과를 토대로 MRP전개-승인-일괄전환 작업을 통해서 제조계획오더로 전환상태가 "Plan" 에서 "Open" 으로 변환됨된 것이다.
- 마지막 열의 작업지시 내용착수일, 실착수일, 실완료일은 아직 작업지시를 내리지 않았기 때문에 해당란은 아직 공란으로 남아있다.

1.3 제조오더확정

제조오더확정 작업은 "Open" 상태의 제조계획오더를 확정하여 구체적인 작업지시를 내리는 작업이다. 제조계획오더 확정작업은 다음과 같이 수행한다.

(1) 호출메뉴: [생산관리〉〉제조오더관리〉〉작업지시〉〉제조오더확정]

(2) 조건파트의 데이터를 다음과 같이 입력한다.

입력 항목	데이터	입력/표시방법
공장	PS02 수원2공장	PopUp 자동표시
작업계획일자	2xxx-10-01 ~ 2xxx-10-31	직접입력

(3) 화면 상단의 조회 버튼을 클릭하여 작업계획기간에 해당되는 제조오더를 조회한다. 조회결과는 상단 자료파트와 하단 자료파트로 나뉘어서 다음과 같이 나타난다.

- 상단파트: 작업지시 대상 제조오더
- 하단파트: 해당 제조오더에 대한 구체적인 공정정보

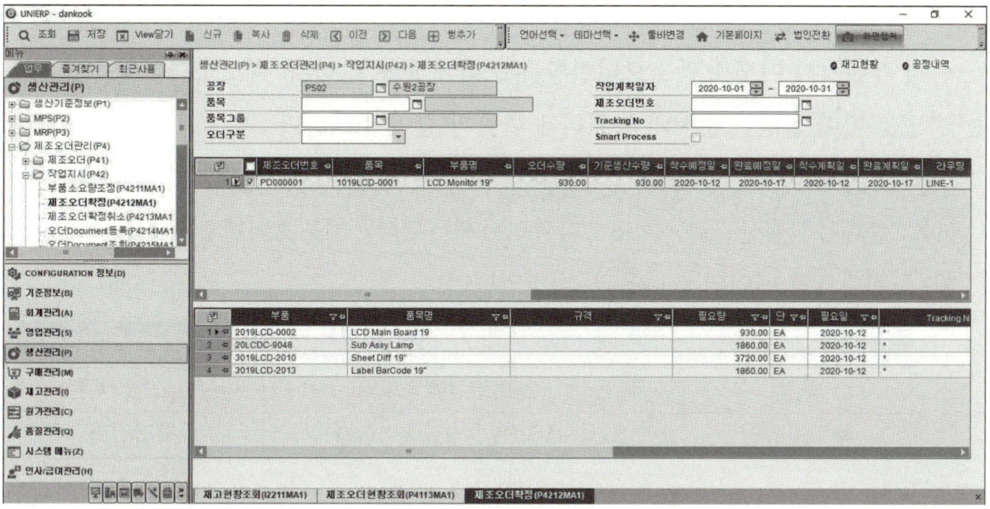

[그림 11-5] 제조오더확정

(4) 상단 자료파트에 나타난 확정 대상 행제조오더번호을 선택한다.

(5) 화면 상단의 저장 버튼을 클릭하여 제조오더를 확정한다. 제조오더확정을 위해서 저장 버튼을 클릭하면 상단 자료파트의 각 행의 자료들이 사라지며, "검색된 Data가 없습니다."라는 메시지가 나타나는데, 확인 버튼을 클릭하면 제조오더가 확정된다.

제조오더를 확정하고 나면 재고현황과 제조오더현황이 다르게 조회되는데, 제조오더 확정은 작업지시를 의미하기 때문에 먼저 계획오더의 상태가 변하고, 또 특별한 일정 조정 없이 정상적으로 작업이 수행되면 부품이나 원자재가 투입되어야하기 때문에 출고예정 정보가 표시되고, 작업이 종료되면 제품이 입고될 것이기 때문에, 입고예정 재고량이 표시된다.

제조오더확정 전과 후의 재고현황과 제조오더현황을 비교하기 위해서 제조오더확정 이후의 재고현황과 제조오더현황을 다시 한 번 조회해 보도록 하자. 제조오더확정 이전의 재고현황과 제조오더현황은 앞 절에서 이미 조회하였다.

○ 제조오더확정 이후의 제조오더현황 조회

먼저 작업지시 이후의 제조오더현황을 조회해 보도록 하자. 제조오더현황을 조회하는 방법은 이미 설명한 순서와 동일하게 다음과 같이 조회한다.

(1) 호출메뉴: [생산관리〉〉제조오더관리〉〉제조오더〉〉제조오더현황 조회]

(2) 조건파트의 데이터를 다음과 같이 입력한다.

입력 항목	데이터	입력/표시방법
공장	PS02 수원2공장	PopUp 자동표시
착수예정일	2xxx-10-01 ~ 2xxx-10-31	직접입력

(3) 화면 상단의 조회 버튼을 클릭한다. 다음은 제조오더현황조회 결과이다. 조회된 제조오더현황 조회결과를 앞서 조회한 결과[그림 11-4]와 비교하면 제조오더확정 이전에는 표시되지 않았던 구체적인 정보들이 표시되어 나타나며, 제조오더 상태도 Open → Release 상태로 전환되고, 착수일이 표시되어 있음을 확인할 수가 있다. 표시된 착수일2xxx-10-15은 최초의 납기일2xxx-10-20과 제품 제조에 필요한 L/T본 시나리오에서는 설정한 5일를 감안하여 자동으로 계산된 날짜이다.

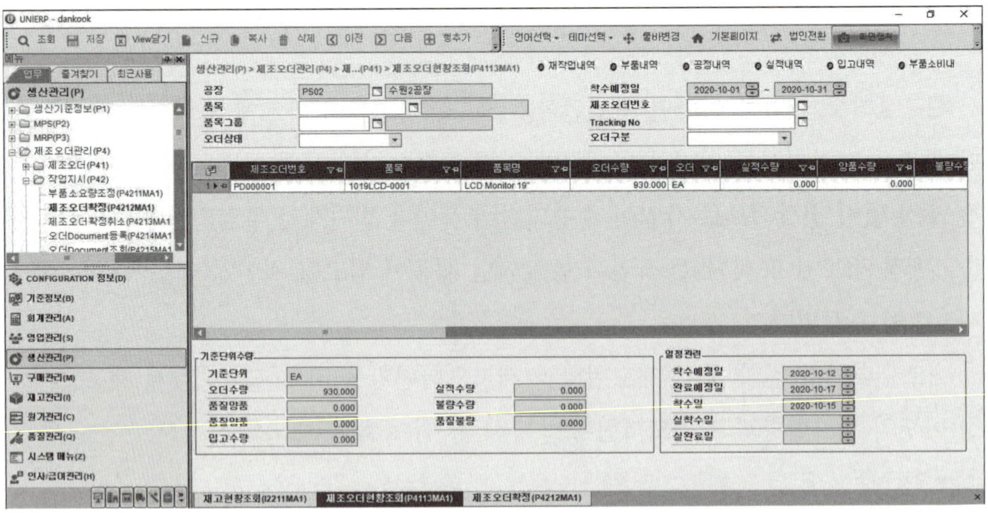

[그림 11-6] 제조오더현황 조회제조오더확정 이후

○ 제조오더확정 이후의 재고현황 조회

이번에는 재고현황원자재창고와 제품창고을 조회해 보기로 하자. 재고현황을 조회하는 이유는, 제조오더확정으로 제품생산 공정이 시작될 것이기 때문에, 제조공정 이후 제품 수량이 늘어날 것이라 것과, 제조에 필요한 원자재가 투입될 것이라는 것을 확인하기 위해서이다. 재고현황을 조회하는 방법은 다음과 같다.

(1) 호출메뉴: [재고관리>>재고현황&마감>>재고현황조회]

(2) 조건파트의 데이터를 다음과 같이 입력한다. : PS02수원2공장, S230원자재창고와 제품창고S210

(3) 화면 상단의 조회버튼을 클릭하여 PS02수원2공장의 원자재창고S230의 원자재 재고현황을 조회한다. 또한 조건파트의 데이터를 S210완제품창고으로 변경한 후, 재고현황을 조회한다.

(4) 원자재 창고와 제품 창고의 재고현황은 다음과 같다. → 제조오더확정 이후 원자재창고의 출고예정량과 제품창고의 입고예정량을 확인한다.

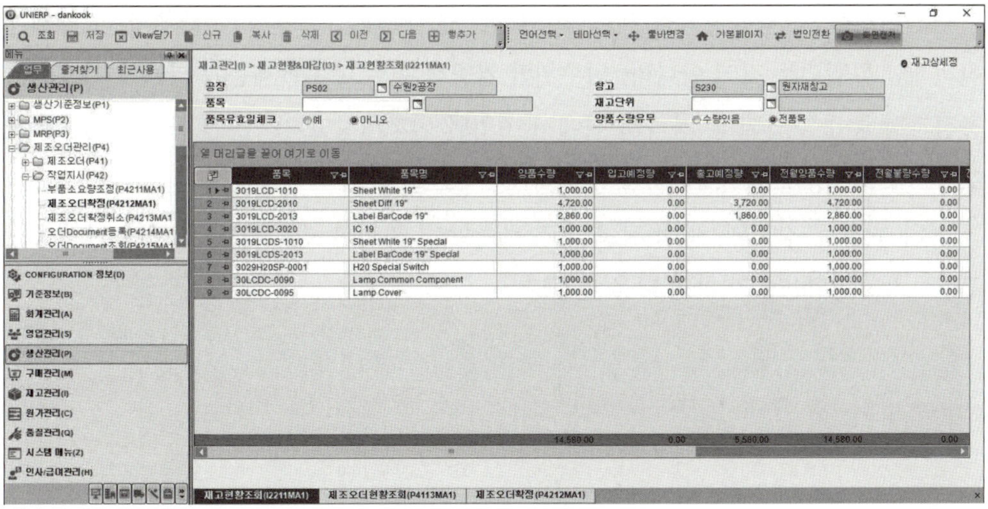

✓ 원자재 창고의 출고예정량이 표시되는 것은 작업지시 확정은 작업을 시작했다는 의미이기 때문에, 제조공정이 진행되면서 원자재가 투입될 것이기 때문이다.

[그림 11-7] 원자재 창고S230의 재고현황제조오더 확정 이후

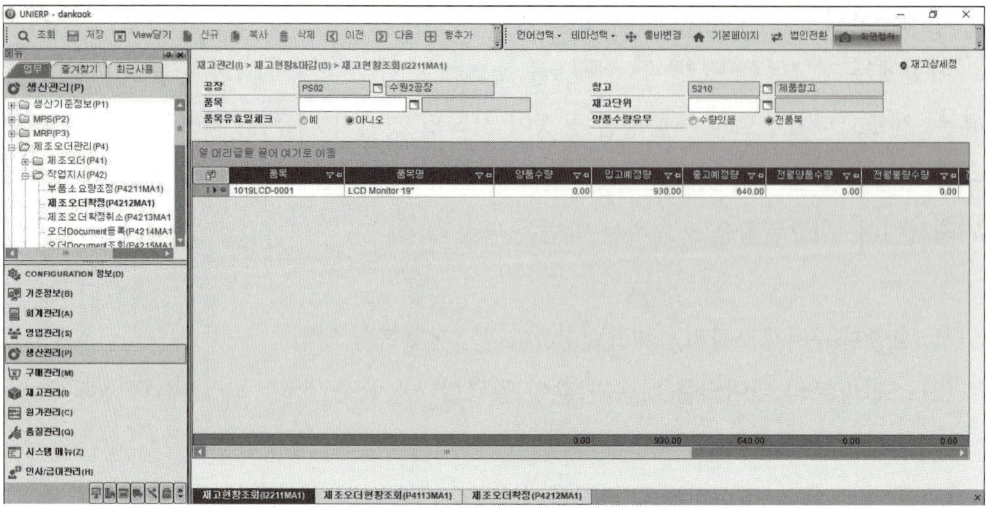

✓ 완제품 창고의 입고예정량이 표시되는 이유는 작업지시가 이행되어 제품이 생산 완료되면 완제품이 입고될 것이기 때문이다.

✓ 출고예정량이 표시되는 이유는 신세계이마트 강남으로부터 접수한 주문이 납품되어야 하기 때문이다.

[그림 11-8] 완제품 창고S210의 재고현황제조오더 확정 이후

작업지시를 통해서 생산될 제품인 1019LCD-0001LCD Monitor 19"를 생산하는 데는 원자재만 투입되는 것이 아니라, 외주위탁 가공하여 입고한 반제품과 다른 원자재들이 공정과정 중에 투입된다. 따라서 위에서 조회한 원자재창고S230 뿐만 아니라 반제품창고S220의 재고상태도 변화되었을 것이다.

위의 원자재 창고와 제품 창고의 재고현황을 조회한 방법과 동일하게 반제품창고S220 재고현황을 조회하면 다음과 같다.

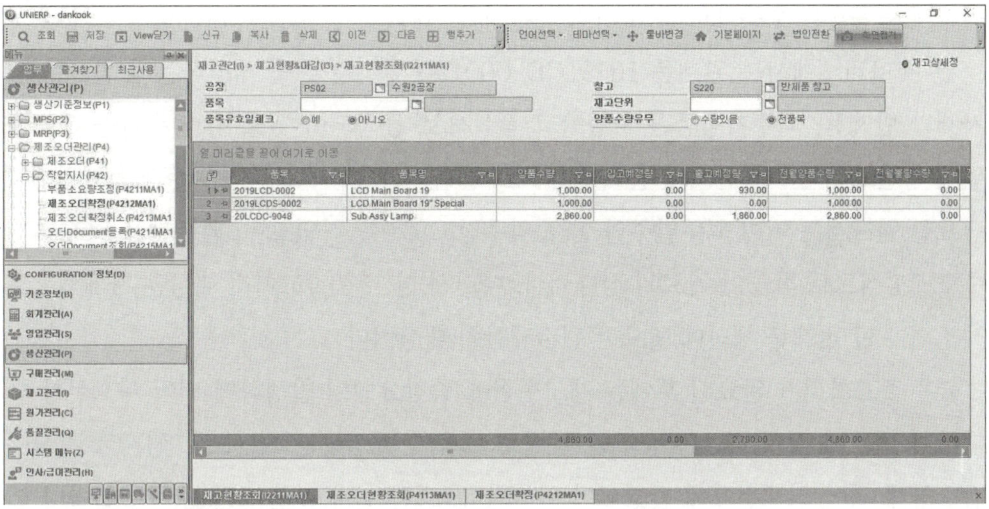

✓ 출고예정인 반제품은 모두 2종임

✓ 2019LCDC-9048은 외주위탁가공구매를 통해서 확보한 반제품이며,

✓ 2019LCD-0002는 아직 양품수량이 없음에도 출고예정량으로 표시되어 있는데, 사내 공정을 통해서 직접 반제품을 생산하여 최종 완제품을 생산하는데 사용할 것이기 때문에 아직 양품수량이 존재하지 않음

[그림 11-9] 반제품 창고S220의 재고현황제조오더 확정 이후

2 부품출고처리[DanDB_S9IF_부품출고처리]

제조오더확정과 함께 본격적인 제품 생산을 위한 제조공정이 시작되면 소요되는 부품들이 투입되기 시작한다. 부품출고처리 작업은 내자구매 및 외주가공구매를 통해서 구매한 부품들을 확정된 제조오더에서 지시한 (반)제품 생산을 위해서 출고하는 과정이다.

부품출고는 기본적으로 품목에 따라서 "자동출고"로 설정된 품목들은 [공장별 품목정보]에 설정된 제조공정에 따라서 자동으로 출고 처리되지만, "수동출고"로 설정된 원자재 품목들은 수동으로 출고 처리해 주어야 한다.

본 시나리오에서는 완제품 1019LCD-0001 LCD Monitor 19"을 생산하는데 필요한 원자재와 반제품, 외주가공품은 자동출고 품목으로 등록되어 있으며, 외주가공 생산을 위해서 필요한 원자재는 수동출고 품목으로 등록되어 있다. 그런데 외주가공을 위해서 필요한 원자재는 이미 외주발주와 함께 외주창고로 이동하였으며, 외주가공품 또한 외주구매형식으로 작업이 완료된 상태이다. 따라서 본 부품출고처리 대상은 자체적으로 제조해야 할 반제품 생산에 필요한 원자재만이 대상이다.

부품출고처리가 완료된 후에는 재고현황에 증감요인이 발생하게 되어 재고현황 데이터가 변경될 것이며, 부품출고는 원재료 비용이 발생하는 요인으로 원재료 자산이 감소하게 되어 회계전표에 반영되어 나타난다. 또한 실제로 출고된 품목이 얼마나 어느 창고에서 어떤 명목으로 입고 혹은 생산출고 등 출고되었는지에 대한 정보를 수불현황을 통해서 확인할 수가 있다.

2.1 부품출고등록

부품출고처리 작업은 다음과 같이 진행한다.

(1) 호출메뉴: [생산관리>>제조오더관리>>부품출고>>부품출고등록]

(2) 조건파트의 데이터를 다음과 같이 입력한다.

입력 항목	데이터	입력/표시방법
공장	PS02 수원2공장	PopUp 자동표시
필요일	2xxx-10-01~ 2xxx-10-31	직접입력

(3) 화면 상단의 조회 버튼을 클릭한다. 조회결과를 확인한다. → 조회결과, "검색된 Data가 없습니다."라는 메시지가 나타난다.

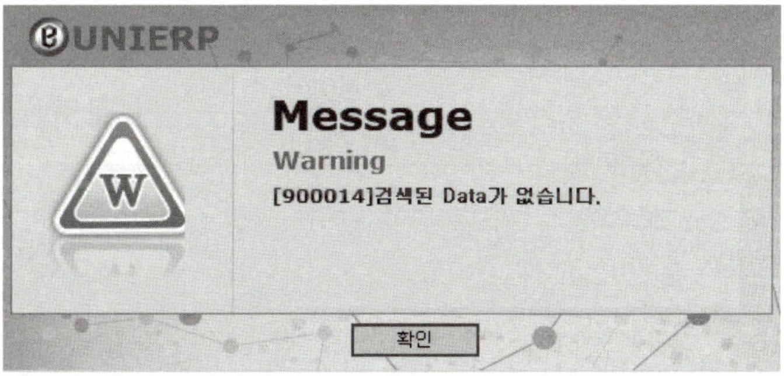

[그림 11-10] 부품출고등록 조회

✓ (출고대상 품목이 조회되었다면) 상단 데이터 파트의 자료들은 제조오더별로 어떤 부품이 언제 얼마나 필요한지를 나타내며, 하단 데이터 파트는 상단의 부품소요시기와 소요량을 입력하여 등록하는 부분이 나타났을 것이다.

✓ 하지만 본 시나리오에서는 조회결과 검색된 Data가 없다 즉, 출고될 부품이 없다고 조회된다. 본 시나리오의 경우 제조공정에 필요한 모든 원자재와 반제품 출고는 설정된 출고방식에 따르기 때문이다. 본 시나리오에서는 출고될 원자재 중에서 외주가공을 위해서 필요한 원자재는 이미 외주발주와 동시에 출고 처리되었으며, 자체적으로 생산해야할 반제품 생산을 위해서 필요한 2종의 원자재3019LCD-2010, 3019LCD-2013와 최종 완제품을 생산하는 데 소요되는 2종의 반제품2019LCD-0002, 2019LCD-9048은 "자동출고" 품목이기 때문에, 본 부품출고등록 대상이 아니다. 따라서 "검색된 데이터가 없습니다."라는 메시지의 의미는 이미 자동출고처리가 되었거나, 별도의 출고처리 작업이 필요하지 않다는 것을 의미한다.

2.2 부품출고 현황조회

수동이든 혹은 자동이든 부품출고등록이 완료되면, 제조에 필요한 부품이 출고 처리되었기 때문에, 이는 재고의 증감요인이 되어 재고현황 상태가 업데이트된다. 부품출고 후의 출고현황을 조회하는 방법은 다음과 같다.

(1) 호출메뉴: [생산관리>>제조오더관리>>부품출고>>출고현황조회]

(2) 조건파트의 데이터를 다음과 같이 입력한다.

입력 항목	데이터	입력/표시방법
공장	PS02 수원2공장	PopUp 자동표시
필요일	2xxx-10-01~ 2xxx-10-31	직접입력

(3) 부품출고현황을 조회한 결과는 다음과 같다.

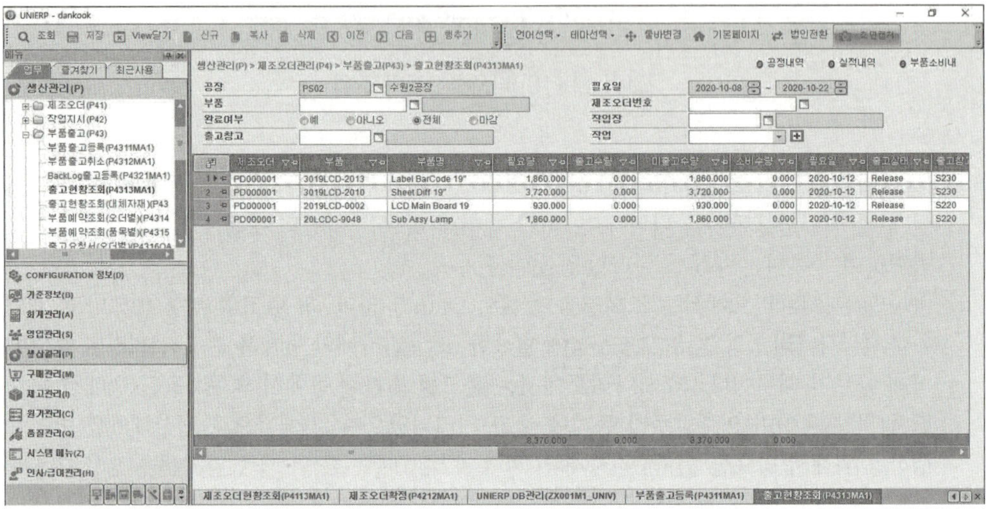

✓ 조회결과 화면에 표시된 필요량, 출고수량, 미출고 수량의 의미는 다음과 같다.

(1) 필요량: 제품생산에 필요한 수량

(2) 출고수량: 이미 출고된 수량 외주가공을 위해서 출고된 원자재는 이미 반제품 형태로 재 입고되었기 때문에 표시되지 않음

(3) 미출고 수량: 아직 출고되지 않았지만 제조공정에 투입되어 출고될 수량

✓ 출고상태는 모두 "Release" 상태임

[그림 11-11] 부품출고 현황조회

부품출고현황에 표시되는 출고상태는 다음과 같이 네 가지 상태로 구분된다.

- Open: 제조오더가 생성된 상태
- Release: 제조오더가 확정되어 부품은 예약은 되었으나, 출고가 진행되지 않는 상태
- Start: 예약된 부품 출고가 진행 중인 상태

• Close: 예약부품이 전량 출고되고, 제조오더가 마감된 상태

위의 부품출고현황 조회결과 출고상태는 모두 "Release" 상태이므로 출고가 진행되지는 않았지만, 제조오더가 확정되어 필요한 부품이 예약되어 있는 상태를 의미한다. 이는 다음과 같이 부품예약조회를 통해서 확인할 수가 있다.

(1) 호출메뉴: [생산관리>>제조오더관리>>부품출고>>부품예약조회[오더별]]

(2) 조건파트의 다음 데이터를 입력한다.

입력 항목	데이터	입력/표시방법
공장	PS02[수원2공장]	PopUp[자동표시]
착수예정일	2xxx-10-01~ 2xxx-10-31	직접입력

(3) 결과를 조회-확인한다. 필요한 부품에 대한 예약상황은 다음과 같다.

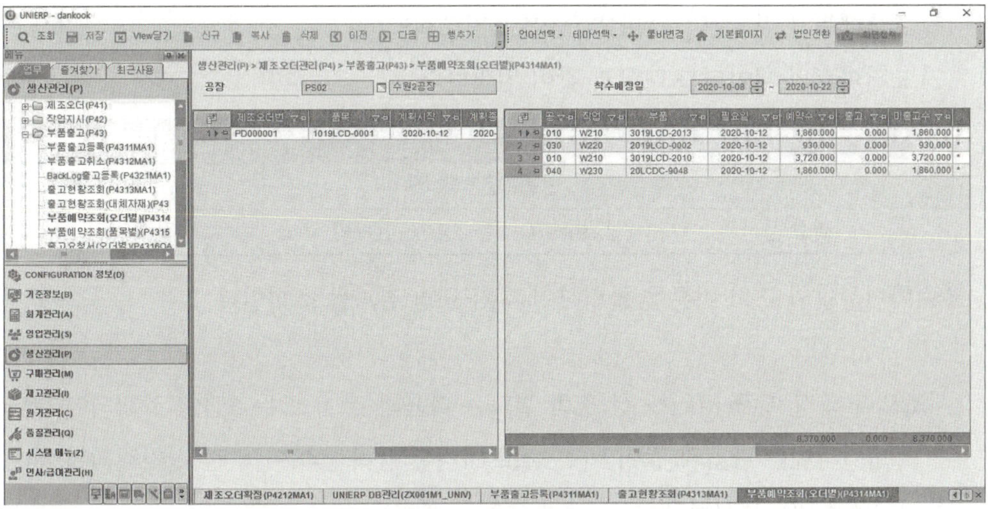

[그림 11-12] 부품예약조회[오더별] 결과

• **부품예약조회 결과 화면 좌측**

작업지시로 제조오더가 확정되어 최종 생산될 품목에 대한 정보

• 부품예약조회 결과 화면 우측

최종 생산될 제품을 생산하는데 공정 단계별로 투입될 반제품 혹은 원자재 목록과 이미 출고된 수량과 아직 출고되지 않은 수량에 대한 정보

2.3 자재소요계획MRP 요청조회

부품출고처리 결과는 부품출고 현황 데이터에 출고상태의 변화로 나타나고, 또한 출고 처리된 부품이 소요된다는 계획을 수립했던 자재소요계획MRP 요청자료에도 변화의 흔적을 남긴다. 부품출고처리가 정상적으로 완료되면 자재소요계획MRP의 요청조회 결과 출고 처리된 부품이 실제로 출고되었다는 사실이 나타난다. 자재소요계획MRP 요청조회 작업은 다음과 같이 수행한다.

(1) 호출메뉴: [생산관리〉〉MRP〉〉MRP요청조회]

(2) 조건파트의 데이터를 다음과 같이 입력한다.

입력 항목	데이터	입력/표시방법
공장	PS02 수원2공장	PopUp 자동표시
필요일	2xxx-10-01~2xxx-10-31	직접입력

(3) 화면상단의 조회 버튼을 클릭하여 MRP요청 결과를 조회한다.

제조오더 확정 이후 MRP요청 조회 결과는 다음과 같이 모두 6건이 조회되어 나타난다. 조회결과에는 다음과 같이 이미 출고 처리된 품목들과 아직 출고 처리되지 않은 품목으로 구분되어 표시된다.

① 1행~4행: 제조오더 확정 이후 아직 출고 처리되지 않은 품목으로 이는 제조공정 중에 투입될 품목들에 해당된다.

② 5행~6행: 제조오더 확정 이후에 출고되지 않았음에도 불구하고 이미 출고된 것

으로 처리되어 있는 2건이 표시되는데, 이는 외주가공을 위해서 이미 외주처 창고로 사급품출고 형식으로 출고했거나 재고이동재고이동도 출고에 해당됨을 하였기 때문에, 이미 출고처리가 완료된 것으로 나타난다.

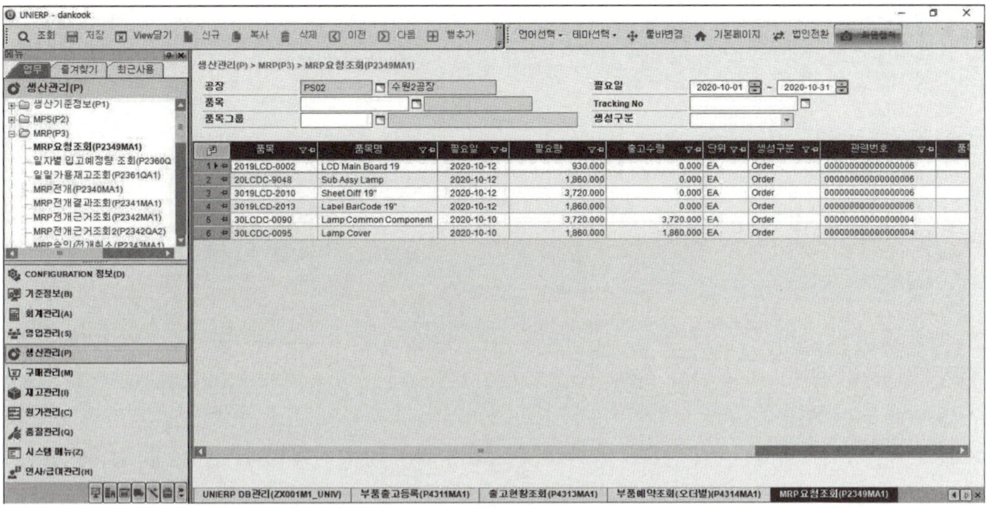

[그림 11-13] MRP요청조회 결과 제조오더확정 후

2.4 재고현황조회

부품이 출고되면 재고현황에 직접적으로 변화가 생긴다. 부품이 입고되거나 출고되면 자동으로 재고변동으로 연결되도록 설정되어 있기 때문에, 부품이 실지로 출고되었다면 재고현황에 출고 내역이 반영되어 있을 것이다. 재고현황 조회는 창고별 그리고 공장-품목별로 다음과 같이 이루어진다.

(1) 호출메뉴: [재고관리>>재고현황&마감>>재고현황조회]

(2) 조건파트의 데이터 입력: 공장PS02, 원자재창고S230

(3) 화면 상단의 조회 버튼을 클릭하여 재고현황을 조회한다. 재고현황 결과에는 조회일 현재 다음과 같은 재고정보들을 확인한다.: 양품수량, 입고예정량, 출고예

정량 그리고 전월양품수량.

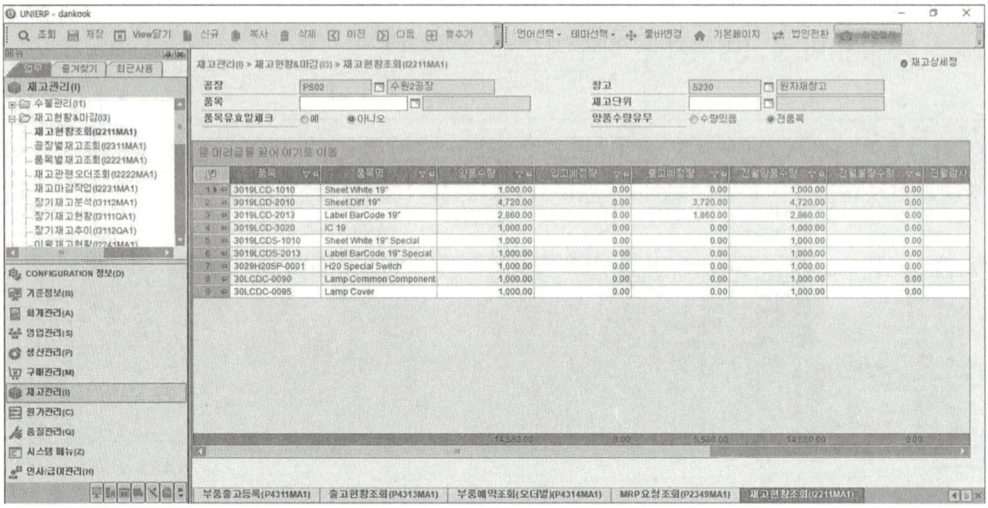

✓ 발주된 모든 원자재 및 반제품이 이미 입고 처리되었기 때문에 입고예정량은 없다.
✓ 출고예정량이 표시되어 있기 때문에 아직 출고처리 되지 않은 품목이 있다는 것을 알 수 있다.

[그림 11-14] 원자재 창고의 재고현황조회 결과제조오더확정 후

2.5 전표조회

본 시나리오에서는 자산의 증가 혹은 감소 등의 상황이 발생하면 자동으로 전표가 작성되도록 설정되어 있다. 따라서 부품이 출고되면 이는 자산이 감소하게 되고, 이는 자동으로 회계전표가 생성된다. 따라서 전표조회 결과를 통해서 부품출고 작업이 정상적으로 이루어졌는지 여부를 확인할 수가 있다.

즉, 현재의 제조공정 단계에서 부품관련 회계전표가 발행되어 있다면 부품이 실지로 출고되었음을 의미하고, 만일 회계전표가 발행되어 있지 않다면, 부품 출고가 이루어지지 않았다는 것을 의미이다. 이는 제조공정 과정에서 부품이 실지로 출고 되었는지 여부를 회계전표를 통해서 확인할 수가 있다는 것이다. 회계전표를 조회하는 방법은 다음과 같다.

(1) 호출메뉴: [회계관리〉〉전표관리〉〉회계전표조회]

(2) 조건파트의 데이터 입력 → 필수입력 항목이 없음.

(3) 화면 상단의 조회 버튼을 클릭하여 생성된 회계전표를 조회한다. 조회된 회계전표는 모두 2건으로 다음 조회결과 화면에서 보는 바와 같다.

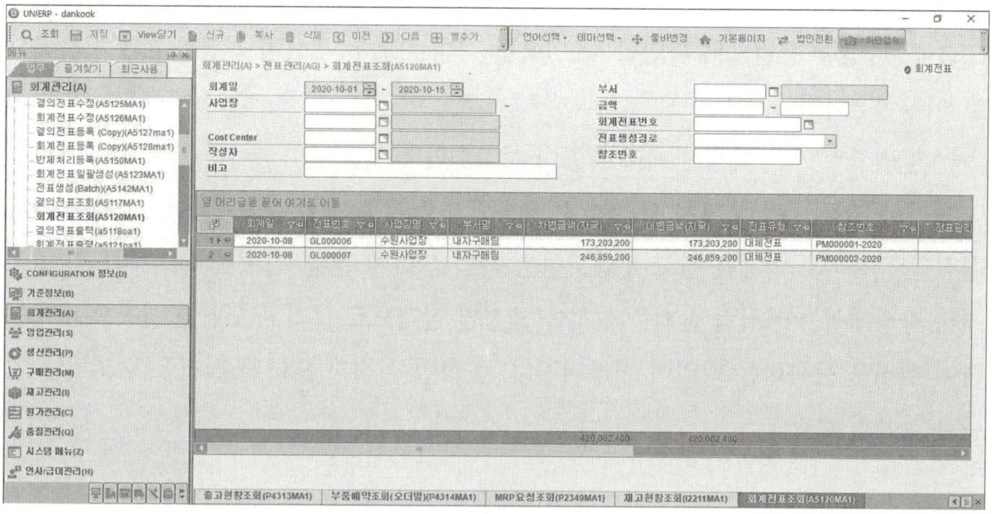

[그림 11-15] 회계전표 조회결과

조회결과에 나타난 2건의 회계전표는 각각 다음과 같은 작업처리 결과 생성된 것이다.

- 첫 번째 행의 전표는 내자구매품 입고결과 발행된 전표이다.
- 두 번째 행의 전표는 외주가공입고를 위해서 출고한 사급품으로 인해 생성된 전표이다.

2건의 회계전표만이 발행된 것으로 미루어 제조오더확정 후 예약된 부품들이 현재의 제조공정 단계에서는 아직 출고되지 않았다는 것을 알 수 있다.

3 반제품 실적등록 및 입고처리[DanDB_S10IF_반제품실적관리]

앞 절에서 반제품 가공을 위해서 필요한 부품을 출고시키고, 부품출고가 정상적으로 이루어졌다는 사실자동출고 혹은 수동출고 방식을 재고현황조회, 회계전표조회, 출고현황조회 등 다양한 방법으로 확인할 수 있음을 살펴보았다. 필요한 부품출고가 정상적으로 이루어졌다면수동출고인 경우에는 필요한 부품을 직접 출고처리하고, 자동출고인 경우에는 품목정보에 설정된 단계에 맞춰서 출고 처리됨, 이제 반제품 가공이 시작된다.

반제품 가공 공정을 거쳐 시간이 지나면 반제품 가공이 완료될 것이며, 반제품 가공 실적을 등록하고 반제품 창고에 입고하는 작업을 하게 된다. 반제품 실적등록 및 입고처리 과정에서는 이처럼 반제품 실적을 공정별 실적으로 그리고 오더별 실적으로 구분하여 실적을 등록하는 작업이 이루어진다. 공정별 실적과 오더별 실적을 구분하는 기준은 다음과 같다.

- 오더별 실적등록반제품 가공이 단공정(단일 공정)으로 이루어지는 경우: 반제품 실적이 단일 공정을 통해서 가공되는 경우이며, 이 경우에는 가공된 반제품 실적을 오더별 실적으로 등록한다. 만일, 단공정으로 가공되는 반제품이 없다면 오더별 실적으로 등록하지 않는다.
- 공정별 실적등록반제품 가공이 다공정으로 이루어지는 경우: 반제품 실적이 다단계의 여러 공정을 통해서 가공되는 경우이며, 이 경우에는 반제품 실적을 공정별 실적으로 등록한다. 만일 다공정으로 가공되는 반제품 실적물이 아니라면 공정별 실적으로 등록하지 않는다.

반제품 실적을 등록하는 과정에서 처리되는 내용은 다음 두 가지이다.

① 반제품 생산을 위해 투입된 원자재 출고: 투입된 원자재의 출고처리는 [품목기준정보]에 설정된 출고방식자동출고 혹은 수동출고에 의거하여 직접 출고시키거나 혹은

실적이 등록되면 자동으로 출고 처리되는 자동출고 방식으로 처리된다. 본 시나리오에서는 제조공정에서 투입되는 원자재는 모두 자동출고 방식으로 설정되어 있기 때문에 공정 각 단계에서 투입되어야할 원자재 혹은 반제품은 자동으로 출고 처리된다.

② 반제품 실적등록 및 입고처리: 반제품 실적 등록 및 입고처리라는 것은 최종 공정단계가 아닌 중간 제조공정에서 만들어지는 부분 완성품반제품을 등록하고 입고 처리한다.

UNIERP시스템에서 실적이란, 현장에서 가공된 결과물을 의미하기 때문에, 반제품 실적이란 제조공정의 중간 단계에서 실제로 가공된 부분 완성품인 반제품을 말한다. 제조공정 중간 단계에서 가공된 반제품은 다음 단계의 공정에 투입되는데, 투입되는 시간과 장소가 같을 수도 있지만 다른 공정으로 이동되어 투입될 수도 있다. 따라서 제조공정 단계들에서 가공된 반제품들을 등록하고 입고시키는 것이 필요하다.

구매입고처리는 발주한 원자재나 반제품을 창고에 입고시키는 작업을 말하는데, 제조공정에서 입고처리란, 제조공정 단계에서 가공된 반제품을 다음 단계의 작업을 위해서 등록하고 입고시키는 작업을 말한다. 그런데 구매단계에서 입고처리는 자동으로 처리되지 않기 때문에 모든 입고품목을 직접 입고 처리하지만, 반제품 실적 입고처리는 실적을 등록하면 자동으로 입고되도록 할 수도 있고, 실적등록 후에 수동으로 입고처리 할 수도 있다. 이는 [Configuration정보>>생산관리>>생산환경설정] 실적등록과 입고처리를 어떻게 할 것인지의 설정 방법에 따라서 다르기 때문에, 먼저 설정된 생산환경 정보를 확인해 보도록 하자.

○ 실적동시 자동입고 확인설정

(1) 호출메뉴: [Configuration정보>>생산관리>>생산환경설정]

(2) 조건파트의 데이터를 다음과 같이 입력한다.: PS02공장수원2공장

(3) 화면 상단의 조회 버튼을 클릭하여 설정된 생산환경을 조회한다.

(4) 작업파트의 [제조오더] 탭을 클릭한다.

(5) [제조오더] 탭의 실적동시 자동입고 항목을 확인한다.

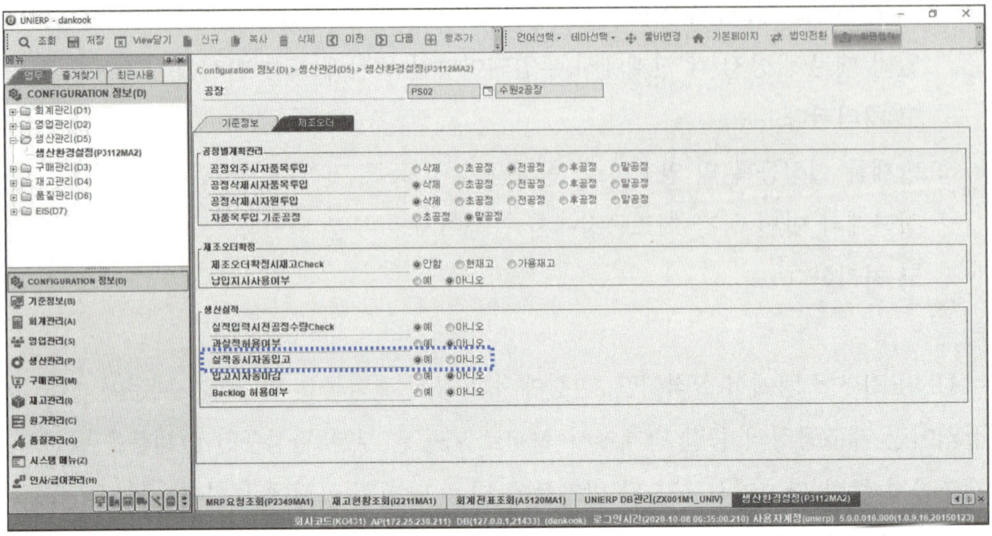

✓ 만일 실적동시자동입고 항목이 "예"로 설정되어 있으면, 반제품 실적을 등록하면 자동으로 입고 처리되는 것이고, "아니오."로 설정되어 있으면 반제품 실적을 등록하고 별도로 입고 처리해야하기 때문에, 위와 같이 설정되어 있지 않다면 설정을 "예"로 변경하여 설정변경을 저장한다.

[그림 11-16] 생산환경설정 정보

3.1 오더별 반제품 실적등록

오더별 반제품 실적등록은 반제품 가공이 단공정으로 이루어지는 경우에 실적을 등록하고 자동으로 입고를 처리하는 방법으로 다음과 같이 수행한다.

(1) 호출메뉴: [생산관리〉〉제조오더관리〉〉제조실적〉〉오더별실적등록]

(2) 조건파트의 데이터를 다음과 같이 입력한다.

입력 항목	데이터	입력/표시방법
공장	PS02 수원2공장	PopUp 자동표시
착수예정일	2xxx-10-01~ 2xxx-10-31	직접입력

(3) 화면 상단의 조회 버튼을 클릭하여 해당 기간 동안의 제조오더를 조회한다. 조회결과 1건의 제조오더가 조회된다. → 조회된 제조오더 제조오더번호: PD000001는 완제품 1019LCD-0001을 생산하기 위한 제조오더이며, 이는 반제품이 아니라 최종 완제품을 생산하기 위한 제조오더이다. 즉, 본 시나리오에서는 단공정으로 이루어지는 반제품이 없다는 것을 의미한다. 따라서 본 시나리오에서는 반제품 실적등록을 하지 않으며, [오더별실적등록] 화면에서 조회된 제조오더는 최종실적등록 시에 처리해야만 한다.

○ 단공정으로 가공되는 반제품이 있을 경우 실적등록

본 시나리오에서는 단공정으로 가공되는 반제품이 없기 때문에, 실적등록을 하지 않지만, 만일 조회되는 반제품 제조오더가 존재하는 경우에는 다음과 같이 반제품 실적등록을 수행한다.

(1) 조건파트의 실적일이 현재 작업날짜로 자동으로 채워진다.

(2) 조회된 제조오더의 반제품 가공이 정상적으로 이루어져서 오더수량이 제조되었다는 가정 하에 오더수량을 다음과 같이 입력한다.

입력 항목	데이터	입력/표시방법
PD******의 생산수량	생산수량	직접입력
양불	G	Combo Box

(3) 화면 상단의 저장 버튼을 클릭하여 작업결과를 저장한다. 저장결과 실적등록 대상 제조오더가 사라지며 실적등록이 완료된다.

(4) 조건파트의 데이터 중에서 실적완료 라디오버튼을 클릭하여 조회 하면 실적등록이 완료된 사실만이 확인한다. 조회된 오더의 상태가 "Release"에서 "Start" 상태로 바뀌며 오더수량에 맞게 생산량이 표시되어 나타난다.

3.2 오더별 반제품 생산입고 “실적동시 자동입고: 아니오.”의 경우

본 시나리오에서는 [Configuration정보>>생산관리>>생산환경설정] 프로그램에서 실적동시 자동입고: “예” 로 설정하였기 때문에, (만약 단공정으로 가공되는 반제품 실적이 있다면) 오더별 반제품 실적등록과 동시에 실적수량은 자동으로 생산입고 처리된다. 그러나 만일 실적동시 자동입고가 “아니오.”로 설정되어 있다면, 실적등록 후에는 반드시 다음과 같이 생산입고 작업을 해야 한다.

(1) 호출메뉴: [생산관리>>생산입고>>생산입고등록]

(2) 조건파트의 데이터를 다음과 같이 입력한다.

입력 항목	데이터	입력/표시방법
공장	PS02 수원2공장	PopUp 사동표시
입고일	2xxx-10-01~2xxx-10-31	직접입력

(3) 화면 상단의 조회 버튼을 클릭한다. 조회결과 입고일은 현재 작업날짜로 자동으로 채워지며, (만일 단공정으로 가공되는 반제품이 있고, 실적등록을 완료했다면) 작업파트에 오더별 실적등록 대상이 나타난다.

(4) 작업파트에 표시된 생산입고 항목을 선택하고, 입력결과를 저장한다.

(5) “검색된 데이터가 없습니다.”라는 메시지가 나타나면 이를 확인한다.

(6) 메시지 창을 확인하면 작업파트의 행이 사라지는데, 이는 생산실적에 대한 생산수량이 정상적으로 입고 처리되었다는 것을 의미한다.

3.3 오더별 실적등록 결과 확인 오더별 실적등록이 이루어진 경우

본 시나리오에서는 오더별 반제품 실적등록 대상이 없었기 때문에, 실적등록 작업이 이루어지지 않았다. 이는 반제품 실적이 등록되는 시점에 일괄적으로 처리되기 때문에, 아직은 실적등록 결과를 확인할 수 없다.

그러나 오더별 실적등록을 완료하고 수동으로 생산입고처리 작업을 완료되었다면, 실적등록생산입고 포함 작업이 정상적으로 처리되었다는 사실은 다양한 방법으로 확인할 수가 있다.: 생산입고현황, 제조오더현황, 재고현황 등.

3.3.1 생산입고현황조회

본 시나리오에서 최종 완제품1019LCD-0001을 생산하는데 필요한 반제품은 2종으로 하나는 2019LCD-0002LCD Main Board 19와 20LCDC-9048Sub Assy Lamp이다. 그 중에서 20LCDC-9048Sub Assy Lamp은 동부제강으로부터 외주가공구매 형식으로 구매하여 확보한 상태이며, 2019LCD-0002LCD Main Board 19는 자체적으로 가공해야하는 반제품이다. 본 단원에서 다루는 반제품 실적등록 및 입고처리 대상은 따라서 2019LCD-0002LCD Main Board 19이다.

만일 2019LCD-0002LCD Main Board 19 반제품이 실지로 가공되어 실적등록이 되었다면 생산환경 설정에 따라서 생산입고까지 되었을 것이기 때문에, 생산입고 현황을 조회해보면 알 수가 있다. 생산입고 현황을 조회하는 방법은 다음과 같다.

(1) 호출메뉴: [생산관리>>제조오더관리>생산입고>>생산입고 현황조회]

(2) 조건파트의 데이터를 다음과 같이 입력하고 조회한다.

입력 항목	데이터	입력/표시방법
공장	PS02수원2공장	PopUp자동표시
입고일	2xxx-10-01~2xxx-10-31	직접입력

(3) (실적동시 자동입고 되도록 설정되어 있고, 실적으로 등록된 반제품이 있다면) 조회 결과 등록된 오더별 반제품 실적이 입고번호와 함께 생산 입고된 기록이 확인된다. 오더별 반제품 실적등록 이전에 실시한 생산입고 현황조회에서는 "검색된 데이터가 없습니다."라는 메시지와 함께 입고된 생산수량이 없었지만, 실적등록 후에는 실적만큼의 수량이 생산입고로 기록되어 있는 것을 확인할 수가 있다.

[그림 11-17] 생산입고현황 조회결과

그러나 본 시나리오에서는 다공정으로 가공되는 최종 완제품 제조오더는 있지만, 단공정으로 가공되는 반제품 제조오더가 없기 때문에, 반제품 실적등록을 하지 않았다. 만일 실적등록을 했다면 자동으로 입고처리 되어 생산입고가 기록되어 있었겠지만, 실적등록 자체를 하지 않았기 때문에, 생산입고 자체가 될 수 없다. 따라서 생산입고현황을 조회하면 그 어떤 기록도 조회되지 않는다.

3.3.2 제조오더 현황조회

오더별 실적등록이 완료된 제조오더 지시 상태는 더 이상 "Release" 아니라 "Start" 상태로 변하게 되며, 실질 입고수량과 입고일이 표시되어 나타난다. 제조오더 현황을 조회하는 방법은 다음과 같다.

(1) 호출메뉴: [생산관리>>제조오더관리>>제조오더>>제조오더현황조회]

(2) 조건파트의 데이터를 다음과 같이 입력한다.

입력 항목	데이터	입력/표시방법
공장	PS02 수원2공장	PopUp
착수예정일	2xxx-10-01~2xxx-10-31	직접입력

(3) 화면 상단의 조회 버튼을 클릭한다. 조회결과는 다음과 같다.

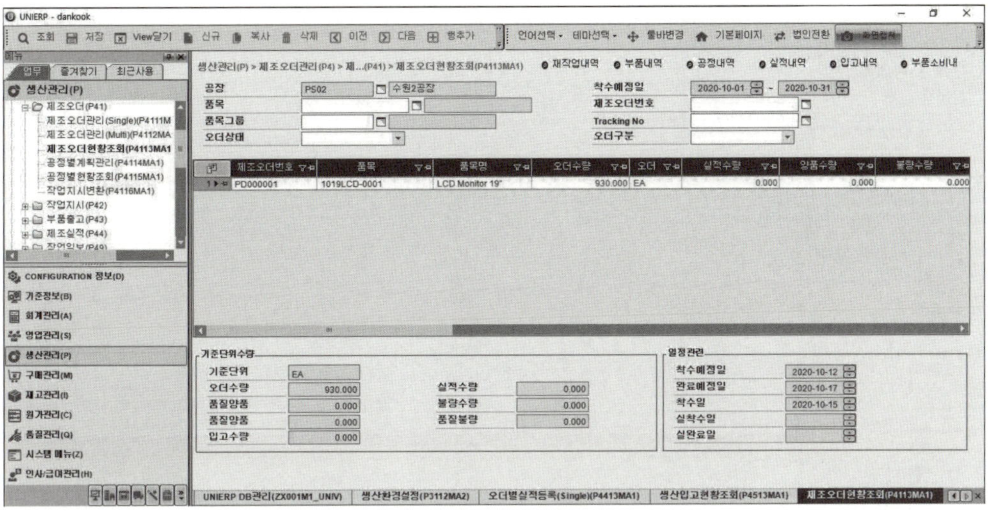

[그림 11-18] 제조오더현황 조회결과

제조오더현황 조회결과, 조회 시점에서 제조오더상태는 여전히 "Release"로 표시되어 있다. 이는 해당 제조오더는 제조공정은 시작되었지만, 최소한 시스템 상으로는 구체적인 실적이 발생하지 않았음을 의미한다.

3.3.3 재고현황조회

반제품 실적등록 결과는 다음과 같이 재고현황조회를 통해서도 알 수가 있다.

(1) 호출메뉴: [재고관리>>재고현황&마감>>재고현황조회]

(2) 조건파트의 데이터 입력: 공장PS02, 반제품 창고S220

(3) 조회결과는 다음과 같다.

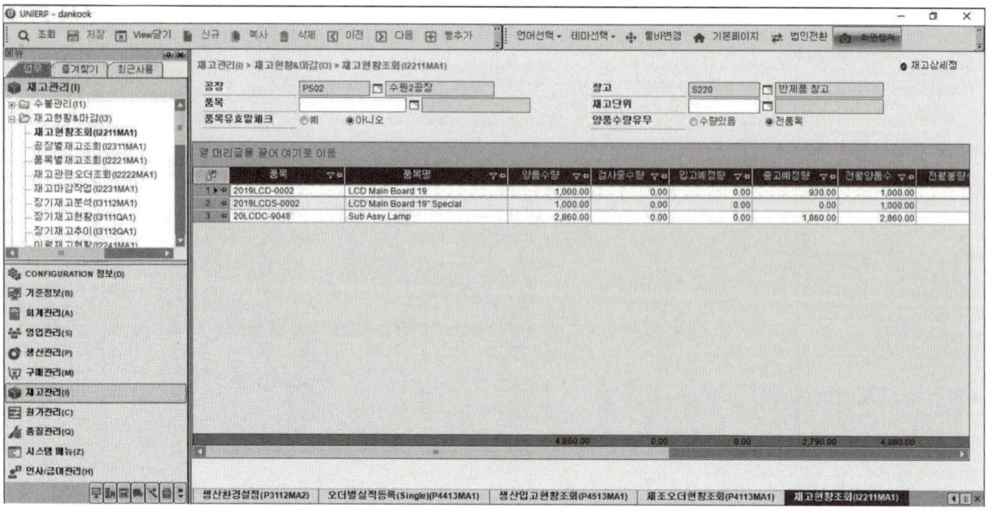

✓ 만일 단공정으로 이루어지는 사내가공 반제품 실적이 등록되고 자동으로 입고처리 되었다면, 재고현황에 반영되었을 것이다. 그러나 조회결과 반제품 창고의 재고현황은 제조오더 확정 이후의 모습과 달라진 것이 전혀 없다. 이는 제조공정을 시작되었지만 지금까지 등록된 반제품 실적이 전혀 없다는 것을 의미한다.

[그림 11-19] 반제품 재고현황 조회결과

Chapter 12

제품공정 및 최종실적관리

학습개요 및 목표

완제품 생산에 필요한 부품과 원자재 그리고 반제품 재고가 모두 확보되면 완제품 생산 공정이 시작된다. 생산에 필요한 날짜가 지나서 생산 공정별로 작업이 완료되면 공정실적을 등록하는 작업을 수행한다. 제품공정 및 실적관리에서는 완제품 공정관리와 실적등록, 실적처리 생산입고 등을 다루게 되며, 최종적으로 제조오더를 마감하는 작업까지를 포함한다. 본 장에서 다루게 될 구체적인 내용은 다음과 같다.

- 외주공정실적관리
- 사내공정실적관리
- 공정검사(필요한 경우에만 실시함)
- 최종공정실적관리
- 생산입고처리
- 제조오더마감

본 장에서 다루게 되는 공정관리 작업은 제품공정별로 이루어지고 공정정보가 어떻게 설정되어 있느냐에 따라서 공정실적관리 방법이 달라진다. 따라서 작업을 시작하기 전에 구체적인 공정정보를 설명하는 라우팅정보를 확인하는 것이 중요하다.

제품의 라우팅정보를 확인하는 방법은 다음과 같다.

(1) 호출메뉴: [생산관리>>생산기준정보>>라우팅정보관리>>라우팅정보등록]
(2) 조건파트 데이터를 다음과 같이 입력-조회한다.

입력 항목	데이터	입력/표시방법
공장	PS02	PopUp
	수원2공장	자동표시
품목	1019LCD-0001	PopUp
	LCD Monitor 19“	자동표시
Routing	Line-1	PopUp
	Final Assy' Routing	자동표시

(3) 조회결과 다음의 완제품 라우팅정보들이 나타난다.

- 공정단계 내부 혹은 외부
- 실적관리 대상
- 공정검사 대상

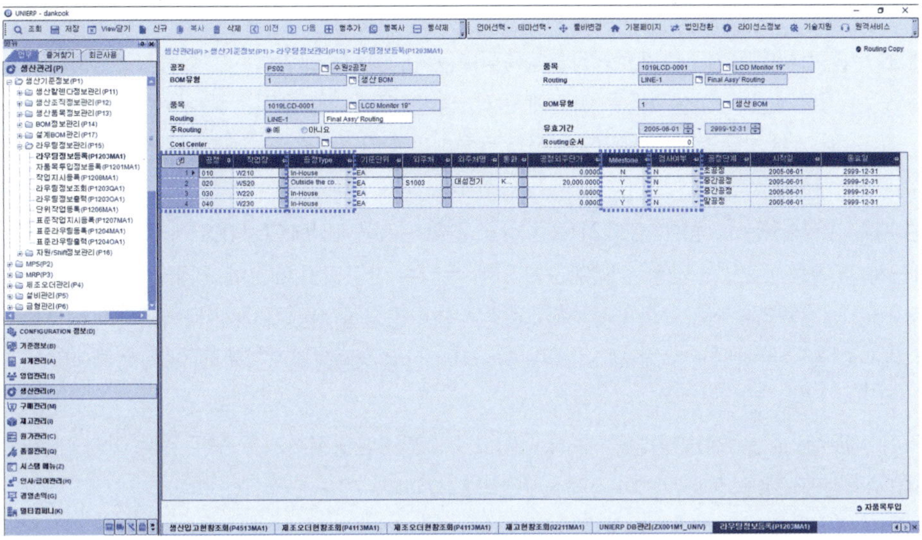

[그림 12-1] 완제품 1019LCD-0001 LCD Monitor 19"에 대한 라우팅 정보

본 시나리오에서 생산할 최종 완제품 1019LCD-0001 LCD Monitor 19"은 4단계 공정 010-020-030-040을 거치면서 최종 완제품이 생산되는데, 최종 완제품이 생산되는 공정과정 중에 수행되는 제품공정 및 실적관리 작업에 적용되는 중요한 기준과 원칙들은 다음과 같다.

(1) 제품공정 및 실적관리 작업은 기본적으로 실적관리대상인지 아닌지를 나타내는 공정의 마일스톤 Milestone이 "Y"로 설정되어야 있어야 가능하기 때문에, 제품공정 및 실적관리 작업을 하려면 생산기준정보의 라우팅정보를 미리 "Y"로 설정해 주어야 한다. 라우팅정보를 별도로 설정하지 않은 경우에는 설정된 라우팅 정보대로 공정실적이 관리되거나, 대상에서 제외되기도 한다.

(2) 라우팅정보 조회결과 공정타입이 "Outside 외주"로 되어 있는 공정의 실적은 [생산관리>>제조오더관리>>제조실적>>공정외주실적등록 Single]에서 등록하며, 공정타입이 "In-House 사내"로 되어 있는 공정의 실적은 [생산관리>>제조오더관리>>제조실적>>공정별실적등록 Single]에서 실적을 등록한다.

(3) [기준정보>>품목기준정보>>공장별품목기준정보등록] 항목 중에 [공정검사여부]가 "예"로 설정되어 있으면서 조회한 라우팅정보 조회결과 검사여부가 "Y"로 설정된 경우에만 품질관리 부서에 검사요청을 하고, 검사결과는 반드시 "양품 또는 불량"으로 검사결과를 등록해야 한다.

(4) [기준정보>>품목기준정보>>공장별품목정보등록] 항목 중에서 [출고방법] 이 "자동" 으로 설정되어 있는 경우에는 공정실적 등록과 동시에 부품출고처리가 되며, 회계전표까지 자동

으로 생성된다.

(5) [기준정보>>품목기준정보>>공장별품목정보등록] 에서 [출고방법] 이 “수동” 으로 설정되어 있는 경우에는, 공정실적등록 이전에 먼저 [생산관리>>제조오더관리>>부품출고>>부품출고등록] 에서 부품출고 후에 공정실적을 등록해야 한다.

본 시나리오에서는 [그림 12-1]에서 보는 바와 같이 완제품 1019LCD-0001 LCD Monitor 19"에 대한 4단계 공정 중에 2단계 공정은 S1003 에 의해서 외주 가공되기 때문에, 외주인 제020공정 실적만이 [생산관리>>제조오더관리>>제조실적>>외주공정실적등록] 에서 등록되며, 나머지 공정에 대한 실적은 [생산관리>>제조오더관리>>제조실적>>공정별실적등록] 에서 등록한다.

또한, Milestone 은 제010공정만이 “No” 이고, 제020~040공정까지는 모두 “Yes”이기 때문에, 제020공정~제040공정까지만이 공정실적관리 대상이다.

검사여부는 제030공정만이 “Y”로 설정되어 있기 때문에, 제030공정의 실적을 대상으로 공정검사를 실시한 후에 “양품” 판정을 받은 후에 제040공정 작업을 시작할 수 있다. 뿐만 아니라, 완제품 1019LCD-0001 LCD Monitor 19"의 공장별 PS02 품목정보에 공정검사와 출하검사를 실시하는 것으로 등록되어 있기 때문에, 제030공정을 마친 후에는 공정검사를 실시하고 그 결과를 등록하며, 최종 공정단계인 제040공정 후에는 최종검사를 실시하지 않는다.

제품공정 및 실적관리 작업은 외주공정실적과 사내공정실적으로 나누어 처리하며, 공정실적관리 작업은 2xxx년 10월 15일 일괄적으로 수행한다고 가정한다.

1 외주공정실적관리[DanDB_S11_외주공정실적관리]

최종 완제품1019LCD-0001의 라우팅정보에서 확인한 것처럼, 제010공정의 Milestone이 "N"으로 설정되어 공정실적관리 대상이 아니기 때문에, 실질적인 공정실적관리는 제020공정인 외주공정실적관리부터 시작한다.

외주공정실적관리 대상은 [생산관리〉〉생산기준정보〉〉라우팅정보〉〉라우팅정보등록] 에서 공정타입이 "Outside외주"로 등록된 공정의 실적이며, 외주공정실적관리란, 외주 가공하여 입고된 공정실적을 등록하는 작업이다.

외주공정실적관리 작업의 주요 내용은 외주처에서 위탁 가공하여 입고된 실적을 등록하는 작업 자체는 물론, 위탁 가공을 위해서 수동으로 출고했던 사급품 출고 대상이 아닌, 자동출고품들의 출고현황, 외주가공비내역, 제조오더현황, 회계전표 등을 처리하는 것이다.

[생산관리〉〉제조오더관리〉〉제조실적〉〉공정외주실적등록]에서 외주공정실적을 등록하는데 만일 소요부품이 모두 자동출고 방식이라면 별도의 부품출고처리 작업 없이 실적등록과 함께 자동으로 출고 처리되며, 공정실적 후에도 자동으로 입고 처리되기 때문에, 별도의 입고처리 작업을 수행할 필요가 없다.

본 시나리오에서 1019LCD-0001은 [실적동시 자동입고]가 "예"로 설정되어 있기 때문에, 실적등록 후 별도의 입고처리 과정 없이 자동으로 입고 처리된다.

[생산관리〉〉제조오더관리〉〉제조실적〉〉공정외주실적등록Single]에서 설정된 바에 의하면, 실적을 등록해야 하는 외주공정실적 등록 대상은 제020공정 WS20MS공정만이 이에 해당된다.

1.1 외주공정실적 등록

공정외주실적등록 작업은 다음과 같이 수행한다.

(1) 호출메뉴: [생산관리〉〉제조오더관리〉〉제조실적〉〉공정외주실적등록Single]

(2) 조건파트의 데이터를 다음과 같이 입력한다.

입력 항목	데이터	입력/표시방법
공장	PS02수원2공장	PopUp
착수예정일	2xxx-10-01~2xxx-10-31	직접입력

(3) 화면 상단의 조회 버튼을 클릭하여 실적등록 대상을 조회한다. 조회 결과 실적등록 대상으로 제조오더 PD000001가 검색되어 표시되며, 외주처는 S1003 대성전기이며, WS20외주작업장 공정에 해당된다. → 외주공정실적 등록 대상 공정의 현재 상황은 다음과 같다.

- 단가: 20,000
- 오더수량/미납품잔량: 930
- 생산수량: 0
- 외주가공비

(4) 계획된 수량이 정상적으로 제조되었다는 가정 하에 작업파트의 생산수량을 오더수량만큼 입력한 후 저장한다. → 외주가공실적 수량에 대한 특별한 언급은 없으나, 생산 공정을 거치면서 930개의 최종 완제품이 완성되어 가는 구조이기 때문에, 각각의 생산 공정에서 가공되는 수량은 930개이다. 따라서 제020공정에서 외주납품 받은 수량은 930개이다

(5) 작업결과를 저장하면 "검색된 데이터가 없습니다."라는 메시지가 나타나면서 등록된 제조오더가 사라진다. 이는 더 이상의 등록대상이 없다는 것을 의미한다.

(6) 입력결과를 저장하면 없어지지만, 실적등록 완료된 결과를 조회하면 다음과 같다.

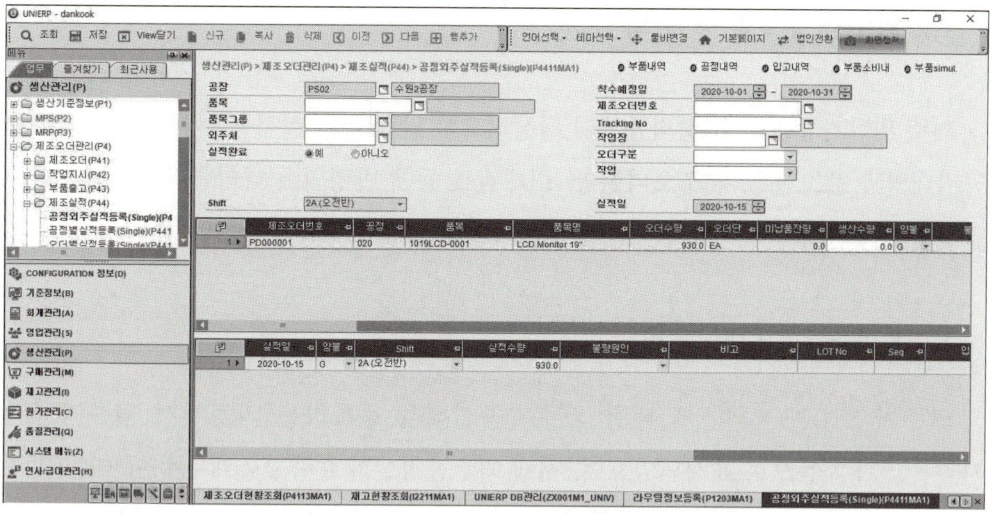

✓ 실적일은 현재 작업일 2xxx-10-15이 자동으로 표시되어 나타남.

✓ 외주공정 WS20, 외주작업장에 대한 외주공정단가는 20,000으로 입력되어 있으며, 오더수량 930에 대한 전체 외주가공비는 18,600,000 930*20,000 으로 자동 표시된다.

✓ 조건파트의 [실적완료] 항목을 "예" 로 수정 체크 입력하고 화면 상단의 조회 버튼을 클릭하여 실적등록 완료 결과를 확인할 수 있으며, 실적등록이 완료된 목록의 데이터들은 실적등록 이전과 비교하여 다음 항목들이 변하였음을 확인할 수가 있다.

① 미납품잔량: 오더수량 → 0

② 생산수량/양품수량/입고수량: 0 → 오더수량

③ 실착수일: 현재 작업일

④ 오더상태: Release → Start

⑤ 하단 자료파트의 모든 데이터 항목들이 등록 데이터로 갱신됨

[그림 12-2] 외주공정실적 등록결과

1.2 외주공정실적 등록 확인

외주 위탁가공을 통한 실적등록이 정상적으로 완료되면, 실적등록 데이터는 외주가공비내역과 출고현황, 제조오더현황, 회계전표 등에 반영되어 나타난다. 등록된 외주공정실적이 반영되어 나타나는 관련 데이터를 조회해 보도록 한다.

1.2.1 외주가공비내역조회

외주처 S1003 대성전기에 대한 외주가공실적을 등록하는 과정에서 외주가공단가 20,000원가 자동으로 표시되었으며, 전체 외주공정실적 수량 930개 전량에 대한 외주가공비는 18,600,000 KRW 으로 확인되었다. 예를 들어, 원자재를 구매하면 세금계산서를 발행하기 전에는 매입가계정으로 처리하고, 매입세금계산서를 발행한 후에 외상매입금으로 처리한다. 하지만 외주가공비는 원자재를 구매하는 것과 다르기 때문에, 세금계산서를 발행했다 하더라도 외상매입금으로 처리되지 않고 제조공정 과정 중에 발생한 비용으로 처리한다.

표시된 외주가공비는 단가 기준이기 때문에, 일반세금계산서 부가세 10%를 발행하고 부가세 1,860,000을 합산한 20,400,000만원이 전체 외주가공비이다.

외주가공비 내역을 조회하는 방법은 다음과 같다.

(1) 호출메뉴: [생산관리>>제조오더관리>>제조실적>>외주가공비내역조회]

(2) 조건파트의 데이터를 다음과 같이 입력하고 화면 상단의 조회 버튼을 클릭한다.

입력 항목	데이터	입력/표시방법
공장	PS02 수원2공장	PopUp 자동표시
입금일	2xxx-10-01~2xxx-10-31	직접입력
외주처	S1003 대성전기	PopUp 자동표시

(3) 조회결과는 다음과 같다.

- 외주처S1003에 대한 외주가공비 단가는 20,000원이다.
- 외주가공비에 대한 일반세금계산서부가세 10%를 발행한다.
- 외주가공비: 18,600,000=외주가공단가20,000*오더수량930개

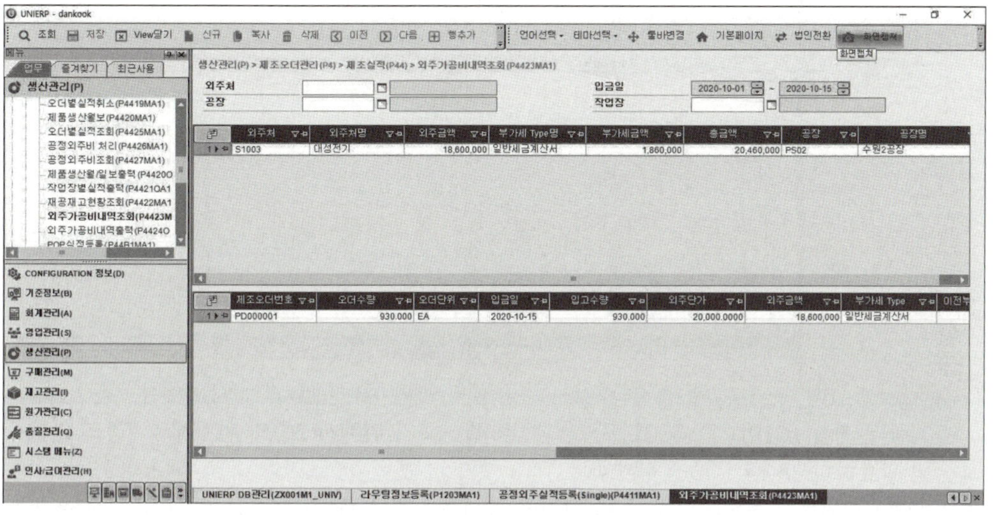

[그림 12-3] 외주가공비내역 조회 결과

1.2.2 자동출고품 출고현황

만일 외주공정을 위해서 투입될 원자재가 예약되어 있다면, 외주공정실적이 등록되면 자동으로 부품이 출고처리 되었을 것이다. 어떤 원자재가 투입되었는지 확인해 보도록 한다. 참고로, 본 시나리오에서는 완제품1019LCD-0001 생산 공정단계마다 투입될 원자재들이 예약되어 있다제11장 [그림 11-12] 참조. 외주가공을 위해서 자동 출고된 원자재를 확인하는 방법은 다음과 같다.

(1) 호출메뉴: [생산관리 >>제조오더관리 >>부품출고 >>출고현황조회]

(2) 조건파트의 데이터를 다음과 같이 입력한다.

입력 항목	데이터	입력/표시방법
공장	PS02수원2공장	PopUp자동표시
필요일	2xxx-10-01~2xxx-10-31	직접입력

(3) 부품출고현황을 조회한 결과는 다음과 같다.

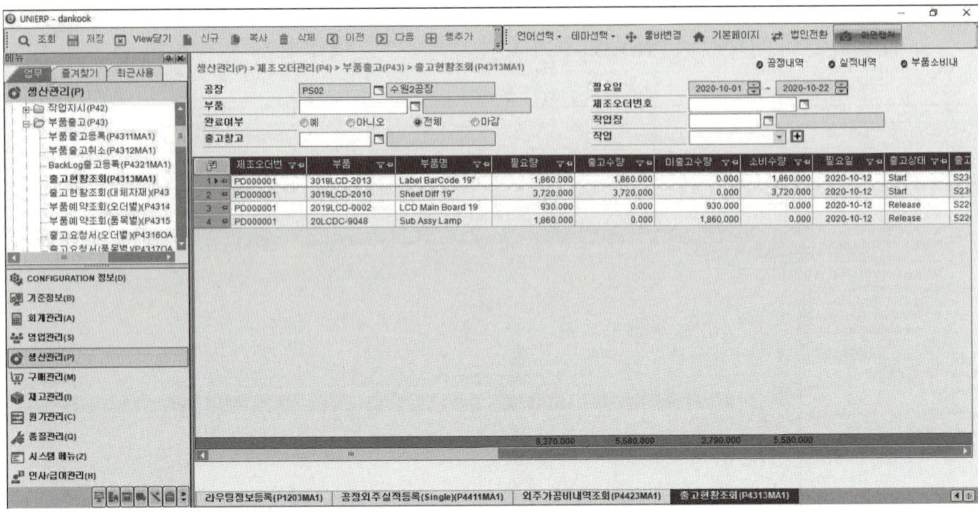

✓ 최종 완제품 1019LCD-0001 LCD Monitor 19" 생산하기 위해서 2종의 원자재와 2종의 반제품이 필요하다 필요수량이 이미 예약되어 있음

✓ 2종의 원자재는 제010공정에 투입되며, 반제품 2종은 제030공정과 제040공정에 투입되도록 예약되어 있다. 즉, 외주공정인 제020공정에 예약된 원자재는 없다.

✓ 외주공정실적은 완제품 1019LCD-0001 LCD Monitor 19" 생산을 위한 제020공정 실적이 때문에, 제020공정 이전인 제010공정에서 필요한 원자재 모두가 "자동" 으로 출고되었음을 확인할 수가 있다. 해당 행들의 출고상태는 "Release" 에서 "Start" 로 상태가 바뀌었다.

✓ 출고상태가"Start"로 표시되어 있는 원자재 2종은 이미 제010공정에서 출고처리 되었으며, "Release" 상태로 되어 있는 반제품 2종은 아직 출고되지 않은 것을 의미한다. 아직 출고되지 아닌 반제품 2종은 이어지는 공정들에 투입되게 될 것이며, 해당 공정이 마무리되면, 이 또한 상태가 "Start"로 바뀌게 된다.

[그림 12-4] 외주가공을 위한 자동출고품 출고현황

1.2.3 제조오더현황 조회

외주가공실적 등록이 완료되었기 때문에, 해당 제조오더의 지시상태가 "Start"로 변경되었을 것이다. 제조오더현황을 조회하는 방법은 다음과 같다.

(1) 호출메뉴: [생산관리>>제조오더관리>>제조오더>>제조오더현황조회]

(2) 조건파트의 데이터를 다음과 같이 입력한다.

입력 항목	데이터	입력/표시방법
공장	PS02 수원2공장	PopUp 자동표시
필요일	2xxx-10-01~2xxx-10-31	직접입력

(3) 화면 상단의 조회 버튼을 클릭하여 제조오더현황을 조회한다. → 제조오더현황 조회결과에 나타난 내용들은 다음과 같다.

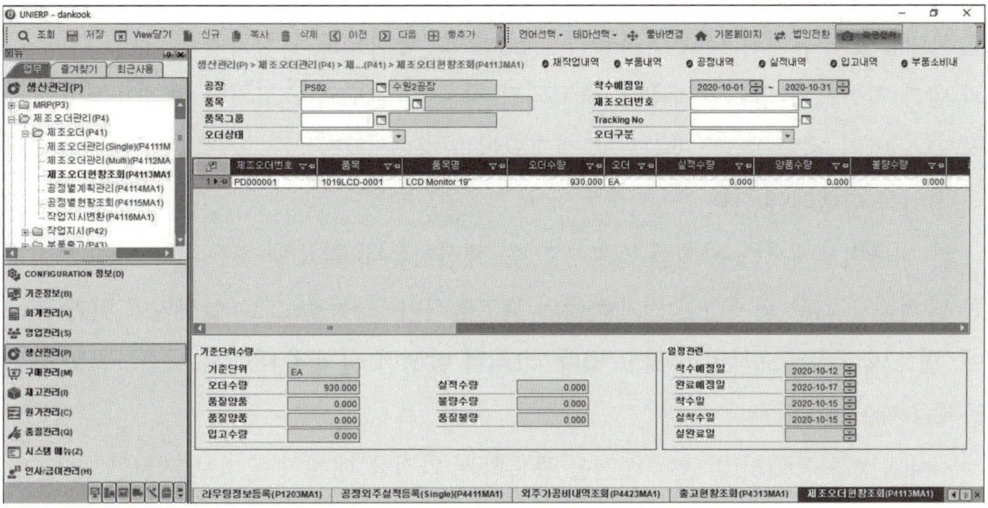

✓ 해당 제조오더에 대한 외주가공실적이 등록되기는 하였으나, 실적수량/양품수량/입고수량 등은 여전히 "0.000"으로 표시되어 있다.

✓ 이는 최종 완제품 1019LCD-0001은 010-020-030-040 공정이 마무리된 후에 최종 완제품 실적이 발생하며, 발생한 최종 실적을 등록하면 실적수량/양품수량/입고수량이 오더수량만큼 늘어나게 된다.

✓ 조회 화면에는 이전과 비교할 때 큰 변화는 없지만, 일정 관련하여 화면 하단 우측에 실착수일이 표시되어 있는 것으로 미루어 제조공정 작업이 이루어지고 있음을 알 수 있다.

[그림 12-5] 제조오더현황 조회 결과

2 사내공정실적관리[DanDB_S12_사내공정실적관리]

사내공정실적관리는 완제품 생산 공정 중에서 사내에서 가공하여 입고된 실적에 대해서 공정별로 제조실적을 등록하는 작업이다. 사내에서 가공한 제품에 대해서 만일 품질검사가 요구되면 공정검사를 먼저 실시하여 검사결과를 등록하고 난 후에 실적을 등록해야 한다.

사내공정을 위해서 필요한 부품이 "자동출고" 방식으로 설정되어 있다면 실적등록과 함께 자동으로 필요한 부품이 출고되기 때문에, 별도의 출고처리 작업이 필요하지 않으나, 만일 "수동출고" 방식으로 설정되어 있다면, 실적등록 및 별도의 부품출고처리 작업을 병행해야 한다.

본 시나리오에서는 완제품1019LCD-001을 생산하는데 필요한 모든 원자재와 사내가공 반제품 그리고 외주가공 반제품들의 출고방식이 "자동출고"로 설정되어 있기 때문에, 별도의 부품출고작업이 필요 없다. 그러나 발생한 실적에 대해서는 공정별로 실적등록을 해야 한다.

사내공정을 통해서 발생한 실적을 등록하는 과정에 대해서 살펴보도록 한다. 먼저, 사내공정으로 생산되는 완제품은 여러 단계의 공정을 거치면서 최종 완제품으로 완성되기 때문에, [오더별 실적등록]이 아닌 [공정별실적등록] 으로 실적을 등록한다.

2.1 공정별 실적등록

공정별 실적등록 작업은 다음과 같이 수행한다.

(1) 호출메뉴: [생산관리〉〉제조오더관리〉〉제조실적〉〉공정별실적등록Single]

(2) 조건파트의 데이터를 다음과 같이 입력한다.

입력 항목	데이터	입력/표시방법
공장	PS02 수원2공장	PopUp 자동표시
착수예정일	2xxx-10-01~2xxx-10-31	직접입력

(3) 공정별 실적등록 대상을 조회하면, 실적등록 대상 2건이 나타난다.

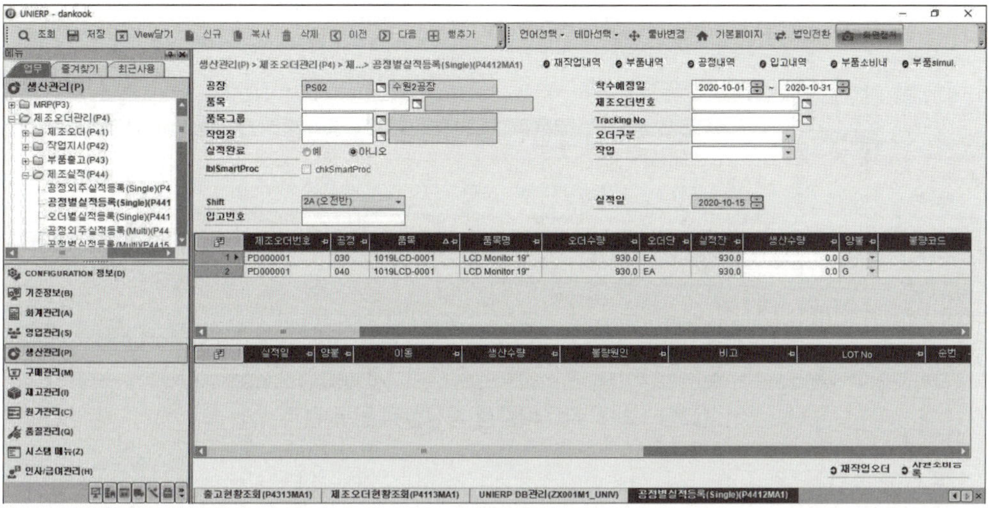

✓ 조회된 2건 모두 사내공정제030공정과 제040공정에 해당되어 실적등록 대상이다.

✓ 하지만, [공장별품목기준정보]에 해당 제품은 제030공정 이후 공정검사를 하는 것으로 설정되어 있기 때문에, 제030공정의 실적을 등록하고 공정검사를 실시한 후에 제040공정 실적을 등록하는 순서로 작업한다.

[그림 12-6] 공정별 실적등록 대상실적등록 전

(4) 조건파트 하단의 실적일을 현재 실적등록 작업을 하고 있는 2xxx-10-15일로 입력한다.

(5) 자료파트의 제030공정의 생산수량을 오더수량만큼 그리고 양/불을 모두 G라고 다음과 같이 입력한다.

입력 항목	데이터		입력/표시방법
생산수량	1행PD000001	930	직접입력
양/불	1행PD000001	G	직접입력

(6) 실적등록 결과를 저장한다. 등록내용을 저장하면 실적등록 목록이 사라지는데,

조건파트 하단 실적완료를 "예"로 수정하고 조회하면 다음과 같이 실적등록 결과가 나타난다.

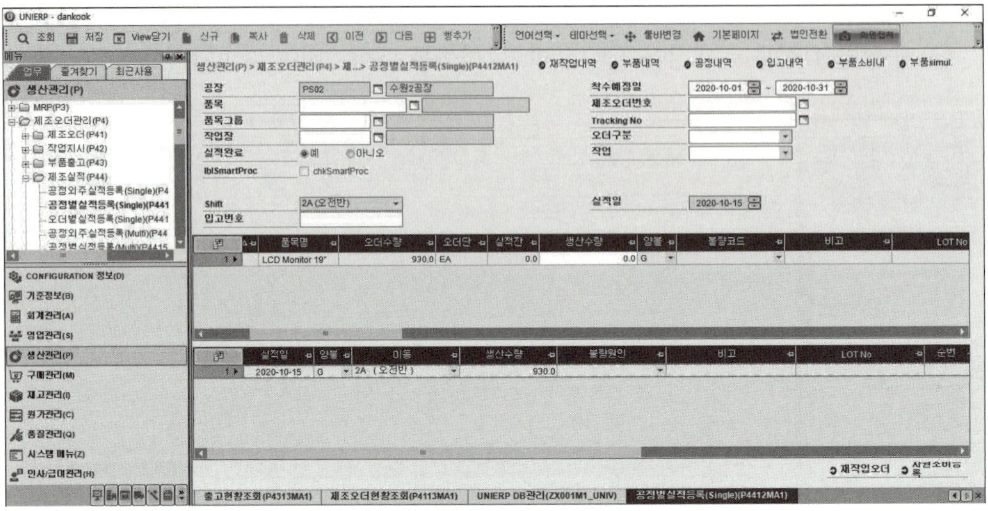

[그림 12-7] 제030공정 공정실적 등록 결과

제030공정 실적이 등록되면, 공정실적 등록 결과 화면의 자료파트 하단에 소요 부품에 대한 출고번호IM000002가 자동으로 생성되어 표시된다. 이와 같이 출고번호가 자동으로 표시되었다는 것은 소요 부품이 출고되었음을 의미하고, 그 결과는 회계전표에 자동으로 기표되어 나타난다는 것을 의미한다. 따라서 출고현황과 회계전표를 조회해 봄으로서 사내공정실적 등록이 정상적으로 처리되었는지를 확인할 수가 있다.

2.2 공정별 실적등록 확인

2.2.1 부품출고현황 조회

제030공정 실적등록 결과 위의 제030공정 실적등록 결과에서 보듯이 공정실적 등록 후의 출고번호가 자동으로 생성되었기 때문에, 필요한 부품이 출고되었을 것이다.

부품출고 현황을 조회하는 방법은 다음과 같다.

(1) 호출메뉴: [생산관리 〉〉제조오더관리 〉〉부품출고 〉〉출고현황조회]

(2) 조건파트의 데이터를 다음과 같이 입력한다.

입력 항목	데이터	입력/표시방법
공장	PS02 수원2공장	PopUp 자동표시
필요일	2xxx-10-01~2xxx-10-31	직접입력

(3) 화면 상단의 조회 버튼을 클릭하여 출고현황을 조회한다. → 참고로, 제030공정 실적등록 이전의 부품출고 현황은 예약된 원자재 2종만이 출고되었으며, 예약된 반제품 중에서 2019LCD-0002은 제030공정에, 20LCDC-9048은 제040공정에 투입 예정으로 나타났다[그림 12-4] 참조.

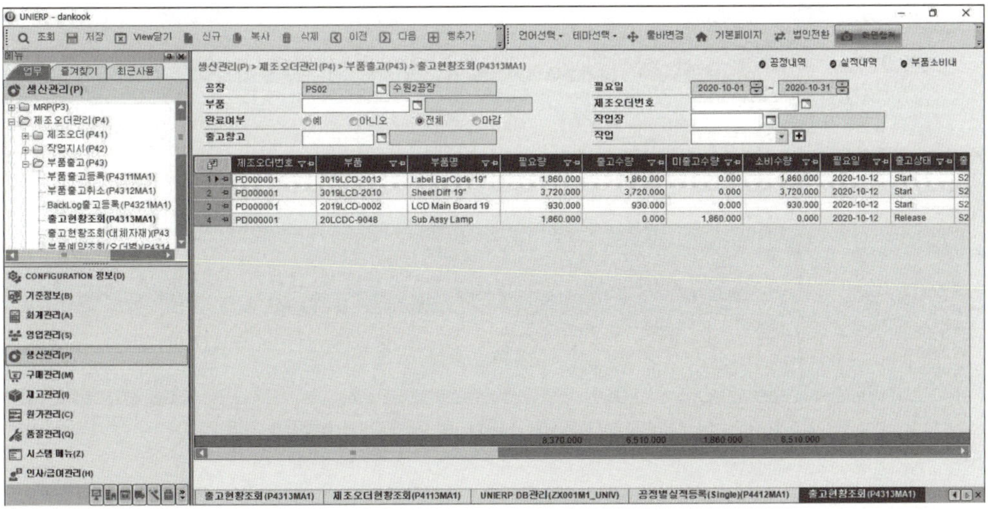

✓ 제030공정에 투입될 예약된 2019LCD-0002 반제품의 출고상태가 "Start"로 표시되어 있기 때문에, 해당 반제품은 이미 출고되었다는 것을 알 수 있다.

[그림 12-8] 제030공정 실적등록 후의 출고현황

2.2.2 수불현황 조회

해당 반제품이 출고되었다면 재고현황이나 수불현황에도 반영되어 있을 것이다.

제030공정 실적등록 결과를 조회하면서 제030공정을 위해서 출고된 부품의 출고번호IM000002를 확인했기 때문에, 출고번호를 확인할 수 있는 수불현황을 조회하여 비교해 보도록 하겠다. 수불현황을 조회하는 방법은 다음과 같다.

(1) 호출메뉴: [재고관리>>수불관리>>수불현황조회]

(2) 조건파트의 데이터를 다음과 같이 입력한다.

입력 항목	데이터	입력/표시방법
공장	PS02수원2공장	PopUp자동표시
수불기간	2xxx-10-01~작업일	직접입력

(3) 설정한 수불기간 내의 수불현황은 다음과 같다.

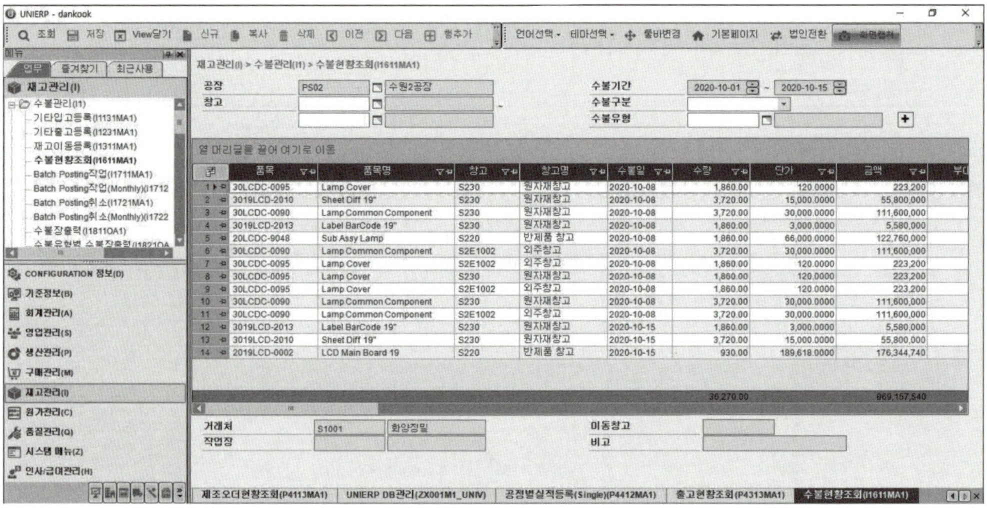

[그림 12-9] 사내공정제030공정 실적등록 이후의 수불현황 조회결과

수불기간 내의 모든 수불내역이 수불일 순으로 표시되어 있다. 수불 근거는 구매입고내자구매 및 외주위탁가공구매, 생산출고외주위탁가공구매를 위해서 출고된 사급품과 최종공정(010-020-030) 출고된 부품, 재고이동사급품출고를 위한 외주창고로의 이동 등으로 구분되어 있다.

수불현황 조회결과 화면에 표시된 내용은 다음과 같다.: 10월 15일 2019LCD-002 반제품이 생산출고 되었으며 수불근거는 IM000002 이다. → 이는 제030공정의 실적이 등록한 후 확인하였던 출고번호와 동일하다.

2.2.3 회계전표 조회

사내공정실적 등록으로 발행된 회계전표는 다음과 같이 조회한다.

(1) 호출메뉴: [회계관리〉〉전표관리〉〉회계전표조회]

(2) 조건파트의 회계일을 2xxx-10-01~자동 표시된 현재 작업일로 입력-조회한 결과는 다음과 같다.

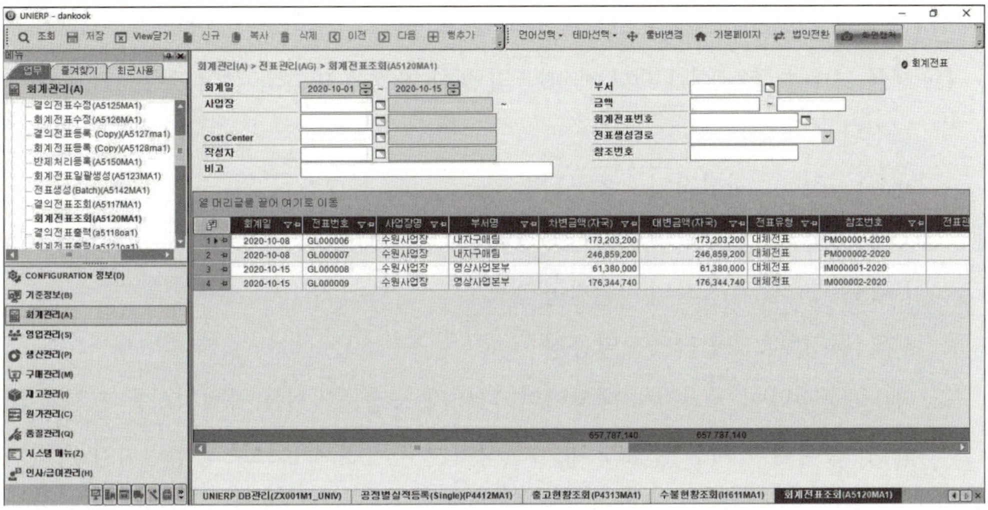

✓ 현재 작업일까지 발행된 회계전표는 모두 4건이다.

✓ 현재 작업 중인 제030공정 실적등록과 관련된 회계전표는 4번째 행에 표시된 전표이다. 전표가 발행된 근거IM000002-2020로 볼 때 제030공정에 투입된 반제품에 대한 것임을 알 수 있다.

[그림 12-10] 사내공정030공정 실적 등록 후 회계전표 조회결과

3 공정검사[DanDB_S13_공정검사]

완제품의 품질향상을 위해서 어떤 공정 단계는 품질검사를 거쳐야 하는 경우가 있다. 구체적으로 제품별로 어떤 공정에서 공정검사가 필요한지는 [라우팅정보등록]에 등록되어 있는데, 본 시나리오에서 생산되는 완제품 1019LCD-0001의 공정에 대한 라우팅정보는 다음과 같이 설정되어 있다[그림 12-1] 참조.

(1) 제품 1019LCD-0001 LCD Monitor 19"의 생산 공정은 다음과 같이 모두 4단계로 나뉘진다.
- 제1공정010: 자삽작업 - 초공정
- 제2공정020: 외주작업 - 중간공정
- 제3공정030: 수삽작업 - 중간공정
- 제4공정040: 조립작업 - 말공정

(2) 제030공정만이 공정검사 대상이며, 나머지 공정들에서는 공정검사를 거치치 않는다. 공정검사 대상 공정에 대한 실적이 등록되면 자동으로 공정검사가 의뢰되며, 공정검사 내역과 검사결과를 등록한 후 이어지는 공정의 실적등록 작업을 수행한다.

본 절의 공정검사는 앞 절에서 수행한 공정별 실적등록을 완료하면 자동으로 검사의뢰된 공정검사를 수행하는 과정이며, 공정검사 과정은 다음과 같다.

① 공정검사 등록
② 공정검사 내역 등록 → 검사를 위해서 채취한 샘플 각각의 판정 등록
③ 공정검사 판정 → 공정검사 전체에 대한 판정

3.1 공정검사 등록

공정검사를 수행하는 과정은 먼저 공정검사를 등록하고 내역을 등록하는 순서로 진행된다. 먼저 공정검사를 등록하는 작업은 다음과 같이 수행한다.

(1) 호출메뉴: [품질관리〉〉검사운영관리〉〉공정검사관리〉〉검사등록] → 품질관리〉〉검사운영관리 메뉴를 선택하면 모두 4종의 검사관리 항목이 나타난다.

- 수입검사: 내자구매 혹은 외주위탁가공구매와 같이 외부로부터 유입되는 품목에 대한 검사
- 공정검사: 확정된 제조오더에 따라 제조공정이 진행되는 과정에서 수행하는 검사
- 최종검사: 최종 완제품에 대한 품질검사
- 출하검사: 최종 완제품을 주문 고객에게 출고시키기 전에 수행하는 검사

✓ 현재 진행하는 검사는 제조공정 중에 진행하는 검사이기 때문에 공정검사 메뉴를 선택한다.

(2) 조건파트의 데이터 입력: PS02 수원2공장

(3) 자료파트의 [검사의뢰내용] 탭에서 검사의뢰번호를 조회한다. 조회된 검사의뢰번호 QR000001를 선택한다.

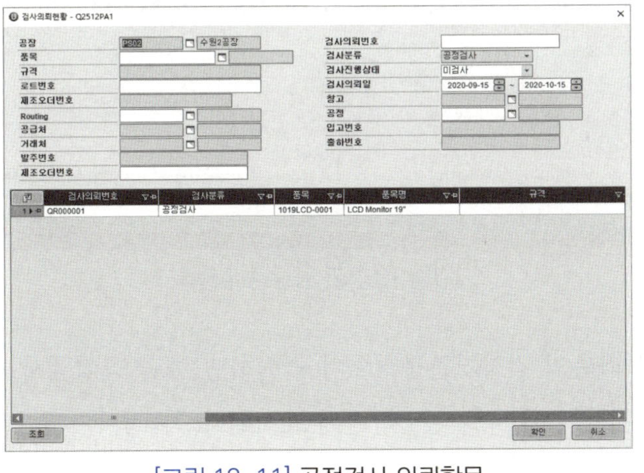

[그림 12-11] 공정검사 의뢰항목

본 시나리오의 경우 제030공정이 공정검사 대상이며, 030공정 실적을 등록하면 자동으로 검사의뢰서가 품질관리부서로 전달되어 있다. 만일, 제030공정 실적을 등록했음에도 불구하고 공정검사 의뢰서가 도착해 있지 않다면, 공정검사 대상이 아니거나, 혹은 이전 단계에서 수행할 작업이 정상적으로 처리되지 않았다는 것을 의미한다. 공정검사 대상으로 설정되어 있지 않다면 문제되지 않으나, 공정검사 대상으로 설정되었음에도 불구하고 검사의뢰번호가 검색되지 않는다면, 이전 단계의 작업DB를 복원하고 다시 작업을 수행하여 정상적으로 처리한 후에 공정검사를 실시한다.

(4) 검사의뢰번호QR0000001를 선택하면 검사대상 품목, 작업장, 공정, 로트크기 등의 검사의뢰정보들이 표시되어 나타난다. → 로트크기란, 검사대상 품목의 수량을 의미한다. 물론 검사대상 전체를 검사하지 않고 전체 로트크기에서 일정량의 샘플을 추출하여 검사한다.

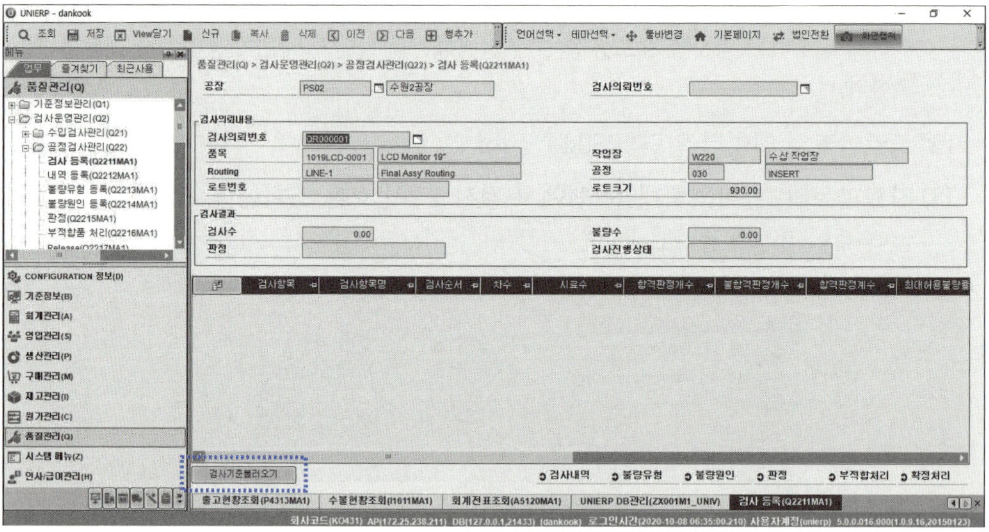

[그림 12-12] 공정검사 등록

(5) 화면 하단 좌측의 검사기준불러오기 클릭하면 해당 공정에서 시행될 공정검사 기준이 다음과 같이 자료파트 하단에 표시된다. → 검사기준이란, 공정검사에서 어떤 항목의 검사를 할 것인지가 정해져 있어야 검사를 진행할 수 있기 때문에,

검사기준은 반드시 필요하다. 검사기준은 검사항목을 의미하고, 검사기준을 불러오면, 동시에 몇 개를 샘플링해야 하는지?시료수, 항목의 검사결과 합격/불합격 판정개수 등이 표시되어 나타난다.

검사항목	시료수	합격 판정개수	불합격 판정개수
SCREW오삽			
LED 점등불량			
FRONT BEZEL & BACK COVER GAP			
WHITE BALANCE 9300K X	125.00	1.00	2.00
WHITE BALANCE 6500K X			
WHITE BALANCE 6500K Y			
WHITE BALANCE 9300K Y			

✓ 시료수를 변경하려면 시료수열에 현재 표시된 시료수를 수정하면 된다.

(6) 화면 상단의 저장버튼을 클릭하여 검사기준을 저장한다. 이것으로 첫 번째 공정검사QR0000001에 대한 공정검사기준이 등록된다. → 만일 공정검사 대상목록이 더 존재한다면, 첫 번째 공정검사기준과 마찬가지로 마지막 공정검사기준까지 모두 불러들여 저장한다. 본 시나리오에서는 공정검사의뢰 항목이 QR0000001 밖에 없다.

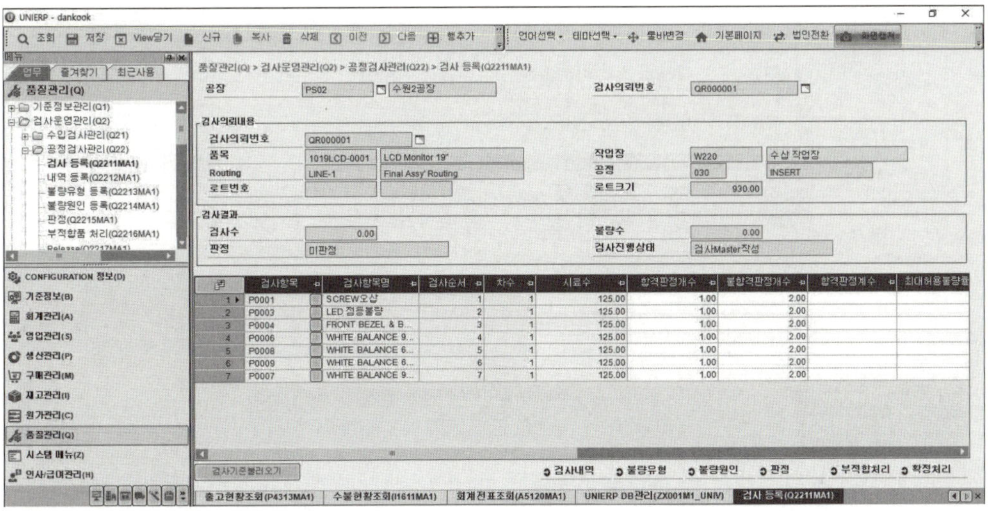

[그림 12-13] 공정검사 등록 - 검사기준 등록

3.2 공정검사 내역 등록 및 판정

○ 공정검사 내역 등록

공정검사기준이 등록되면 공정검사를 시행하고 검사내역을 등록하는데 공정검사 내역을 등록하는 과정은 다음과 같다.

(1) 호출메뉴: [검사등록 화면 하단 중간의 검사내역 버튼을 클릭하여 이동]

(2) 조건파트의 데이터 입력 → 검사등록 화면 하단 중간의 검사내역 버튼을 클릭하면 "검사측정치에 대한 자료가 없습니다." 라는 메시지가 나타나는데, 이는 공정검사를 위해서 채취한 샘플시료에 대한 검사결과가 없다는 의미이다. 이는 검사를 위해서 샘플을 채취하기 전 상태이기 때문에, 검사측정치 자료가 없음이 당연하다.

(3) 화면 하단 좌측의 "시료행생성" 버튼을 클릭하여 검사 시료수본 시나리오에서는 125개 샘플을 채취하여 검사하는 것으로 함를 다음과 같이 생성한다. 시료행이란, 검사를 위해서 채취하는 샘플수를 의미하는데, 전체 공정검사 대상의 규모에 따라서 시료행의 수를 조정할 수가 있다.

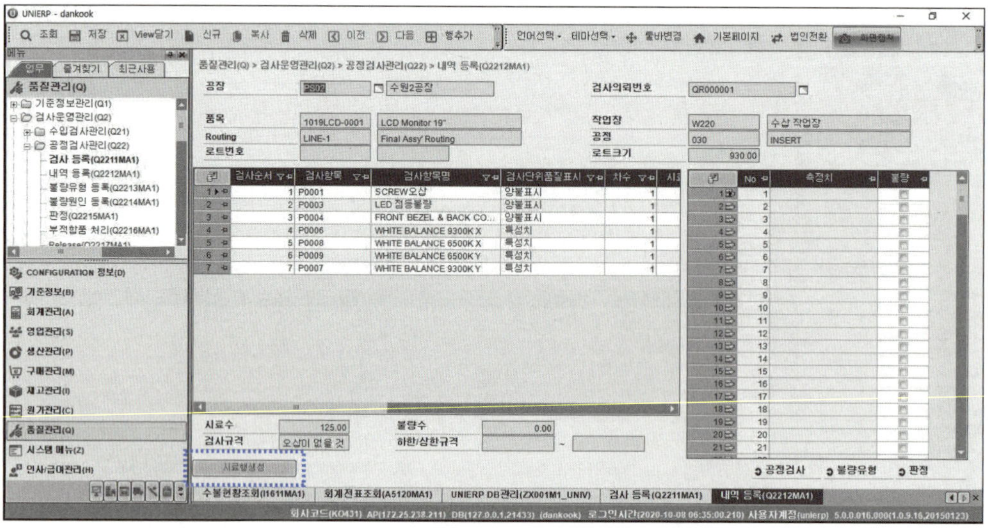

[그림 12-14] 공정검사 등록 및 시료행생성

○ 공정검사 결과 판정

공정검사 판정은 다음 두 가지로 구분된다.

- 개별 시료에 대한 판정: 검사를 위해서 채취한 개별 샘플에 대한 판정
- 검사 전체에 대한 판정: 개별 시료들에 대한 판정결과 전체 합격판정 기준 혹은 불합격판정 기준과 비교하여 공정검사 전체에 대한 판정

공정검사 결과를 판정하는 과정을 다음과 같다.

(4) 개별판정: 생성된 시료행 작업화면 우측 수직으로 나열된 행이 생성된 화면에서 각각의 샘플에 대해서 진행한 공정검사 결과에 따라서 불량에 체크하고 저장한다. → 시료행생성 화면에서 불량에 체크하면 해당 샘플에 불량이 발생했다는 것을 의미하고, 모두 양품인 경우에는 모든 샘플의 불량 체크를 하지 않고 저장한다. 개별 판정결과는 다음과 같다.

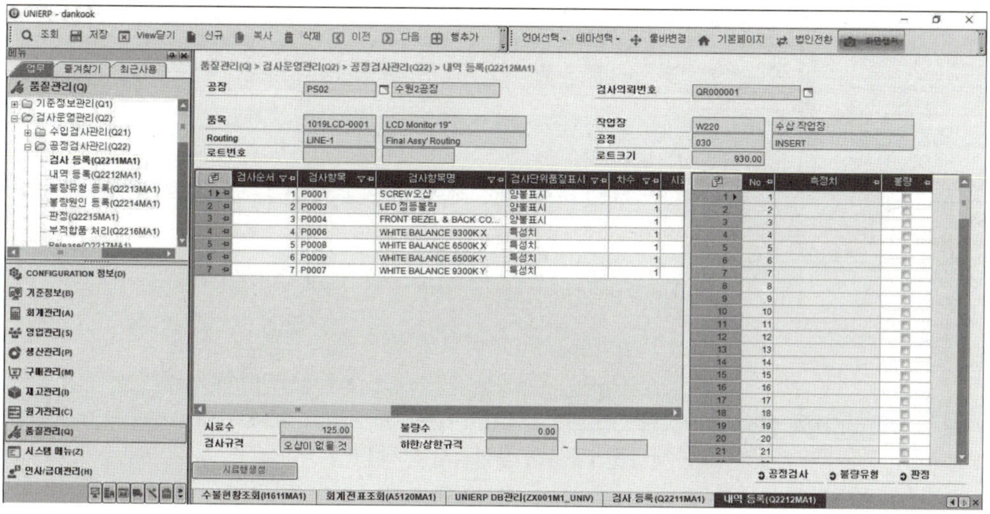

[그림 12-15] 공정검사 개별 판정결과 등록

(5) 전체 공정검사 판정확정: 전체 판정은 개별 샘플에 대한 판정 결과에 따라서 전체 공정검사를 판정하는 작업이다. 채취한 모든 샘플을 대상으로 등록된 7종의

검사를 진행하고 결과를 판정하는 것이 개별 판정이라면, 전체 판정은 개별 판정한 결과를 통해서 공정검사 전체를 판정하는 것이다. 현재의 공정검사는 제030공정 후의 실적을 대상으로 하는데, 만일 공정검사 전체 판정에서 합격 판정을 받아야 제040공정 작업을 시작할 수가 있다.

(6) 전체 판정을 위해서 개별 판정 결과 화면 우측 하단의 판정 버튼을 클릭하여 전체 판정 화면으로 이동하여 전체 판정에 필요한 데이터를 다음과 같이 입력한다.

입력 항목	데이터	입력/표시방법
검사원	01 강상수	PopUp 자동표시
검사일	현재 작업일	자동표시 현재일
검사수	125	직접입력
불량수	0	직접입력
판정	합격	Combo Box

(7) 전체 판정 데이터를 입력하고 저장한 결과는 다음과 같다.

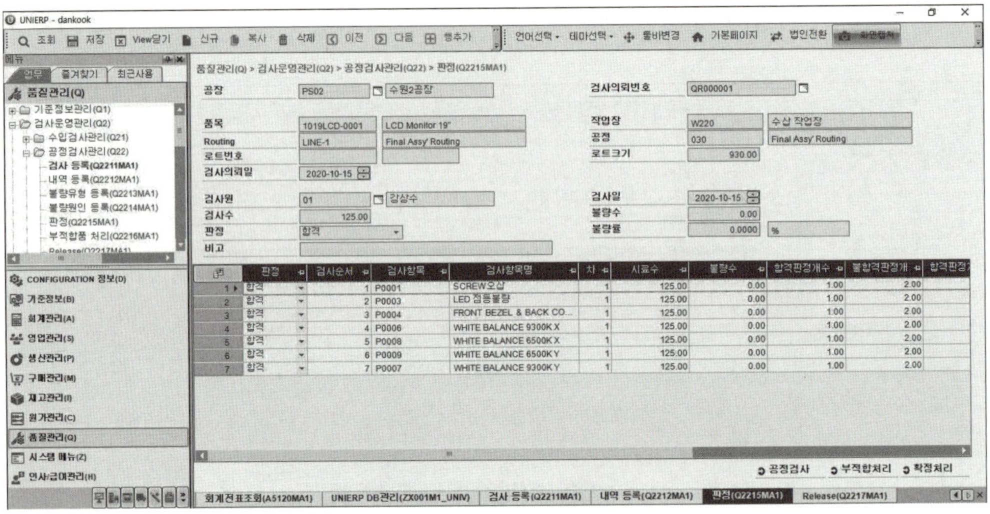

[그림 12-16] 공정검사 전체 판정

실질적인 공정검사는 완료하였으나, 지금까지 작업한 전체 진행과정을 다음과 같이 저장-확정-저장하여야 제030공정의 공정검사가 최종적으로 완료된다.

(8) 공정검사 결과를 저장한다.

(9) 화면 하단 우측의 확정처리 버튼을 클릭하여 확정-저장하면 검사진행상태가 "판정완료"에서 "Release완료"로 전환되어 공정검사가 최종 완료된다.

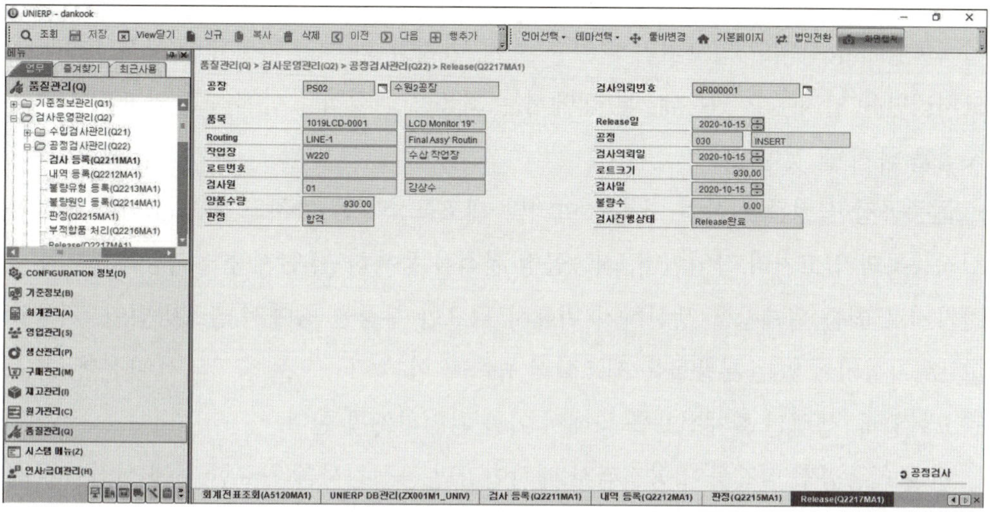

[그림 12-17] 030공정에 대한 공정검사 최종 완료

3.3 공정검사 결과일보 확인

(1) 호출메뉴: [품질관리〉〉감사운영관리〉〉공정검사관리〉〉일보조회]

(2) 조건파트의 데이터 입력 : 공장PS02 및 기간2xxx-10-01 ~ 2xxx-10-31

(3) 공정검사 일보조회 결과는 다음과 같다.

번호	검사의뢰번호	Release일	검사일	품목	Routing
1	QR000001	2xxx-10-15	2xxx-10-15	1019LCD-0001	LINE-1

번호	공정	작업장	작업장 명	Decision	로트수	검사수	불량수	불량률
1	030	W220	수삽 작업장	합격	930	125.00	0.00	0.00

4 최종공정실적관리[DanDB_S14_최종공정실적관리]

공정검사 대상으로 설정된 030공정의 공정검사를 완료하고 중간 공정의 모든 중간 실적물들이 등록되고 입고처리 되었다. 이제 마지막 최종 공정에 대한 실적등록과 입고처리만을 남겨두고 있는데, 본 절에서는 최종공정 실적을 등록하고 입고 처리하는 작업을 하게 될 것이다.

최종공정 실적관리 작업 내용은 마지막 제조공정040을 마치고 최종 생산된 완제품 실적등록과 입고처리 작업이며, 최종공정 실적을 등록하면, 반제품 실적등록에서와 마찬가지로 최종 완제품을 생산하기 위해서 필요한 부품들 중에서 출고방법이 "자동출고"로 지정되어 있는 부품들은 제조실적 등록과 함께 자동으로 출고되기 때문에, 부품 출고현황과, 생성된 회계전표를 통해서 이를 확인하도록 한다.

만일 최종공정 실적물이 공정검사 대상이라면 공정검사를 완료한 후에 실적이 등록되어야 하지만, 본 시나리오에서 최종공정040공정은 검사대상이 아니기 때문에, 최종검사 과정 없이 최종공정 실적을 등록되면, "자동출고" 방식의 부품이 출고되고, 회계전표도 자동으로 생성된다. 완제품 제조공정들이 어떻게 구성되어 있으며, 공정검사 대상인지 아닌지는 [생산관리>>생산기준정보>>라우팅정보관리>>라우팅정보조회] 에서 확인할 수 있다.

4.1 최종공정실적 등록

(1) 호출메뉴: [생산관리>>제조오더관리>>제조실적>>공정별실적등록Single]

(2) 조건파트의 데이터를 다음과 같이 입력한다.

입력 항목	데이터	입력/표시방법
공장	PS02 수원2공장	PopUp 자동표시
착수예정일	2xxx-10-01 ~ 2xxx-10-31	직접입력
품목	1019LCD-0001	PopUp
실적완료	예	Radio Button

(3) 화면 상단의 조회 버튼을 클릭하여 이미 실적 처리한 중간공정 030에 대한 실적 처리 결과를 조회한다. 조회결과는 다음과 같다.

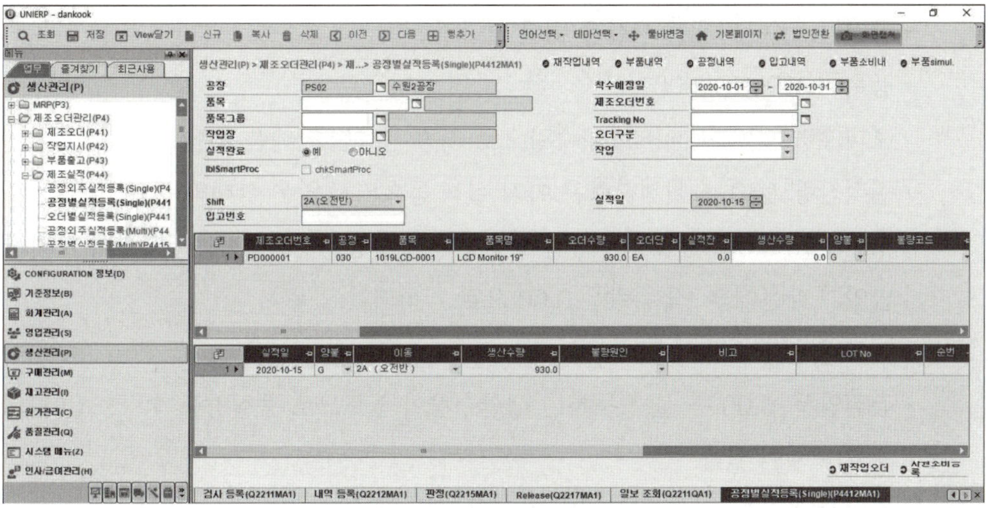

[그림 12-18] 제030공정의 실적등록 결과

030공정과 040공정 모두 사내공정이기 때문에 사내공정 실적관리 대상이지만, 030공정이 검사 대상이므로 030공정에 대한 실적을 등록하고 공정검사를 진행했으며, 현재 040공정의 실적을 등록하기 직전 상황이다. 이제 최종공정 040의 실적을 등록하기 위해서 다음과 같이 조건파트의 데이터를 수정하여 입력한다.

(4) 조건파트의 데이터를 다음과 같이 수정하여 입력한다.

입력 항목	데이터	입력/표시방법
실적완료	아니오	Radio Button

✓ [실적완료: 아니오]를 수정 입력하는 이유는 실적등록 대상만을 표시하기 위해서이다, 실적 완료된 공정실적은 중간공정 030이며, 제030공정에서의 실적등록 작업은 이미 완료된 상태이다. 그리고 중간공정 020은 외주위탁가공품이기 때문에, [생산관리〉〉제조오더관리〉〉제조실적〉〉외주공정실적등록] 프로그램에서 실적등록을 이미 완료한 상태이다.

(5) 화면 상단의 조회 버튼을 클릭하여 최종공정 제040공정 실적 등록 대상목록을 조회하면, 다음과 같은 내용으로 실적등록 목록이 조회된다.

- 제조오더번호: PD000001
- 공정: 040 → 완제품 생산을 위한 말공정 최종공정 임.
- 품목: 1019LCD-0001 LCD Monitor 19"
- 오더수량: 930 → 제조오더 수량으로 최종 생산될 완제품 수량
- 실적잔량: 930 → 실적잔량은 아직 실적 등록되지 않은 상태의 수량
- 생산수량: 0.00 → 생산되어 실적이 등록된 수량, 아직 실적등록이 이루어지지 않았기 때문에, 아직 수량은 0.00 으로 기록되어 있음.
- 입고량/불량수량: 0.00
- 품질양품: 0.00 → 실적 등록된 생산수량이 없으므로 품질양품 수량도 0.00으로 기록되어 있음.
- 작업장: W230 → 해당 공정의 작업장 조립작업장
- 오더상태: Release → 완제품을 생산하는데 필요한 부품들이 실제로 출고되어 중간공정 실적물들이 등록되고 있는 과정을 나타냄.
- Milestone: Y → 실적관리 대상임을 표시함.
- 공정검사: N → 최종공정 040은 최종검사 대상이 아님을 나타냄.

최종공정실적 등록 작업을 다음과 같이 수행한다.

(6) 작업파트의 다음 데이터를 입력한다.

입력 항목	데이터	입력/표시방법
생산수량	930	직접입력

(7) 화면 상단의 저장 버튼을 클릭하여 실적등록을 저장한다. 저장 버튼을 클릭하면 "검색된 Data가 없습니다." 메시지가 나타나면 이를 확인한다. 이는 더 이상 등록할 실적이 없다는 것이기 때문에, 최종공정 실적등록 작업이 정상적으로 처리되었음을 의미한다.

(8) 저장된 최종실적등록을 확인하기 위해서 조건파트 하단의 실적완료를 "예"로 수정 입력한 후 조회하면 공정검사 이전에 등록한 제030공정 실적과 제040공정 실적이 다음과 같이 동시에 나타난다.

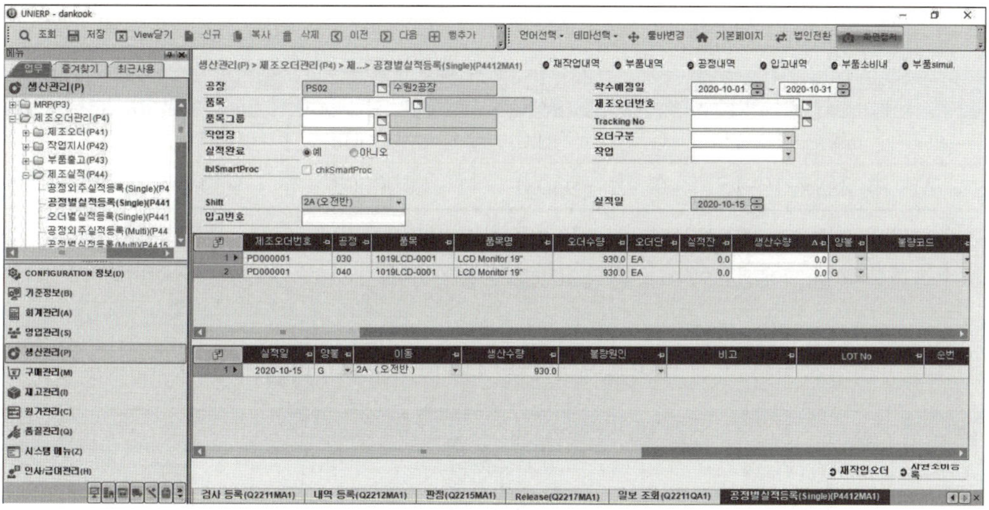

[그림 12-19] 공정030-040 실적등록 결과

최종공정실적 등록 결과화면에 표시된 자료파트의 내용을 정리하면 다음과 같다 실적 등록된 내용 중 일부만 표시됨.

○ 상단 자료파트 실적등록 이후

행번호	제조오더번호	공정	품목	오더수량	실적잔량	생산수량
1	PD000001	030	1019LCD-0001	930.00	0.00	0.00
2	PD000001	040	1019LCD-0001	930.00	0.00	0.00

행번호	양불	생산수량	양품수량	불량수량	품질양품	품질불량	입고량
1	G	930.0	930.0	0.00	0.00	0.00	0.00
2	G	930.0	930.0	0.00	0.00	0.00	0.00

행번호	착수예정일	착수일	실착수일	오더상태	Milestone	공정검사
1	2xxx-10-14	2xxx-10-15	2xxx-10-15	Start	Y	Y
2	2xxx-10-15	2xxx-10-15	2xxx-10-15	Start	Y	N

✓ 공정이 마무리되어 실적수량 930개 전량 입고됨.

✓ 현재 오더상태는 "Start"이며, 제조공정의 모든 작업이 마무리되었음을 의미함.

o 하단 자료파트 실적등록 이후

행번호	실적일	양불	생산수량	출고번호	품질양품	품질불량
1	2xxx-10-15	G	930.0	IM00002	930.0	0.00
2	2xxx-10-15	G	930.0	IM00003	930.0	0.00

✓ 등록된 출고번호 IM00002, IM00003는 제030공정과 제040공정에 투입된 부품의 출고번호이며, 수불현황 혹은 회계전표에 기록된 출고번호와 동일하다.

최종공정실적등록 이전과 이후에 변경된 데이터 내역은 다음과 같다.

최종공정실적등록 이전	데이터 항목	최종공정실적등록 이후
930.00	실적잔량	0.00
0.00	생산수량	930.00
0.00	양품수량	9300.00
없음	실적일	2xxx-10-15
없음	출고번호	IM00002 / IM00003
0.00	품질양품	930.00

4.2 최종공정실적 등록 확인

4.2.1 부품출고현황 조회

본 시나리오에서는 제조공정에 투입되는 모든 부품들은 "자동출고" 방식으로 생산출고 되도록 설정되어 있다. 따라서 현재 최종공정 실적등록이 완료된 상태이기 때문에, 최종공정 실적등록이 정상적으로 처리되었다면 모든 소요 부품이 자동으로 출고되었을 것이다. 최종공정에 투입되어야할 부품들이 실제로 출고되었는지 부품출고현황을 조회하여 확인해 보도록 한다. 부품출고현황을 조회하는 방법은 다음과 같다.

(1) 호출메뉴: [생산관리>>제조오더관리>>부품출고>>출고현황조회]

(2) 조건파트의 데이터를 다음과 같이 입력한다.

입력 항목	데이터	입력/표시방법
공장	PS02 수원2공장	PopUp 자동표시
필요일	2xxx-10-01 ~ 2xxx-10-31	직접입력

(3) 화면 상단의 조회 버튼을 클릭하여 부품출고현황을 조회하기 전에 최종공정 실적등록 이전과 이후의 출고현황을 비교하기 위해서 최종공정 실적등록 이전의 출고현황을 조회했던 결과는 다음과 같다[그림 12-8] 참조.

- 1~2행: 출고상태: Start 초공정 010공정 작업에 필요한 원자재들이 출고처리 완료됨 2종 모두 미출고수량: 0.
- 3행: 출고상태: Start 중간공정 030공정 작업에 필요한 반제품이 출고처리 완료됨 출고수량: 930, 미출고수량: 0.
- 4행: 출고상태: Release 최종공정 040공정 작업에 필요한 반제품은 미출고수량이 1860개로 아직 출고처리 되지 않았음.

이제, 최종공정 040공정 실적등록 이후의 부품출고현황은 다음과 같다.

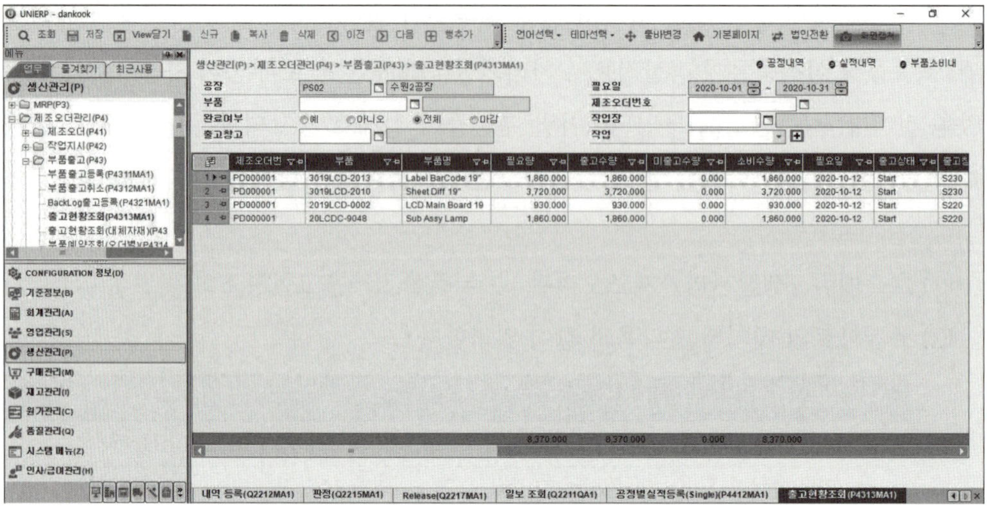

- ✓ 제4행에 표시된 출고현황이 최종공정[040공정]과 관련된 부품출고현황이다.
- ✓ 제4행의 최종공정[040공정]에 투입된 반제품은 20LCDC-9048이며, 필요량 1860개 전량이 출고되어 미출고수량이 "0"으로 표시되어 있고, 출고상태 또한 "Start"로 표시되어 전량 출고되었음으로 나타난다.

[그림 12-20] 최종공정실적 등록 부품출고현황 조회결과

완제품 1019LCD-0001[LCD Monitor 19"]를 생산하는데 단계적으로 4단계의 공정을 거치는데 최종공정 실적등록은 마지막 단계[040공정]의 실적등록에 해당된다. 즉, 최종공정 실적등록 이후 더 이상의 실적등록은 없기 때문에, 더 이상의 부품출고는 없다는 것을 의미한다. 이는 부품출고예약 상황을 조회하여 확인할 수 있다.

따라서 최종공정 실적등록 후에 조회되는 부품출고현황에는 계획수량 전량이 모두 소비되었어야 하며, 미출고 수량도 더 이상 존재하지 않아야 한다. 또한 출고상태는 초공정의 경우에는 "Close" 상태인 경우도 있지만, 초공정 이외의 모든 공정들은 "Start" 상태로 전환되어 있어야 한다. 만일, 최종공정 실적을 등록했음에도 불구하고 여전히 출고상태가 "Plan" 혹은 "Release" 상태인 경우가 있다면, 이는 아직 출고되지 못한 그래서 아직 출고되어야할 부품이 있다는 것을 의미하며, 다른 제조공정이 존재한다는 것을 의미한다.

최종공정[040공정] 실적등록 후의 모든 공정의 모든 부품출고현황을 확인하기 위해서

계획기간 2xxx-10-01~2xxx-10-31 동안 출고된 모든 부품출고현황을 정리하면 다음과 같다.

- 계획기간2xxx-10-01~2xxx-10-31 동안 최종 완제품1019LCD-0001을 생산하기 위한 4단계 공정이 모두 마무리 되었다.
- 완제품 생산에 필요한 모든 부품들이 계획된 수량만큼 모두 반제품 혹은 완제품 생산을 위해서 출고되어 소비되었다.
- 모든 출고상태는 "Start" 상태로 표시되어 있는데 이는 더 이상의 부품출고 상황은 발생하지 않는다는 것을 의미한다.
- 출고상태가 "Start" 로 표시된 행에 해당되는 부품은 완제품 생산을 위해서 투입되었으며, 이는 생산입고와 동시에 출고상태가 "Close" 로 변경되어 부품출고가 마감될 것이다. 현재 상황은 생산입고 처리 전이기 때문에 아직은 출고상태가 "Start"로 표시되어 있다.

4.2.2 부품출고에 대한 회계전표조회

부품출고현황 조회를 통해서 확인했듯이, 완제품 생산에 필요한 모든 원자재 및 반제품들이 출고처리 되었다. 필요한 원자재 및 반제품 출고가 정상적으로 처리되었다면, 회계전표에 자동으로 반영된다.

앞에서 부품출고현황을 조회한 결과, 최종공정040공정 실적등록 후 출고된 반제품 20LCDC-9049의 출고번호가 근거로 제시되었다. 이는 필요한 부품이 실제로 출고되었으며 회계전표가 자동으로 발행되었다는 것을 의미한다.

최종공정040공정 실적등록 후에 출고된 부품20LCDC-9048에 대한 회계전표를 확인해 보자.

회계전표를 조회하는 방법은 다음과 같다.

(1) 호출메뉴: [회계관리〉〉전표관리〉〉회계전표조회]

(2) 조건파트의 데이터를 다음과 같이 입력한다.

입력 항목	데이터	입력/표시방법
회계일	2xxx-10-01 ~ 2xxx-10-31	직접입력
사업장	UB01 수원사업장	PopUp 자동표시

✓ 최종공정실적 등록 작업을 포함하여 지금까지 생성된 회계전표 전체를 확인하기 위해서 회계일을 2xxx-10-01~실제 작업일까지로 설정함.

(3) 화면 상단의 조회 버튼을 클릭한다. 조회 결과는 다음과 같다.

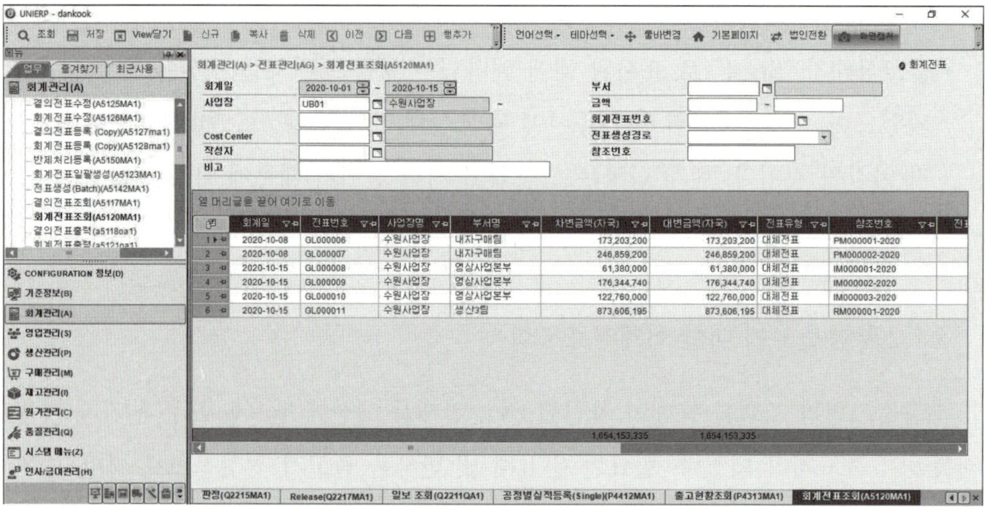

✓ 현재 작업일까지 발행된 회계전표는 모두 6건이다.

✓ 최종공정 040공정에 투입된 부품과 관련된 회계전표는 5번째 행의 대체전표이다. 대체전표의 발행근거가 부품출고현황에 표시된 출고번호와 동일하기 때문에, 최종공정 040을 위해 필요했던 부품이 자동으로 출고되면서 발행된 전표임을 확인할 수가 있다.

[그림 12-21] 최종공정 040에 투입된 부품출고에 대한 회계전표 조회

4.2.3 부품 수불현황 조회

최종공정 040 작업을 하는데 필요한 부품이 출고되었다는 사실을 부품출고현황과 이와 관련하여 자동으로 발행된 회계전표를 통해 확인하였다. 그러나 부품이 출고되었다는 사실은 부품의 이동경로가 기록되어 있는 부품 수불현황에 기록되어 있으므로 수불

현황을 통해서도 확인할 수가 있다. 부품 수불현황을 조회하는 방법은 다음과 같다.

(1) 호출메뉴: [재고관리>>수불관리>>수불현황조회]

(2) 조건파트의 데이터를 다음과 같이 입력한다.

입력 항목	데이터	입력/표시방법
공장	PS02 수원2공장	PopUp 자동표시
수불일	2xxx-10-01 ~ 2xxx-10-31	직접입력

(3) 설정한 수불기간 동안의 수불현황은 다음과 같다.

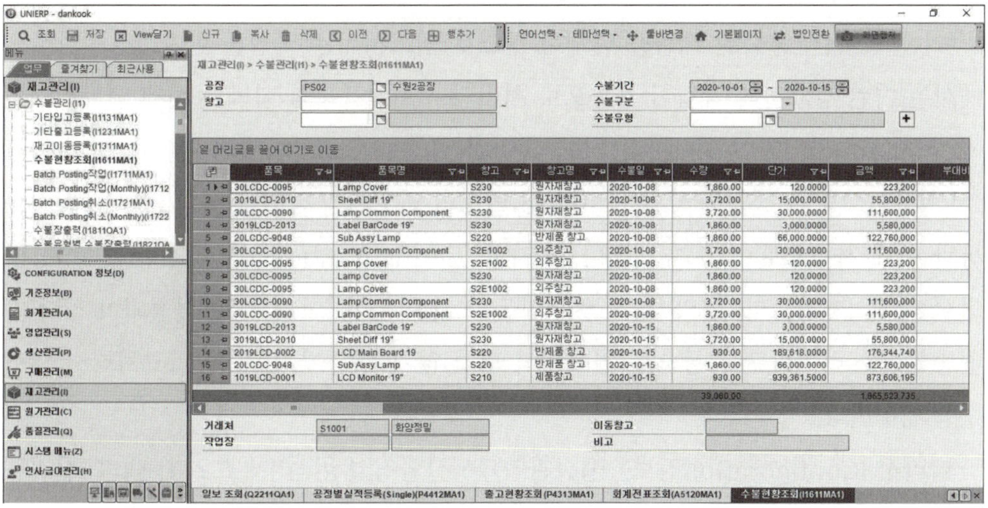

수불내역을 다음과 같다.

- ✓ 1행~4행: 내자구매입고
- ✓ 5행: 외주위탁가공구매 입고
- ✓ 6행~7행: 외주위탁가공을 위한 사급품출고
- ✓ 8행~9행: 외주위탁가공을 이한 재고이동 출고
- ✓ 12행~13행: 사내공정(010)을 위한 생산출고
- ✓ 14행: 사내공정(030)을 위한 생산출고
- ✓ 15행: 사내공정(040)을 위한 생산출고
- ✓ 16행: 최종공정(040)을 통해 생산된 최종완제품 입고

[그림 12-22] 최종공정040 실적등록 이후의 수불현황 조회결과

5 생산입고처리[DanDB_S15IF_생산입고]

제조공정을 통해서 최종 완제품이 실지로 만들어진 것과, 시스템 상에 그 실적물이 존재하는 것은 별개의 문제이다. 예를 들어, 제조공정을 통해서 완제품이 생산되었다면 실물 완제품은 존재하지만, 생산된 완제품을 시스템으로 입고처리하지 않았다면, 시스템 상의 완제품 재고는 늘어나지 않는다. 따라서 입고되는 모든 품목은 입고된 실물 수량과 동일하게 입고처리 되어야 한다.

본 절에서는 완제품 제조공정 중에서 마지막 최종공정이 종료되고 최종공정 실적완제품이 등록되면, 등록된 제품을 완제품 창고로 입고시키는 작업을 한다. 본 시나리오에서는 이런 입고처리 작업이 자동으로 처리되어 실적등록과 함께 동시에 입고되도록 [Configuration정보>>생산관리>>생산환경설정]의 [제조오더] 탭의 [실적동시 자동입고] 항목을 "예"로 설정해 두었다. 따라서 별도의 입고처리 작업을 하지 않아도 실적등록과 함께 자동으로 입고 처리된다. 하지만 [Configuration정보>>생산관리>>생산환경설정] 의 [제조오더] 탭의 [실적동시 자동입고] 항목이 "아니오"로 설정되어 있다면, 최종실적을 하더라도 자동으로 입고처리 되지 않기 때문에, 별도의 입고처리 작업을 수행해야 한다.

따라서 [Configuration정보>>생산관리>>생산환경설정]의 [제조오더] 탭의 [실적동시 자동입고] 항목이 어떻게 설정되어 있는지를 먼저 확인한 후 실적동시 자동입고 되도록 설정되어 있으면 본 절에서 설명하는 생산입고 작업은 별도로 할 필요 없다. 하지만 실적동시 자동입고 항목이 "아니오"로 설정되어 있다면 생산입고 작업을 다음과 수행한다.

5.1 생산입고 등록

생산입고 등록은 최종공정을 통해서 생산된 완제품 실적이 등록된 후, 완제품을 창고로 입고하는 작업이다. 따라서 생산입고 등록 작업 전에 완제품 실적이 등록되어 있어야만 한다. 생산입고 등록 작업은 다음과 같이 수행한다.

(1) 호출메뉴: [생산관리>>제조오더관리>>생산입고>>생산입고등록]

(2) 조건파트의 데이터를 다음과 같이 입력한다.

입력 항목	데이터	입력/표시방법
공장	PS02 수원2공장	PopUp 자동표시
입고일	2xxx-10-01 ~ 2xxx-10-31	직접입력

(3) 해당 입고일 기간에 실적 등록대상을 조회한다. 조회결과는 다음과 같다.

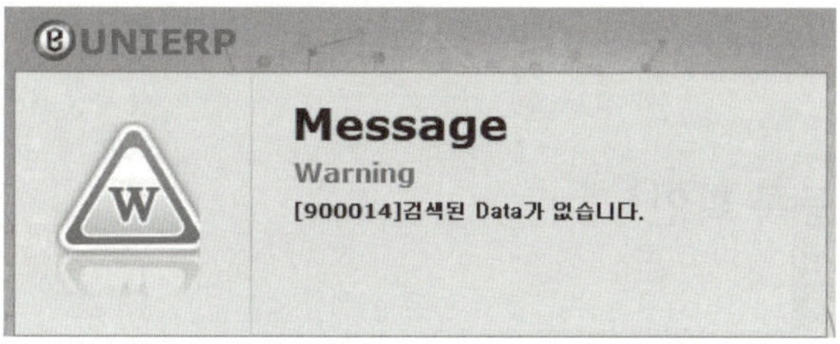

[그림 12-23] 생산입고 대상조회결과

조회결과가 위와 같이 "검색된 Data가 없습니다."라는 메시지가 나타나는데, 이와 같은 메시지가 나타나는 이유는 다음의 두 가지 경우 중에 하나일 것이다.

- 생산입고 등록 대상 실적물이 이미 생산입고 처리되었거나
- 생산입고 등록 대상 실적물 자체가 없거나

생산입고 등록 대상 실적물이 이미 생산입고 되었다는 것은, (1) 다른 작업자에 의해서 이미 생산입고 되었거나 혹은 (2) 완제품 실적이 등록됨과 동시에 생산입고 작업이 자동으로 처리되었다는 의미이다. 본 시나리오에서는 완제품에 대한 실적등록이 이루어지면 자동으로 생산입고 되도록 설정되어 있다. 따라서 생산입고 등록 대상이 이미 자동으로 입고 처리되었기 때문에, "검색된 Data가 없습니다."라는 메시지가 나오

는 것이 오류가 아니고 정상적인 작업처리 과정이다. 만일, 생산입고 대상 목록이 검색되어 나온다면, 최종실적이 등록은 되었지만 아직 생산입고로는 처리되지 않았다는 의미이기 때문에, 다음과 같이 생산입고 작업을 진행한다.

(4) 조건파트 하단의 입고일 입력: 실제 작업일로 자동표시됨.
(5) 자료파트에 조회된 입고처리 대상을 모두 선택한다.
(6) 화면 상단의 저장 버튼을 클릭하여 입고처리 내용을 저장한다. 저장 결과 입고일 필드의 값과, 자료파트의 입고처리 품목 목록이 사라지며, 최종 생산입고처리 결과가 완료된다. → 저장 후, 생산입고 등록 대상 목록이 사라지는 것은 더 이상 등록할 생산입고 대상이 없다는 것을 의미한다.

5.2 생산입고 등록 확인

생산입고 등록 작업이 정상적으로 처리되었는지를 확인하는 방법은 생산입고현황을 조회하여 입고일과 입고량을 확인하는 방법 이외에, (1) 제조오더의 실적과 제조오더 상태, (2) 입고된 완제품 재고현황 그리고 (3) 수불현황 등 다양한 방법으로 확인할 수 있다.

5.2.1 생산입고현황 조회

생산입고 등록 작업을 위해서 등록 대상을 조회하여 등록 대상이 없음을 확인하였다. 본 시나리오에서 설정한 대로 정상적으로 "실적동시 자동입고: 예" 방식대로 처리되었다면 자동으로 입고되었을 것이기 때문에, 다음과 같이 생산입고 현황을 조회한다.

(1) 호출메뉴: [생산관리>>생산입고>>생산입고현황조회]
(2) 조건파트의 데이터를 다음과 같이 입력한다.

입력 항목	데이터	입력/표시방법
공장	PS02 수원2공장	PopUp
입고일	2xxx-10-01 ~ 2xxx-10-31	직접입력
오더상태	전체	Radio Button

(3) 입고내역을 조회한다. 조회결과는 다음과 같다.

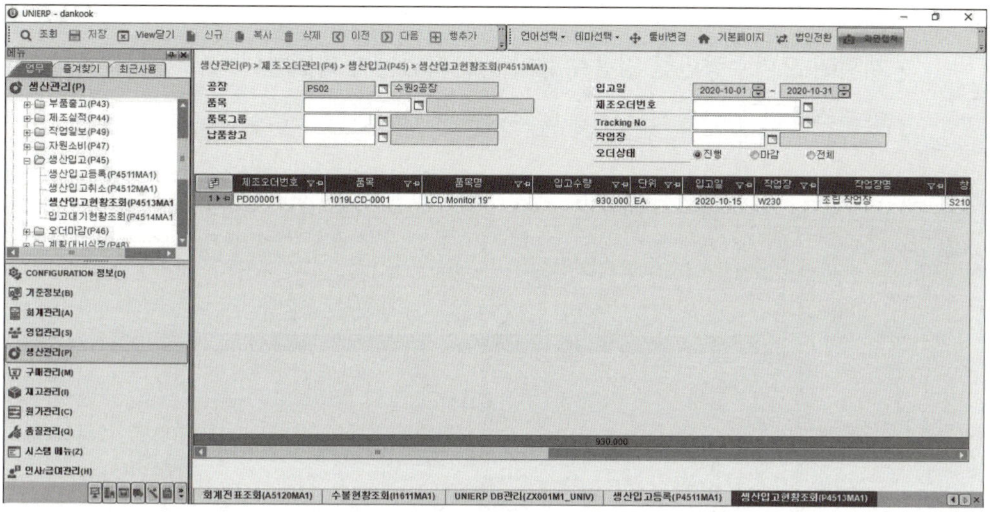

[그림 12-24] 생산입고 현황 조회결과

5.2.2 제조오더현황 조회

최종공정이 완료되어 완제품이 생산되고 나면, 제조오더 상태는 제조오더를 아직 시스템으로 마감하지는 않았지만, 실질적으로는 마감된 상태이다. 실질적인 종료란, 오더수량만큼 양품의 실적이 발생되어 입고처리 되었으며, 제조오더 지시 상태가 "Start" 상태라는 의미이다. 만일, 제조오더현황을 조회하여 제조오더 상태가 "Start"로 되어 있으면 생산입고 처리작업이 완료되었다는 것을 의미하기 때문에, 제조오더현황을 조회하여 확인해보도록 한다.

(1) 호출메뉴: [생산관리>>제조오더관리>>제조오더>>제조오더현황조회]

(2) 조건파트의 데이터를 다음과 같이 입력한다.

입력 항목	데이터	입력/표시방법
공장	PS02 수원2공장	PopUp
착수예정일	2xxx-10-01 ~ 2xxx-10-31	직접입력

(3) 해당 기간 동안의 제조오더현황을 조회한다. → 조회결과는 다음의 내용들을 확인하여 최종실적이 등록되고 입고 처리되었는지를 확인한다.

- 제조오더상태가 "Sart" 상태인지 확인한다.
- 계획된 오더수량만큼 양품수량이 생산되었는지 확인한다.
- 양품수량이 생산실적으로 등록되었는지 확인한다.

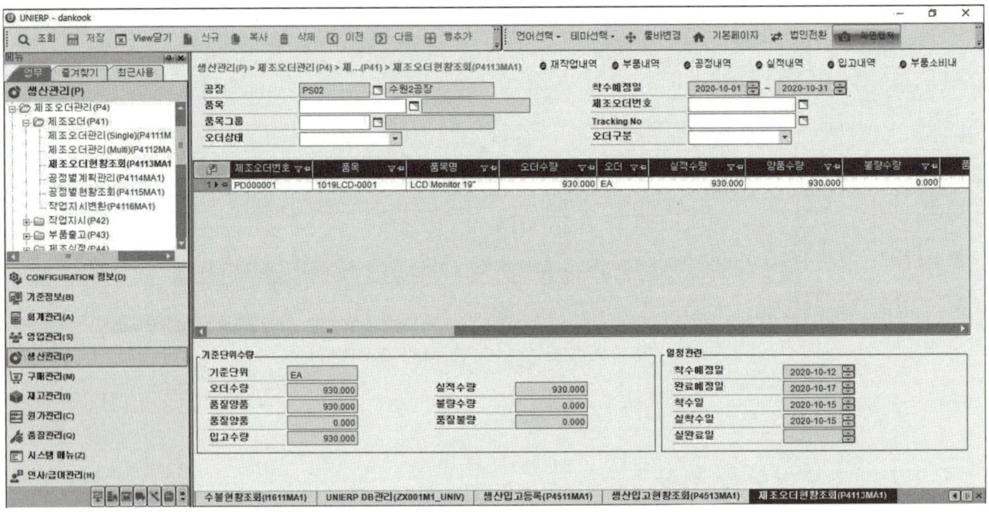

[그림 12-25] 제조오더현황 조회 결과

【확인】 최종공정(040) 실적이 등록되고 생산입고 처리된 것을 확인할 수 있는 직접적인 방법은 위에서 설명한 생산입고 현황과 제조오더상황을 통해서 확인할 수 있지만, 간접적인 방법으로 재고현황 및 수불현황을 통해서도 확인할 수가 있다. 따라서 완제품 재고현황과 수불현황을 조회하여 사내가공 완제품이 입고되었다는 것을 확인하도록 한다.

이렇게 하여 최종 완제품 실적이 등록되고 생산입고까지 마무리되고 나면, 계획기간에 수립한 판매계획 및 접수한 주문 제품을 생산하기 위해서 생성한 제조오더와 관련하여 부품이 출고되거나 제조공정이 가동되는 어떠한 작업도 진행되지 않으며, 해당 제조오더를 마감하는 작업으로 이어진다.

6 제조오더 마감[DanDB_S16_제조오더마감]

계획기간 동안 수립했던 판매계획 및 고객주문과 관련된 제조오더 작업이 실질적으로 마무리되고 더 이상 진행할 작업이 없으면 제조오더 자체를 마감해야 한다. 제조오더를 마감한다는 것은, 제조오더 지시 상태를 현재의 "Start" 에서 "Close" 상태로 전환하는 것을 말하는데, 이는 마감되는 제조오더 건으로는 추가적인 제조공정이 가동되거나 추가적으로 원자재 혹은 반제품이 출고되거나 하는 등의 그 어떤 작업도 진행될 수 없음을 의미한다. 즉, 제조오더 마감은 해당 제조오더에 대한 계획오더를 근거로 부품소요계획과 예약, 입출고수량을 정리하여 최종적으로 제조오더를 마감하는 작업이다.

제조오더 마감작업은 다음과 같이 수행한다.

(1) 호출메뉴: [생산관리>>제조오더관리>>오더마감>>제조오더마감]

(2) 조건파트의 데이터를 다음과 같이 입력한다.

입력 항목	데이터	입력/표시방법
공장	PS02 수원2공장	PopUp
착수예정일	2xxx-10-01 ~ 2xxx-10-31	직접입력

(3) 착수예정기간 동안의 제조오더를 조회한다. 조회결과는 다음과 같이 상단 자료파트와 하단 자료파트로 구분되어 상단 자료파트에는 제조오더 그리고 하단 자료파트에는 상단 자료파트의 각각의 제조오더에 대한 구체적인 내역이 표시된다.

- 상단 파트에는 전체 제조오더 1건이 표시되며,
- 하단 파트: 하단 자료파트에서 보는 바와 같이 모든 제조오더의 지시상태는 "Start" 상태이며, 제조하려는 계획수량만큼의 수량이 양품 생산되었으며, 최종입고처리 된 사실이 나타나 있다. 하단 자료파트의 착수계획일, 착수예정일과 착수일, 실착수일이 차이가 나는 이유는 일정계획보다 실제 작업일이 앞당겨졌거나, 혹은 일정이 늦춰진 때문이다. 이처럼 일정이 조정되더라도 판매계획과 수주의 납기일 이후로 연기되지 않았다면 큰 문제는 발생하지 않는다.

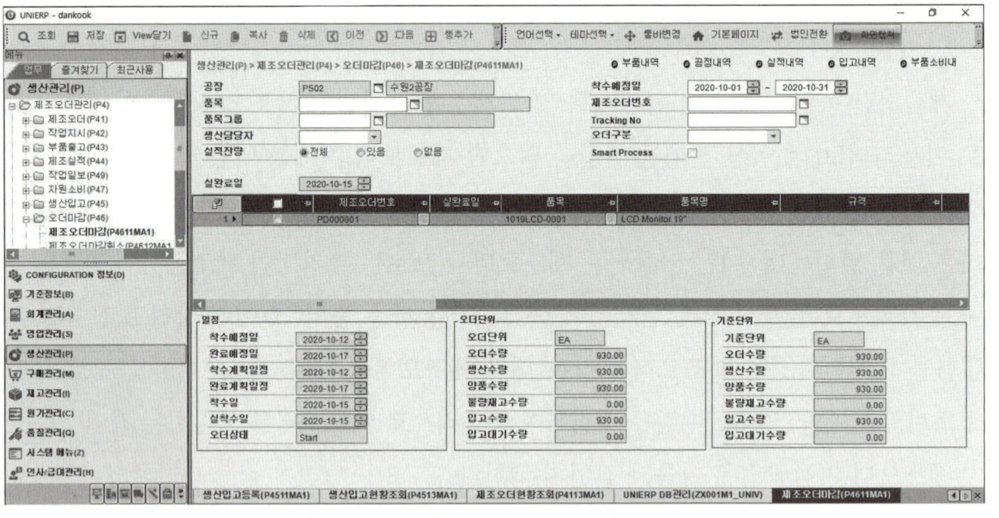

[그림 12-26] 제조오더 마감대상 조회

(4) 상단 자료파트의 [선택] 필드를 해당 제조오더를 선택 클릭하여 저장한다. → 해당 제조오더를 선택하면 상단 자료파트의 [실완료일] 필드가 현재 작업날짜로 자동으로 채워지며, 저장하면 "검색된 Data가 없습니다." 라는 메시지를 확인하면 제조오더가 최종 마감된다.

최종 마감 처리된 제조오더는 이제 더 이상 진행할 작업이 없으며, 모든 제조오더 지시상태는 "Close" 상태가 된다. 이는 다음과 같이 [생산관리>>제조오더관리>>제조오더>>제조오더현황조회] 프로그램에서 확인할 수가 있다.

(1) 호출메뉴: [생산관리>>제조오더관리>>제조오더>>제조오더현황조회]

(2) 조건파트의 데이터를 다음과 같이 입력하고 조회한다.

입력 항목	데이터	입력/표시방법
공장	PS02 수원2공장	PopUp
착수예정일	2xxx-10-01 ~ 2xxx-10-31	직접입력

(3) 최종 제조오더마감 작업 후 제조오더현황조회 결과는 다음과 같다.

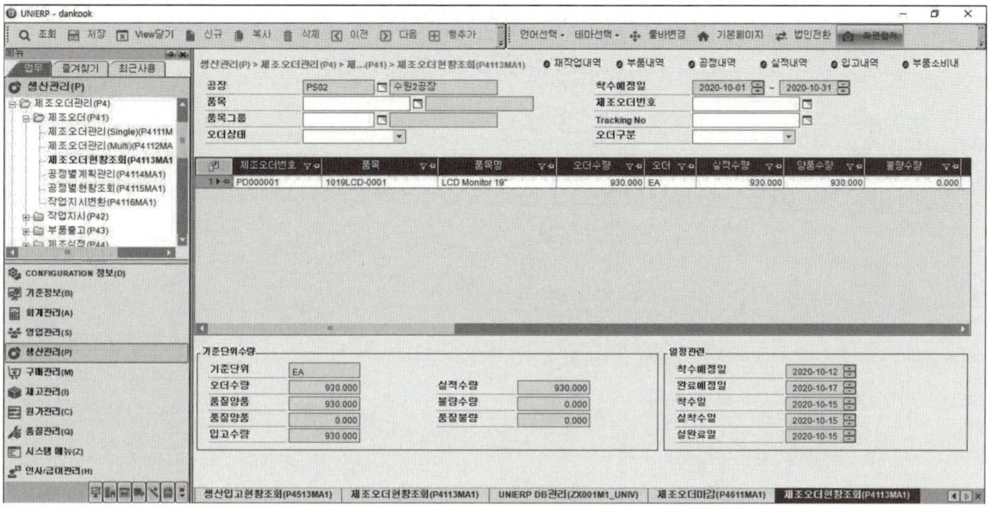

[그림 12-27] 제조오더현황조회 제조오더 마감 후

최종적으로 모든 제조오더의 오더상태가 "Start" → "Close" 상태로 전환되어 제조오더가 최종 마감처리된 것을 확인할 수 있다.

Chapter 13

출하 및 출고관리

1. 출하관리
2. 출하검사
3. 출고처리

학습개요 및 목표

최종 생산 공정이 끝나고 최종 생산실적이 등록되고 입고 처리된 후 완제품이 창고에 입고되고 나면 수주품목에 대한 출하 및 출고관리 작업이 이어지는데, 본 장에서 다루게 될 주요 작업 내용과 학습목표는 다음과 같다.

(1) 출하관리: 담보등록, 출하등록 및 출하내역 등록 → 주문처별로 출하등록 및 출하내역을 등록한다.
(2) 출하검사: 품목별 검사기준 등록, 검사등록, 내역등록 및 판정 → 출하검사 의뢰 건별로 출하검사를 진행한다.
(3) 출고처리 : 주문처 수주 건별로 출고 처리한다.

출하관리 및 출고처리 작업은 먼저 납품해야 할 품목에 대한 출하등록 및 출하내역을 등록한 후, 만일 출고처리 전에 출하검사가 실시되어야 하는 경우에만 출하검사를 실시하고 검사결과 최종적으로 합격 판정이 내려지면 출고처리 작업을 수행한다. 그러나 만일 출하검사가 필요하지 않은 경우에는 별도의 출하검사 과정을 거치지 않고 곧바로 출고 처리된다. 또한 출하등록 전에 납품업체에 대한 추가 담보를 등록하고 여신을 관리해야 할 필요가 있는 경우에는 담보등록 및 여신관리 그룹 등록 작업을 실시한다.

출하검사가 실시된 후 정상적으로 출고처리가 완료되면 완제품 재고가 감소하게 되어 회계전표가 자동으로 발행된다. 이는 초기 환경설정에서 확인하였던 것처럼, [Configuration정보>>재고관리>>수불Config등록]에서 조건파트의 데이터 수불유형을 I31: 국내판매 정상판매로 입력하고 조회하면 [회계Posting구분] 필드가 "예" 로 설정되어 있기 때문에 회계전표가 자동으로 발행된다.

본 장의 학습목표는 다음과 같다.

- 출하 및 출고처리 내용과 작업과정을 이해한다.
- 출하검사 과정을 이해한다.
- 출하 및 출고처리 전 과정을 ERP시스템으로 처리하는 방법을 이해한다.

1 출하관리[DanDB_S17_출하관리]

출하관리 작업은 최종 제조공정이 마무리되고 생산입고 처리되어 완제품에 대한 재고가 확보되면 수주내역을 참조하여 출하 및 출하내역을 등록하는 작업이다. 출하 및 출하내역 등록 후 출하검사를 하도록 설정되어 있으면 출하제품에 대한 품질검사를 실시하여 합격 판정을 받은 제품만이 출고될 수 있으며, 출하검사는 출하검사 의뢰일출하 및 출하내역 등록일 이후에 실시한다.

주문제품을 출고하기 전에 수주처에 대한 여신관리를 해야 하는 경우에는 여신규모가 적정하면 출고되지만, 여신규모가 부족한 경우에는 여신관리그룹의 [출고시여신체크] 필드가 "에러처리" 로 설정되어 여신부족으로 출고처리가 정상적으로 이루어지지 않는다. 이러한 경우에는 여신한도를 늘리기 위해서 수주처에 대해서 새로운 담보를 설정하고 등록하는 작업이 먼저 이루어진다.

따라서 출하 및 출하내역을 등록하기 전에 수주처에 대한 여신규모를 확인하여 여신규모가 적정한지를 살펴봐야 한다. 여신규모의 적정성 여부는 기존에 설정되어 있는 담보액과 수주금액을 비교하여 담보금액이 수주금액보다 많으면 여신규모가 적정한 것으로 보고 추가 담보설정 없이 출고작업이 이루어지지만, 반대로 수주금액이 담보액보다 많으면 추가 담보를 설정한 후에 출고처리 작업이 진행될 수 있다.

1.1 담보등록

담보등록 작업은 수주처 C1002신세계이마트 강남에 대한 여신규모 상황에 따라서 필요한 경우 새로운 담보를 등록하는 과정이다. 먼저 수주처 C1002신세계이마트 강남에 대한 여신규모 상황이 어느 정도인지 확인해 보기로 하자.

(1) 호출메뉴: [영업관리〉〉영업기준정보〉〉여신관리그룹등록]

(2) 조건파트의 데이터를 다음과 같이 입력한다.

입력 항목	데이터	입력/표시방법
여신관리그룹	C1002 신세계이마트 강남	PopUp 자동표시

(3) 화면 상단의 조회 버튼을 클릭하여 여신관리그룹 C1002 신세계이마트 강남에 대한 여신 상황을 조회하면 다음과 같이 나타난다.

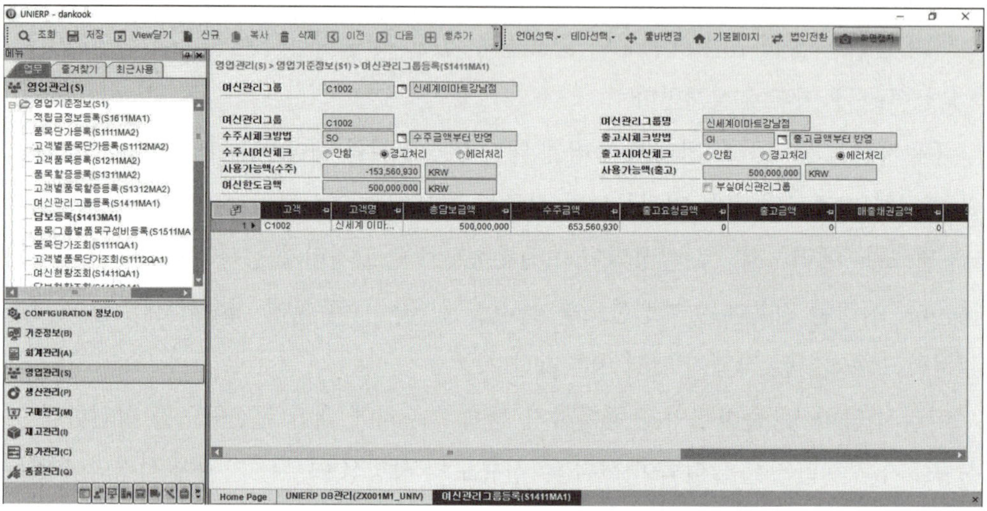

[그림 13-1] C1002 신세계이마트 강남에 대한 여신-담보등록 이전

수주처 C1002 신세계이마트 강남에 대한 여신상황은 다음과 같이 체크한다.

- **수주 시 체크:** 수주 시 체크는 수주처로부터 주문을 접수하고 등록할 때 체크한다. → 본 시나리오에서는 수주 시 "경고처리" 하는 것으로 설정되어 있기 때문에, 담보액이 수주금액보다 적더라도 주문을 접수하고 등록할 수는 있다. 대신 경고메시지를 통해서 담보액이 수주금액보다 적다는 사실을 인지하도록 한다S2_수주관리 참조.
- **출고 시 체크:** 출고 시 체크는 주문제품이 출고될 때 출고여부를 결정하기 위해서 체크하는 것으로 현재에는 "에러처리" 로 설정되어 있다. 이는 반드시 추가 담보를 설정한 후에 주문제품을 출고시킬 수 있다는 의미이다.

수주처 C1002신세계이마트 강남의 여신상황은 주문금액653,560,900 KRW이 담보액 500,000,000 KRW보다 많은 상황이다. 따라서 C1002신세계이마트 강남에서 주문한 제품이 정상적으로 출고 처리되기 위해서는 수주처 C1002신세계이마트 강남에 대한 추가 담보가 필요하기 때문에, 새로운 담보를 등록하는 과정을 다음과 같이 거치도록 한다.

(1) 호출메뉴: [영업관리>>영업기준정보>>담보등록]

(2) 자료파트의 데이터를 다음과 같이 입력한다.

입력 항목	데이터	입력/표시방법
고객	C1002 신세계 이마트 강남	PopUp 자동표시
담보유형	C 부동산임야	PopUp 자동표시
영업그룹	S111 대리점판매	PopUp 자동표시
설정금액	700,000,000	직접입력
감정가	900,000,000	직접입력
가능담보금액	800,000,000	직접입력

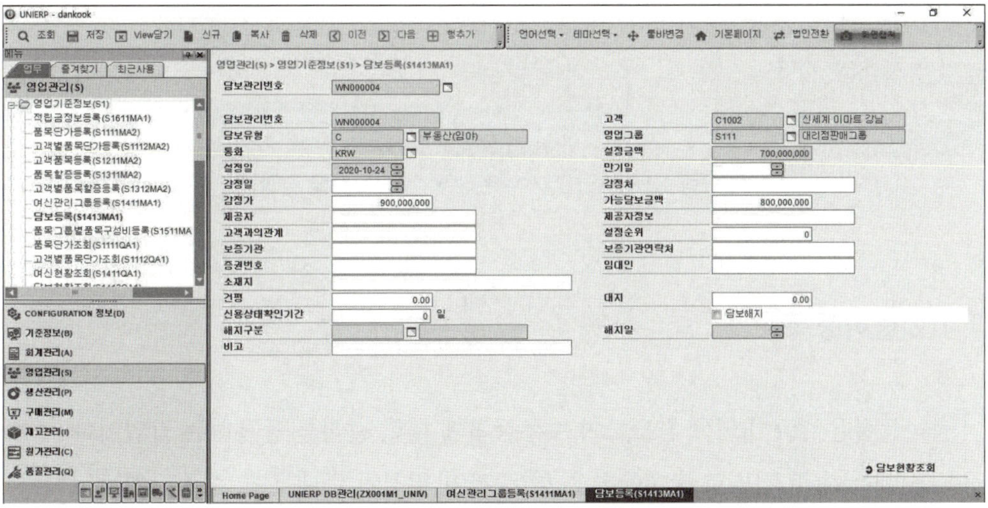

[그림 13-2] C1002신세계이마트 강남 담보등록 결과

주문제품이 정상적으로 출고되기 위해서는 담보 설정액이 수주금액보다 많도록 담보를 설정하는 것이 중요하다. 만일 담보 설정액이 수주금액보다 적다면 여전히 출고

처리 시에 에러 처리될 것이기 때문에, 담보를 설정할 때 수주금액을 확인하고 수주금액보다 많도록 등록해야 한다. 본 시나리오에서는 수주처 C1002신세계이마트 강남의 현재 담보 설정액은 500,000,000KRW 이고, 수주금액은 653,560,930KRW에 달하기 때문에, 감정가 900,000,000KRW의 부동산에 대해서 700,000,000KRW의 담보를 추가로 등록하기로 한다.

새로운 담보를 설정하여 등록한 후 다시 한 번 수주처 C1002신세계이마트 강남에 대한 여신 상황을 조회하면 새로운 여신상황은 다음과 같다.

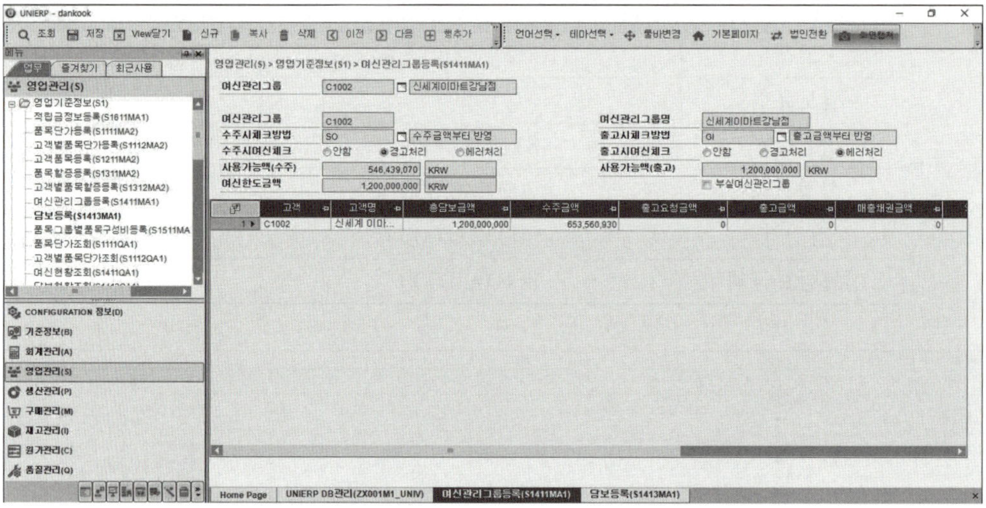

[그림 13-3] C1002신세계이마트 강남 담보등록 결과

1.2 출하등록

출하등록은 수주내역을 참조하여 수주품목에 대한 출하를 등록하는 작업이다. 출하등록 시에는 수주 건별로 출하등록을 하는 것이 원칙이기 때문에, 수주건 별로 출하등록을 하며, 출하등록 작업은 먼저 출하등록을 한 후에 출하내역을 등록하는 순으로 진행한다. 그러나 본 시나리오에서는 아래 3건의 수주 전체를 현재 작업일에 일괄적으로 처리하는 것으로 한다.

주문번호	품목	영업그룹	주문처	납기일	수량
SN000001	1019LCD-0001	S111	C1002 신세계이마트	2xxx-10-20	400
				2xxx-10-24	150
SN000002		S112	C1004 개인판매	2xxx-10-23	90

1.2.1 출하등록 및 출하내역 등록: C1002 신세계이마트 강남 1차

o 출하등록

수주처 C1002신세계이마트 강남에 대한 수주 품목은 2xxx년 10월 20일과 2xxx년 10월 24일 두 차례에 걸쳐서 출고되어야 한다. 그 중에서 첫 번째 출고에 대한 출하등록 작업을 다음과 같이 수행한다.

(1) 호출메뉴: [영업관리>>출하관리>>출하등록]

(2) 화면 상단 우측의 [수주참조] 버튼을 클릭하여 팝업 창을 연다.

(3) 팝업창의 조건파트의 데이터를 다음과 같이 입력한다.

입력 항목	데이터	입력/표시방법
공장	PS02 수원2공장	PopUp 자동표시
출하일	2xxx-10-01 ~ 2xxx-10-31	직접입력

(4) 수주 조회결과 다음과 같이 3건의 수주목록이 검색되어 나타난다.

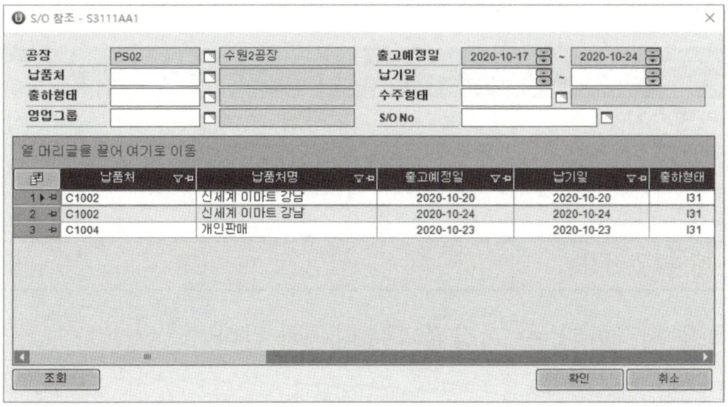

(5) 수주목록의 첫 번째 행SN000001, 납기일: 10-20을 선택-확인하면 다음과 같이 [출하등록] 탭의 내용이 다음과 같이 자동으로 채워진다.

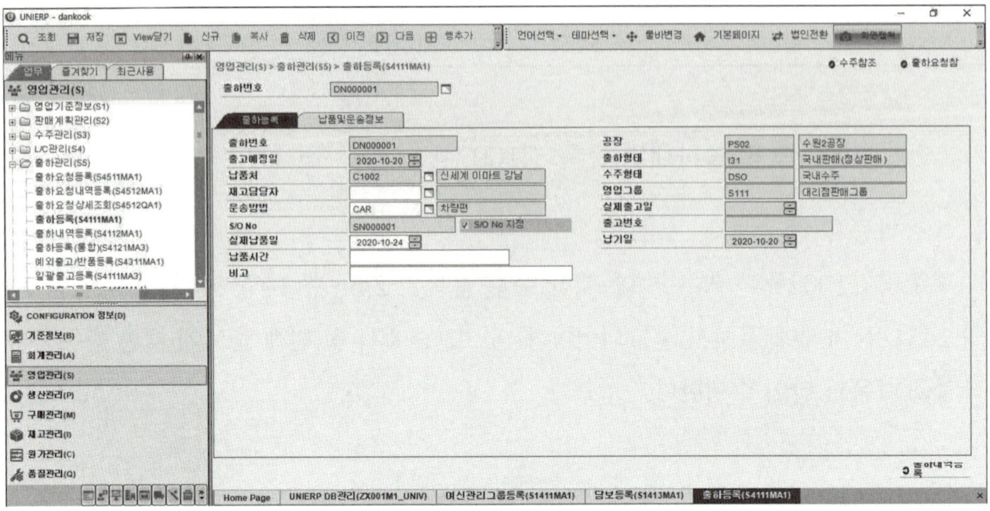

[그림 13-4] [출하등록] 탭의 내용C1002 1차

(6) [출하등록] 탭의 내용을 다음과 같이 수정하여 입력한다.

입력 항목	데이터	입력/표시방법
출고예정일	2xxx-10-20	직접입력
[S/O NO수주번호 여부]	V 체크	직접입력
실제납품일	2xxx-10-24	직접입력

(7) [납품및운송정보] 탭으로 이동하여 다음과 같이 입력한다.

입력 항목	데이터	입력/표시방법
인수자	이강남	직접입력
운송회사	대한통운(주)	PopUp
차량번호	경기22나 4322	PopUp
인계자/운전자	김안전	직접입력

(8) 출하등록을 저장한다. → 저장결과는 다음과 같다.

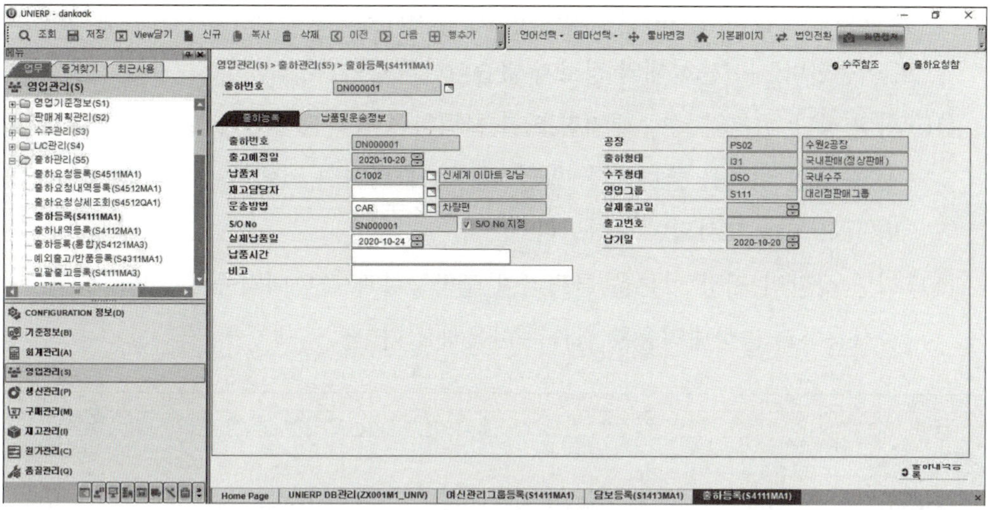

[그림 13-5a] [출하등록] 탭의 저장결과C1002 1차

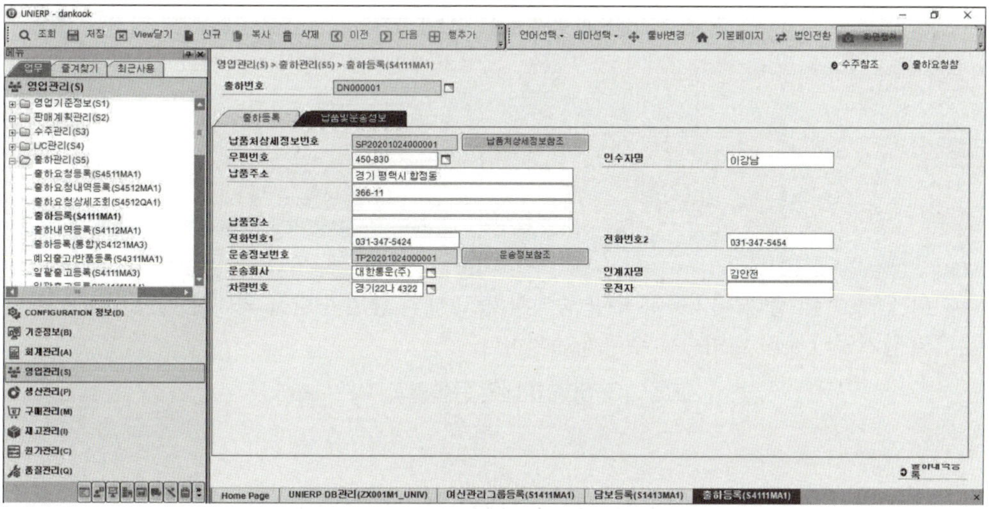

[그림 13-5(b] [납품 및 운송정보] 탭의 저장결과C1002 1차

○ 출하내역 등록

출하등록을 마친 후 출하내역을 등록한다. 출하내역 등록 화면은 출하등록 화면 하단 우측 이동버튼출하내역등록을 이용하거나, 혹은 호출메뉴를 이용하는 방법이 있는데, 출하등록 화면 하단 우측의 이동버튼을 이용하여 화면을 호출하는 것을 권장한다.

(9) 출하등록 화면 하단 우측의 출하내역등록 버튼을 클릭하여 출하내역등록 창으로 이동한다. → "출하내역 정보가 없습니다." 확인 후,

(10) 화면 상단 우측의 [수주내역참조]를 클릭하여 등록할 수주내역출하예정일: 10-20을 선택-확인 버튼을 클릭한다. 확인 버튼을 클릭하면 선택한 수주내역이 출하내역 등록 창에 표시되어 나타난다.

(11) 화면 상단의 저장 버튼을 클릭하여 출하등록과 출하내역등록을 완료한다. → 출하등록과 출하내역등록 결과는 다음과 같다.

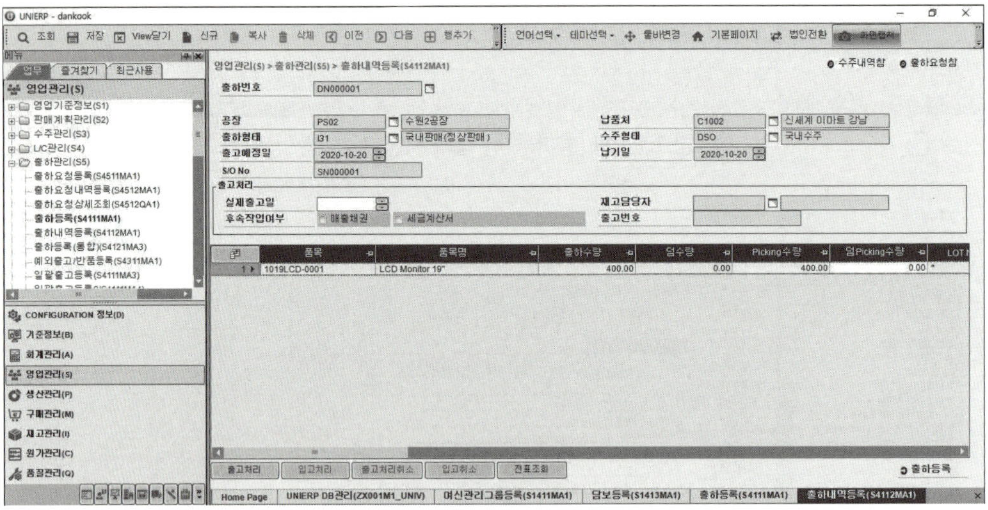

✓ Picking수량: 출하 내역등록 수량 중에서 출고 대기 중인 수량을 의미하며, 일반적으로 단일 납기일의 출하 내역등록 수량과 동일하다.

[그림 13-6] 출하내역 등록결과 C1002 1차

1.2.2 출하등록 및 출하내역 등록: C1002 신세계이마트 강남 2차

수주처 C1002신세계이마트 강남에 대한 수주 품목은 2xxx년 10월 20일과 2xxx년 10월 24일 두 차례에 걸쳐서 출고되어야 한다. 첫 번째 출하 건은 위에서 1차로 이미 출하등록 및 출하내역을 등록하였으며, 동일한 방법으로 두 번째 출하 건에 대해서 2차로 출하등록과 출하내역을 등록하는 작업을 수행한다.

○ 출하등록

(1) 호출메뉴: [영업관리〉〉출하관리〉〉출하등록]

(2) 화면 상단 우측의 [수주참조] 버튼을 클릭하여 조건파트의 데이터를 다음과 같이 입력한다.

입력 항목	데이터	입력/표시방법
공장	PS02 수원2공장	PopUp 자동표시
출하일	2xxx-10-01 ~ 2xxx-10-31	직접입력

(3) 팝업 창 하단 좌측의 조회 버튼을 클릭하여 해당 기간 동안 출고될 수주목록을 조회한다. 조회결과 다음과 같이 2건의 수주목록이 검색되어 나타난다. 이는 미출하등록 목록만이 나타나기 때문이다. 즉, 1차 출하등록에서 이미 출하 등록된 첫 번째 목록은 검색되지 않는다.

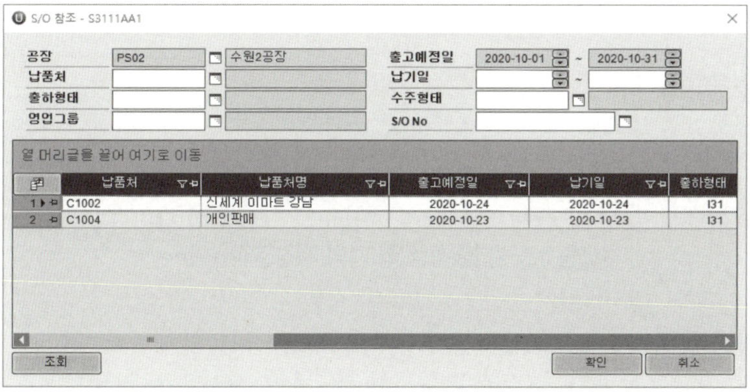

(4) 수주목록의 첫 번째 수주 SN000001, 납기일: 10-24를 클릭하여 출하등록 창에 기본 정보가 입력되도록 한다.

(5) [출하등록] 탭의 데이터를 다음과 같이 입력한다.

입력 항목	데이터	입력/표시방법
출고예정일	2xxx-10-24 실제 작업일	직접입력
[S/O NO 수주번호 여부]	V 체크	직접입력

(6) [납품및운송정보] 탭으로 이동하여 데이터를 다음과 같이 입력한다.

입력 항목	데이터	입력/표시방법
인수자	이강남	자동표시
운송회사	대한통운(주)	PopUp
차량번호	경기22나 4322	PopUp
인계자/운전자	김안전	직접입력

(7) 출하등록을 저장한다. 출하등록 내용은 다음과 같다.

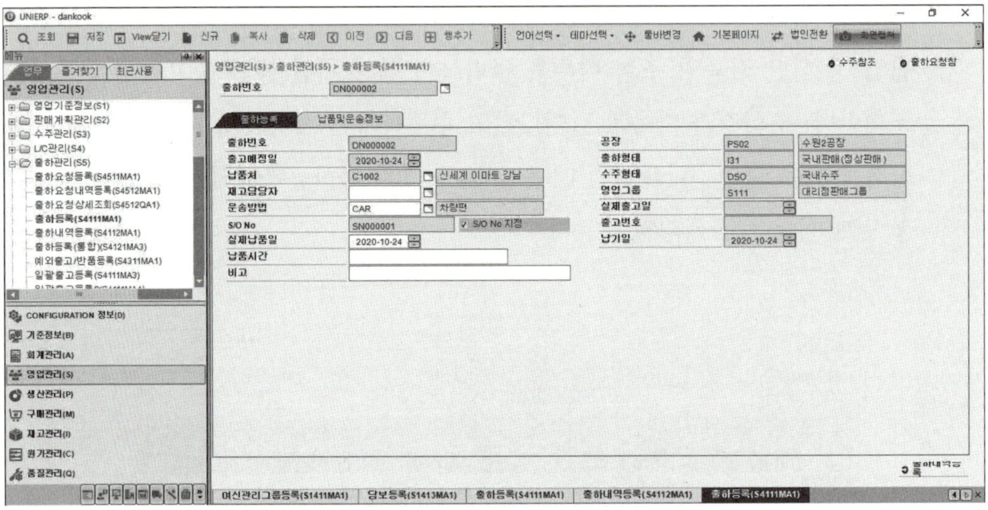

[그림 13-7] [출하등록] 탭의 저장결과 C1002 2차

○ 출하내역 등록

C1002에 대한 2차 출하내역 등록 과정은 1차 출하내역 등록과 동일하다.

(1) 호출메뉴: [출하등록 화면 하단 우측의 출하내역등록 버튼을 클릭하여 출하내역 등록 창으로 이동한다.] → 출하내역 등록 화면으로 이동하면, 자동으로 "출하내역 정보가 없습니다." 라는 메시지가 나타나는데, 이를 확인한 후,

(2) 화면 상단 우측의 [수주내역참조]를 클릭하여 등록할 수주내역(출하예정일: 10-24)을 선택-확인 버튼을 클릭한다. 확인 버튼을 클릭하면 선택한 수주내역이 출하내역 등록 창에 표시되어 나타난다.

(3) 화면 상단의 저장 버튼을 클릭하여 출하등록과 출하내역등록을 완료한다. 수주처 C1002신세계 이마트 강남의 수주SN000001에 대한 출하등록과 출하내역등록 결과는 다음과 같다.

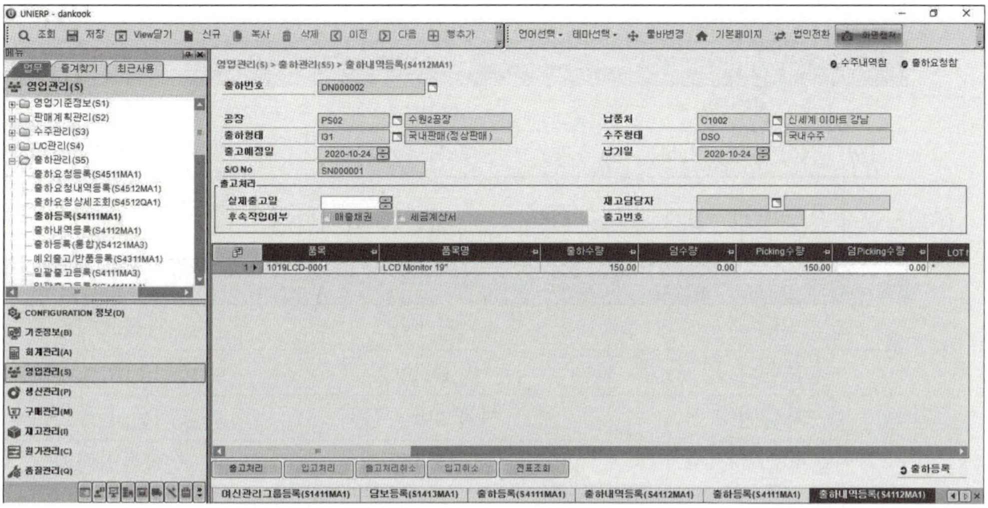

[그림 13-8] 출하등록 및 출하내역 등록결과 C1002 2차

1.2.3 출하등록 및 출하내역 등록: C1004개인판매

전체 3건의 수주 중에서 마지막 개인판매 그룹의 수주에 대한 출하등록 및 출하내역을 등록하는 과정이다.

○ 출하등록

(1) 호출메뉴: [영업관리〉〉출하관리〉〉출하등록]

(2) 화면 상단 우측의 [수주참조] 버튼을 클릭하여 조건파트의 데이터를 다음과 같이 입력한다.

입력 항목	데이터	입력/표시방법
공장	PS02수원2공장	PopUp자동표시
출고예정일	2xxx-10-01 ~ 2xxx-10-31	직접입력

(3) 팝업 창 하단 좌측의 조회 버튼을 클릭하여 해당 기간 동안 출고될 수주목록을 조회한다. → 전체 3건의 수주 중에서 이미 등록된 2건을 제외하고 C1004개인판매 1건만이 조회된다.

(4) [출하등록] 탭의 내용을 다음과 같이 입력한다.

입력 항목	데이터	입력/표시방법
출고예정일	2xxx-10-23	직접입력
[S/O NO수주번호 여부]	V 체크	직접입력

(5) [납품및운송정보] 탭으로 이동하여 다음 내용을 입력한다.

입력 항목	데이터	입력/표시방법
인수자	이개인	자동표시
운송회사	DHL	PopUp
차량번호	서울 4바 4533	PopUp
인계자/운전자	김택배	직접입력

(6) 화면 상단의 저장버튼을 클릭하여 출하등록을 저장한다. 저장 버튼을 클릭하면 [출하등록] 탭과 [납품 및 운송정보] 탭은 다음과 같다.

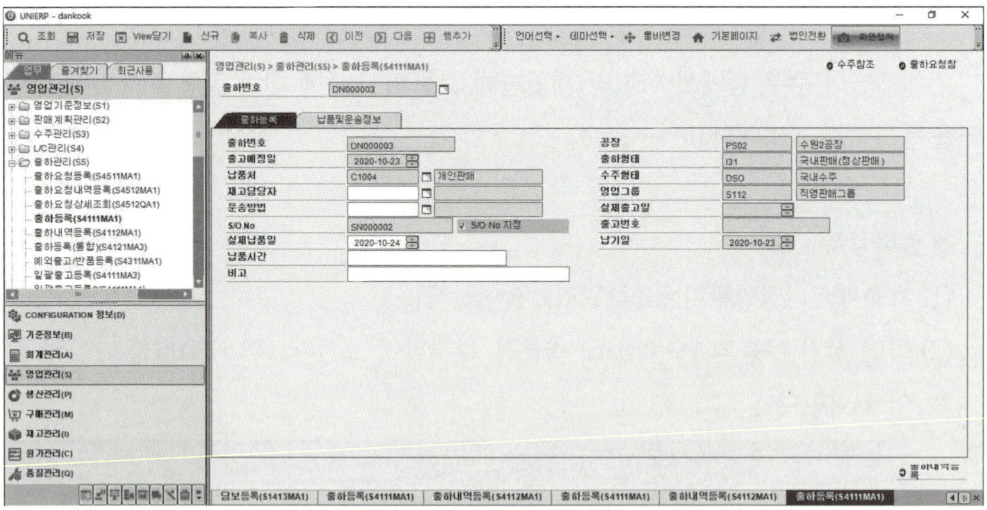

[그림 13-9a] [출하등록] 탭의 저장결과 C1004

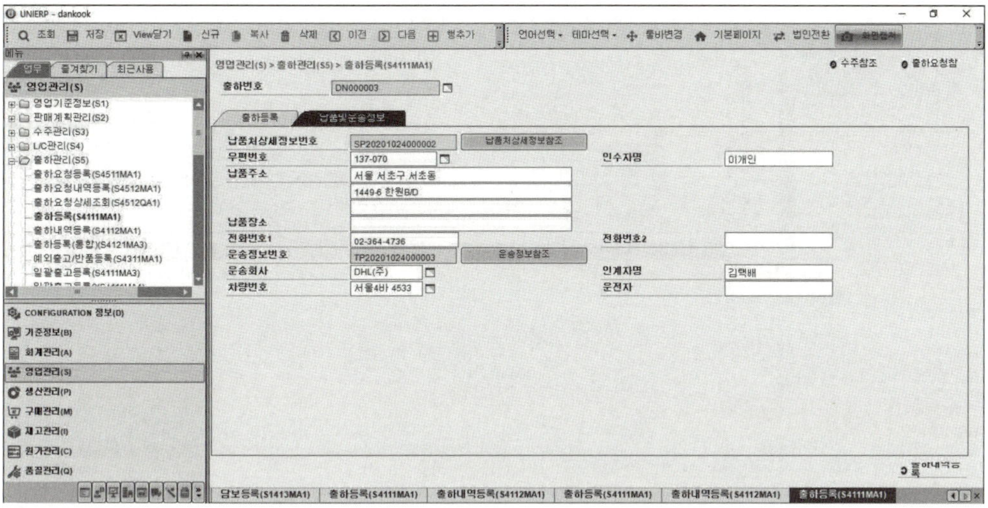

[그림 13-9b] [납품 및 운송정보] 탭의 저장결과 C1004

ㅇ 출하내역 등록

C1004에 대한 출하등록을 마친 후 출하내역을 등록하는 과정으로 넘어간다.

(7) 호출메뉴: [출하등록 화면 하단 우측의 출하내역등록 버튼을 클릭하여 출하내역 등록 창으로 이동한다.] → 화면 이동 후 "출하내역 정보가 없습니다." 라는 메시지가 나타나면 확인 버튼을 클릭한다.

(8) 화면 상단 우측의 [수주내역참조] 버튼을 클릭한다.

(9) [수주내역참조] 탭의 수주내역 중에서 해당 수주내역을 선택-확인하면, 선택한 수주내역이 출하내역 등록 창에 표시되어 나타난다.

(10) 결과를 저장하여 출하내역 등록을 완료한다. C1004 개인판매의 수주 SN000002에 대한 출하등록과 출하내역 등록 결과는 다음과 같다.

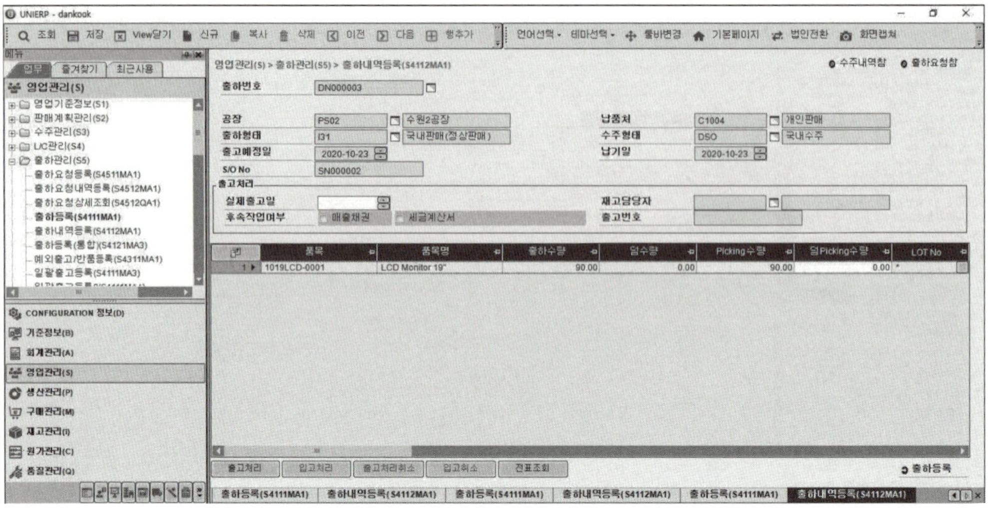

[그림 13-10] 출하등록 및 출하내역 등록결과C1004 개인판매

1.3 출하등록 및 출하내역등록 확인

지금까지 C1002신세계이마트 강남과 C1004개인판매로부터 수주한 3건의 주문에 대한 납기일이 도래하여 3건 모두에 대해서 출하등록 및 출하내역을 등록하였다. 출하등록 및 출하내역 등록이 정상적으로 처리되었다는 사실은 다음과 같이 확인할 수가 있다.

1.3.1 출하현황조회

출하현황은 다음과 같은 방법과 과정으로 조회한다.

(1) 호출메뉴: [영업관리〉〉출하관리〉〉출하현황조회]

(2) 조건파트의 데이터 입력하고 조회하면 다음과 같이 출하현황이 나타난다.: 출고예정일2xxx-10-01~2xxx-10-31.

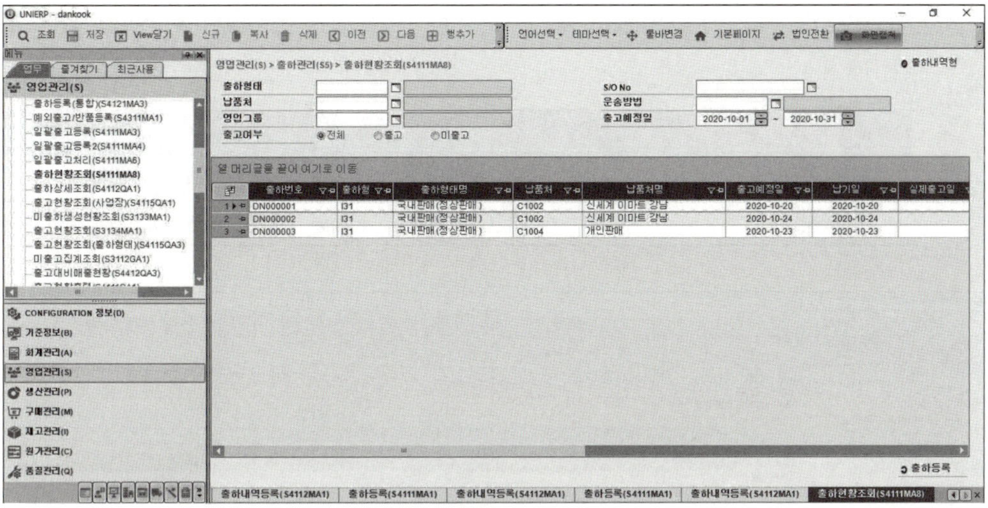

[그림 13-11] 출하현황조회 결과

출하 및 출하내역이 등록된 3건이 조회되는데, 아직 출고 전이기 때문에, 실제 출고일은 표시되지 않았지만, 출고예정일이 언제인지? 그리고 어떤 방법으로 운송할 것인가? 등이 표시되어 있다.

1.3.2 재고현황조회

출하 및 출하내역 등록 작업이 정상적으로 처리되었지만, 아직 출고 전이기 때문에, 실질 재고는 감소하지 않는다. 하지만 재고현황 조회결과 [Picking 수량] 필드는 출고대기 중이라는 정보를 담고 있다. Picking 수량이란, 출하내역 등록과 동시에 출고를 위해서 창고에서 Picking 된 수량이다. 만일 출고처리 전에 출하검사를 하도록 설정되어 있다면, 출하검사 대상 품목수량은 Picking 된 즉, 출고대기 중인 수량이 검사대상이 된다. 그런 의미에서 재고현황을 조회한 결과 Picking 수량 정보가 있다는 것은 출하등록 및 출하내역 등록 작업이 정상적으로 이루어졌음을 의미한다. 출하 및 출하내역 등록 후 재고현황을 조회해 보자.

(1) 호출메뉴: [재고관리>>재고현황&마감>>재고현황조회]

(2) 조건파트의 데이터를 다음과 같이 입력하고 조회한다. → 조회결과는 다음과 같다.

입력 항목	데이터	입력/표시방법
공장	PS02 수원2공장	PopUp 자동표시
창고	S210 제품창고	PopUp 자동표시

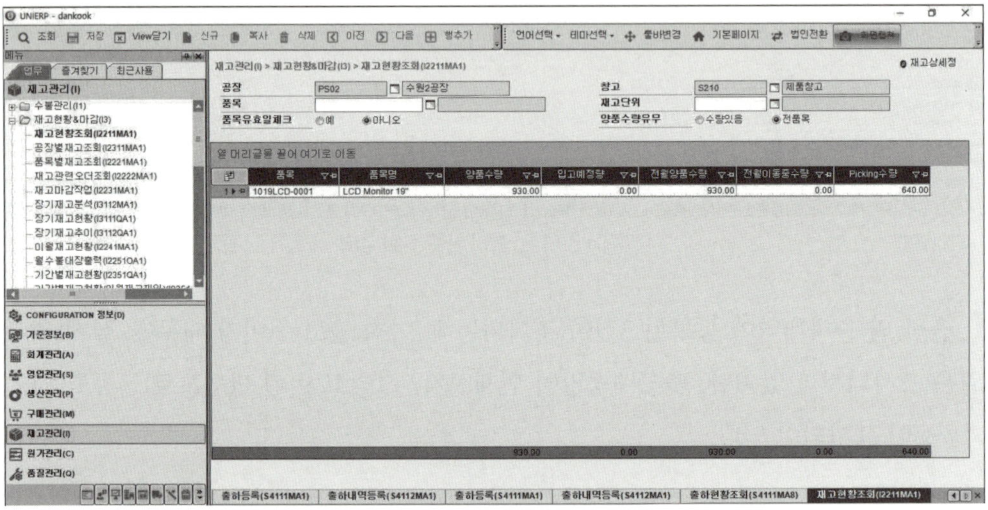

출하등록 및 출하내역 등록 후에 실시한 재고현황조회 결과는 다음과 같다.

✓ 주문품목에 대한 모든 제조공정이 마무리되었기 때문에, 현재 확보된 양품수량은 930개이며, 추가 입고예정량은 "0"으로 표시되어있다.

✓ 주문품목 1019LCD-0001 LCD Monitor 19"에 대한 Picking 수량이 640개로 표시되어 있으며, 현재 완제품창고에서 Picking 되어 출고지시를 기다리고 있다는 것을 의미한다.

[그림 13-12] 출하 및 출하내역 등록 후의 재고현황조회 결과

1.3.3 품질검사의뢰

본 시나리오에서처럼 출하검사 대상 품목에 대한 출하 및 출하내역 등록 작업이 정상적으로 완료되면, 품질관리팀에 품질검사출하검사 의뢰서가 자동으로 전달된다. 따라서 출하 및 출하내역 등록 작업 이후, 품질관리팀에 전달된 품질검사출하검사 의뢰번호를 조회하여 검색된다면. 출하등록 및 출하내역 등록 작업이 정상적으로 수행되었다는 것을 의미한다.

품질검사의뢰 번호가 조회되지 않는 경우는, (1) 출하검사를 하지 않도록 설정되어 있거나, (2) 출하 및 출하내역 등록 작업이 정상적으로 처리되지 못한 경우이다. 따라서 품질검사의뢰 번호가 조회되지 않는다고 해서 출하 및 출하내역 등록 작업 정상적으로 처리되지 못했다는 것을 의미하는 것은 아니다. 만일 품질검사의뢰 번호가 조회된다면, 출하등록 및 출하내역 등록 작업 정상적으로 처리되었다고 볼 수 있다. 품질검사의뢰 번호를 조회하는 방법은 다음과 같다.

(1) 호출메뉴: [품질관리〉〉검사운영관리〉〉출하검사〉〉검사등록]

(2) 조건파트의 데이터 입력: 공장PS02.

(3) 검사의뢰내용 탭의 검사의뢰번호 팝업창을 열면 다음과 같이 검사의뢰 내용이 조회되어 나타난다. → 이전 시나리오에서 등록한 3건의 출하등록은 출하검사 대상이며, 품질검사출하검사는 수주 건별로 실시한다.

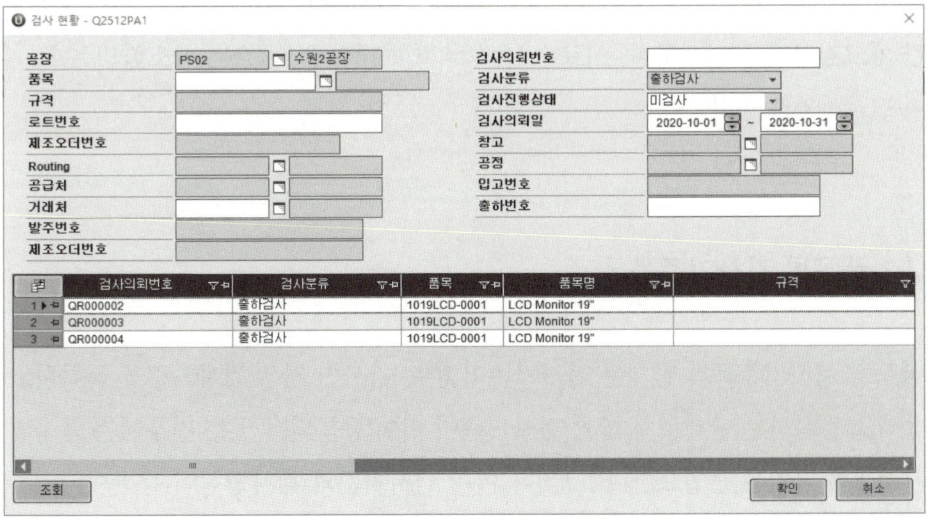

[그림 13-13] 출하검사의뢰번호 조회결과

2 출하검사[DanDB_S18_출하검사]

출하 및 출하내역 등록이 완료된 후 만일 출고 전에 출하검사 품목으로 설정되어 있다면 출하검사의뢰번호가 자동으로 생성되어 출하검사가 의뢰된다. 그러나 출하등록 단계에서는 출하검사가 필요하다는 사실만이 등록된 것이다.

따라서 출하검사가 필요한 품목들에 대한 실제 출하검사에서는 출하검사 기준이 없는 품목에 대해 검사기준 및 검사조건을 등록하는 작업부터 시작하여 출하검사 의뢰건별로 검사등록을 한 후, 검사내역과 검사결과를 등록한다. 검사결과는 합격 혹은 불합격으로 판정되며 최종 판정완료 품목에 대해서만 출고처리가 가능하다. 출하검사 진행상태는 작업 진행 단계에 따라서 “검사Master작성” → “검사내역등록” → “판정완료” → “Release완료” 상태로 전환되어 작업 진행정도가 표시된다.

실제 출하검사방식은 다양하지만 본 시나리오에서는 단순하게 얼룩, 색번짐과 같은 외관 체크검사만을 실시하며, 시료수출하검사를 위해서 추출되는 샘플 수는 최소한의 수로 제한하여 실시하기로 한다.

2.1 품목별 검사기준등록

품목별 검사기준등록 단계는 검사기준이 없는 검사인 경우 검사기준을 등록하고 검사방식을 등록하는 단계로서 만일 검사기준이 이미 등록되어 있는 경우에는 품목별 검사기준등록 작업은 불필요하다. 그러나 이미 검사기준과 검사방식이 등록되어 있다면 검사내역등록 단계에서 검사기준불러오기를 실행하면 곧바로 검사기준을 불러올 수가 있기 때문이다. 품목별 검사기준등록 과정은 다음과 같다.

- 1 단계: 검사방식 등록
- 2 단계: 검사기준 등록

2.1.1 검사방식 등록

검사방식 등록은 출하검사에 어떤 검사방식을 도입할 것인가를 결정하여 등록하는 과정으로 다음과 같이 등록한다.

(1) 호출메뉴: [품질관리〉〉기준정보관리〉〉품목별 검사기준등록]

(2) 조건파트의 데이터를 다음과 같이 입력한다.

입력 항목	데이터	입력/표시방법
공장	PS02 수원2공장	PopUp 자동표시
검사분류	출하검사	Combo Box
품목	1019LCD-0001 LCD Monitor 19"	PopUp 자동표시

(3) 화면 상단의 조회 버튼을 클릭하여 등록되어 있는 검사기준을 조회한다. → 조회 결과 "품목 검사기준에 데이터가 없습니다." 라는 메시지가 나타난다. 이는 등록되어 있는 검사기준이 없다는 것을 의미하기 때문에, 신규 검사기준을 등록하는 다음 단계의 작업을 진행한다.

(4) 화면 우측 하단의 [검사기준]을 클릭하여 이동한 후, 행추가 버튼을 클릭하여 행을 추가한다.

(5) 추가된 행의 데이터를 다음과 같이 입력한다.

입력 항목	데이터	입력/표시방법
검사항목코드	S0002 Box 얼룩	반드시 PopUp 자동표시
검사방식	5555 체크검사	PopUp 자동표시
검사단위품질표시	양불표시	Combo Box
중요도	경	Combo Box
검사규격	얼룩, 색번짐 없을 것	직접입력

✓ 검사항목들은 정해져 있기 때문에, 팝업창에서 해당 검사항목을 선택한다.

✓ 검사단위품질표시는 검사결과에 따라서 출고처리 작업이 진행될 수 있는지가 결정되기 때문에, 양호 혹은 불량 표시를 하도록 한다.

✓ 검사규격은 Box얼룩 검사 결과양호 혹은 불량를 판단하는 근거이며, 본 시나리오에서는 Box에 얼룩과 색번짐이 있는지 등의 육안검사를 진행하는 것으로 한다.

(6) 검사기준 등록을 저장한다. 저장 결과는 다음과 같다.

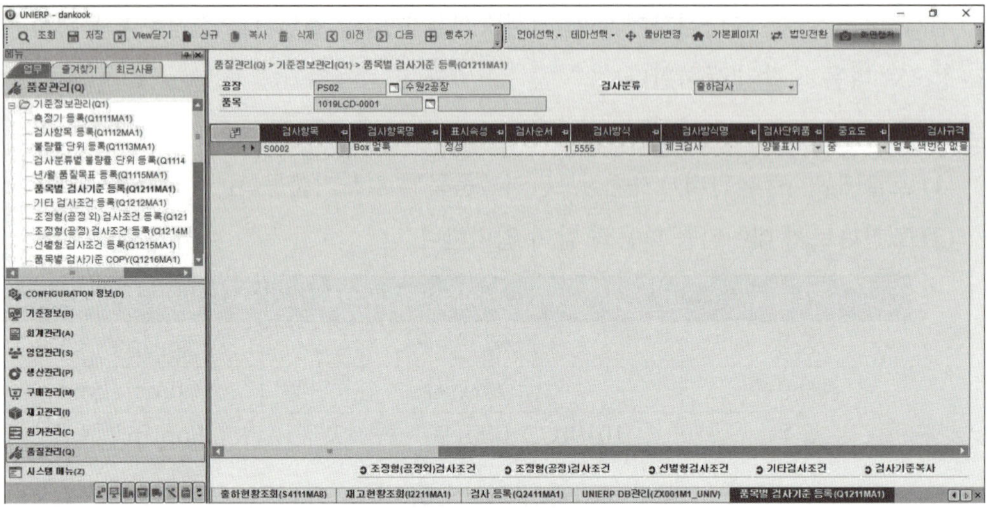

[그림 13-14] 출하검사방식 등록

2.1.2 출하검사기준 등록

앞에서 등록한 검사체크검사의 구체적인 검사기준을 등록하는 과정이다. 검사기준을 등록하는 방법은 다음과 같다.

(1) 호출메뉴: [품질관리〉〉기준정보관리〉〉기타검사조건등록]

(2) 조건파트의 데이터를 다음과 같이 입력한다.

입력 항목	데이터	입력/표시방법
공장	PS02 수원2공장	PopUp 자동표시
검사분류	출하검사	Combo Box
품목	1019LCD-0001 LCD Monitor 19"	PopUp 자동표시
검사항목	S0002 Box 얼룩	PopUp 자동표시

✓ 조건파트 데이터를 입력하면 [검사방식] 필드값이 5555 체크검사로 자동으로 채워진다.

(3) 화면 상단의 행추가 버튼을 클릭하여 행을 추가한다.

(4) 추가된 행에 다음 데이터를 입력한다.

입력 항목	데이터	입력/표시방법
차수	1	직접입력
시료수	50	직접입력
합격판정개수	0.00	직접입력
불합격판정개수	1.00	직접입력

✓ 차수는 검사횟수를 의미한다. → 차수 1은 1회 검사로 "양호 또는 불량"을 판정한다는 의미이다.

✓ 시료수는 1회 검사 시에 채취하는 샘플의 수를 의미한다. → 시료수 50은 50개의 샘플을 채취하여 검사를 실시한다는 것을 의미한다.

✓ 불합격판정개수는 불합격판정을 내리는 기준을 의미한다. → 불합격판정개수 1은 불량인 샘플이 1개 이상이면 품질검사 불합격을 의미한다.

✓ 검사차수, 시료수, 합격판정개수, 불합격판정개수는 출하대상 품목 총량과 검사방식 등에 따라 유동적으로 지정할 수 있다.

(5) 검사기준 등록을 저장한다. 저장 결과는 다음과 같다.

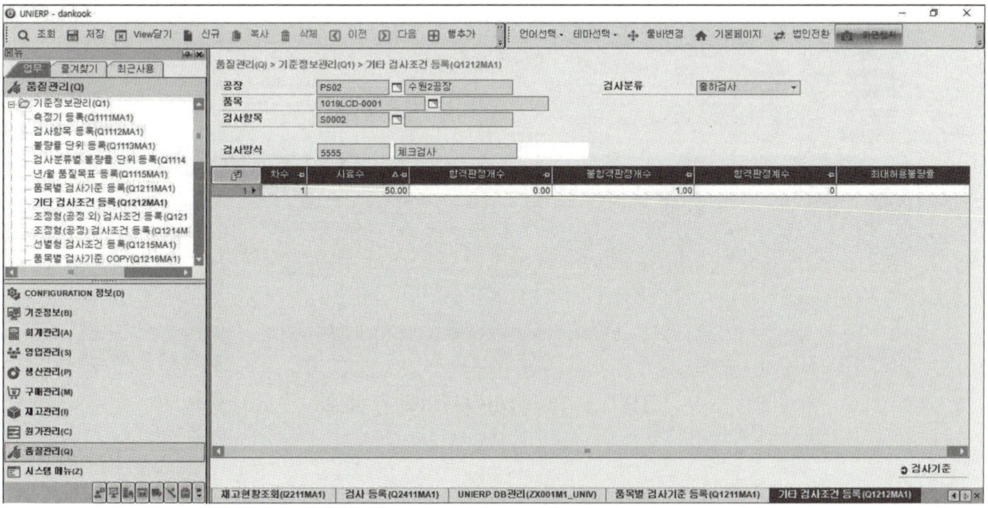

[그림 13-15] 출하검사기준 등록

2.2 출하검사 등록

출하검사 등록단계는 출하검사 의뢰건 별로 검사항목 별 검사기준과 판정기준을 등록하는 과정으로 다음과 같이 진행한다.

(1) 호출메뉴: [품질관리>>검사운영관리>>출하검사관리>>검사등록]

(2) 조건파트의 데이터를 다음과 같이 입력한다.: 공장: PS02 수원2공장

(3) 자료파트의 [검사의뢰내용] 탭의 검사의뢰번호 팝업 창을 연다. 팝업 창을 열면 다음과 같이 모두 3건의 출하검사의뢰 건이 조회된다. 이는 3건의 출하등록 및 출하내역을 등록했으며, 이들 출하등록 3건 모두 출하검사 대상품목으로 설정되어 있기 때문이다.

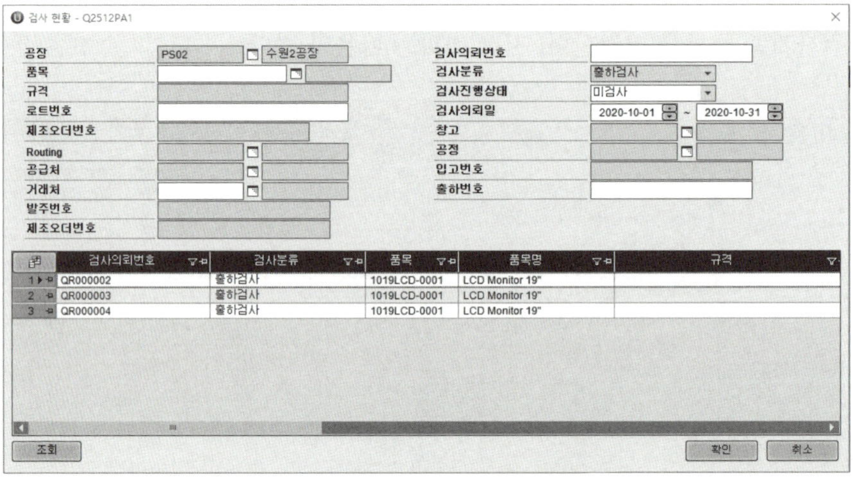

[그림 13-16] 출하검사의뢰 건 조회

(4) 검색된 검사의뢰번호 중에 첫 번째 번호 QR000002를 선택-확인하여 검사등록 창으로 불러온다.

(5) 화면 하단 좌측의 [검사기준불러오기] 버튼을 클릭한다. 검사기준불러오기 버튼을 클릭하면 자료파트 하단에 새로운 행이 추가되어 나타난다.

(6) 추가된 행의 내용을 확인하고 검사등록을 저장한다. 검사등록을 저장하면 검사

등록 화면의 자료파트의 [검사결과] 탭의 내용이 달라진다: 검사 Master 작성.

(7) 첫 번째 검사의뢰 건의 검사등록 후, (1)~(6)까지의 과정을 반복하며, 나머지 2건의 검사의뢰QR000003 과 QR000004에 대한 검사등록을 한다. → 검사등록 방법과 과정은 검사의뢰번호 QR000002의 검사등록 방법과 동일하다.

(8) 다음은 검사의뢰번호 QR000002의 검사등록 결과이다. → 추가로 등록한 검사등록 내용QR000003 과 QR000004도 검사의뢰번호 QR000002의 검사등록 내용과 동일하다.

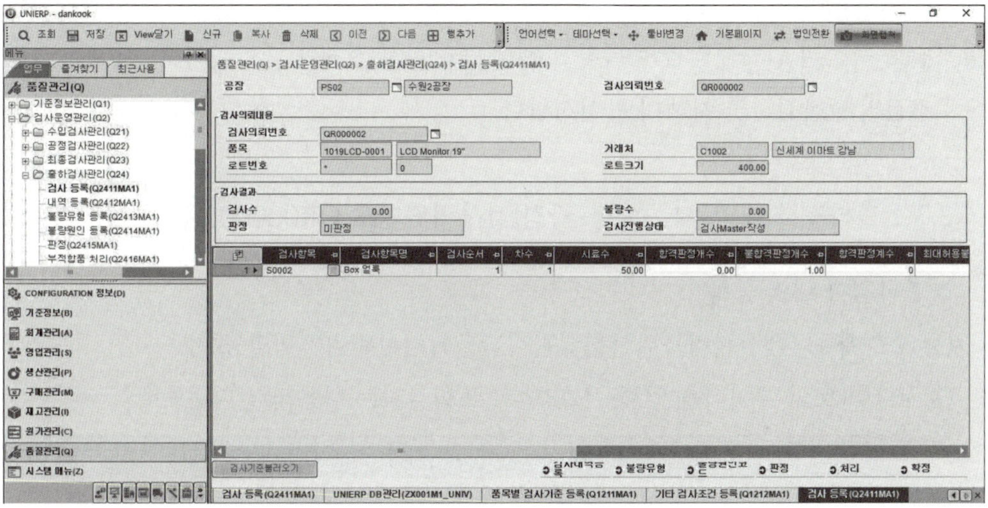

[그림 13-17] 검사등록 검사의뢰번호: QR000002

3건의 검사의뢰 건에 대해서 각각 검사등록을 완료하면 각각의 검사등록 화면의 [검사결과] 필드 탭의 데이터가 다음과 같이 변경되며, 각각의 검사 진행상태는 첫 단계인 "검사Master작성"으로 표시된다.

o [검사결과] 탭

입력 항목	데이터	입력/표시방법
검사수/불량수	0.00	자동표시
판정	미판정	자동표시
진행상태	검사Master작성	자동표시

【확인】 검사의뢰번호 QR000003과 QR000004의 검사등록을 마치고 검사의뢰번호 QR000002, QR000003 그리고 QR000004의 검사등록 내용을 비교하여 같은 점과 다른 점을 비교해 본다.

2.3 출하검사 내역 등록-판정-확정

출하검사 내역 등록 및 판정은, 등록한 출하검사(체크검사)를 건별로 실시하여 개별 항목별로 측정된 검사내역을 등록하고 최종 출하검사 전체에 대한 판정을 내리는 과정으로 3건의 출하검사를 차례대로 실시한다.

2.3.1 출하검사 내역등록-판정-확정[검사의뢰번호 QR000002 C1002 1차]

o 출하검사 내역 등록

(1) 호출메뉴: [품질관리〉〉검사운영관리〉〉출하검사관리〉〉내역등록]

(2) 조건파트의 데이터를 입력-조회한다. 조회결과는 다음과 같다[그림 13-18] 참조.

입력 항목	데이터	입력/표시방법
공장	PS02 수원2공장	PopUp 자동표시
검사의뢰번호	QR000002	직접입력

✓ 검사의뢰 번호는 "반드시" 직접 입력한다.

검사내역 등록 화면 좌측 상단은 검사방식을 나타내고, 좌측 하단은 검사기준을 그리고 화면 우측은 추출한 샘플의 검사내역이 표시된다.

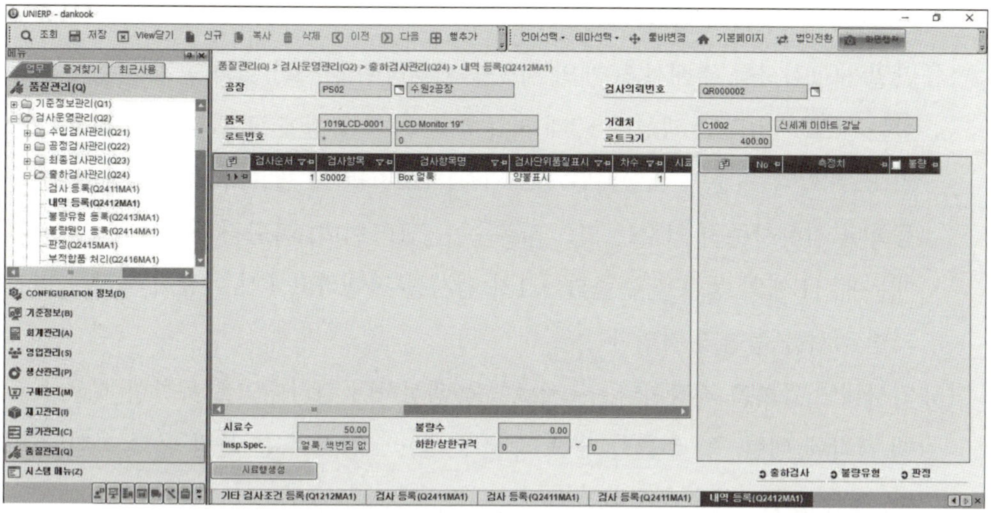

[그림 13-18] 검사의뢰번호 QR000002C1002 1차의 검사내역 등록 화면

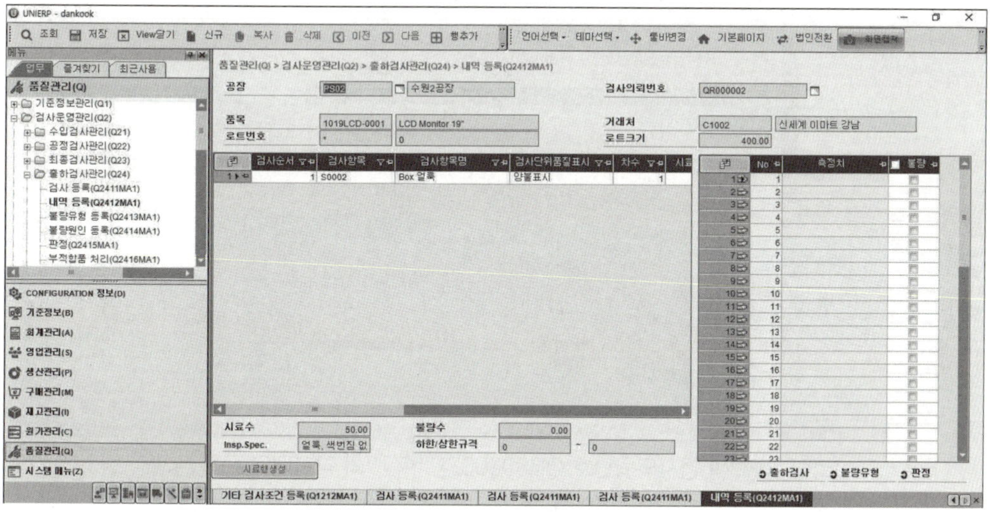

[그림 13-19] 시료행생성 결과

(3) 조회결과 "검사측정치에 대한 자료가 없습니다."란 메시지를 확인한 후, 화면 하단 좌측의 [시료행생성] 버튼을 클릭한다. 시료행생성이란, 검사기준에서 정한 50개의 시료를 추출하여 각각의 시료마다 합격 혹은 불합격을 입력하기 위한 행이다. 시료행을 생성하면 [그림 13-19]와 같이 화면 우측 자료 파트에 50개의

시료행이 생성되어 나타난다.

(4) 만일 체크검사를 위해서 50개의 시료를 채취하여 검사한 결과 합격 기준에 미달하는 시료가 있다면 생성된 50개 시료행 중에 해당 행에 그 결과를 체크한다. 만일 모두 합격 기준에 해당되면 별도의 체크표시를 할 필요가 없이 저장한다. → 등록된 검사기준의 차수는 “1”, 시료수는 “50” 이며, 불합격개수는 “1.00”이기 때문에, 50개의 샘플을 추출하여 1차 검사를 진행하고 1개 이상이 불량이 발견되면 검사를 불합격 처리한다.

(5) 검사내역 등록을 저장한다. → 시료행을 생성하여 검사내역을 등록한 것은 시료행 각각에 대한 즉, 추출한 샘플 각각에 대한 “양호 혹은 불량”을 등록한 것이다. 저장결과는 다음과 같다.

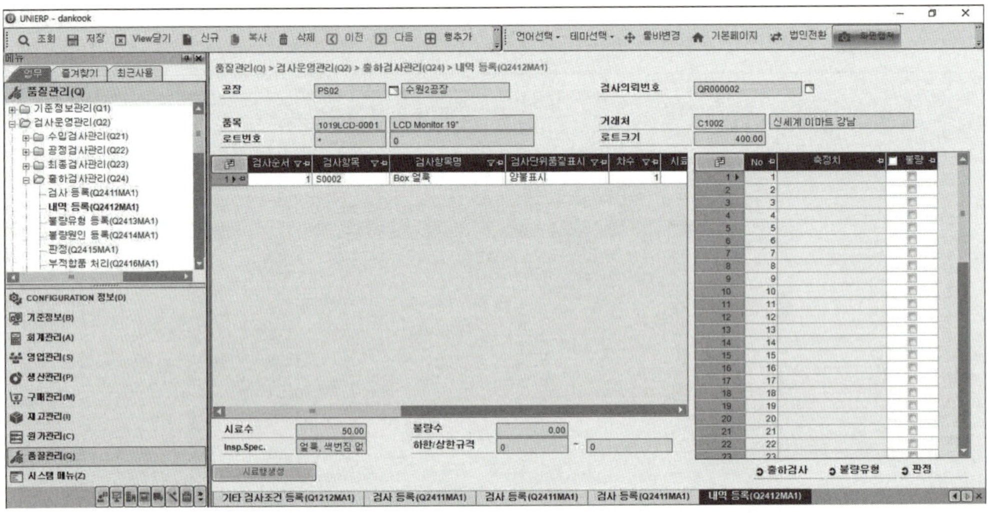

[그림 13-20] 검사의뢰번호 QR000002 C1002 1차의 검사내역 등록 결과

○ 출하검사 결과 판정 및 확정

시료행 각각에 대한 검사내역을 등록하는 것은 샘플 각각에 대한 개별 판정이기 때문에, 전체 출하검사에 대한 판정이 아니다. 따라서 시료행 각각의 검사결과에 근거하여 출하검사 전체에 대한 판정결과를 등록해야 한다. 이를 위해서 다음과 같이 판정 작업을 수행한다.

(6) 호출메뉴: [시료행생성 후 개별 검사내역을 등록한 화면 우측 하단에 판정 버튼을 클릭하여 판정화면으로 이동한다]

(7) 조건파트에 데이터를 다음과 같이 입력하고 저장한다.

입력 항목	데이터	입력/표시방법
검사원	01 강상수	PopUp 자동표시
검사수	50	자동표시
불량수	0.00	자동표시
판정	합격	PopUp 자동표시

✓ [판정] (시료행 각각에 대한 검사에서 불량이 발견되지 않았다면) 필드는 반드시 합격이여야 한다. 만일 [합격] 필드값을 수정한다면, 이전 단계에서 검사내역을 등록하는 과정에서 "이상 없음"으로 입력하였기 때문에, 이와 논리적으로 상반되기 때문에, 개별 시료행 판정과 전체 판정은 반드시 일치하여야 한다.

✓ 또한 불량수는 등록된 출하검사기준의 "불합격판정개수"의 범위를 넘지 않아야 한다. 본 시나리오의 출하검사 기준에 의하면, 불합격 판정개수는 "1.00"으로 설정되어 있기 때문에, 반드시 "0.00"으로 입력되어야 한다.

(8) 입력결과를 저장한다. 저장결과는 다음과 같다.

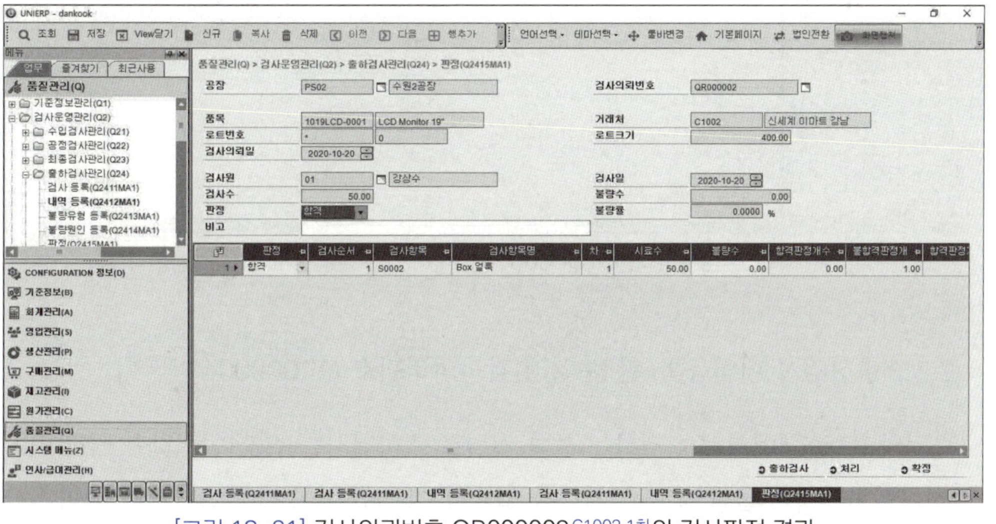

[그림 13-21] 검사의뢰번호 QR000002 C1002 1차의 검사판정 결과

(9) 검사결과를 저장하는 것으로 최종 출하검사가 완료되지 않으며, [작업화면 하단

우측의 확정버튼을 클릭하여 확정 화면으로 이동한 후] 저장된 내용을 확인하고 다시 저장한다.

(10) 확정-저장 후 검사진행 상태는 최종 상태인 "Release완료" 상태로 전환되어 해당 출하검사가 최종 완료된다. → 출하검사 진행단계에 따라서 검사상태는 다음과 같이 표시된다.

- 1단계: 검사Master작성 → 검사방식과 검사기준 등록 이후
- 2단계: 검사내역등록 → 개별 시료행 각각에 대한 판정 이후
- 3단계: 판정완료 → 모든 시료행 개별 판정 이후
- 4단계(최종): Release완료 → 최종 판정 및 확정 이후

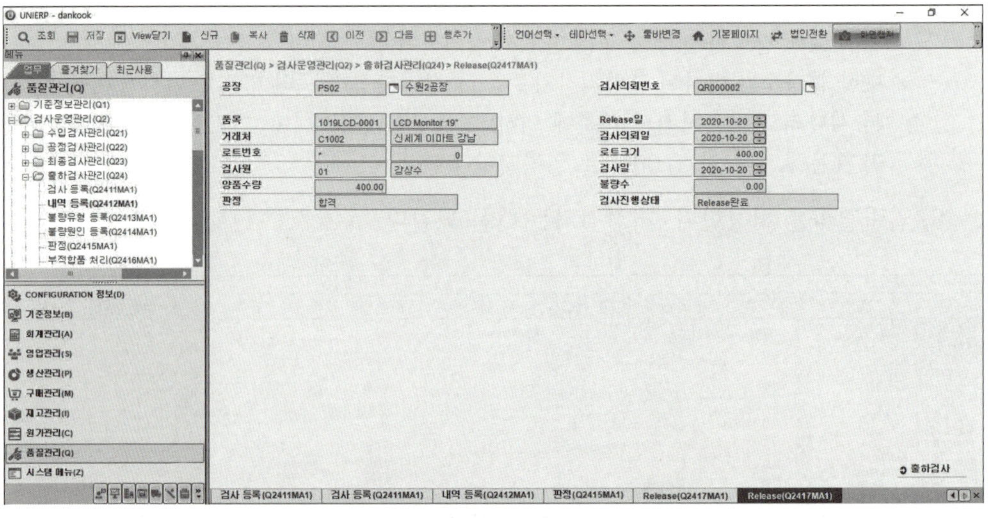

[그림 13-22] 검사의뢰번호 QR000002C1002 1차의 출하검사 최종 확정결과

2.3.2 출하검사 내역등록-판정-확정[검사의뢰번호 QR000004개인판매]

UNIERP시스템에서 출하검사는 출하 건별로 출하검사를 실시하는 것이 원칙이다. 본 시나리오에서는 출하 및 출고처리를 일괄적으로 수행하는 것으로 하되, 출하검사는 출고예정일납기일 순으로 실시하는 것으로 한다. 따라서 출하검사 순서는 앞 절에서 실시한 C1002신세계이마트 강남 1차납기일: 10-20 출하검사에 이어서 C1004개인판매 (납기일:

10-23) - C1002신세계이마트 강남 2차납기일: 10-24 순으로 진행한다.

○ 출하검사 내역 등록

(1) 호출메뉴: [품질관리〉〉검사운영관리〉〉출하검사관리〉〉내역등록]

(2) 조건파트의 데이터를 다음과 같이 입력하고 작업창으로 이동한다.

입력 항목	데이터	입력/표시방법
공장	PS02수원2공장	PopUp자동표시
검사의뢰번호	QR000004	직접입력

(3) 조건파트에서 검사의뢰번호를 직접 입력하여 작업창으로 이동하면 "검사 측정치에 자료가 없습니다."라는 메시지가 나타난다.

(4) 화면 하단 좌측의 [시료행생성] 버튼을 클릭하여 시료행을 생성한다.

(5) 생성된 시료행 각각에 대해서 검사를 실시하여 합격 기준에 미달하는 시료는 해당 시료에 불량체크하고, 이상이 없다면 별도의 체크 없이 저장한다.

(6) 각각의 시료행에 대한 개별 판정결과는 다음과 같다.

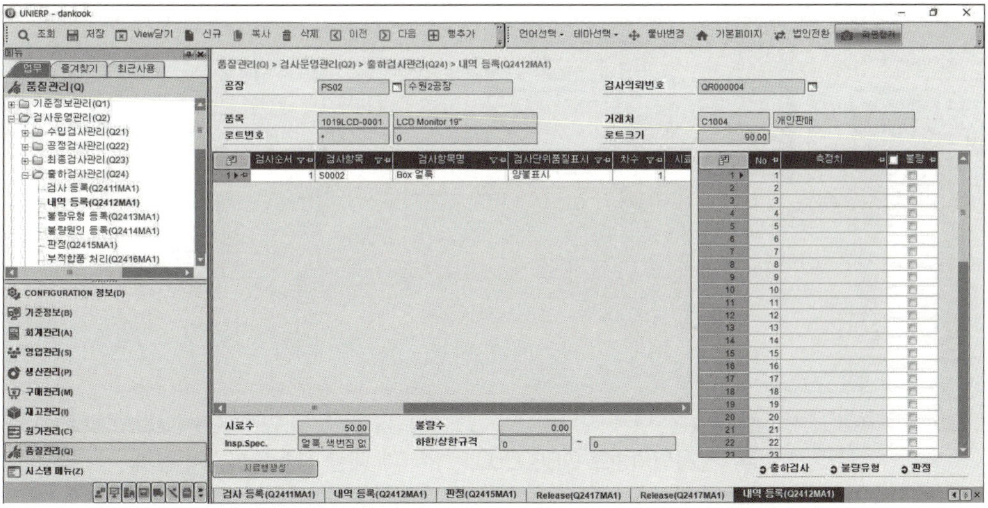

[그림 13-23] 검사의뢰번호 QR000004개인판매의 검사내역 등록 결과

○ 출하검사 결과 판정 및 확정

시료행 각각에 대한 개별 판정에 근거하여 출하검사 전체에 대한 판정결과를 등록해야하는데, 판정 작업은 다음과 같이 진행한다.

(7) 호출메뉴: [시료행생성 후 개별 검사내역을 등록한 후 화면 우측 하단의 판정 버튼을 클릭하여 판정화면으로 이동한다]

(8) 조건파트에 다음 데이터를 입력하고 확정-저장한다.

입력 항목	데이터	입력/표시방법
검사원	01 강상수	PopUp 자동표시
검사수	50	자동표시
불량수	0.00	자동표시
판정	합격	PopUp 자동표시

(9) 다음은 판정결과 및 최종 출하검사 결과이다.

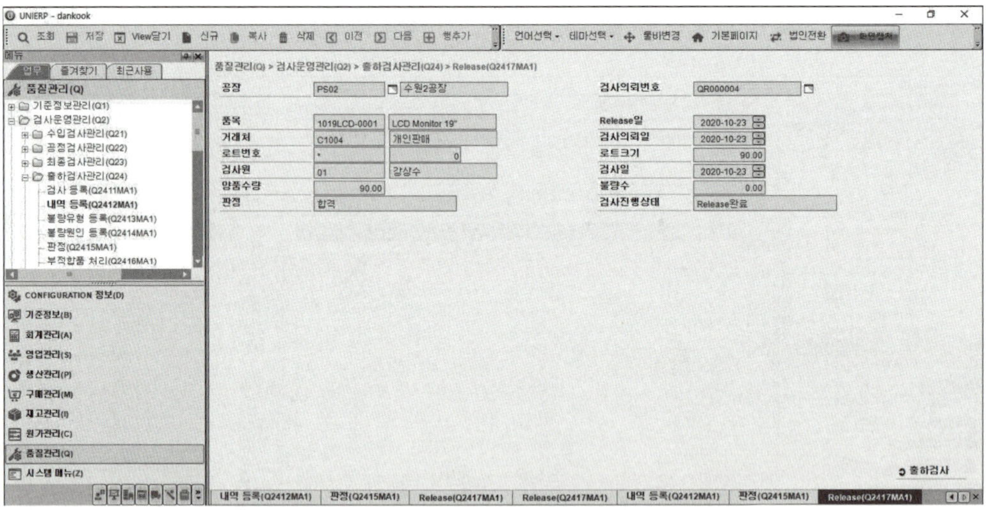

[그림 13-24] 검사의뢰번호 QR000004 개인판매에 대한 최종 출하검사 결과

2.3.2 출하검사 내역등록-판정-확정[검사의뢰번호 QR000003 C1002 2차]

검사의뢰번호 QR000003 신세계이마트 강남 2차 납기일:10-24에 대한 출하검사 내역을 등록하고 판정-확정하는 과정은 다음과 같다.

○ 출하검사 내역 등록

(1) 호출메뉴: [품질관리〉〉검사운영관리〉〉출하검사관리〉〉내역등록]

(2) 조건파트의 데이터를 다음과 같이 입력하고 작업창으로 이동한다. → "검사 측정치에 자료가 없습니다."라는 메시지가 나타난다. → 개별 시료행들에 대한 개별 판정결과가 없다는 것을 의미한다.

입력 항목	데이터	입력/표시방법
공장	PS02 수원2공장	PopUp 자동표시
검사의뢰번호	QR000003	직접입력

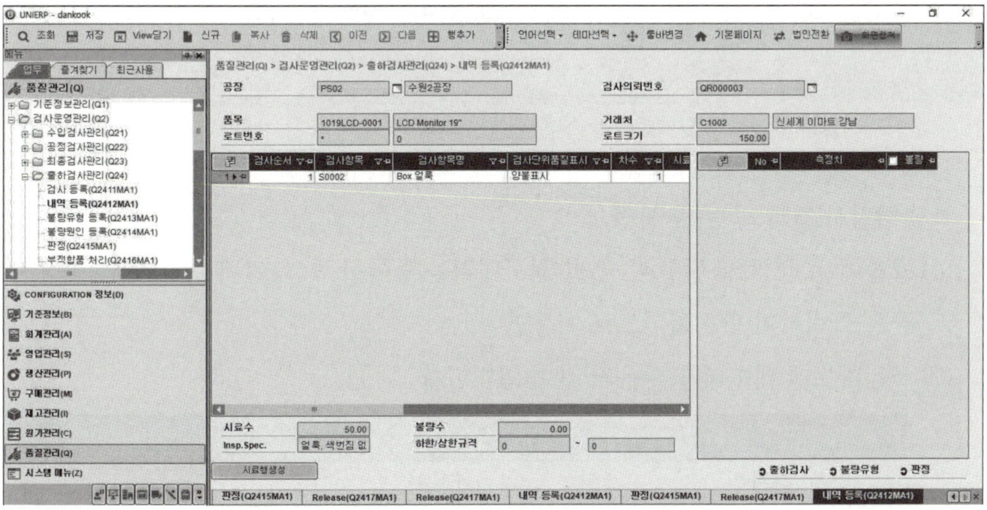

[그림 13-25] 검사의뢰번호 QR000003 C1002 2차의 출하검사 내역등록 화면

(3) 화면 하단 좌측의 [시료행생성] 버튼을 클릭하여 정해진 시료행을 생성한다. → 시료행은 출하검사를 등록할 때 결정했던 50개의 시료행이 생성된다.

(4) 생성된 시료행 각각에 대해서 체크검사를 실시하여 합격 기준에 미달하는 시료

가 있다면 불량 체크를 하고, 개별 시료행들을 검사한 결과 얼룩이나 색번짐 없이 모두 양호하다면 별도의 체크 없이 저장한다.

(5) 각각의 시료행에 대한 개별 판정결과는 다음과 같다. → 이는 시료행 각각에 대한 개별 판정이기 때문에, 전체 출하검사를 판정하기 위해서 아래 같이 전체 판정결과를 확정하는 추가 작업을 진행한다.

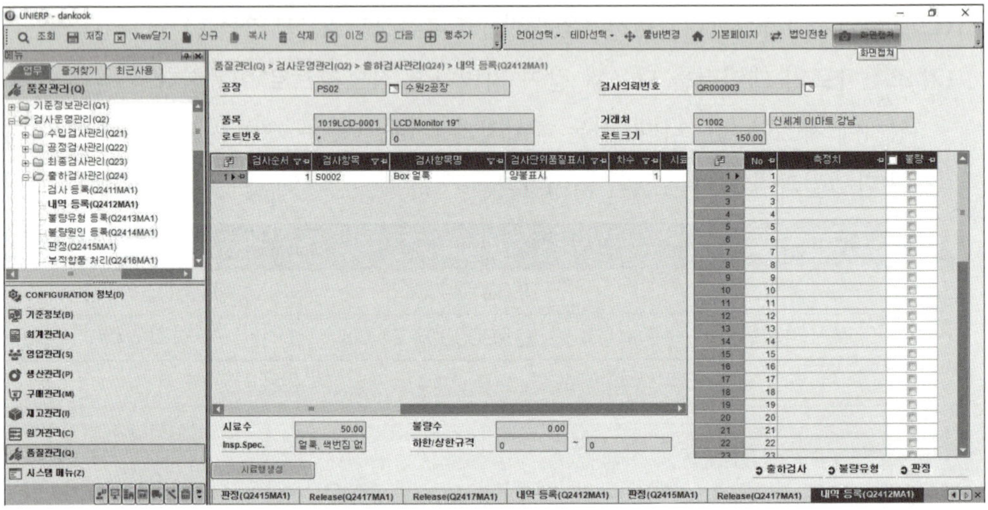

[그림 13-26] 검사의뢰번호 QR000003 C1002 2차의 개별 검사내역 등록결과

○ 출하검사 결과 판정 및 확정

(6) 호출메뉴: [시료행생성 후 개별 검사내역을 등록한 후 화면 우측 하단의 판정 버튼을 클릭하여 판정화면으로 이동한다.]

(7) 조건파트에 데이터를 다음과 같이 입력한다.

입력 항목	데이터	입력/표시방법
검사원	01 강상수	PopUp 자동표시
검사수	50	자동표시
불량수	0.00	자동표시
판정	합격	PopUp 자동표시

(8) 판정결과를 저장한다.

(9) [작업화면 하단 우측의 확정 버튼을 클릭하여 확정화면으로 이동한 후 결과를 다시 한 번 더 저장한다.

(10) 다음은 최종 확정된 검사의뢰번호 QR000003[C1002 2차]에 대한 출하검사 결과이다.

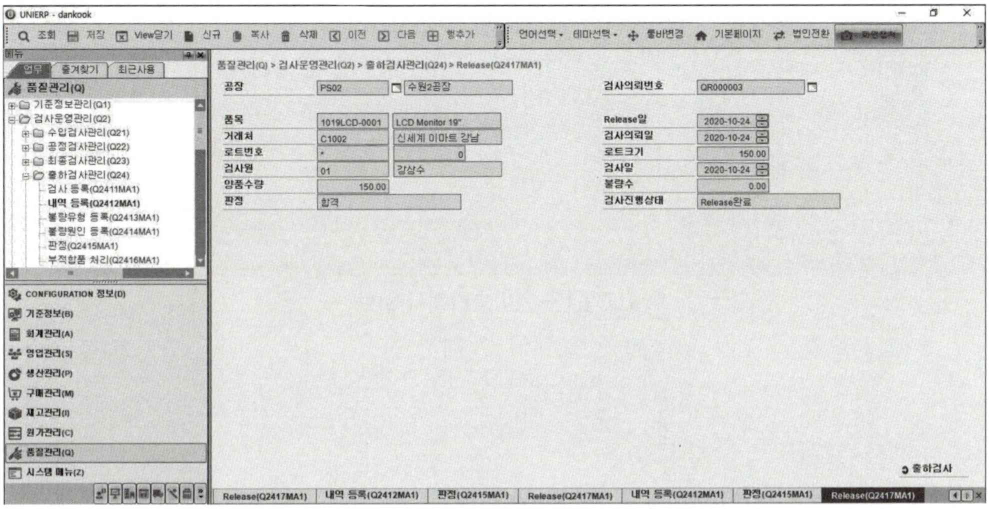

[그림 13-27] 검사의뢰번호 QR000003[C1002 2차]에 대한 출하검사 최종 결과

출하검사 결과는 다음과 같이 출하검사 일보조회를 통해서 확인할 수가 있다.

(1) 호출메뉴: [품질관리>>검사운영관리>>출하검사관리>>일보조회]

(2) 조건파트의 데이터 입력: 공장(PS02), 기간: 2xxx-10-01~2xxx-10-31

(3) 일보조회 결과는 다음과 같다.

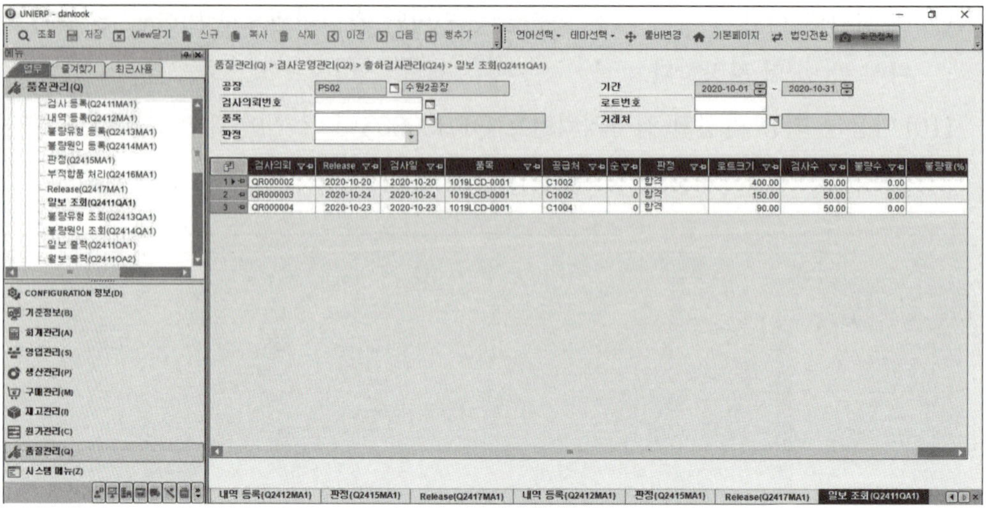

[그림 13-28] 출하검사 일보

3 출고처리[DanDB_S18_출고처리]

본 시나리오에는 C1002신세계이마트 강남와 C1004개인유통판매로부터 접수된 3건의 수주내역이 등록되어 있다. 제1절에서는 3건의 수주품목에 대해서 출하 및 출하내역을 등록하였으며, 제2절에서는 3건의 수주품목 모두 출하검사 대상품목으로 지정되어 있기 때문에, 출하대상 품목에 대한 출하검사를 실시하였으며, 검사판정 결과를 등록하였다. 이제 출고지시만 내려오면 언제든지 출고시킬 준비가 되어있는 상태이다. 주문품목에 대한 출고처리 작업이 완료되면 예상되는 결과는 다음과 같다.

- 출고처리 작업이 완료되면 완제품 창고의 물리적인 재고가 감소된다.
- 재고의 이동이 재고수불현황에 기록된다.
- 재고자산이 감소하게 되므로 회계전표가 자동으로 작성된다.
- (설정되어 있는 경우) 출고처리와 동시에 매출채권이 자동으로 생성된다. 이때 채

권만기일은 자동으로 계산된다채권 발생일 + 거래처의 약정회전일.

본 시나리오에서는 출고처리 작업을 수행하는데 다음을 전제로 한다.

- 수주 3건의 납기일은 다르지만 동일한 날짜에 일괄적으로 출고하되, 출고처리 작업은 수주처별로 작업한다.
- 거래처의 여신규모 내에서만 출고가 이루어지도록 한다.
- 출고처리 작업을 수행하면서 출고처리 이후 이어지는 매출채권 및 세금계산서 발행 작업이 자동적으로 이루어지도록 후속작업여부를 설정한다.

출고처리 확정과 함께 매출채권과 세금계산서 발행이 자동으로 발행되도록 설정하면 매출가계정을 이용하지 않고, 곧바로 매출원가전표가 작성되며, 매출채권이 생성되어 외상매출금으로 회계전표가 기표된다.

3.1 출고처리: C1002 신세계이마트 강남-1차

3.1.1 출고처리

출하검사를 마치고 출고대기 중인 품목에 대한 출고처리 작업을 진행한다. 본 시나리오에서 출고처리 작업을 출하검사 이후에 진행하는 이유는 출하품목들이 출하검사 대상으로 설정되어 있기 때문이다. 그러나 만일 출하품목이 출하검사 대상으로 설정되어 있지 않을 경우에는 출하내역 등록 작업과 출고처리 작업을 동시에 진행할 수가 있다. 따라서 출고처리 작업을 위해서 다음과 같이 출하내역 등록 화면을 호출한다.

(1) 호출메뉴: [영업관리〉〉출하관리〉〉출하내역등록]

(2) 조건파트의 데이터 [출하번호]를 다음과 같이 조회하여 입력한다.

입력 항목	데이터	입력/표시방법
출하번호	DN000001	PopUp

(3) 화면 상단의 조회 버튼을 클릭하여 출하번호DN000001에 해당되는 출하내역을 조회한다. 조회결과 표시된 자료파트의 [출고처리] 탭에 다음과 같이 데이터를 입력한다.

입력 항목	데이터	입력/표시방법
실제출고일	2xxx-10-24 실제 작업일	직접입력
후속작업여부	매출채권	Check Box

✓ 후속작업여부의 매출채권에 체크하는 경우, 매출채권이 자동으로 발행되며, 매출채권에 체크하지 않은 경우, 차후에 매출채권을 등록하고 확정해야 한다.

(4) 화면 하단 좌측의 출고처리 버튼을 클릭하여 출고처리를 확정한다. 출고처리를 확정하면 다음 내용이 자동표시 혹은 업데이트되며, 다음은 C1002신세계이마트 강남 1차 출고처리 결과이다.

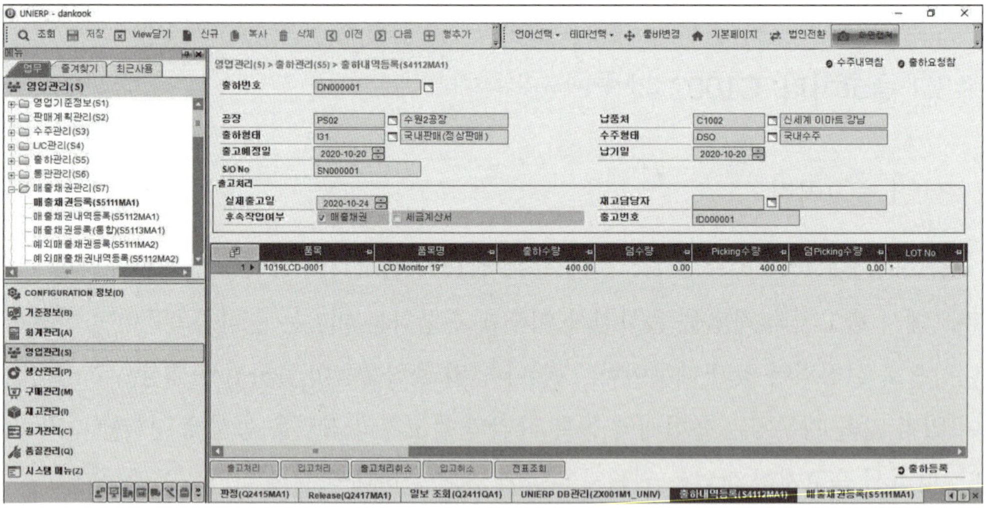

[그림 13-29] 출고처리 결과-C1002신세계이마트 강남-1차

출고처리가 확정되었기 때문에, 매출원가전표가 자동으로 생성되고, 또한 매출채권이 발행되었을 것이다. 매출채권이 발행되었다면 여신관리그룹C1002의 여신상황도 달

라질 것이다. 수주품목이 출고되었기 때문에, 재고현황이 업데이트 되었을 것이며, 이는 수불현황을 통해서 확인할 수가 있을 것이다 재고현황과 수불현황은 모든 출고처리작업을 완료한 후 확인하도록 한다.

3.1.2 전표조회 매출원가전표 및 매출채권전표

출고처리 확정과 함께 자동으로 생성된 매출원가전표를 확인하여 출고처리 작업이 정상적으로 처리되었는지 확인해보자.

매출원가전표를 확인하는 방법은 다음과 같다.

(1) 호출메뉴: [출고처리 화면의 하단 우측의 전표조회 버튼을 클릭한다.]

(2) 전표조회 결과는 다음과 같다.

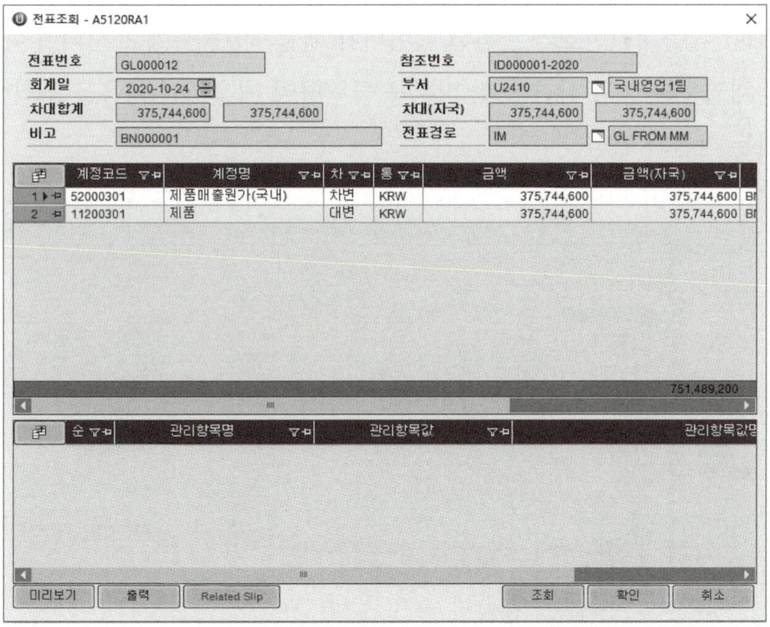

[그림 13-30] (C1002 1차) 매출원가전표

이와 같은 회계전표와 함께 매출채권전표도 자동으로 작성되었을 것이다. 이는 출고처리 시에 [후속작업여부]에 매출채권에 체크했기 때문이다. 매출채권을 확인하는 방법은 다음과 같다.

(1) 호출메뉴: [영업관리〉〉매출채권관리〉〉매출채권등록]

(2) 조건파트의 매출채권번호 팝업창을 연다. → 매출채권 팝업 창을 열면, "검색된 Data가 없습니다."라는 메시지가 나타나는데, 이를 확인하면, 매출번호 팝업 창이 열린다.

(3) 매출채권번호 팝업 창의 조건파트의 데이터를 다음과 같이 수정하여 입력한다.

입력 항목	데이터	입력/표시방법
매출채권일	2xxx-10-01 ~ 2xxx-10-31	직접입력
확정여부	확정	Radio Button

(4) 매출채권번호 팝업 창 하단 좌측의 조회 버튼을 클릭한다. 조회 버튼을 클릭하면, 확정된 매출채권번호 BN000001가 나타난다. 매출채권번호를 선택하여 확인하면 해당 매출채권번호와 관련된 데이터가 매출채권등록에 표시되어 나타난다.

(5) 매출채권등록 창의 상단 조회 버튼을 클릭하여 매출채권 내용을 조회한다. 조회 결과는 다음과 같다.

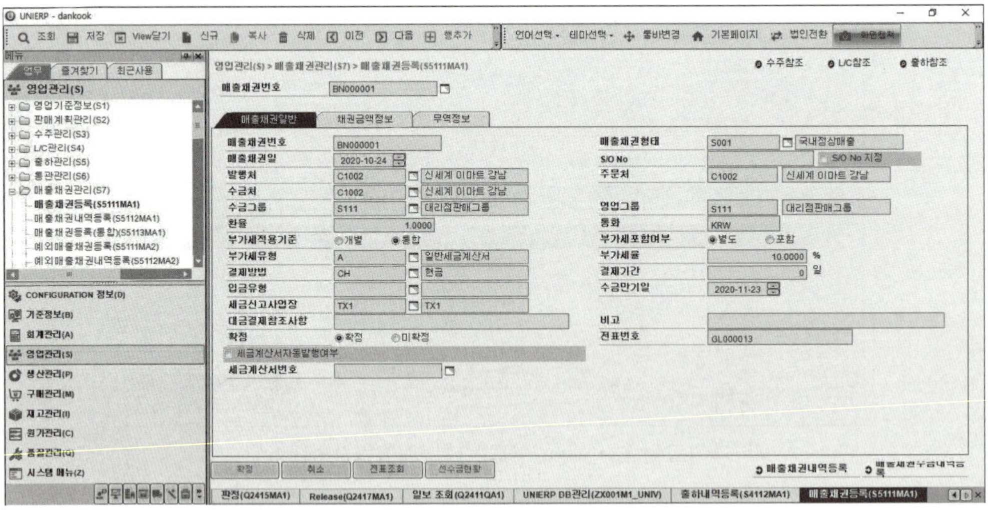

[그림 13-31] (C1002 1차) 매출채권 [매출채권일반] 탭

(6) 화면 하단의 전표조회를 클릭하여 회계전표를 조회한다. 조회결과는 다음과 같다.

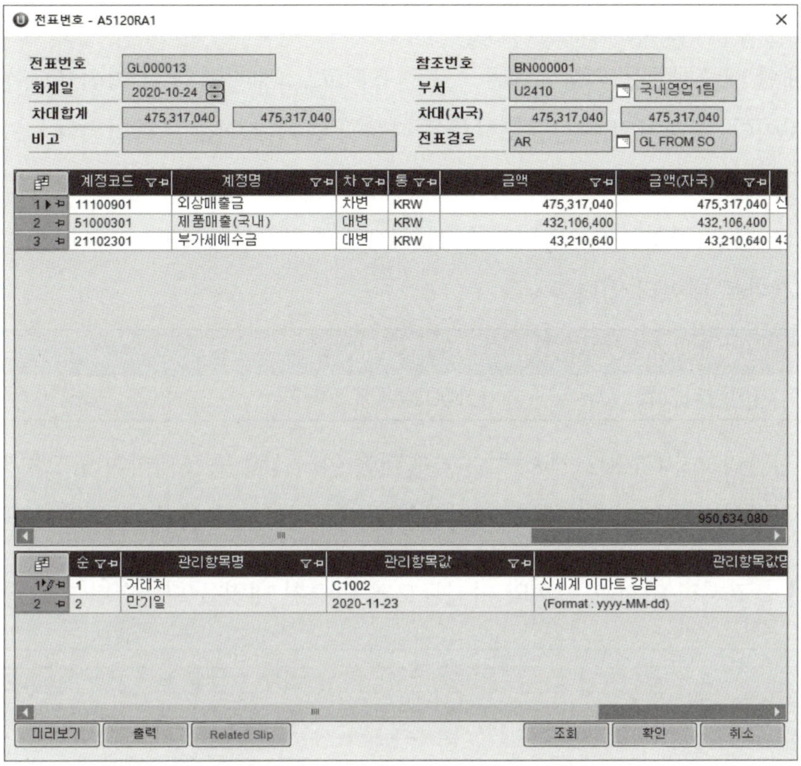

[그림 13-32] (C1002 1차) 회계전표 조회결과

최종 조회한 매출채권전표와 앞서 조회한 매출원가전표에는 다음과 같은 차이가 있다.

입력 항목	데이터	입력/표시방법
차변	제품매출원가	외상매출금
대변	제품	제품매출국내
		부가세예수금

매출원가전표는 매출원가를 기준으로 작성된 전표로 부가세를 포함하지 않은 전표인 반면, 매출채권전표는 아직 매출세금계산서가 발행되지는 않았지만, 일반세금계산서 부가세율10%의 부가세를 계산하여 작성되는 전표이다. 매출채권전표는 10% 부가세를 부가세예수금으로 처리한다.

3.1.3 여신한도 조회

출고처리 확정과 함께 매출원가전표와 매출채권이 발행되었기 때문에, 출고 처리된 제품에 대한 매출채권은 외상매출금으로 기표되고, 거래처에 대한 여신규모 상황이 달라졌을 것이다. 거래처의 여신규모상황을 다음과 같이 조회하면 확인된다.

(1) 호출메뉴: [영업관리>>영업기준정보>>여신관리그룹등록]

(2) 조건파트 데이터 입력:

입력 항목	데이터	입력/표시방법
여신관리그룹	C1002 신세계이마트 강남	PopUp 자동표시

(3) 여신관리그룹 C1002 신세계이마트 강남에 대한 여신 상황을 조회하여 출고처리 이전의 여신상황과 출고처리 이후의 여신상황을 비교해보도록 한다[그림 13-3]과 [그림 13-33].

【확인】 출고처리 이전과 이후의 여신규모가 변경된 내역을 확인한다.

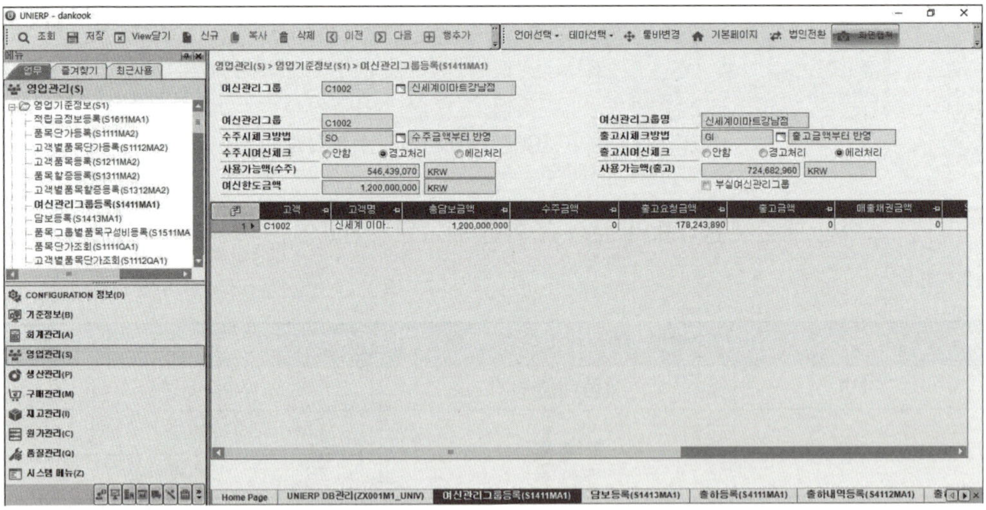

✓ 총담보액 여신한도금액: 1,200,000,000
✓ 출고요청금액: 178,243,890 2차 출고 예정
✓ 외상매출금액: 475,317,040 1차 출고 반영
✓ 사용가능금액: 546,439,070

[그림 13-33] C1002의 여신한도 조회결과

3.2 출고처리: C1002신세계 이마트 강남-2차

3.2.1 출고처리

C1002신세계이마트 강남 거래처에서 수주한 두 번째 건에 대해서도 출하검사를 마치고 출고 대기 중인 품목에 대한 출고처리 작업을 다음과 같이 수행하도록 한다. C1002신세계이마트 강남 2차 출고처리 작업은 C1002신세계이마트 강남 1차 출고처리 과정과 동일하다.

(1) 호출메뉴: [영업관리〉〉출하관리〉〉출하내역등록]

(2) 조건파트 데이터 입력:

입력 항목	데이터	입력/표시방법
출하번호	DN000002	PopUp

(3) 조회 및 데이터 입력: 출하번호DN000002에 해당되는 출하내역을 조회한 후, 자료파트의 [출고처리] 탭에 다음과 같이 데이터를 입력한다.

입력 항목	데이터	입력/표시방법
실제출고일	2xxx-10-24실제 작업일	직접입력
후속작업여부	매출채권	Radio Button

(4) 화면 하단 좌측의 출고처리 버튼을 클릭하여 출고처리를 확정한다. 출고처리를 확정하면 출고번호ID000002가 자동으로 생성되어 표시된다. 출고처리 결과를 통해서 다음의 사실들을 알 수 있다.

후속작업을 통해서 매출채권이 자동으로 발행되었으며, 출고번호ID000002가 자동으로 생성되었기 때문에, 주문제품이 작업일에 실제로 출고되었다는 것이다. 이는 수불현황을 통해서 그리고 관련 회계전표매출원가전표와 매출채권전표를 통해서 확인할 수 있다.

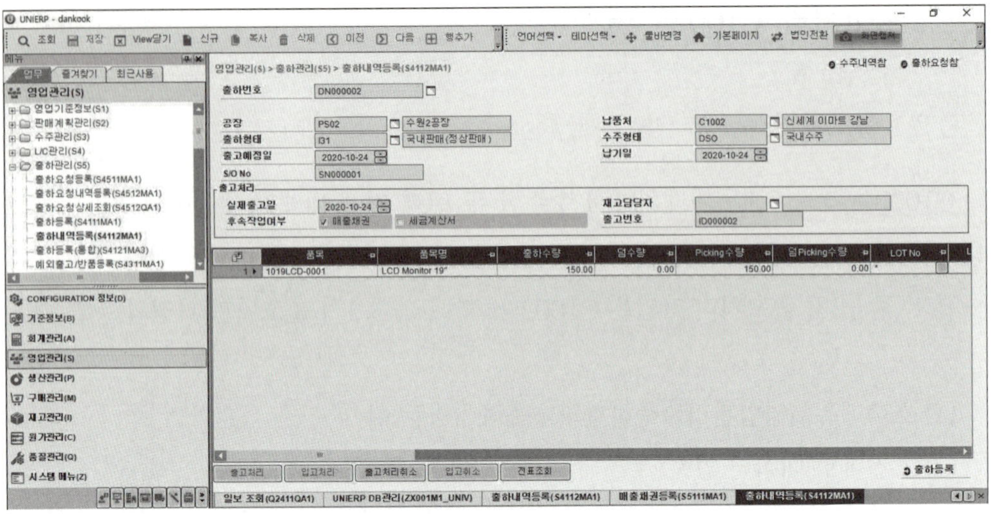

[그림 13-34] 출고처리 결과-C1002신세계이마트 강남-2차

3.2.2 전표조회 매출원가전표 및 매출채권전표

C1002신세계이마트 강남 2차 출고처리가 확정되었기 때문에, 매출원가전표와 매출채권전표가 자동으로 발행되었을 것이며, 여신관리그룹C1002의 여신상황도 다시 업데이트 되었을 것이다. C1002신세계이마트 강남 2차 출고처리 이후 업데이트된 매출원가전표와 매출채권전표를 확인해 보도록 한다. 먼저, 매출원가전표를 확인하여 출고처리 작업이 정상적으로 처리되었는지 확인해보자. 매출원가전표를 확인하는 방법은 다음과 같다.

(1) 호출메뉴: [출고처리 화면의 하단 우측의 전표조회 버튼을 클릭한다.]

(2) 조회: 매출원가전표조회 결과는 다음과 같다. → 매출세금계산서가 발행되기 전이기 때문에, 부가세를 포함하지 않는 매출원가만을 기준으로 발행된 회계전표가 조회된다.

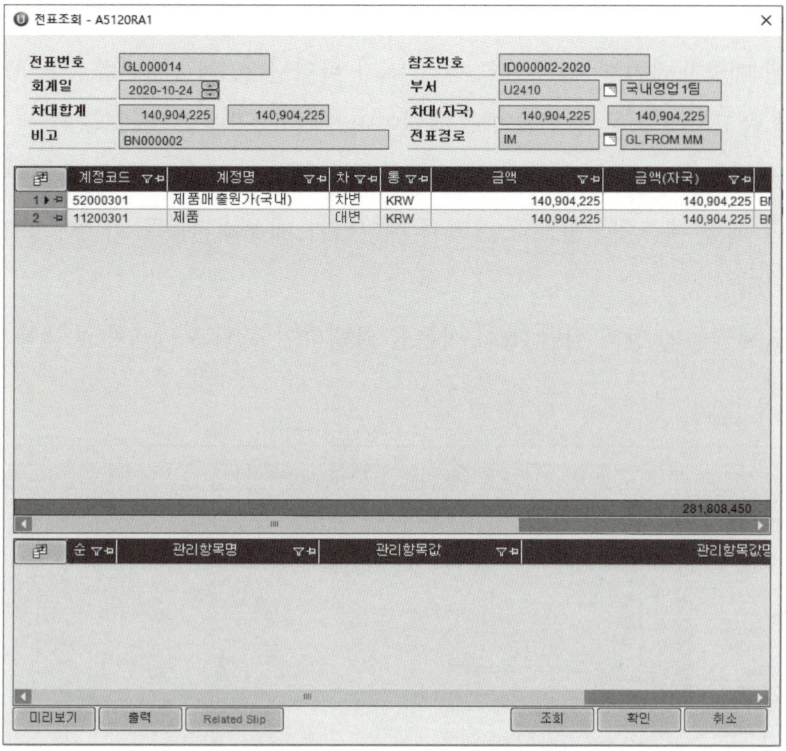

[그림 13-35] (C1002-2차) 매출원가전표

출고처리 시에 [후속작업여부]의 매출채권에 체크했기 때문에, 매출채권 또한 자동으로 발행되었을 것이다. 매출채권을 확인하는 방법은 다음과 같다.

(1) 호출메뉴: [영업관리〉〉매출채권관리〉〉매출채권등록]

(2) 조회: 조건파트의 매출채권번호 팝업창을 열면, "검색된 Data가 없습니다." 라는 메시지가 나타나는데, 이를 확인하면, 매출번호 조회화면이 열린다.

(3) 조건파트 데이터 입력: 매출번호 팝업 창의 조건파트의 데이터를 다음과 같이 수정하여 입력한다.

입력 항목	데이터	입력/표시방법
매출채권일	2xxx-10-01 ~ 2xxx-10-31	직접입력
확정여부	확정	Radio Button

(4) 매출번호 팝업 창 하단 좌측의 조회 버튼을 클릭한다. 조회 버튼을 클릭하면, 확정된 매출채권번호BN000001 과 BN000002가 나타난다. 매출채권번호 BN000001은 1차 출고처리 이후 생성된 매출채권이며, 매출채권번호 BN000002는 2차 출고처리 이후 생성된 매출채권이기 때문에, 매출채권번호 BN000002를 선택-확인하면 해당 매출채권번호와 관련된 데이터가 매출채권등록 화면에 표시되어 나타난다.

(5) 매출채권등록 창의 상단 조회 버튼을 클릭하여 조회된 매출채권 내용은 다음과 같다.

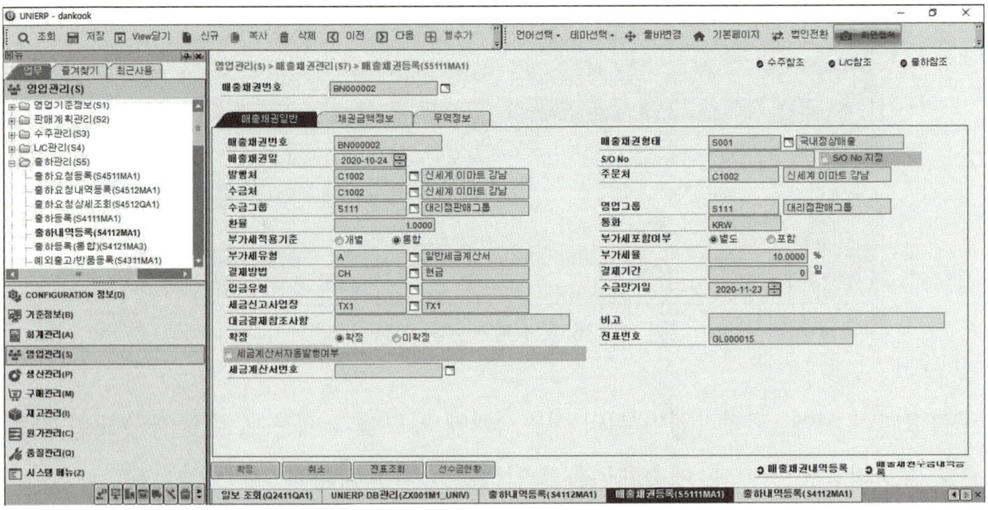

[그림 13-36] (C1002-2차) 매출채권 [매출채권일반] 탭

(6) 최종적으로 화면 하단의 전표조회 버튼을 클릭하여 회계전표를 조회한다. 조회 결과는 다음과 같다.

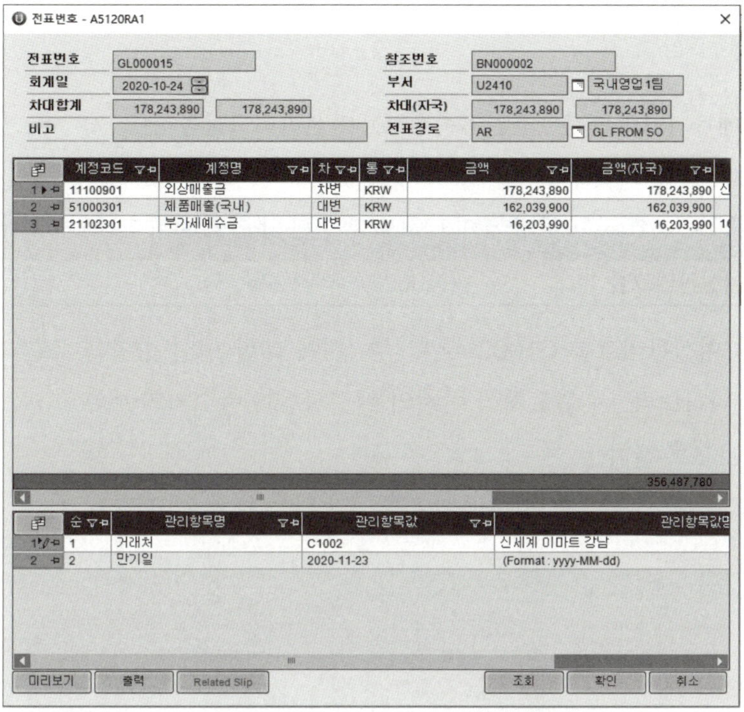

[그림 13-37] (C1002-2차) 회계전표

3.2.3 여신한도 조회

2차 출고처리 확정과 함께 생성된 매출원가전표, 매출채권전표 그리고 최종 회계전표를 확인하였다. 출고된 수주품목을 반영하여 각종 회계전표가 발행되었다는 것은 실제로 수주품목이 출고되었기 때문이다. 이는 다음과 같은 업무와 관련이 있기 때문에, 해당 업무 내용이 업데이트 되었을 것이다.

- 여신상황: 2차 출고 이후 거래처의 여신상황
- 재고현황: 2차 출고가 완료 후 완제품 재고현황과, 재고수불현황

재고현황과 수불현황은 모든 출고처리 작업이 완료된 후에 일괄적으로 확인하도록 하고, 먼저 여신한도 상황을 조회하여 확인해 보도록 한다. 여신한도상황을 조회하는

방법은 다음과 같다.

(1) 호출메뉴: [영업관리>>영업기준정보>>여신관리그룹등록]

(2) 조건파트 데이터 입력:

입력 항목	데이터	입력/표시방법
여신관리그룹	C1002 신세계이마트 강남	PopUp 자동표시

(3) 조회: 여신관리그룹 C1002 신세계이마트 강남에 대한 여신 상황을 조회하면 다음과 같이 나타난다. → 출고처리 이전의 여신상황과 출고처리 이후의 여신상황과 비교해보도록 한다.

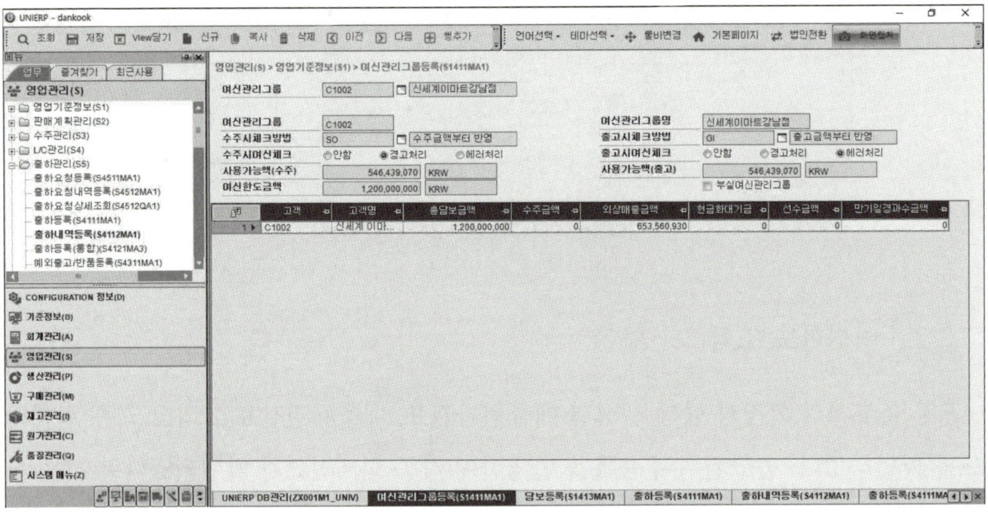

[그림 13-38] C1002의 2차 출고처리 이후 여신한도

3.3 출고처리: C1004 개인판매

3.3.1 출고처리

C1004 개인판매 거래처에서 수주한 제품에 대한 출고처리 작업도 위에서 처리한 방법과 동일하게 처리한다.

(1) 호출메뉴: [영업관리>>출하관리>>출하내역등록]

(2) 조건파트 데이터 입력: 출하번호DN000003

(3) 조회 및 데이터 입력: 출하번호DN000003에 해당되는 출하내역을 조회한 후, [출고처리] 항목에 다음과 같이 데이터를 입력한다.

입력 항목	데이터	입력/표시방법
실제출고일	2xxx-10-24실제 작업일	PopUp자동표시
후속작업여부	체크하지 않음	

✓ 후속작업여부에 체크하지 않은 이유는, 매출채권 발행과정을 설명하기 위함이다.

(4) 확정: 화면 하단 좌측의 출고처리 버튼을 클릭하여 출고처리를 확정하면, 출고번호ID000003가 자동으로 생성된다. → 출고번호ID000003가 자동으로 생성됨으로 미루어 볼 때, 수주제품이 실지로 출고되었으며, 관련 회계전표가 자동으로 발행되었음을 할 수 있다.

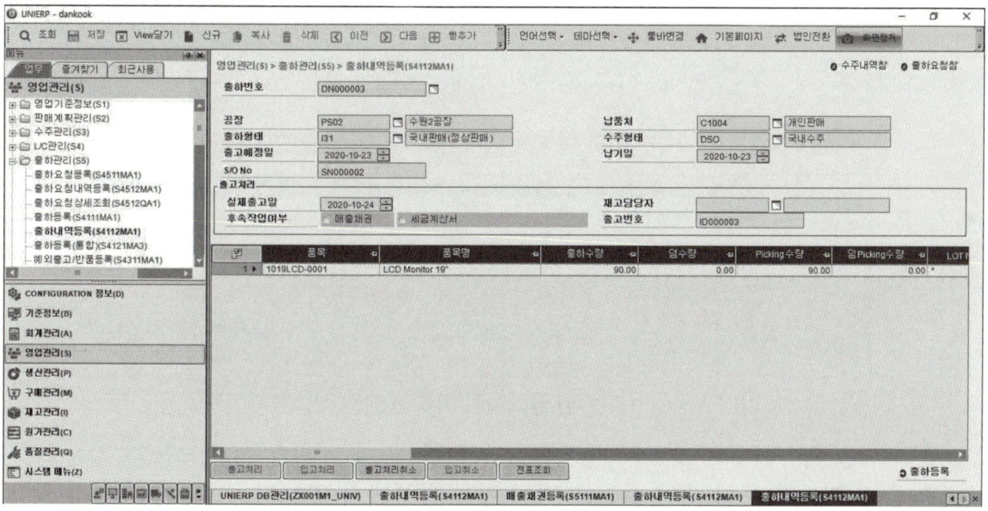

[그림 13-39] 출고처리 결과-C1004개인판매

3.3.2 전표조회매출원가전표 및 매출채권전표

출고처리가 확정되었기 때문에, 다른 출고처리 작업과 마찬가지로 매출원가전표가 발행되었을 것이다. 그러나 출고처리 작업의 후속작업여부에 체크하지 않았기 때문에, 매출채권은 발행되지 않았을 것이다. 출고처리 확정으로 발행된 매출원가전표는 다음과 같이 확인한다.

(1) 호출메뉴: [출고처리 화면의 하단 우측의 전표조회 버튼을 클릭한다.]

(2) 조회: 다음과 같은 내용의 전표조회가 확인된다.

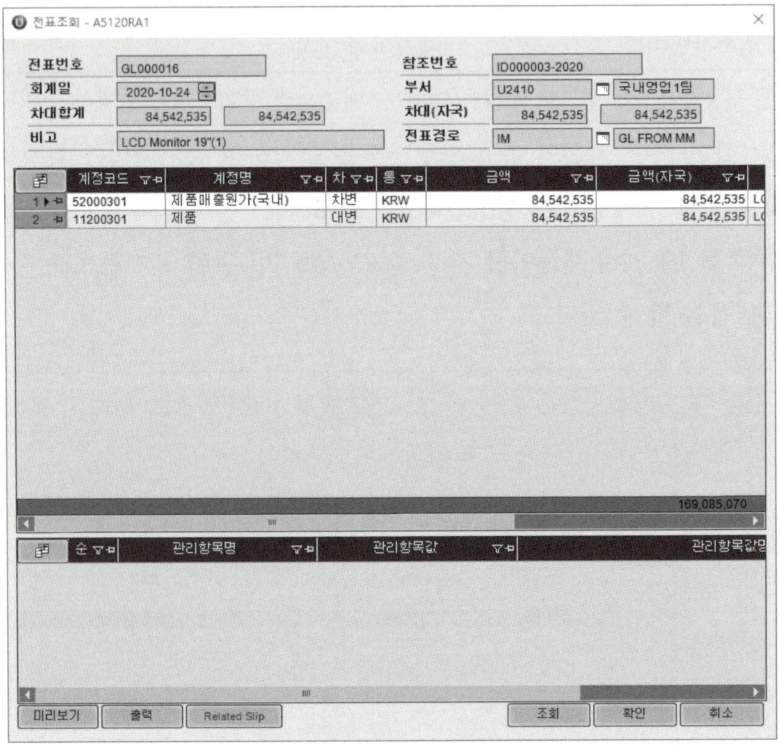

[그림 13-40] (C1004) 출고처리 이후 발행된 매출원가전표

C1004[개인판매]에 대한 매출채권은 자동으로 생성되지 않는다. 이는 출고처리 확정 작업을 수행하면서 [후속작업여부] 필드에 매출채권에 체크하지 않았기 때문이다. 따라서 C1004[개인판매]에 대한 매출채권은 별도로 등록해 주어야 한다. 이에 대한 작업은 제14장의 매입 및 매출관리 단원에서 살펴보기로 한다.

그리고 출고처리 작업이 정상적으로 처리되었음을 여신규모 혹은 자동으로 발행된 전표(매출원가전표 혹은 매출채권)를 통해서 확인하였다.

3.4 재고 및 출고현황 조회

3건의 주문에 대한 출고처리 작업이 모두 완료되었다. 이는 주문제품이 모두 출고되었다는 것을 의미한다. 따라서 완제품 재고현황이 달라졌을 것이며, 이는 출고현황과 수불현황 데이터에 근거가 남아 있을 것이다. 출고처리 확정 이후 달라진 재고현황, 출고현황 그리고 수불현황을 조회하여 살펴보도록 한다.

3.4.1 재고현황 조회

출고처리 확정 이후 재고현황은 다음과 같이 조회한다.

(1) 호출메뉴: [재고관리>>재고현황&마감>>재고현황조회]

(2) 조건파트 데이터 입력: 공장 PS02, 창고 S210 제품창고

(3) 조회: 출고처리 확정 이후 해당 제품에 대한 재고현황을 조회한다. 조회 결과는 다음과 같다.

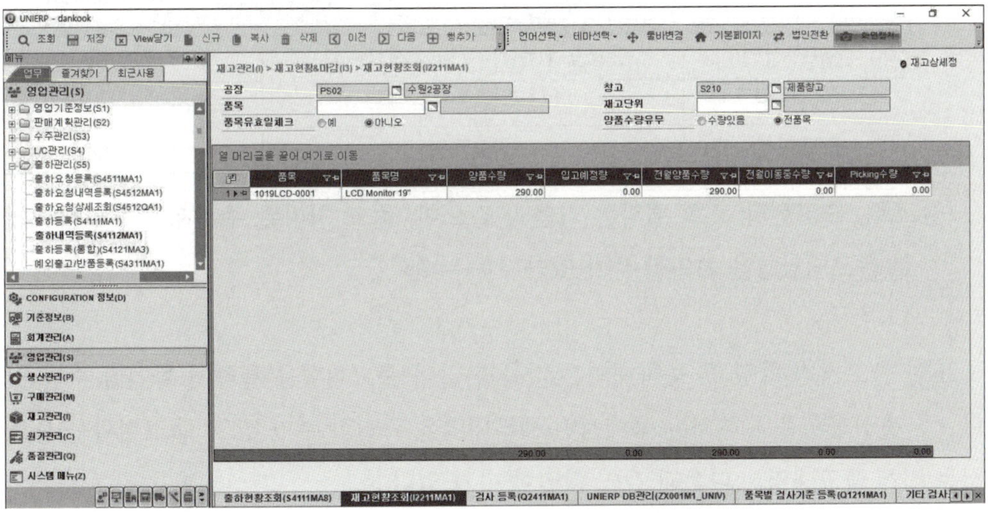

[그림 13-41] 출고처리 확정 이후 재고현황

출고처리 확정 후 재고현황 자료의 내용은 다음과 같다.

- 양품수량: 290개 → 출고처리 이전 양품수량은 930 개 이였기 때문에, 640개가 출고되었다는 의미이다 신세계이마트 강남 1/2차 출고량+개인판매 출고량
- 입고예정량: 0 → 작업 중이거나 혹은 작업지시 확정된 제조공정이 없으므로 향후 입고될 수량은 없다.
- 출고예정량: 0 → 출고예정량이 "0" 이므로 수주된 제품에 대한 모든 출고작업이 완료되었다.

3.4.2 출하 및 출고현황 조회

출고처리 확정 이후 양품 재고수량이 290개로 집계된 것은 출고처리가 확정된 납품수량 640개가 출고처리 되었기 때문이다. 640개의 완제품이 언제 어떤 거래처로 얼마만큼 출고되었는지 출하 및 출고 현황 조회를 통해서 살펴보도록 하자.

(1) 호출메뉴: [영업관리>>출하관리>>출하현황조회]

(2) 조건파트 데이터 입력:

입력 항목	데이터	입력/표시방법
출고예정일	2xxx-10-01 ~ 2xxx-10-31	직접입력
출하형태	I31 국내판매 정상판매	PopUp 자동표시
출고여부	출고	라디오 버튼

(3) 조회: 출하현황 조회 결과는 다음과 같으며, 출고 처리된 주문제품들이 납품처로 출고되었음을 확인할 수가 있다[그림 13-42].

또한 출고처리 확정 후 출하내역은 다음과 같이 출고현황을 통해서 확인할 수가 있다. 즉, 출하현황을 통해서는 구체적인 세부내역을 확인할 수가 있고, 출고현황을 통해서는 전체 출고내역은 다음과 같이 확인할 수가 있다.

(1) 호출메뉴: [영업관리>>출하관리>>출고현황조회]

(2) 조건파트 데이터 입력: 실제 출고일 2xxx-10-24

(3) 조회: 조회결과 다음과 같이 사업장별 출고현황이 확인된다[그림 13-43].

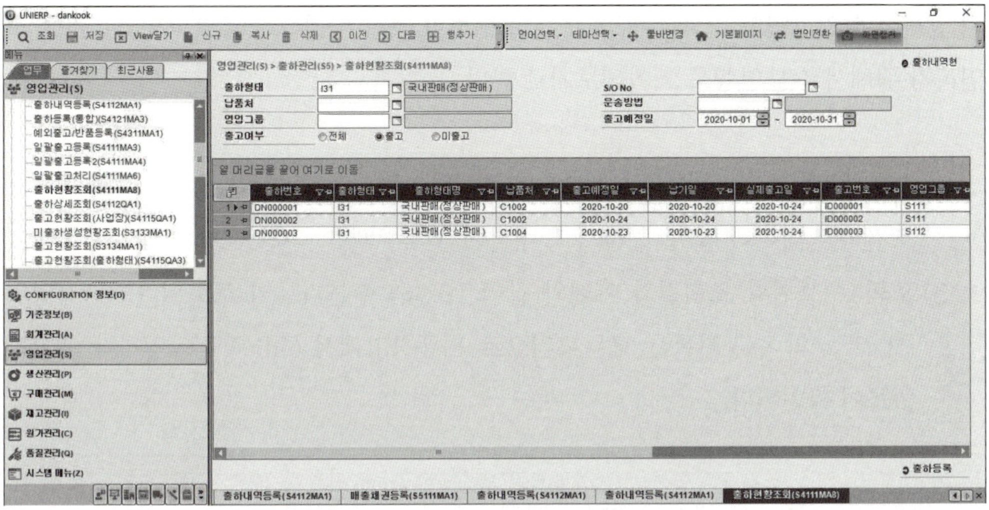

[그림 13-42] 출고처리 확정 후의 출하현황

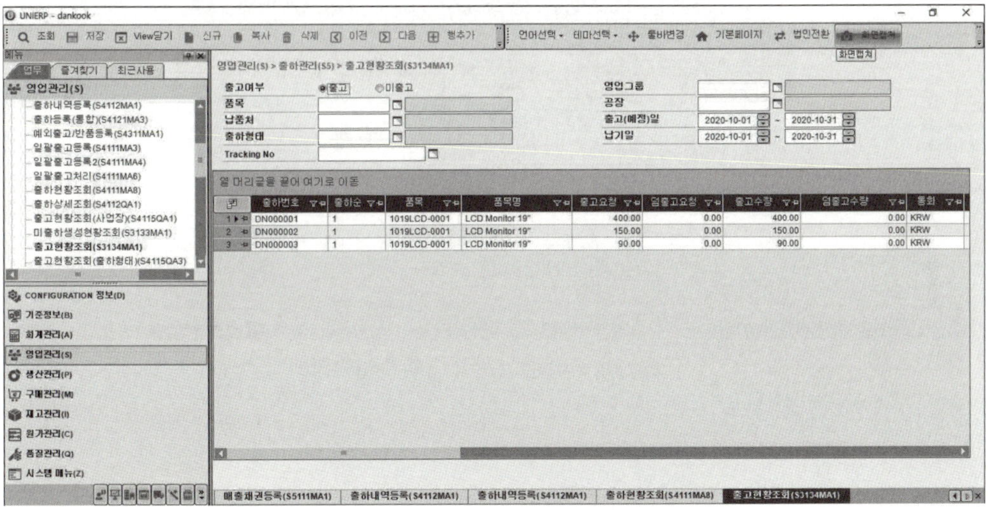

[그림 13-43] 출고처리 확정 후의 출고현황

3.4.3 수불현황 조회

위의 출하고현황 조회를 통해서 수주납기일과 출고예정일 그리고 실제로 출고 처리된 날짜를 확인하였다. 이제 수주처로부터 수주한 품목이 정확하게 출고되었는지를 확인하기 위해서 수불현황을 조회해보기로 한다.

(1) 호출메뉴: [재고관리〉〉수불관리〉〉수불현황조회]

(2) 조건파트 데이터 입력: 공장PS02, 수불기간2xxx-10-01 ~ 2xxx-10-31

(3) 조회: 수불현황 조회결과 아래와 같이 19건의 수불기록이 조회된다. → 작업일 2xxx-10-24의 수불기록은 모두 3건으로 제품창고에서 640400+150+90개가 출고되었음이 확인된다.

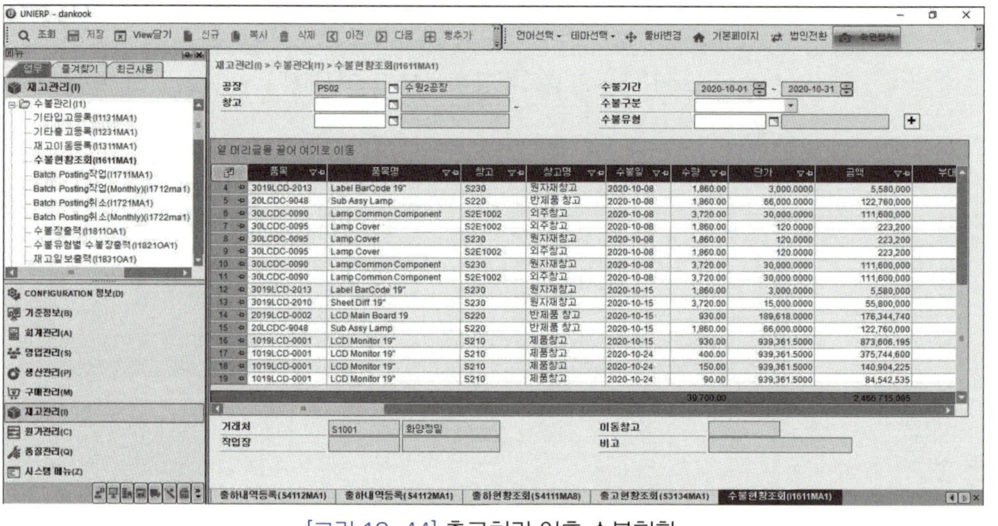

[그림 13-44] 출고처리 이후 수불현황

Chapter 14

매입 및 매출관리

학습개요 및 목표

매입 및 매출관리는 계획기간 동안 발생한 모든 매입 및 매출 건을 최종 확정하여 회계기표 작업을 수행하는 것이다.

매입의 경우에는 구매입고 당시 매입가계정을 외상매입금으로 확정하여 분개 처리한 결과가 전표로 작성된다. 이러한 회계전표가 작성되기 위해서는 먼저 구매입고 당시 아직 확정되지 않았거나, 처리되지 못한 작업 혹은 누락된 회계처리 항목들을 마무리한 후에 매입처리 할 수 있다.

매출의 경우에는 출고 당시 자동으로 매출채권을 확정처리하지 않은 출고 건에 대해서는 본 시나리오에서는 C1004 개인판매 별도로 매출채권을 발행하는 작업을 수행한 후에 매출세금계산서를 발행하는 후속작업을 수행한다.

매입세금계산서는 공급처별로 매입세금계산서와 매입세금계산서 내역을 등록하여 매입세금계산서를 발행하고, 매출세금계산서는 계획기간 동안의 모든 매출 건을 합산하여 일괄적으로 매출세금계산서를 발행하거나 혹은 매출 건별로 매출세금계산서를 발행할 수도 있다.

또한 최종적인 매입 및 매출관리 작업을 수행하기 전에 반품 건이 발생할 경우에는 반품입고 혹은 반품출고 작업을 거쳐야 하며, 이에 상응하는 매출채권을 취소하거나 외상매입금을 취소하여야 한다.

본 장의 학습목표는 다음과 같다.

- 구매입고처리 과정을 이해한다.
- 미 입고처리 구매의 의미와 해결방법을 이해한다.
- 매입세금계산서와 매출세금계산서를 발행하는 방법을 이해한다.
- 매입 및 매출관리 전 과정을 ERP시스템을 이용하여 처리하는 방법을 이해한다.

1 매입관리[DanDB_S20_매입관리]

매입관리 업무의 주된 내용은 내자구매 혹은 외주가공품에 대한 입고처리 결과를 토대로 구매품을 확정하고 매입내역에 따라서 매입세금계산서를 발행하는 것이다. 매입관리 작업이 수행되기 위해서는 먼저 모든 발주품목이 정상적으로 입고되어 매입내역으로 집계되어 있어야 한다. 따라서 만일 발주품목이 시스템 상에 아직 매입내역으로 잡혀있지 않다면, 원인이 무엇인지를 찾아서 해결한 후에 매입관리 작업을 수행할 수가 있다.

1.1 미 입고품목 관리

1.1.1 미 입고 내역 조회

미 입고내역 조회는 완제품을 생산하는 데 필요한 모든 원자재와 반제품들이 모두 정상적으로 입고되었는지를 확인하여 아직 최종 입고처리 작업이 마무리 되지 못한 항목을 찾아서 이를 최종 입고로 확정하기 위한 작업이다. 미 입고내역을 확인하는 방법은 여러 가지가 있으나, 가장 간단한 방법은 원자재 혹은 반제품 재고현황을 조회하여 입고예정량이 있는지 살피는 것이다. 만일 입고예정량 데이터가 있다면, 아직 입고 처리되지 못한 원자재 혹은 반제품이 있다는 것을 의미하기 때문이다.

(1) 호출메뉴: [재고관리〉〉재고현황&마감〉〉재고현황조회]

(2) 조건파트 데이터 입력:

입력 항목	데이터	입력/표시방법
공장	PS02 수원2공장	PopUp 자동표시
창고	S230 원자재창고	PopUp 자동표시

(3) 조회: 원자재 창고의 재고현황 조회결과에서 출고예정량이 있다면, 아직 출고되지 않은 원자재가 있음을 의미하고, 입고예정량이 있다면, 이는 원자재가 아직 도착하지 않았거나 도착하였음에도 아직 입고 처리되지 못하고 있다는 것을 의미한다. → 본 시나리오의 경우에는 아래에서 보는 바와 같이 입고예정량 및 출고예정량이 모두 "0.00" 으로 표시되어 있어 입고 처리되지 못한 원자재가 없으며, 출고예정인 원자재도 없는 것으로 나타났다.

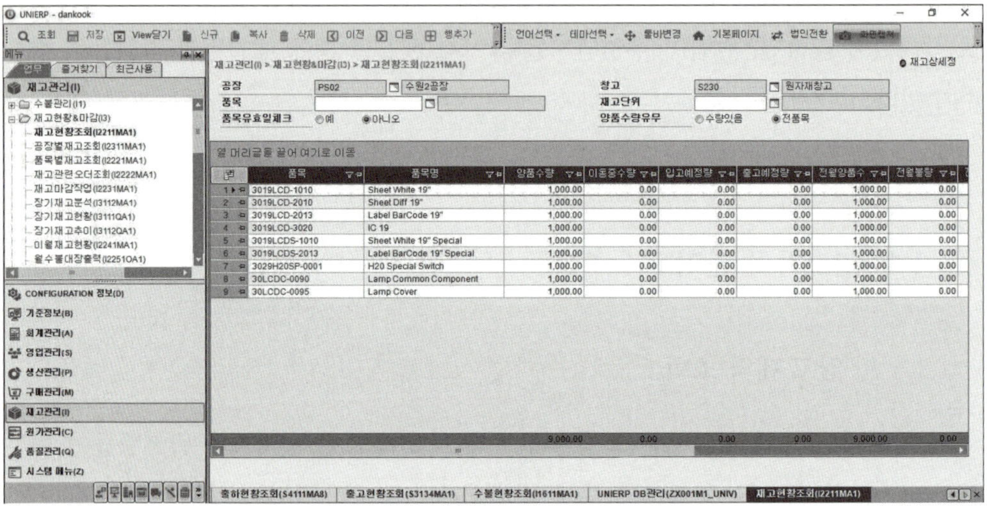

[그림 14-1] 원자재창고S230의 재고현황 조회 통한 미 입고내역 확인

그러나 만일 재고현황 조회결과 입고예정량이 표시되어 있다면, 이는 정상적으로 발주되어 입고되었으나, 입고처리가 지연되고 있음을 나타내기 때문에, 매입처리 작업을 수행하기 전에 미 입고 처리된 모든 원자재들의 입고처리 작업을 처리해야 한다. 대부분의 원자재 입고처리가 지연되는 이유는 대부분 수입검사가 마무리되지 못한 경우가 많다. 원자재가 수입검사 대상인지를 확인하는 방법은 다음과 같다.

(1) 호출메뉴: [기준정보관리〉〉품목기준정보〉〉공장별품목조회]

(2) 조건파트 데이터 입력:

입력 항목	데이터	입력/표시방법
공장	PS02 수원2공장	PopUp 자동표시
품목	확인하고자 하는 품목 선택	PopUp

(3) 조회: 화면 상단의 조회 버튼을 클릭하여 품목정보를 확인한다. → 예를 들어, 3019LCD-3020 조회결과 수입검사 대상으로 확인된다. 따라서 해당 원자재는 입고처리 전에 반드시 수입검사를 거쳐야 한다. 그러나 본 시나리오에서 3019LCD-3020은 구매대상 원자재가 아니기 때문에, 입고예정량이 0.00으로 나타난 것이다.

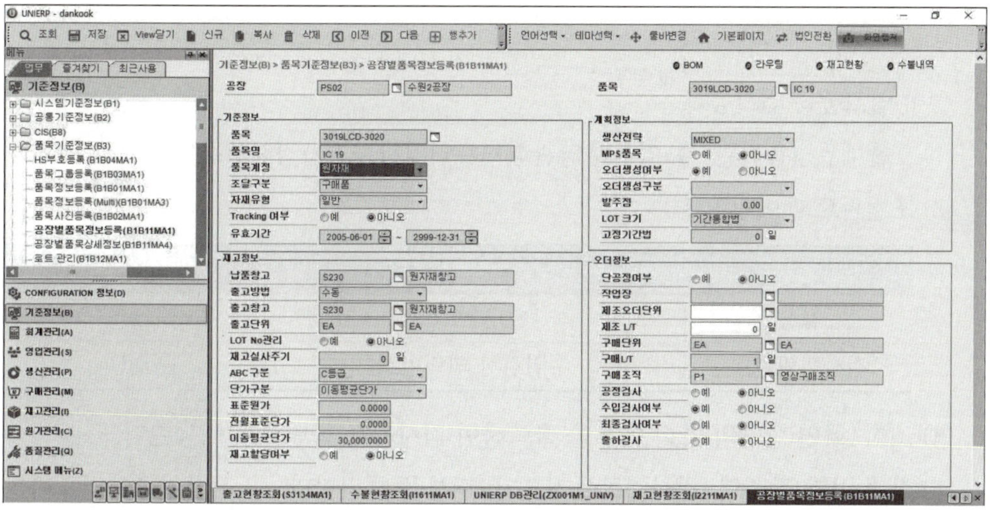

[그림 14-2] 품목정보 조회 예: 3019LCD-3020

1.1.2 미 입고품목 수입검사 미 입고품목이 있을 경우에만

○ 미 입고품목 검사기준 등록

(1) 호출메뉴: [품질관리>>기준정보관리>>품목별검사기준등록]

(2) 조건파트 데이터 입력:

입력 항목	데이터	입력/표시방법
공장	PS02 수원2공장	PopUp 자동표시
품목	수입검사 대상품목	PopUp 자동표시
검사분류	수입검사	Combo Box

(3) 조회: 화면 상단의 조회 버튼을 클릭하여 검사등록 화면으로 이동한다.

(4) 화면 하단 좌측의 [검사기준불러오기] 버튼을 클릭한다.

(5) 검사기준불러오기를 통해서 불러온 기준들 미 입고품목 검사기준 등록에서 등록한 기준 이 검사등록 화면으로 호출되어 나타나면, 이를 확인하고 저장한다. → 검사등록 완료.

○ 미 입고품목 검사등록

(1) 호출메뉴: [품질관리〉〉검사운영관리〉〉수입검사관리〉〉검사등록]

(2) 조건파트 데이터 입력:

입력 항목	데이터	입력/표시방법
공장	PS02 수원2공장	PopUp 자동표시
검사의뢰번호	수입검사 의뢰번호	PopUp

(3) 조회: 화면 상단의 조회 버튼을 클릭하여 검사등록 화면으로 이동한다.

(4) 화면 하단 좌측의 [검사기준불러오기] 버튼을 클릭한다. → 검사기준불러오기를 통해서 불러온 기준들 미 입고품목 검사기준 등록에서 등록한 기준 이 검사등록 화면으로 호출되어 나타나면, 이를 확인하고 저장한다.

○ 미 입고품목 수입검사 내역 등록

(1) 호출메뉴: [미 입고품목 수입검사등록 화면 하단 중앙의 [내역입력] 버튼을 클릭한다.]

(2) [검사내역] 버튼을 클릭하고 메시지 창을 확인한다.

(3) 검사내역 등록 화면 하단 좌측의 [시료행생성] 버튼을 클릭한다.

(4) 시료행 생성 및 저장: 검사를 위한 시료행샘플 생성하고 저장된다.

○ 미 입고품목 수입검사 판정

(1) 호출메뉴: [미 입고품목 수입검사 내역등록을 마친 후, 화면 동일 우측의 [판정] 버튼을 클릭한다.]

(2) 자료파트에 검사 데이터검사원, 시료수, 검사일 등를 입력한다.

(3) 미 입고품목 수입검사 판정결과를 저장한다. → 수입검사 판정.

○ 미 입고품목 수입검사 Release

(1) 미 입고품목 수입검사 판정 화면 하단 우측의 [확정처리] 버튼을 클릭한다.

(2) 판정결과를 확인한 후 저장 버튼을 클릭하여 미 입고품목 수입검사의 최종단계를 마무리한다.

○ 미 입고품목 수입검사 결과 등록

수입검사를 거친 원자재는 자동으로 입고처리 되지 않기 때문에, 구매관리 부서에서 수입검사결과를 등록하고 별도의 입고처리 작업을 해 주어야 한다. 수입검사 결과를 등록하고 저장하면 아직 입고처리 되지 않았던 해당 품목의 입고수량과 양품판정수량이 표시되어 나타난다.

본 시나리오에서는 판매계획과 생산계획에 이해서 생산량과 자재소요계획량이 결정되어 필요한 원자재를 구매하여 제조공정에 투입하였다. 만일 구매한 원자재가 수입검사 때문에 실지로 입고되지 않았다면 제조공정에 투입되지 못했을 것이기 때문에, 완제품이 생산되지 못했을 것이다. 따라서 미입고품 입고처리 작업은 제조공정에 차질이 없도록 제조공정 시작되기 전에 이루어지는 것이 일반적이다.

1.2 매입처리

매입처리 업무는 계획기간 동안 발생한 모든 입고내역을 확인하여 매입세금계산서 발행과 외주가공비처리 등 대금지급 관련 업무를 처리하는 것이다.

매입관리의 매입세금계서처리는 발주정보에 근거하여 매입세금계산서를 등록하고, 매입내역은 입고내역에 근거하여 등록한다. 매입세금계산서와 매입내역이 등록되면, 매입가계정이 모두 외상매입금으로 전환된다. 순수 구매품 혹은 외주구매품 이외의 경비가 발생한 경우 이를 등록하고 세금계산서를 발행한다. 본 시나리오에서는 별도의 경비는 발생하지 않은 것으로 가정하고 매입세금계산서만을 발행하는 것으로 한다.

1.2.1 매입세금계산서: S1001화양정밀

o 매입세금계산서 등록

매입세금계산서를 등록하는 작업으로 다음과 같이 진행한다.

(1) 호출메뉴: [구매관리>>매입관리>>매입세금계산서]

(2) 자료파트 데이터 입력:

입력 항목	데이터	입력/표시방법
매입등록일/매입일	2xxx-10-27 실제 작업일	자동표시
확정여부	아니오	자동표시
부가세포함여부	별도	자동표시
부가세적용기준	개별	자동표시

(3) 조회: 화면 상단 우측의 [발주참조] 버튼을 클릭하면, 발주내역 2건 PO000001과 PO000002이 검색되는데, 먼저 발주번호 PO000001화양정밀을 선택하여 매입세금계산서 등록 창으로 이동시킨다.

(4) 저장: 화면 상단의 저장 버튼을 클릭하여 매입세금계산서를 등록한다. 등록된 매입계산서매입번호: IV000001는 다음과 같다.

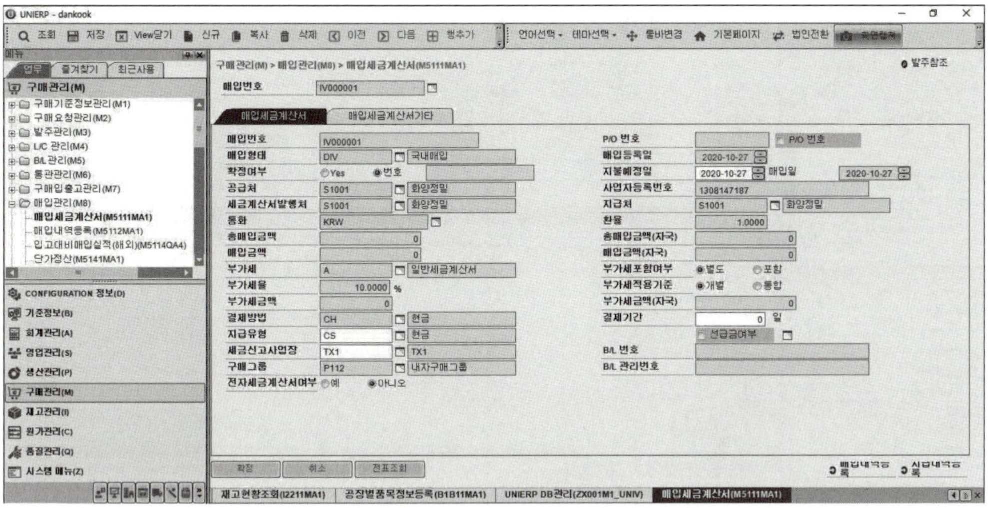

[그림 14-3] 매입세금계산서 등록 공급처: S1001-화양정밀

○ 매입세금계산서 내역 등록

매입세금계산서를 등록한 후에 입고내역을 기준으로 매입내역을 등록하는 작업을 수행하는데, 이는 매입수량과 매입단가 그리고 매입금액을 근거로 한다. 매입내역을 등록하는 과정은 다음과 같다.

(1) 호출메뉴: [구매관리>>매입관리>>매입내역등록]

(2) 매입세금계산서등록 화면에서 화면 우측 하단의 [매입내역 등록] 버튼을 이용하여 이동한 경우, "매입상세 데이터가 존재하지 않습니다."라는 메시지가 나타나면, 이를 확인하고 화면 상단 우측의 [입출고참조] 버튼을 클릭한다.

(3) 모두 4건의 매입내역이 검색되는데, 전체를 선택-확인하여 매입세금산서 내역 등록 화면으로 이동시킨다.

(4) 저장-확정: 4건의 매입내역이 매입내역등록 화면으로 이동된 후, 화면 상단의 저장버튼을 클릭하여 매입내역을 저장하고 확정한다. → 매입내역등록 결과는 다음과 같다.

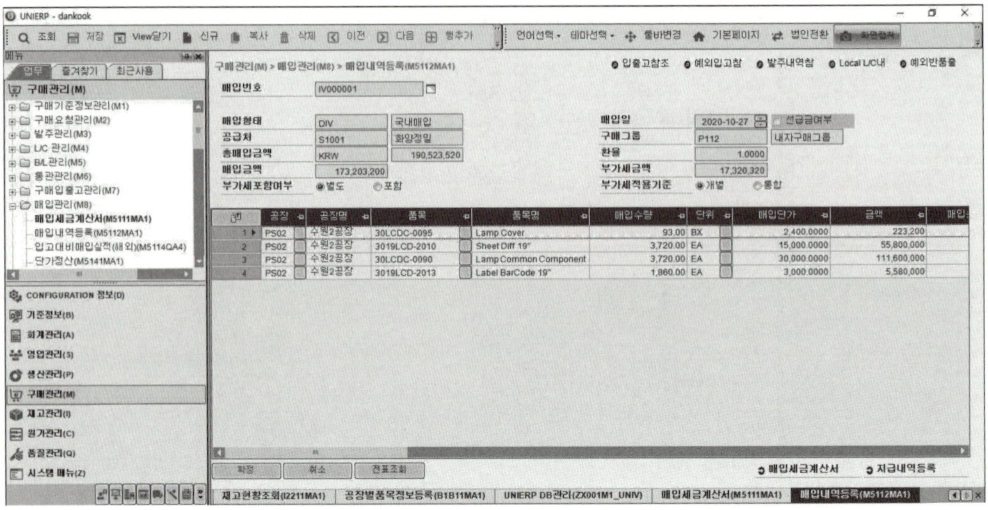

[그림 14-4] 매입내역 등록 결과공급처: S1001-화양정밀

○ 회계전표 및 매입세금계산서 확인

확정 처리한 매입내역등록 화면 하단의 [전표조회] 버튼을 클릭하면 다음과 같은 전

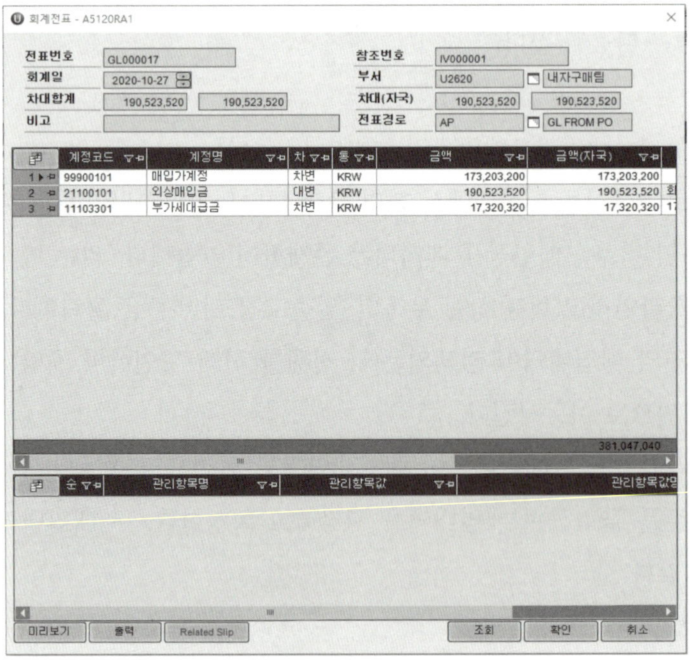

[그림 14-5] 회계전표 공급처: S1001-화양정밀

표가 자동으로 생성되어 생성된다. 회계전표에 의하면, 매입세금계산서발행 이전 매입가계정이 10% 부가세를 포함하여 외상매입금으로 표시되어 채무가 발생한 것으로 나타난다. 따라서 채무일은 화양정밀로부터 원자재를 입고처리한 날이 아닌 매입세금계산서를 발행한 현재 작업일이다.

또한 매입내역등록이 완료되었기 때문에, 자동으로 생성된 최종 확정 매입세금계산서를 확인할 수가 있다. 최종 확정된 매입세금계산서는 매입내역등록 화면 하단 우측의 [매입세금계산서] 버튼을 클릭하면 다음과 같이 확인된다. → 매입세금계산서에 매입금액과 부가세를 포함한 총 매입금액 그리고 채무만기일이 표시되어 있다.

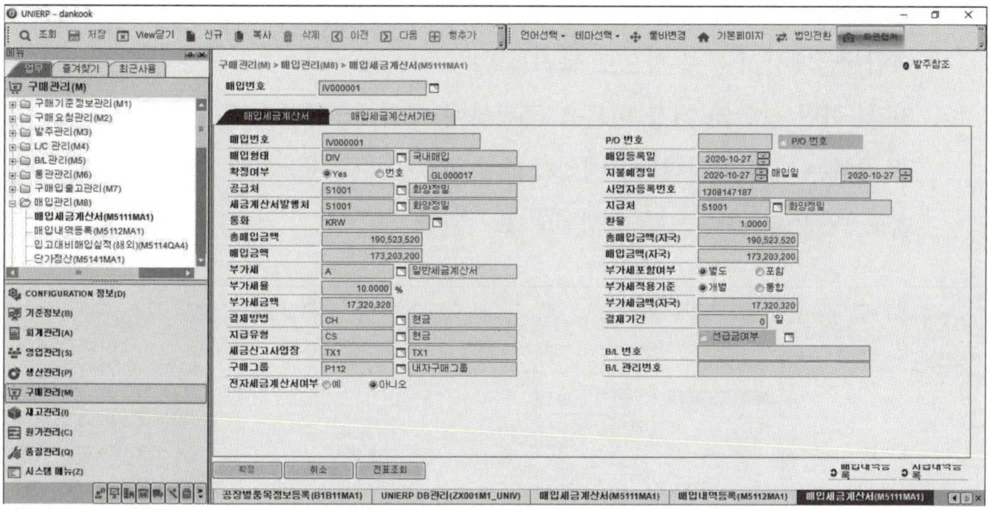

[그림 14-6] 최종 확정 매입세금계산서 공급처: S1001-화양정밀

1.2.2 매입처리: E1002동부제강

ㅇ 매입세금계산서 등록

매입처리 작업은 발주와 입고내역을 근거로 건 별로 처리하기 때문에, 외주가공구매발주업체인 E1002동부제강에 대해서도 매입처리 작업을 별도로 진행한다. 매입세금계산서를 등록하고 내역을 등록하는 과정은 S1001화양정밀의 세금계산서를 발행하는 과정과 동일하다.

(1) 호출메뉴: [구매관리>>매입관리>>매입세금계산서]

(2) 자료파트 데이터 입력:

입력 항목	데이터	입력/표시방법
매입등록일/매입일	2xxx-10-27 실제 작업일	자동표시
확정여부	아니오	자동표시
부가세포함여부	별도	자동표시
부가세적용기준	개별	자동표시

(3) 조회: 화면 상단 우측의 [발주참조] 버튼을 클릭한다. [발주참조] 버튼을 클릭하면, 아직 처리되지 않은 두 번째 발주내역 PO000002만이 나타난다. 이를 선택하여 매입세금계산서 등록 창으로 불러들인다.

(4) 저장: 화면 상단의 저장 버튼을 클릭하여 매입세금계산서 등록을 저장한다. 저장 결과는 다음과 같다. → 매입세금계산서 등록을 저장하면, (세금계산서) 매입번호 IV000002가 자동으로 생성되어 표시된다.

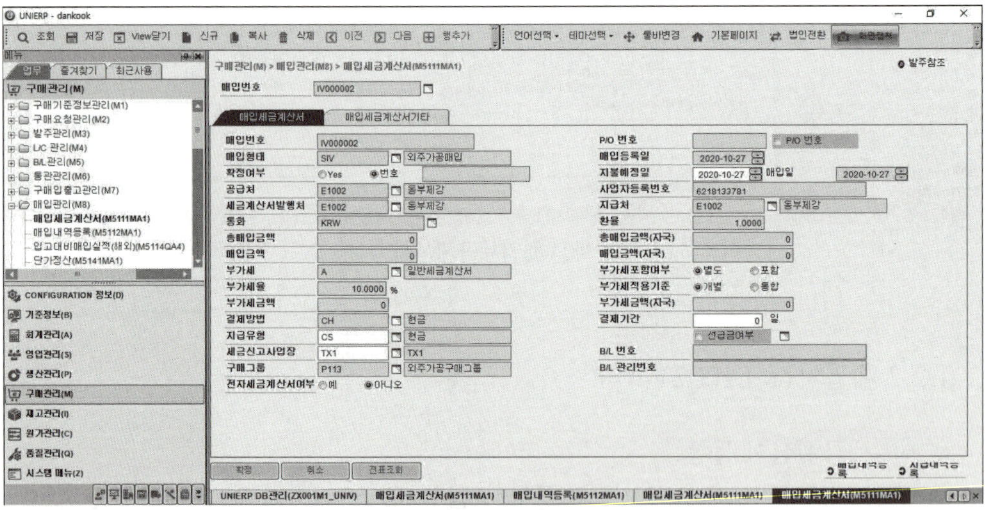

[그림 14-7] 매입세금계산서 등록 공급처: E1002-동부제강

○ 매입세금계산서 내역 등록

매입세금계산서를 등록한 후에 입고거래 내역을 기준으로 매입내역을 등록하는 작

업을 수행하는데, 이는 매입수량과 매입단가 그리고 매입금액을 근거로 한다. 매입내역을 등록하는 과정은 다음과 같다.

(1) 호출메뉴: [매입세금계산서 등록 화면 하단 우측의 [매입내역등록] 버튼을 클릭하여 매입내역등록 창으로 이동한다. → "매입상세 데이터가 존재하지 않습니다." 라는 메시지가 나타나면, 이를 확인한다.
(2) 조회: 매입내역등록 화면 상단 우측의 [입출고참조] 버튼을 클릭한다.
(3) 저장: 조회된 매입내역을 선택하여 매입등록 화면으로 이동시킨다.
(4) 화면 하단 좌측의 [확정] 버튼을 클릭하여 매입내역 등록을 최종 확정한다. 매입내역등록 최종 결과는 다음과 같다.

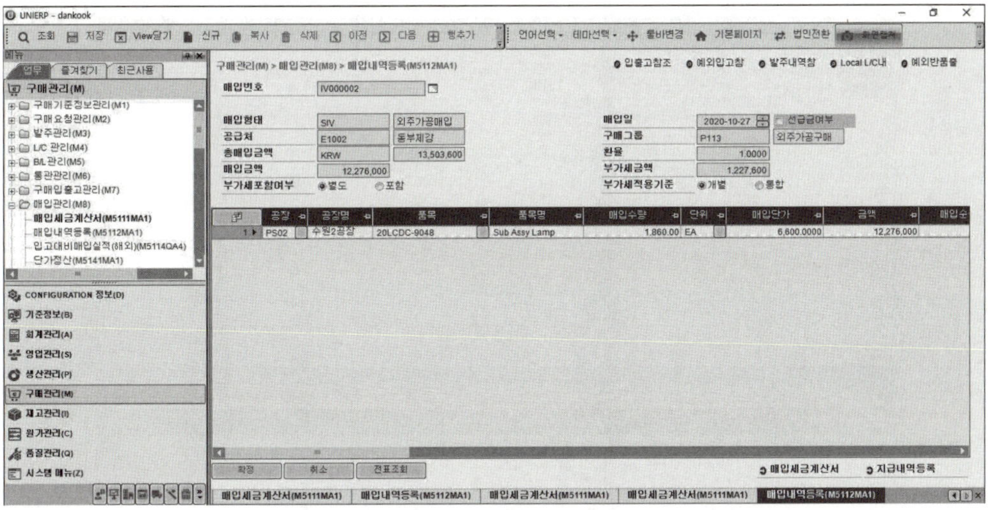

[그림 14-8] 매입내역 등록 결과공급처: E1002-동부제강

○ 회계전표 및 매입세금계산서 확인

확정 처리한 매입내역등록 화면 하단의 [전표조회] 버튼을 클릭하면 다음과 같은 전표가 자동으로 생성되어 표시되며[그림 14-9], 또한 매입내역등록이 완료되었기 때문에, 자동으로 생성된 최종 확정 매입세금계산서를 확인할 수가 있다. 최종 확정된 매입세금계산서는 매입내역등록 화면 하단 우측의 [매입세금계산서] 버튼을 클릭하면 확인된

다[그림 14-10]. 최종 확정된 매입세금계산서의 내용은 다음과 같다.

- 매입번호: IV000002
- 매입금액: 12,276,600 KRW → 동부제강에 발주한 내역은, 소요되는 원자재와 외주가공비를 지불하고 외주가공을 위탁하고 가공한 반제품을 구매하는 형식이었기 때문에, 매입금액은 10% 부가세를 별도로 한 외주가공비에 해당된다.: 1860*단가(6,600)=12,276,600 KRW

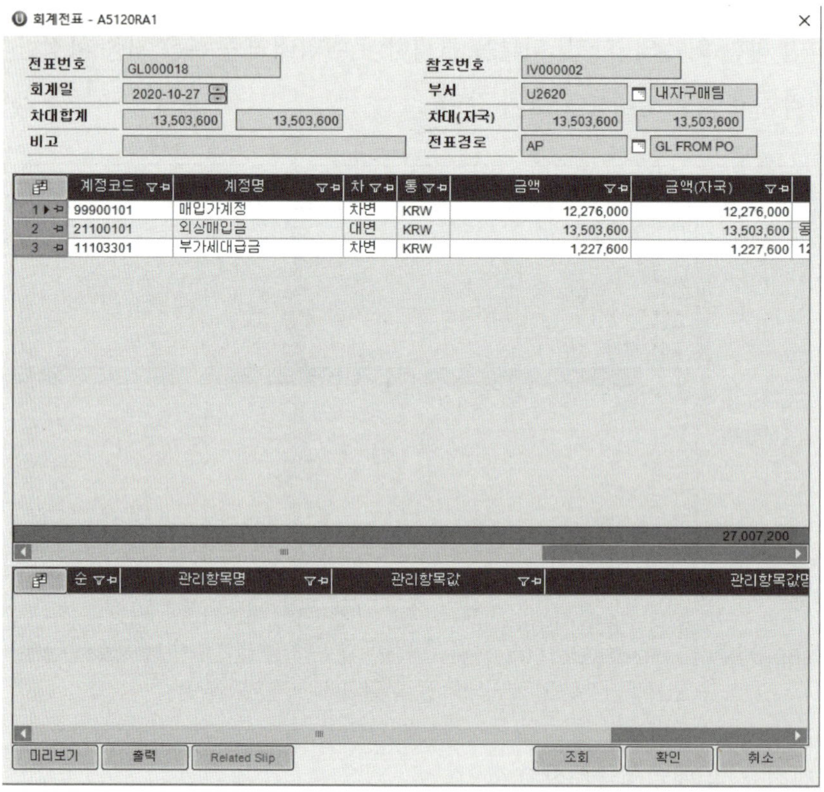

[그림 14-9] 회계전표 공급처: E1002-동부제강

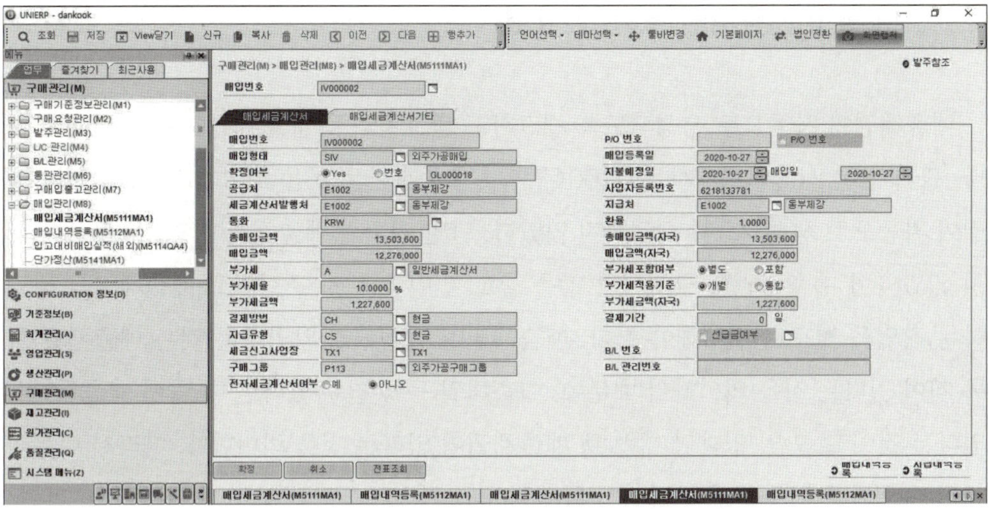

[그림 14-10] 최종 확정 매입세금계산서공급처: E1002-동부제강

2 매출관리[DanDB_S21_매출관리]

매출관리는 계획기간 동안 국내판매정상출고된 매출 건에 대해서 매출채권을 등록하고 매출세금계산서를 발행하는 과정이다. 매출채권은 출고확정 시 [후속작업여부] 필드의 매출채권에 체크표시를 함으로써 출고가 확정되는 순간 자동적으로 매출채권이 생성되도록 하는 것이 보통이다. 그러나 매출채권이 자동으로 생성되지 않도록 설정되어 있다면 먼저 매출채권을 생성하는 작업부터 수행해야 한다.

본 시나리오에서는 C1002신세계이마트 강남의 1차와 2차 판매의 경우 모두 매출채권이 자동으로 생성되도록 설정하였으나, C1004개인판매의 경우에는 매출채권이 자동으로 생성되도록 설정하지 않았기 때문에, 매출채권을 생성하는 작업부터 수행해야 한다.

2.1 미 발행 매출채권 조회 및 발행

매출채권이 자동으로 생성되도록 체크하고 출고처리 작업을 수행하는 것이 편리하다. 그러나 본 시나리오에서는 C1004개인판매가 주문한 품목을 출고처리하면서 매출채권이 자동으로 생성되도록 설정하지 않았다. 만일 이처럼 매출채권이 자동으로 생성되지 않았다면 매출채권이 발행되지 않은 출고 건이 있는지 조회하고 매출채권을 발행하는 작업을 별도로 진행해야 한다. 매출채권이 발행되지 않았다는 것은 매출채권 등록 건이 있다는 것을 의미하기 때문에, 매출채권 등록 건이 있다면 미 발행 매출채권이 있다는 것이고, 만일 없다면 미 발행 매출채권이 없다는 것을 의미한다. 따라서 다음과 같이 매출채권 등록 화면을 열어서 확인한다.

(1) 호출메뉴: [영업관리〉〉매출채권관리〉〉매출채권등록]

(2) 미 발행 채권조회: 화면 우측 상단의 출하참조를 클릭하면 이미 출하되었으나 매출채권이 발행되지 않은 내역이 조회된다. 만일, 조회된 내역이 없다면 모든 출하 건에 대해서 매출채권이 발행되었다는 것을 의미하고, 조회된다면 이는 아직 매출채권이 발행되지 않았다는 것을 의미한다. → 본 시나리오에서는 개인판매C1004의 주문품목을 출고처리 하면서 자동으로 매출채권이 발행되지 않도록 설정했기 때문에, 개인판매 수주번호S/O No: SN000002에 대한 출하내역이 조회된다출하번호: DN000003.

(3) 조회된 미 발행 매출채권 출하 건C1004, 출하번호: DN000003을 선택하여 매출채권등록 화면으로 이동시킨 후 저장한다. 필요한 경우, 다음의 내용들을 수정하여 저장한다. → 저장결과, 매출채권번호BN000003가 자동으로 부여되면서 다음과 같이 매출채권이 등록된다.

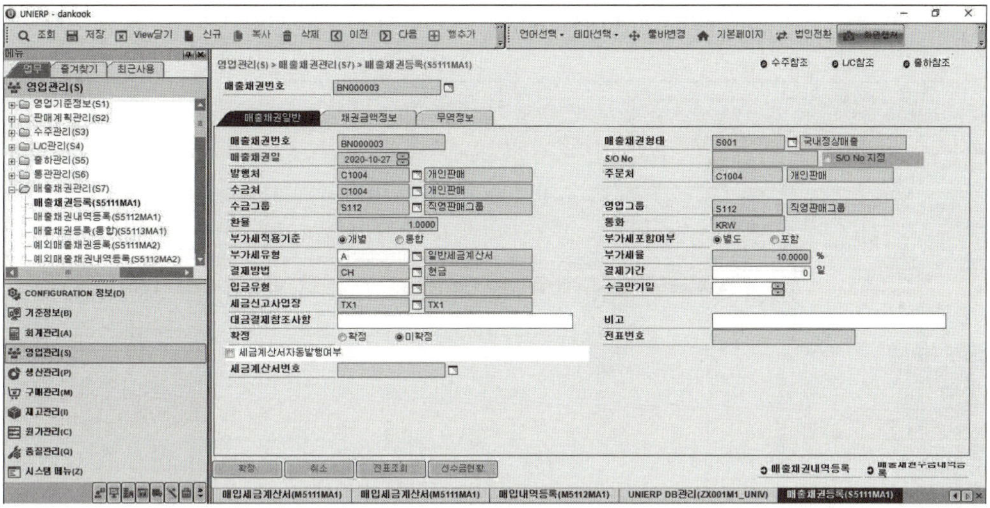

[그림 14-11] 매출채권등록 결과

매출채권을 등록할 때 필요하다면 다음 사항들을 수정하여 저장할 수 있다. 그러나 수정하지 않고 저장하는 경우 설정된 기본값으로 저장된다.

- 수금만기일: 수금만기일이란, 채권만기일을 의미하며, 거래처와의 통상 거래관행에 따라서 수금만기일을 정할 수 있다. → 본 시나리오에서는 별도로 설정하지 않고 자동으로 결정되도록 한다.
- 세금계산서자동발행여부: 매출채권 등록 이후 매출세금계산서가 자동으로 발행되도록 하고자 한다면 [세금계산서자동발행여부] 체크박스에 체크한다. → 본 시나리오에서는 이어지는 다음 작업에서 매출세금계산서를 발행하도록 하며 따라서 [세금계산서자동발행여부] 체크박스에 체크하지 않는다.

(4) 화면 하단 우측의 매출채권내역등록 버튼을 클릭한다. "매출채권 내역정보가 없습니다." 라는 메시지가 나타나면 확인하고 화면 상단 우측의 [출하내역참조]를 클릭하여 아직 매출채권이 발행되지 않은 출하내역을 조회한다. 조회결과 출하번호 DN000003[수주번호: SN000002; C1004-개인판매]이 표시되는데, 이를 선택-확인하여 매출채권등록 화면으로 이동시킨 후 저장-확정한다. → 최종 확정된 매출채

권C1004, BN000003 내역은 다음과 같다.

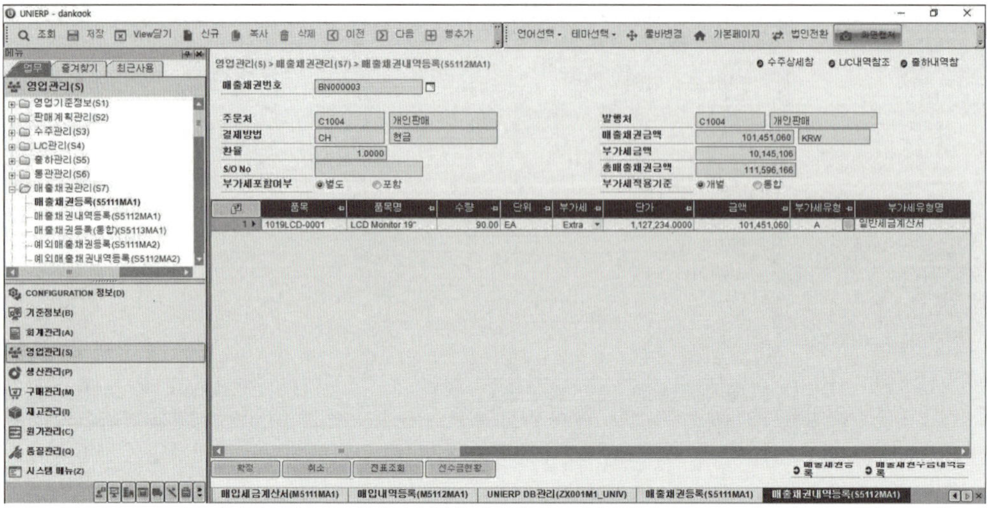

[그림 14-12] C1004개인판매 매출채권 [매출채권일반] 탭

매출채권확정과 함께 다음과 같은 회계전표가 자동으로 발행된다. 발행된 회계전표는 [회계관리〉〉전표관리〉〉회계전표조회]를 통해서 확인할 수가 있다. 그러나 [회계관리〉〉전표관리〉〉회계전표조회]를 통해서 조회된 회계전표는 구체적인 전표 내역을 확인할 수 없으며 회계일과 전표번호 그리고 대/차 금액만을 확인할 수 있다. 매출채권등록으로 발행된 전표 내역은 다음과 같이 확인한다.

(1) 호출메뉴: [매출채권등록 화면 하단 좌측의 전표조회 버튼을 클릭한다.]

(2) 조회: 전표내역을 확인한다. 확인된 전표에는 다음 내용들이 기록되어 있다.

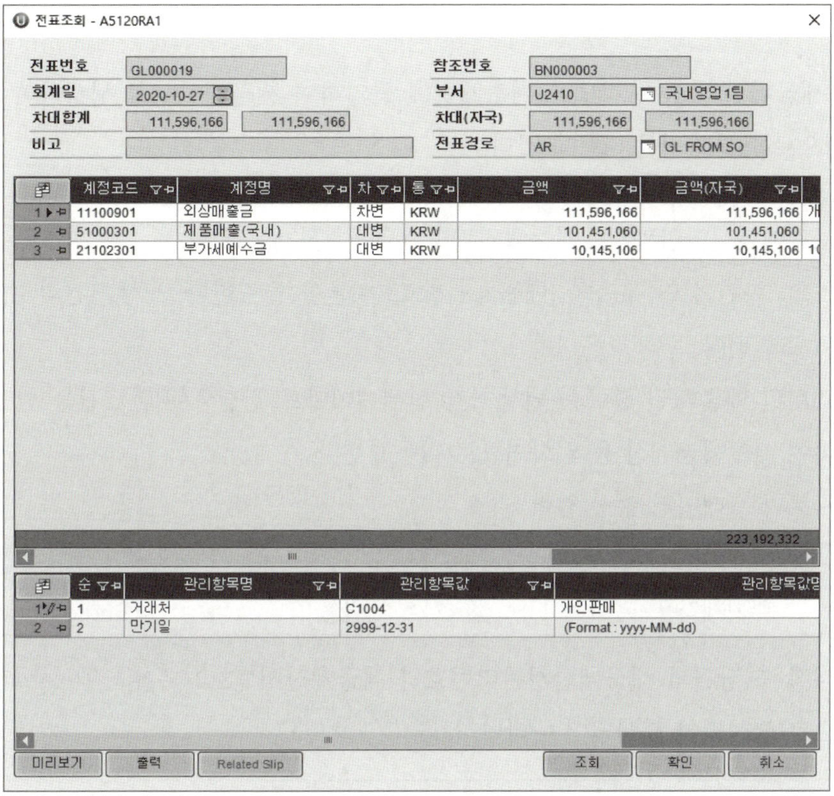

[그림 14-13] 매출채권 확정에 따른 회계전표

2.2 월합매출세금계산서: C1002 신세계이마트 강남

앞 절에서의 작업으로 미 발행되었던 매출채권들까지 모두 등록되고 최종 확정되었다. 이제 확정된 매출채권내역을 참조하여 매출세금계산서를 발행할 단계이다. 매출세금계산서의 종류는 월합세금계산서, 개인세금계산서, 개별세금계산서 등이 있다.

계산서를 발행할 거래처 C1002신세계이마트 강남에는 주문 납기일에 따라 2번에 나누어 출고 되었어야 하지만실지로는 일괄 처리하여 1번 출고됨, 출하 건을 기준으로 2건의 매출채권이 발행되어 있다. 따라서 C1002신세계이마트 강남에는 2건의 매출채권을 합산하여 월합세금계산서를 발행하고, C1004개인판매의 경우에는 1건의 개인세금계산서를 발행한다.

2.2.1 월합매출세금계산서 등록

매출세금계산서 등록 작업은 매출채권에 근거하여 세금계산서를 생성하여 등록하는 작업으로 등록과정은 다음과 같다.

(1) 호출메뉴: [영업관리〉〉매출채권관리〉〉세금계산서등록]

(2) 조회: 화면 상단 우측의 [매출채권참조] 버튼을 클릭한다. 모두 3건의 매출채권이 조회된다.

(3) 조회된 매출채권 중에서 발행처가 신세계이마트 강남C1002인 2건을 선택-확인하여 매출세금계산 등록 화면으로 이동시킨다.

(4) 자료파트 데이터 수정 입력:

입력 항목	데이터	입력/표시방법
부가세적용기준	개별	Radio Button

(5) 저장: 저장결과 세금계산서관리번호와 세금계산서번호TM2xxx00000000001가 자동으로 생성되어 표시되어 나타난다.

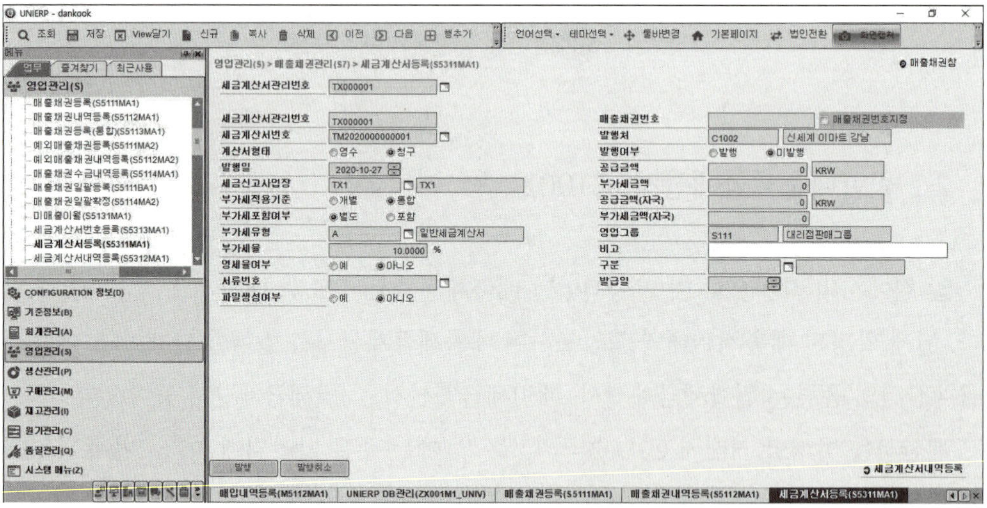

[그림 14-14] 월합 매출세금계산서등록 결과C1002

2.2.2 월합매출세금계산서 내역 등록

매출채권에 근거하여 매출세금계산서 내역을 등록하는 과정으로 계획기간 동안에 발생한 모든 매출 건에 대해서 세금계산서가 발행된다.

세금계산서 내역을 등록하는 과정은 다음과 같다.

(1) 호출메뉴: 매출세금계산서 등록 화면 우측 하단의 세금계산서등록 버튼을 클릭하여 이동 혹은 [영업관리〉〉매출채권관리〉〉세금계산서내역등록]

(2) 조건파트 데이터 입력: (만일, 메뉴를 통해서 화면을 호출하였다면) 조건파트의 데이터를 다음과 같이 입력한다.

입력 항목	데이터	입력/표시방법
세금계산서관리번호	TX000001	PopUp

(3) 화면 상단의 조회 버튼을 클릭한다. 조회 버튼을 클릭하면, 발행된 세금계산서 관리번호에 해당되는 매출채권에 등록된 채권내역들이 자동으로 채워진다. → 그러나 만일 매출세금계산서 등록 화면 우측 하단의 세금계산서등록 버튼을 클릭하여 호출하였다면, "계산서 내역정보가 없습니다." 라는 메시지가 나타나는데, 이를 확인하고, 우측 상단의 매출채권참조 버튼을 클릭하면 발행된 매출채권 2건이 조회된다. 조회된 매출채권을 모두를 선택-확인하면 매출채권내역 등록 화면으로 이동된다.

(4) 저장: (매출채권내역등록 화면으로 이동하는 방법과 상관없이) 매출채권내역 등록을 저장한다..

(5) 화면 하단 좌측의 발행 버튼을 클릭하여 월합세금계산서처리 최종 발행한다. 최종 세금계산서 발행 내역은 다음과 같다.

- 공급수량: 550개 1차 400개 + 2차 150개
- 단가: 1,080,266
- 공급금액: 594,146,300

• 일반세금계산서: 부가세율: 10%, 부가세: 59,414,630

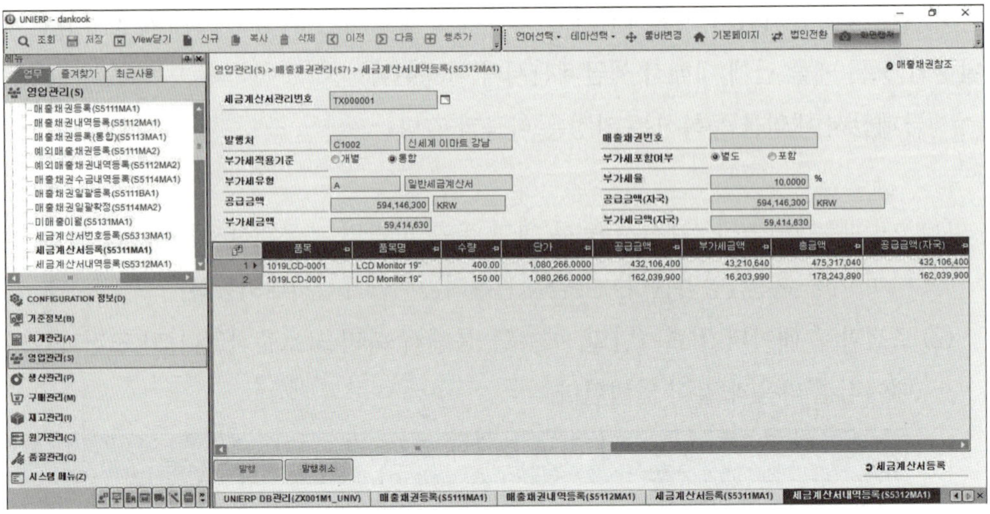

[그림 14-15] 월합매출세금계산서 내역등록 결과C1002

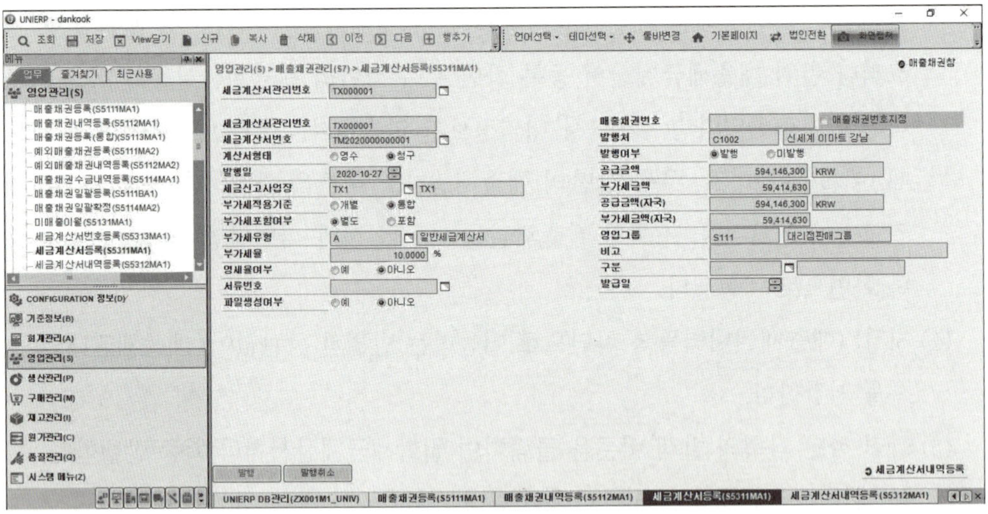

[그림 14-16] 최종 월합매출세금계산서C1002

2.3 매출세금계산서처리_개인세금계산서: C1004개인

매출세금계산서는 매출채권을 근거로 발행되기 때문에, 매출세금계산서를 발행하기 위해서 앞 절에서 미 발행 매출채권을 발행하였다. 거래처 C1004개인판매에 대한 매출세금계산서를 발행하는 과정은 매출세금계산서 내역이 1건이라는 것 이외에 월합매출세금계산서C1002에서와 동일하다.

2.3.1 개인매출세금계산서 등록

이는 매출채권에 근거하여 개인 매출세금계산서를 등록하는 작업으로 등록과정은 다음과 같다.

(1) 호출메뉴: [영업관리〉〉매출채권관리〉〉세금계산서등록]

(2) 조회: 화면 상단 우측의 [매출채권참조] 버튼을 클릭한다. 모두 1건의 매출채권이 조회-확인하여 매출세금계산서 등록화면으로 이동시킨다.

(3) 데이터 입력 및 저장: 세금계산서등록 화면 자료파트의 데이터를 다음과 같이 수정 입력한 후, 저장한다.

입력 항목	데이터	입력/표시방법
부가세적용기준	개별	Radio Button

(4) 저장결과 세금계산서관리번호TX000002와 세금계산서번호TM2xxx00000000002가 자동으로 생성된다.

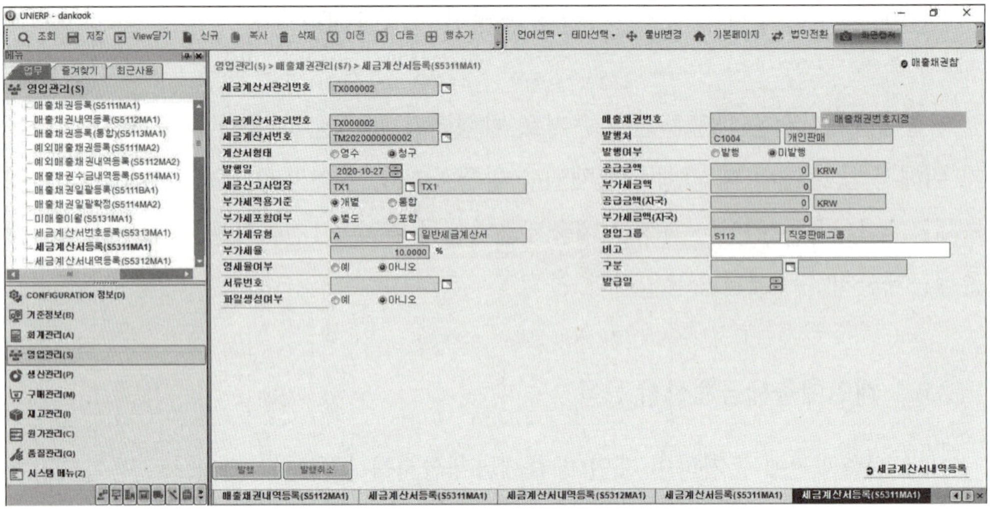

[그림 14-17] 매출세금계산서 등록결과C1002

2.3.2 개인매출세금계산서 내역 등록

등록된 개인매출세금계산서에 계산서 내역을 등록하는 작업으로 등록 과정은 다음과 같다.

(1) 호출메뉴: [영업관리>>매출채권관리>>세금계산서내역등록]

(2) 조건파트 데이터 입력하여 조회한다.

입력 항목	데이터	입력/표시방법
세금계산서관리번호	TX000002	PopUp

(3) 세금계산서관리번호 (TX000002)에 정보들로 채워진 내역등록 화면 상단 우측의 [매출채권참조]에서 등록할 매출채권내역을 조회한다. 조회결과 개인판매 1건이 검색되어 나타난다.

(4) 검색결과 1건의 매출채권을 선택-확인하여 매출채권내역 등록 화면으로 이동시키고 매출채권내역 등록을 저장한다.

(5) 발행: 화면 하단 좌측의 발행 버튼을 클릭하여 최종 개인세금계산서를 발행한

다. → 최종 개인세금계산서발행 결과는 다음과 같다.

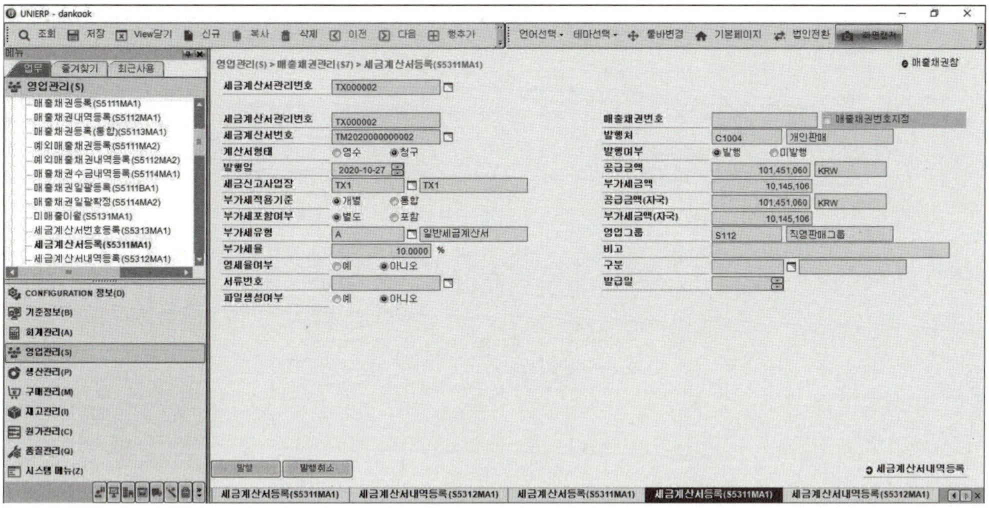

[그림 14-18] 개인 매출세금계산서_C1004개인판매

Chapter 15

채권 및 채무관리

학습개요 및 목표

지금까지의 시나리오 작업을 통해서 가상기업 KO431에서 일어날 수 있는 제조관련 모든 업무를 다음과 같이 모두 처리하였다.

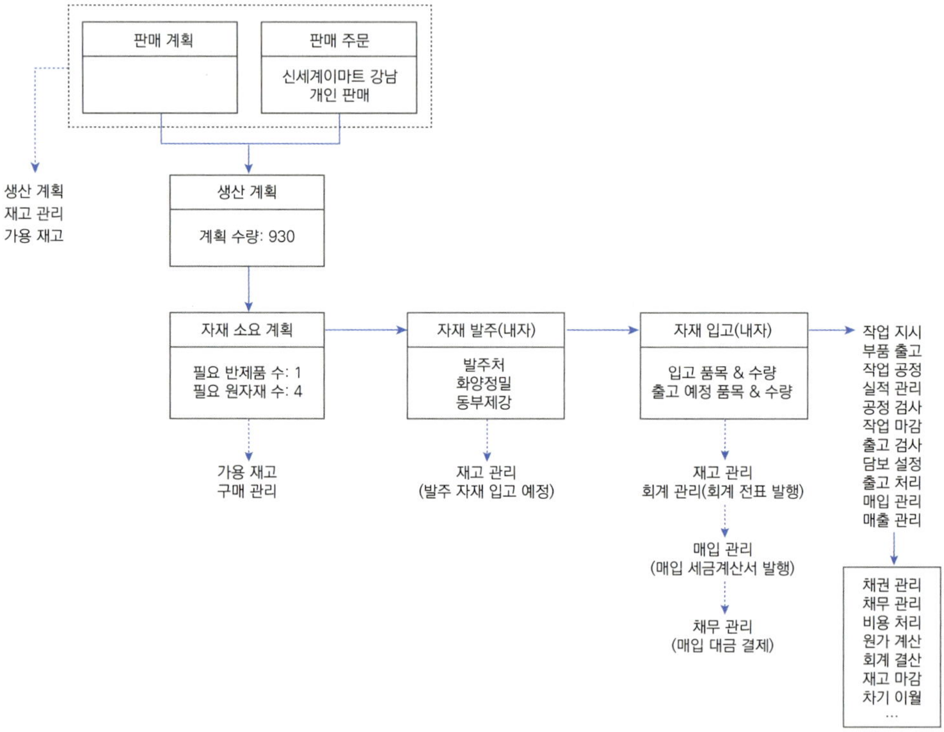

시나리오 작업처리 과정과 내용

계획기간 2xxx-10-01~2xxx-10-31 동안 추가주문이나 제조관련 작업이 더 이상 없다면 회계결산 및 재고마감 작업을 수행하고 차기 계획기간으로 이월하는 작업이 진행된다. 그러나 회계를 결산하고 재고를 마감하는 것은 이어지는 계획기간으로 이월될 기초재고와 기초 채무 및 채권을 확정하기 것이기 때문에, 계획기간 동안에 채무만기일이나 채권만기일이 도래하였다면 입출금 작업이 이루어져야 한다.

따라서 본 장에서는 계획기간 동안 발생한 모든 매입 건에 대해서 채무만기일이 도래하였다면 매입처 별로 출금 처리하는 작업과, 모든 매출 건에 대해서 채권만기일이 도래하여 고객이 외상매출금을 변제해 온다면 고객으로부터 입금 받아 처리하는 작업을 수행하게 된다.

1 채무관리[DanDB_S22_채무관리]

1.1 채무진행조회

채무관리는 모든 매입 건에 대해서 외상매입금 만기가 도래하였다는 가정 하에 매입 건에 대한 출금작업을 하는 것이다. 그러나 외상매입금 변제는 통상적으로 채무외상매입금 만기일이 도래하면 변제하기 때문에, 채무상태를 확인하고 어느 거래처의 채무 만기가 도래하는지를 확인하여야 한다. 채무상태를 조회하는 방법은 다음과 같다.

(1) 호출메뉴: [회계관리>>채무관리>>채무진행조회]

(2) 조건파트 데이터 입력:

입력 항목	데이터	입력/표시방법
채무일	2xxx-10-01 ~2xxx-10-31	직접입력

(3) 조회: 화면 상단의 조회버튼을 클릭하여 채무진행 상태를 조회하면, 다음과 내용으로 2건의 채무화양정밀과 동부제강가 조회된다.

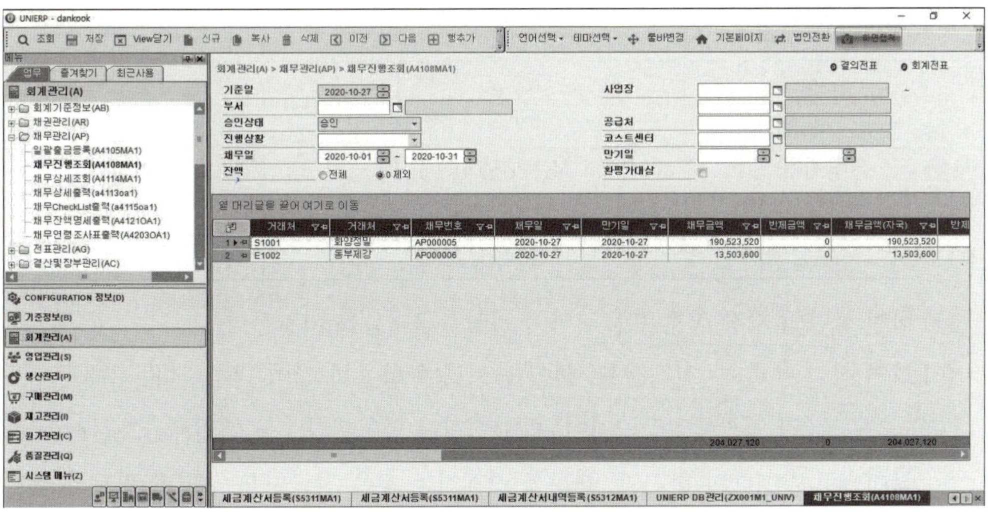

[그림 15-1] 채무진행상태

1.2 출금등록

조회된 매입처에 대한 출금처리 작업을 수행하기 위해서 먼저 출금등록 작업을 다음과 같이 수행한다. 출금작업은 매입처는 달라도 동일한 계좌에서 일괄적으로 출금하더라도 전혀 문제되지 않기 때문에, 본 시나리오에서는 만기가 도래하는 모든 거래처에 일괄 출금하는 것으로 한다.

(1) 호출메뉴: [회계관리〉〉채무관리〉〉일괄출금등록] → 일괄출금등록 창을 열면 출금일은 실제 작업일이 자동으로 표시됨.

(2) 조회: 화면 상단 우측의 [채무조건] 탭을 클릭하여 만기일을 현재 작업일=과 동일한 날짜로 라디오 버튼을 선택-조회하면 다음과 같이 2건이 조회된다.: 지급처: E1002동부제강, S1001화양정밀.

(3) 출금대상 선택: 화면 중간의 데이터 파트에 표시된 채무를 체크-선택하여 출금대상 채무를 선택한다.

(4) 화면 상단 자료파트의 데이터 입력:

입력 항목	데이터	입력/표시방법
출금일	현재 작업일	자동표시
지급유형	DP예적금	직접입력
부서	U2620내자구매팀	직접입력
은행	24000우리은행 본점	직접입력
은행계좌 번호	38128524513114	직접입력
출금계정코드	11100105보통예금	직접입력
출금액	204,027,120	저장후 자동표시

(5) 화면 상단의 저장 버튼을 클릭하여 일괄출금내용을 저장한다.

(6) 화면 상단 우측의 [회계전표] 탭을 클릭하면 다음과 같이 나타난다. 거래처동부제강과 화양정밀의 외상매입금 2건이 변제된 것이 확인된다. → 매입세금계산서는 지급처별로 발행해야 하지만, 채무를 변제하는 것은 지급처를 구별할 필요가 없기 때문에 일괄 출금한다.

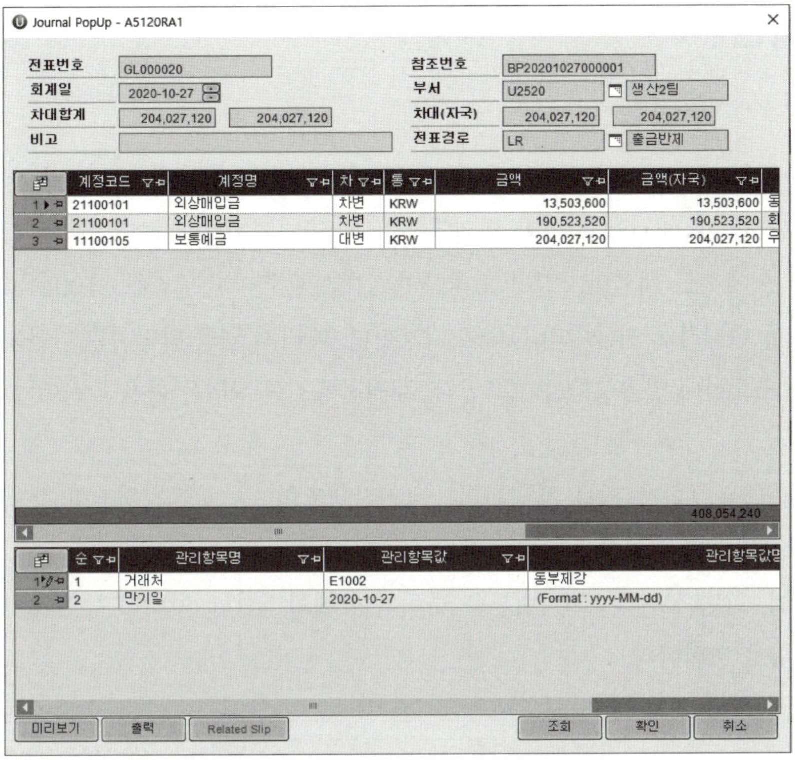

[그림 15-2] 출금일괄등록 후의 회계전표

현재 작업일에 만기일이 도래한 매입 건에 대한 출금처리 작업이 완료되었기 때문에, 출금처리 결과는 채무진행조회를 통해서 확인할 수가 있다. 다음은 채무진행조회 결과이며, 조회결과 계획기간 동안 만기일이 도래하는 채무가 없는 것으로 나타난다호출메뉴: [회계관리>>채무관리>>채무진행조회].

[그림 15-3] 일괄출금등록 후의 채무진행조회 결과

2 채권관리[DanDB_S23_채권관리]

채권관리는 채권만기일이 도래하여 거래처에서 변제한 외상매출금을 입금하는 작업이다. 통상적으로 채무외상매입금와 채권외상매출금은 만기일이 도래하면 처리하기 때문에, 본 시나리오에서도 채권만기일이 도래하여 C1002신세계이마트 강남와 C1004개인판매가 외상매출금을 변제하면 입금처리 한다고 가정한다. 따라서 입금 담당자는 다음과 같이 채권진행을 조회하여 입금상황을 예측한다. 채권진행조회 작업은 다음과 같이 수행한다.

(1) 호출메뉴: [회계관리>>채권관리>>채권진행조회] → 채권진행조회 창을 열면 현재 작업일이 자동으로 표시된다.

(2) 조회: 화면 상단의 조회 버튼을 클릭하여 계획기간10-01~10-31 동안 발생한 채권 현황을 조회한다.

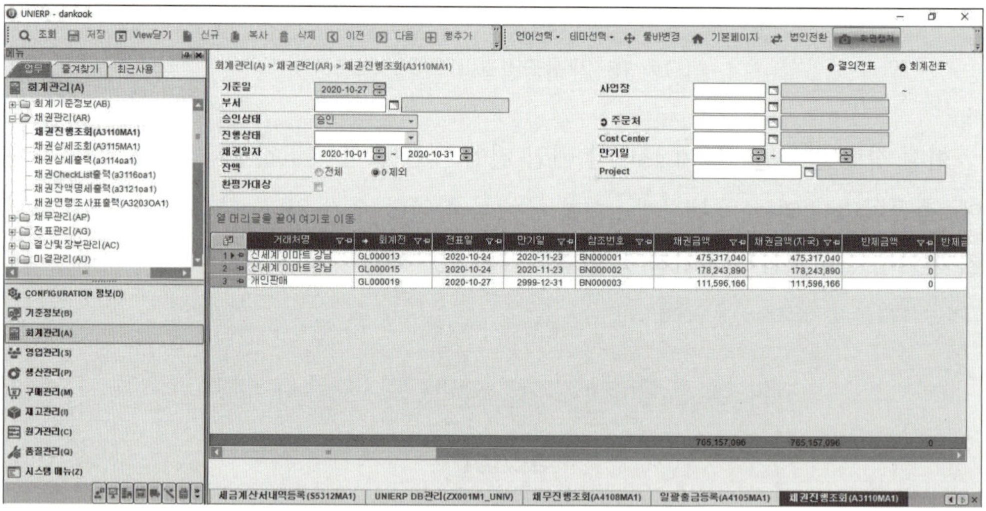

✓ 조회된 3건 모두의 채권 만기일이 현재 작업일 이후이므로 작업일 현재 입금 처리할 내용이 존재하지 않는 것으로 나타난다. → C1002신세계이마트 강남의 경우 채권만기일이 1개월로 지정되어 있으나, C1004개인판매의 경우에는 매출채권을 발행할 때 별도로 만기일을 별도로 지정하지 않았기 때문에, 디폴트값2999-12-31로 되어 있다.

[그림 15-4] 채권진행조회 결과

Chapter 16

결산마감 및 이월

1. 재고마감
2. 회계 결산마감 및 이월

학습개요 및 목표

2xxx년 10월 1일 UNIERP시스템 운영을 개시한 이후 현재 2xxx년 10월 31일에 이르렀다. 2xxx년 10월 31일은 계획기간 일반적인 회계연도와 다르지만이 종료되는 시점으로 계획기간 동안에 발생한 혹은 처리한 작업을 결산마감하고 다음 계획기간으로 이월해야 할 시점이다.

일반적으로 회계연도 단위로 결산마감 작업을 수행하지만, 월 단위로 운영하고 있는 본 시나리오에서는 월 말인 10월 31일에 결산마감 작업을 수행하기로 한다. 결산마감 작업의 내용은 다음과 같다.

- 재고마감: 재고마감 당일의 실제 재고와 시스템 상의 재고를 비교하여 차이가 있는 경우, 이를 조정-마감하여 다음 계획기간의 기초재고로 이월하는 작업을 수행한다.

- 회계 결산마감: 월 단위의 계획기간 동안 발생한 회계처리 작업을 결산 마감하고 이월하는 작업으로 결산마감 이후의 모든 채권과 채무는 다음 계획기간의 기초채권 및 기초채무로 이월된다.

본 장의 학습목표는 다음과 같다.

- 결산 및 마감의 의미를 이해한다.
- 회계 결산마감 작업을 수행하면서 기본적으로 작성되어야 할 작업을 이해한다.
- 결산 마감 작업을 ERP시스템으로 처리하는 방법을 이해한다.

1 재고마감 및 이월[DanDB_S24_결산마감]

제조 기업에서 재고는 완제품을 생산하기 위한 필수요소이며, 중요한 자산으로 분류된다. 제품을 생산하기 위해서 수없이 많은 원자재와 부품 그리고 반제품과 최종 제조공정을 마친 완제품이 입고되며, 최종 제조공정을 위해서 원자재와 반제품이 출고되기도 하며, 주문 납기일에 따라 수시로 완제품이 출고되기도 한다. 이처럼 잦은 입출고 작업으로 인해서 실제 재고와 시스템 상의 재고 사이에는 차이가 발생하기도 한다. 따라서 재고실사 작업을 거쳐 실제 재고와 재고수불을 반영한 시스템 상의 재고를 조정하는 작업을 거치게 된다.

본 시나리오에서는 실제 재고와 시스템 상의 재고가 차이가 없다고 가정하고 재고실사 작업을 생략하고 곧바로 재고마감 작업을 수행하기로 한다. 재고마감 작업이 수행되고 나면, 해당 계획기간 내에는 더 이상의 재고수불이 일어나지 않으며, 마감된 재고는 다음 계획기간으로 이월되어 다음 계획기간의 기초재고가 된다.

그러나 재고마감 작업은 더 이상 입고될 혹은 출고될 원자재나 반제품 또는 완제품이 없는 상태에서 진행해야 한다. 입고될 혹은 출고될 원자재나 반제품 또는 완제품이 있다면, 재고마감 이후에는 그 어떤 품목도 입고되거나 출고될 수 있기 때문이다. 따라서 반드시 완제품과 반제품 그리고 원자재 재고현황을 조회하여 입고예정량과 출고예정량이 없다는 것을 확인하는 것이 먼저이다.

1.1 입고예정량과 출고예정량 조회

입고예정량과 출고예정량 정보는 개별 창고의 재고현황에 표시되어 있기 때문에, 다음과 같이 재고현황 조회를 통해서 확인한다.

(1) 호출메뉴: [재고관리>>재고현황&마감>>재고현황조회]

(2) 조건 파트 데이터 입력: 개별 창고를 차례로 입력한다.

항목	데이터	입력/표시방법
공장	PS02 수원2공장	PopUp 자동표시
창고	S210 제품창고 / S220 반제품창고 S230 원자재창고	PopUp 자동표시

(3) 조회: 조건파트의 창고를 제품-반제품-원자재 창고 순서로 차례대로 입력하여 입고예정량과 출고예정량을 확인한다. → 확인결과, 입고예정량과 출고예정량이 표시되어 있지 않다.

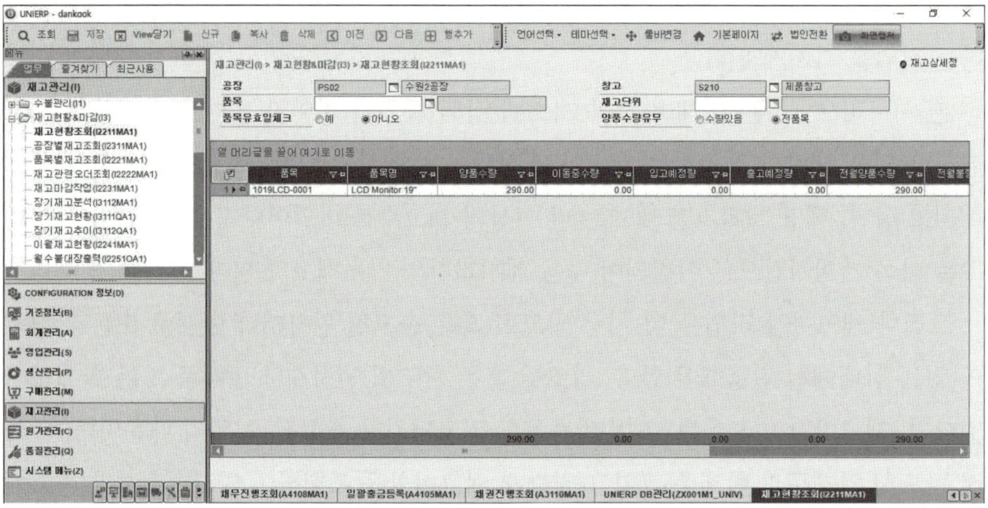

[그림 16-1] 완제품창고 S210 재고현황

만일 입고예정량이 표시되어 있다면, 이는 제조공정이 마무리되지 않았다는 것을 의미하고, 출고예정량이 표시되어 있다면, 수주품목을 아직 납품하지 않았다는 것을 의미하기 때문에, 재고마감 작업을 해서는 안 된다. 또한 원자재창고와 반제품창고의 재고현황을 조회하여 입고예정량과 출고예정량을 확인해 본다 호출메뉴: 재고관리〉〉재고현황&마감〉〉재고현황조회. 만일 입출고예정량이 확인된다면, 모든 품목의 입출고 작업 후에 재고마감 작업을 다시 진행한다.

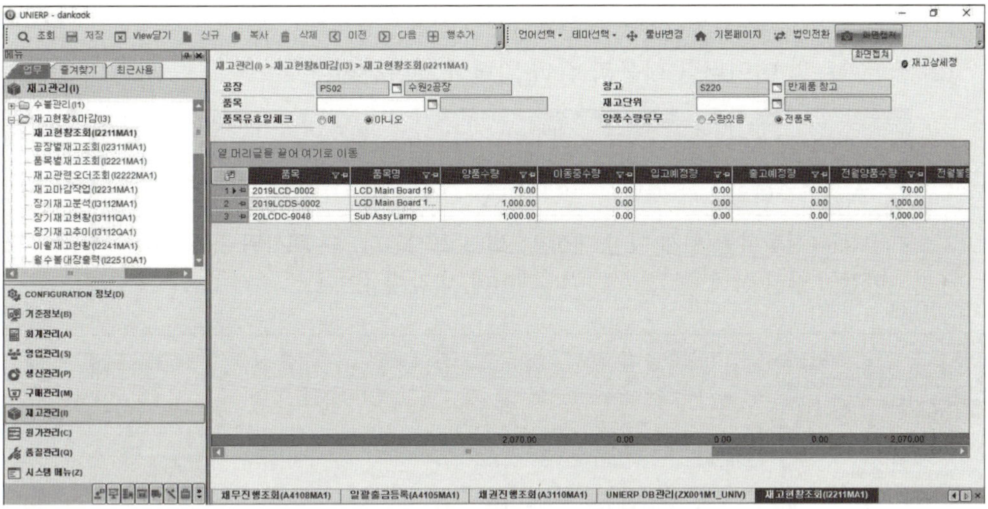

[그림 16-2] 반제품 창고S220 재고현황

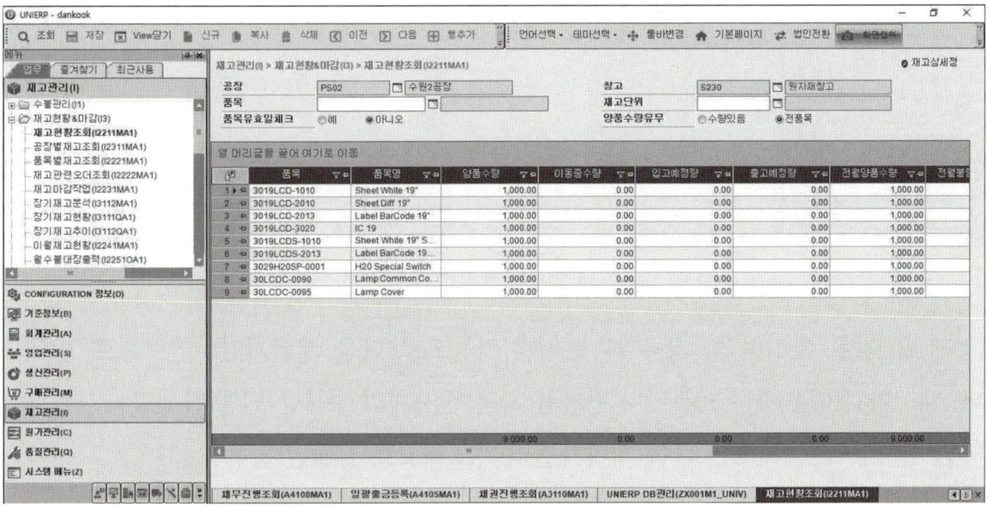

[그림 16-3] 원자재 창고S230 재고현황

1.2 재고마감

모든 재고현황을 조회하여 입고예정량과 출고예정량이 없다는 것을 확인한 후 다음과 같이 재고마감작업을 수행한다.

(1) 호출메뉴: [재고관리〉〉재고현황&마감〉〉재고마감작업]

(2) 조건파트의 데이터를 다음과 같이 입력하고 마감한다.

항목	데이터	입력/표시방법
공장	PS02 수원2공장	PopUp 자동표시
최종마감년월	2xxx-10	자동표시

✓ 공장을 선택하면 현재 마감 대상 년 월이 표시된다. → 표시된 2xxx-10은 현재 재고 마감이 안된 상태 재고장부가 열려있는 상태이며, 마감대상이다.

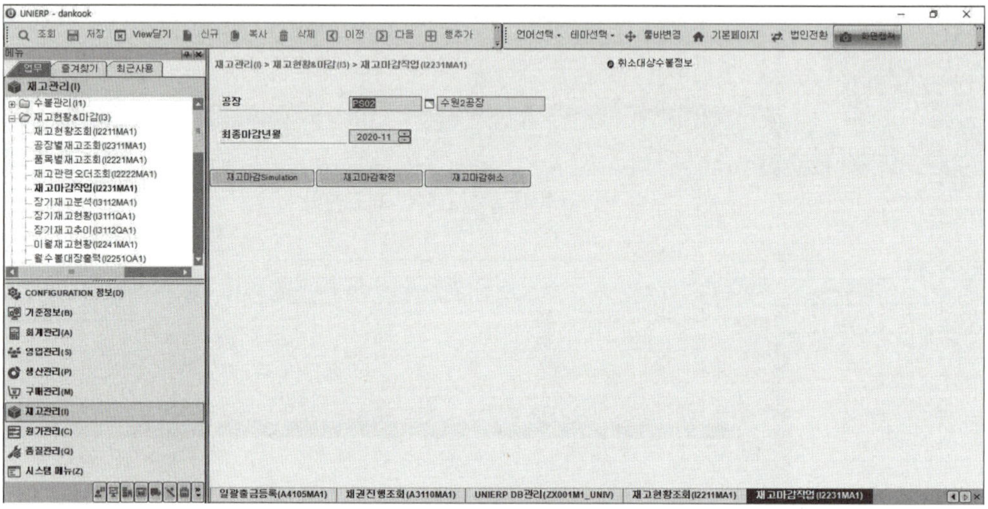

[그림 16-4] 재고마감 결과

재고마감을 확정하면, 최종마감년월이 자동으로 다음 계획기간 2xxx-11 으로 표시되며, 재고마감 이후에는 제품이나 반제품 혹은 원자재의 수불은 일체 발생할 수 없으며, 마감 확정된 모든 재고는 다음 계획기간의 기초재고로 이월된다.

1.3 재고이월

최종 마감한 재고는 차기 계획기간 2xxx-11 으로 이월되는데, 기초재고를 넘겨받는 작업은 계획기간 첫째 날 이루어지는 것이 보통이기 때문에, 2xxx-11-01에 이루어질 것이다. 따라서 재고이월 작업은 ERP시스템 운영기간 첫날에 이루어져야 하지만,

2xxx-11-01에 기초재고로 넘겨받은 재고현황을 조회함으로서 재고마감 작업결과 [그림 16-1~3]에서 조회한 재고현황과 일치하는지 확인하고자 한다. 이월재고 현황을 조회하는 방법은 다음과 같다.

(1) 호출메뉴: [재고관리〉〉재고현황&마감〉〉이월재고현황조회]

(2) 조건 파트 데이터 입력하고 조회한다. 조회결과는 다음과 같다.

항목	데이터	입력/표시방법
공장	PS02 수원2공장	PopUp 자동표시
연월	2xxx-11	직접입력
품목계정	30 원자재	PopUp 자동표시

✓ 조회결과는 수원사업장 내의 모든 공장에 대한 원자재 기초수량을 조회한 결과이다.

✓ 조회결과 13행~21행까지의 재고가 수원사업장 내의 PS02 수원2공장의 기초재고이다.

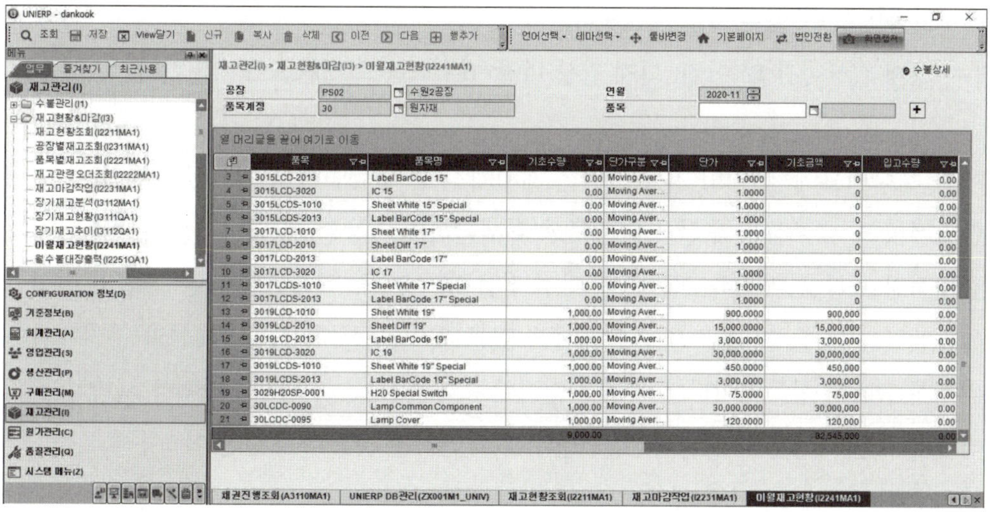

[그림 16-5] 원자재 이월재고현황

【확인】 위의 (1)~(3) 과정을 반복하면서 이월재고현황_제품, 이월재고현황_반제품을 조회하여 최종재고마감 현황과 동일한지를 확인하도록 한다.

2 회계 결산 마감 및 이월

회계 결산마감 작업 중 수행되는 작업은 다음과 같다.

- 원가계산: 본 시나리오에서 완제품1019LCD-0001을 생산하는 데 원자재와 반제품내자 혹은 외주 그리고 인건비, 재료비 등 각종 비용이 소요된다. 원자재와 반제품에 적용되는 단가는 표준단가가 적용되기도 하고, 경우에 따라서는 외주단가가 적용되기도 한다. 원가계산에서는 각 사업부별, 영업그룹별, 품목그룹 혹은 품목별로 정확한 손익계산 위해서 원가계산 기준정보와 배부기준을 정하여 실제원가를 계산하는 작업 수행한다.
- 손익계산: 원가계산 결과를 이용하여 코스트 센터별, 사업부별, 영업그룹별, 품목그룹별, 품목별 손익을 계산한다.
- 회계 결산마감 및 이월: 회계 결산 마감하여 다음 회계연도로 이월한다.

본 시나리오에서 UNIERP시스템은 계획기간 한 달동안만 운영되었을 뿐만 아니라, 판매계획 및 수주품목 또한 1개 품목으로 제한하여 가능한 한 시나리오를 단순화하여 전체적인 흐름을 이해하도록 하는 데 초점을 맞추었다. 회계 결산마감 작업의 핵심이 원가계산과, 이를 전제로 한 손익계산에 있는 것이 사실이나, 원가계산과 손익계산을 위해서 필요한 항목데이터가 너무 단순하여 원가계산 및 손익계산 작업은 생략하고 회계 결산마감 작업을 수행한 후, 결산장부를 확인하는 것으로 대신한다.

2.1 결산장부 확인

2.1.1 합계잔액시산표

합계잔액시산표는 대차평균의 원리에 의해서 차/대변금액이 일치되고 대차가 균형을 이루면 총계정원장의 각 계정이 올바르게 작성되었다고 볼 수 있기 때문에, 회계결산 및 마감을 위해서 작성하는 총계정원장이 정확하게 작성되었는지를 확인하기 위해서 작성된다.

합계잔액시산표는 일종의 결산장부이기 때문에, 해당 회계연도본 시나리오의 경우 운영기간이 월 단위로 설정되어 있으며, 2xxx-10-01부터 2xxx-10-31 까지를 운영기간으로 함 말에 결산하는 것이 일반적이다. 해당 회계연도의 결산을 위해서 이전 회계연도의 결산마감 작업을 수행하거나, 혹은 [회계일]을 수정·입력하여 원하는 구간의 합계잔액시산표를 조회해야 한다. 합계잔액시산표를 조회하는 방법은 다음과 같다.

(1) 호출메뉴: [회계관리〉〉결산및장부관리〉〉합계잔액시산표조회]

(2) 조건파트의 데이터를 다음과 같이 입력한다.

항목	데이터	입력/표시방법
회계일	2xxx-10-01 ~ 2xxx-10-31	직접입력
재무제표코드	TB 합계잔액시산표	PopUp 자동표시
사업장	UB01 수원사업장	PopUp 자동표시

(3) 조회: 화면 상단의 조회 버튼을 클릭하여 합계잔액시산표를 조회한다. 다음은 합계잔액시산표 조회 결과이다. → 합계잔액시산표에는 재고와 매입 매출 관련하여 UNIERP시스템 운영기간 동안 실제로 발생했던 부분을 보인 것이다.

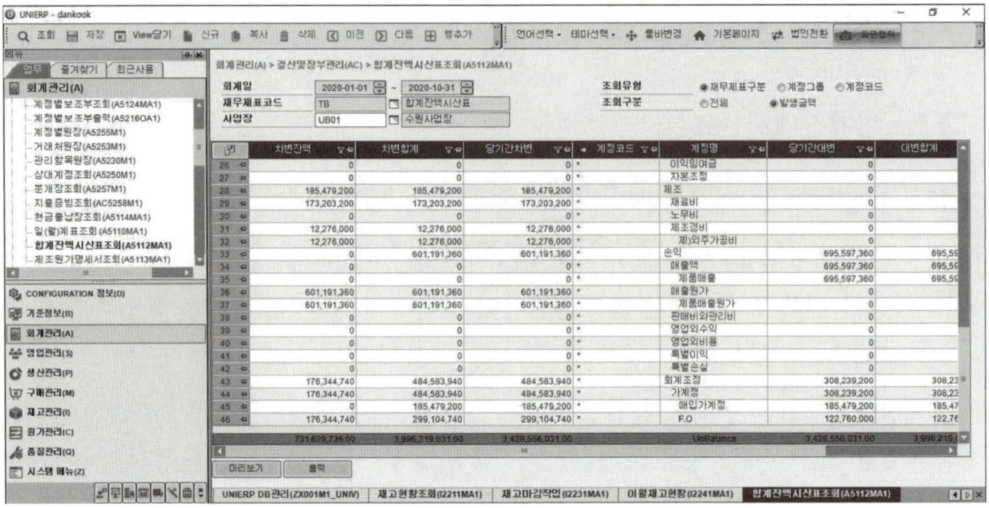

[그림 16-6] 합계잔액시산표_매출 부분

2.1.2 대차대조표

대차대조표란, 특정 시점에서 기업이 보유하고 있는 자산과 부채 그리고 자본 상태를 나타내기 때문에, 기업의 유동성유동자산과 유동부티과 재무구조의 안전성이익잉여금과 순자산금액을 평가하는데 필요한 유용한 정보를 제공하는 재무제표이다. 대차대조표를 조회하는 방법은 다음과 같다.

(1) 호출메뉴: [회계관리>>결산및장부관리>>재무상태조회]

(2) 조건 파트의 데이터를 다음과 같이 입력한다.

항목	데이터	입력/표시방법
회계일 당기	2xxx-10-01 ~ 2xxx-10-31	직접입력
회계일 전기	2xx x-1-01-01 ~ 2xx x-1-12-31	직접입력
재무제표코드	BSE 대차대조표ERP 용	PopUp 자동표시
조회구분	발생금액	Radio Button

✓ 회계일 전기의 회계기간을 입력하는 이유는 당 회계기간의 데이터와 비교하기 위함이다. 본 시나리오에서는 2xxx년 10월 01일부로 ERP시스템 운영을 개시하였기 때문에, 회계일 전기의 실질적인 의미는 없다. 하지만 ERP시스템 운영이 본격화된 이후에

는 전기와 당기 대차대조표를 비교하는 작업은 중요한 의미를 갖는다.

(3) 화면 상단의 조회버튼을 클릭하여 대차대조표를 조회한다. 조회결과 당 회계기간 동안의 자산유동자산+재고자산+고정자산과, 부채유동부채+고정부채 그리고 자본자본금+자본잉여금+이익잉여금(당기순이익) 등이 조회된다. 다음은 대차대조표 조회결과이다. → 조회된 대차대조표의 내용은 작업과정을 설명하고 대차대조표를 확인하는 방법을 설명하기 위한 것이기 때문에, 내용 자체 보다는 조회방법과 과정을 이해하도록 한다.

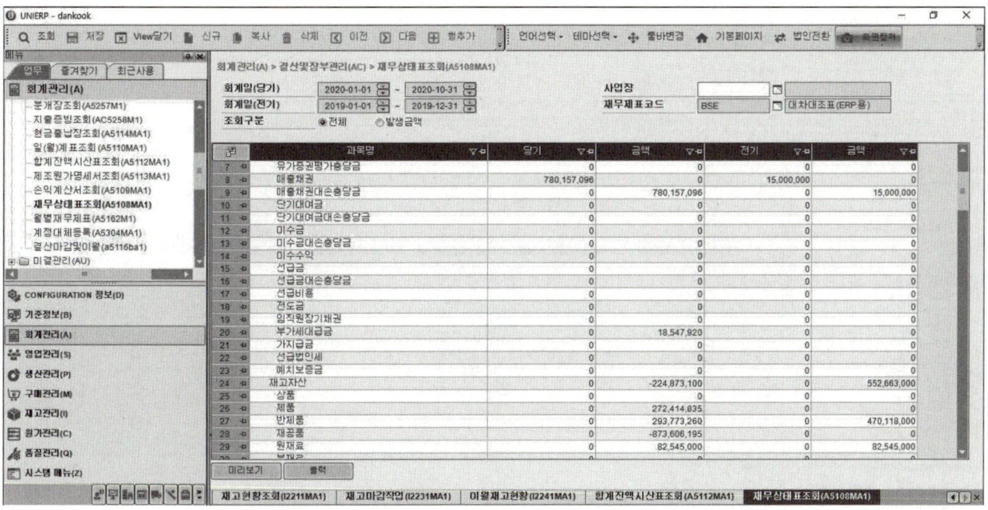

[그림 16-7] 대차대조표 조회결과2xxx-10-01~2xxx-10-31

2.1.3 손익계산서

손익계산서는 회계기간 동안 발생한 수익에서 비용을 차감한 당기순손익만을 표시하기 때문에, 회계기간 동안의 경영성과경영성적 및 비용관리를 검증할 수 있는 중요한 회계자료이다. 손익계산서의 수익 및 비용은 대차대조표에 표시된 내용을 구체적으로 나타내는 것이기 때문에, 대차대조표의 당기순손익과 손익계산서 상의 당기순손익은 동일하여야 한다. 손익계산서를 조회하는 방법은 다음과 같다.

(1) 호출메뉴: [회계관리〉〉결산및장부관리〉〉손익계산서조회]

(2) 조건파트 데이터 입력:

항목	데이터	입력/표시방법
회계일[당기]	2xxx-10-01 ~ 2xxx-10-31	직접입력
회계일[전기]	2xx^{x-1}-01-01 ~ 2xx^{x-1}-12-31	직접입력
재무제표코드	PL[손익계산서]	PopUp[자동표시]
조회구분	발생금액	Radio Button

(3) 조회: 화면 상단의 조회 버튼을 클릭하여 손익계산서를 조회한다. 손익계산서 조회결과는 다음과 같다.

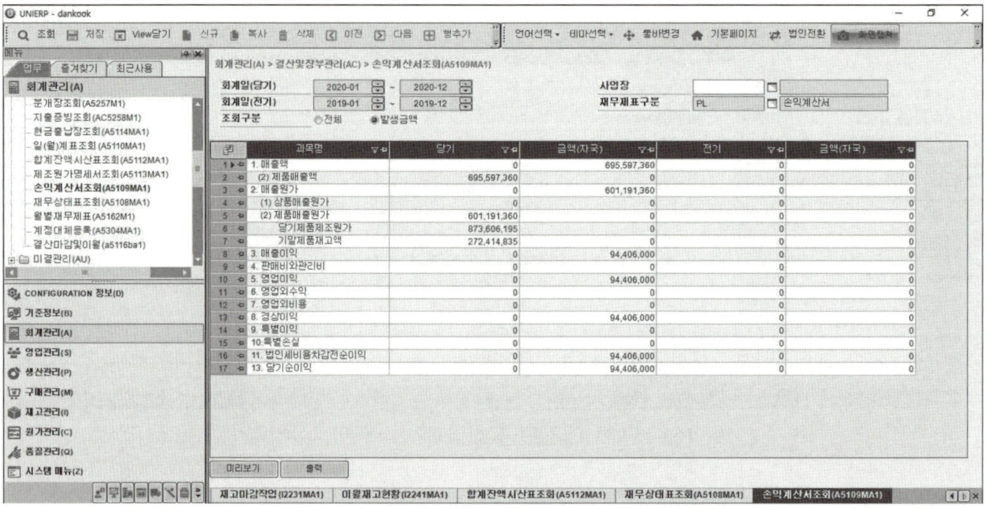

[그림 16-8] 손익계산서 조회결과 2xxx-10-01~2xxx-10-31

2.2 회계 결산마감

원가계산과 손익계산 작업이 완료되며, 다음과 같이 회계 결산마감 작업을 수행한다.

(1) 호출메뉴: [회계관리>>결산및장부관리>>결산마감및이월] → [결산마감및이월] 창을 열면 최종 회계 결산마감 작업을 수행할 마감연월이 표시되어 나타난다.

(2) 실행: 화면 중간의 [실행] 버튼을 클릭하여 회계 결산마감 작업을 완료한다. 해당 기간의 회계 결산마감 작업을 완료 후에는 화면의 최종마감연월이 2xxx10으로 그리고 작업연월이 2xxx11 로 차기 회계 결산마감 작업 구간으로 자동으로 표시되어 나타난다. → 다음은 회계 결산마감 결과이다.

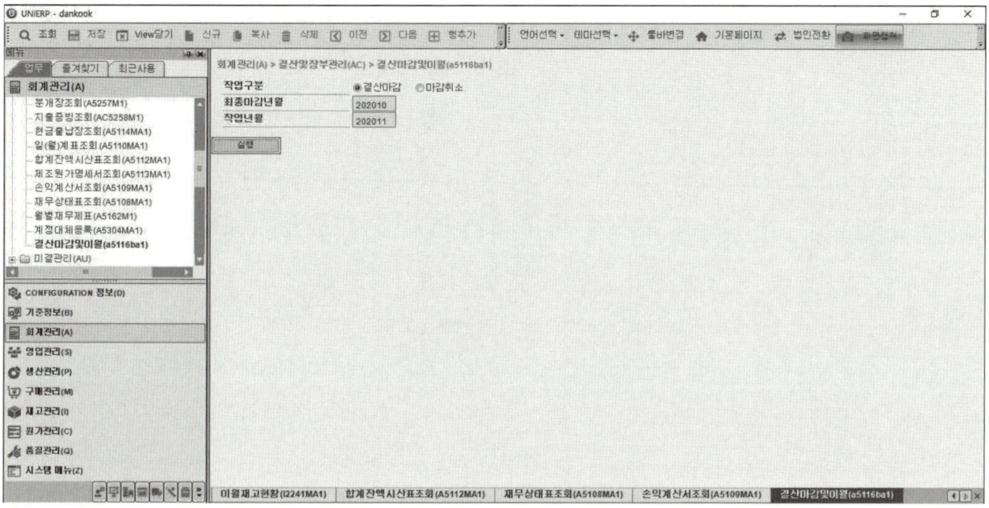

[그림 16-9] 회계 결산마감 2xxx10